不当条項規制による契約の修正

武田直大

弘文堂

はしがき

　契約当事者は、契約内容を自由に決めることができるが、合意された契約内容に拘束されるというのが、契約法の原則である。しかしながら、当事者の決めた内容が法的に不当と評価される場合に、契約そのものの効力が否定されうるほか、部分的に当事者の決めたとおりの効力が認められず、修正が加えられる場面があることも、一般に承認されている。当事者間の情報・交渉力格差あるいは内容の定型性を理由に契約内容への法的介入が正当化される、消費者契約あるいは約款における不当条項規制も、こうした場面の1つである。このような場面においては、当事者が決めた契約内容を探求する契約解釈だけでなく、法的な内容規制をも包含して、契約内容の確定作業を捉えることができる。本書は、以上の理解に基づき、契約内容の確定理論の一端として、不当条項規制によって契約内容がどのように修正されるか、という問題に取り組もうとするものである。

　不当条項規制による契約の修正に関しては、一部が違法な条項について、当該部分の無効に留めるべきか、それとも条項全体を無効とすべきか、という条項一部無効・全部無効の問題が、従来から論じられてきた。本書は、この議論の延長線上にあるが、この無効範囲の問題に直接的に焦点を合わせず、むしろ、その前後にある諸問題に着目している。また、表題においても、一部無効論ではなく、契約修正論としている。ここには、次のような本書の前提理解がある。すなわち、従来、条項一部無効の問題として論じられてきたところは、条項規制によって契約が修正される過程の一部でしかなく、決定的なのは、条項規制による契約の修正が、全体としていかなる法的枠組みによって行われるのかである、との理解である。

　このような法的枠組みは、裁判手続きにおいて、法適用者たる裁判官の判断を方向づけるものである。しかしながら、本書は、不当条項規制の効果を確定する法的枠組みを、裁判官の思考を羈束するものとしてのみ捉えているわけではない。むしろ、当事者が規制の効果に拘束されるというこ

とが、重要であると考えている。とりわけ、第3部で扱う救済条項の問題は、このような考慮に立脚している。また、第1部および第2部においても、当事者を拘束する法的枠組みがいかなるものであるか、という問題意識が反映されている。

　本書は、2006年から2018年にかけて著者が公表してきた不当条項規制の効果論に関する諸論文を、1冊にまとめたものである。

　初出論文は、2つの時期に大別することができる。第1期に含まれるのは、第2部第1章と第3部を構成する2本の論文である。これらは、京都大学大学院時代の研究に基づくものであり、2008年に同大学院に提出した課程博士論文のもとになり、あるいは、それを基礎としている。第2期には、第1部および第2部第2章を構成する、その他の論文が該当する。これらは、2008年に大阪大学へ赴任した後の研究に基づく。このように、初出論文の公表時期は、本書における収録の順序と一致していない。本書への収録に当たっては、各論文を内容的な観点から整理した。公表時期と内容的な順序とのズレは、ひとえに著者の研究が無計画であったことを示すものである。もっとも、好意的に見れば、第3部における救済条項から始まって、第2部における補充的契約解釈の考察を経て、第1部の規制対象の画定の問題にまで遡上し、再び、第2部の検討に戻るという、約1往復の検討がされてきたということで、読者諸氏の理解をいただきたい。

　各論文を本書に収録するに当たっては、次のような方向で、多くの加筆・修正を行った。第1に、前提的な説明をしている部分など、各論文の重複する箇所を削除・集約した。第2に、内容的な整序のために、初出論文を分割した箇所がある（第1部第1章および補論）。第3に、今となっては稚拙あるいは陳腐化したと思われる部分、また、情報が更新された部分などを修正した。特に、比較的早い時期に公表された論文については、大幅な修正を行った。

　本書の刊行に当たっては、上述のように博士論文を源流とする経緯から、母校である京都大学より、平成30年度京都大学総長裁量経費として採択さ

れた法学研究科若手研究者出版助成事業による補助を受けることができた。まずは、過分のご支援を賜ったことにつき、母校に対して謝辞を述べたい。また、同出版助成への応募に際しては、大学院時代にご指導を仰いだ潮見佳男先生に、仲介の労をとっていただいた。改めて、潮見先生に対しても、御礼申し上げる。

　つづいて、本書の成立に至る過程を振り返るに、京都大学時代にお世話になって諸先生方にも、感謝の意を申し上げなければならない。まず、潮見先生には、学部ゼミ時から大学院在籍時にかけて長くご指導をいただき、研究者としての薫陶を賜るとともに、本書の一部を構成する博士論文の審査に当たっていただいた。上記の助成の件と併せて、感謝を申し上げたい。また、山本豊先生および山本敬三先生に対しては、論文審査に加わっていただいたこともさりながら、本書の研究成果が両先生の先行業績に負うところが大きいという点において、謝意を表したい。

　さらに、現在の勤務先である大阪大学にも、感謝の意を示したい。上記の第2期に属する諸論文を書き上げ、本書の完成に至るまで研究を継続することができたのは、ひとえに、良質な研究環境を提供してくれた大阪大学と、個別に御名前を挙げることは控えるが、そのような環境を維持するために尽力されてきた諸先生方のおかげである。

　最後になるが、株式会社弘文堂には、このような、専門性の高い書物の出版を、お引き受けいただいた。また、同社編集部の北川陽子氏には、出版に至るまで様々な形でお世話になった。併せて、御礼を申し上げたい。

　　平成最後の師走、待兼山にて

武田　直大

初出一覧

序　　章
　書きおろし

第 1 部　不当条項規制の対象の画定
第 1 章　規制対象の画定の意義と基準
　「不当条項規制における規制対象の画定(1)・(2・完)」阪法 61 巻 1 号 111 頁・2 号 141 頁（2011 年）

第 2 章　事後的審査と規制対象の画定
　「ドイツ不当条項規制における事後的審査説について―包括的な条項における規制対象の画定法理としての再構成」阪法 63 巻 2 号 141 頁（2013 年）

補　　論　差止訴訟における規制対象の画定・一部無効条項の処理
　前掲「不当条項規制における規制対象の画定」
　「不当条項差止訴訟における一部無効条項の処理」阪法 66 巻 3 = 4 号 219 頁（2016 年）

第 2 部　不当条項に代わる規律の確定
第 1 章　時価条項判決をめぐる議論の展開
　「ドイツ約款法における時価条項判決の問題について(1)・(2・完)―不当条項規制効果論に関する一考察」阪法 58 巻 5 号 113 頁・6 号 27 頁（2009 年）

第 2 章　補充的契約解釈に関するその後の裁判例の展開
　「ドイツ不当条項規制効果論における補充的契約解釈に関する裁判例の展開(1)～(3・完)」阪法 67 巻 1 号 65 頁・2 号 45 頁・5 号 77 頁（2017～2018 年）

補　　論　条項不顧慮型補充的契約解釈からの示唆
　書きおろし

第 3 部　救済条項の法的処理
　「ドイツ不当条項規制における『救済条項』の法的処理(1)・(2・完)」民商 134 巻 4 = 5 号 598 頁・6 号 941 頁（2006 年）

終　　章
　書きおろし

///　目　次　///

はしがき　i
初出一覧　iv
凡　例　xiv

序　章　　1

　Ⅰ　本書の課題　1
　Ⅱ　ドイツ法の予備的説明　6
　Ⅲ　本書の構成　8
　　1　不当条項規制の対象の画定（第1部）　9
　　2　不当条項に代わる規律の確定（第2部）　10
　　3　救済条項の法的処理（第3部）　11
　Ⅳ　本書のねらい　12

第1部　不当条項規制の対象の画定　　15

第1章　規制対象の画定の意義と基準　　17

第1節　序　論　17
　第1項　問題の所在　17
　第2項　検討の方法　19
第2節　ドイツ学説における議論　20
　第1項　学説の状況　20
　　Ⅰ　初期の条項画定論　20
　　　1　アイケ・シュミットの見解　20
　　　2　ヴィッテの見解　24
　　Ⅱ　条項画定論に対する批判　26
　　Ⅲ　独立した有効性審査の可能性を基準とする見解　30
　　Ⅳ　小　括　33
　第2項　学説の検討　34
　　Ⅰ　問題処理の意義と位置づけ　34
　　Ⅱ　規制対象の画定基準　36
　　Ⅲ　規制対象の画定を問題としない判断枠組みの問題点　39
第3節　ドイツ判例における規制対象の画定　40
　第1項　判例の状況　40

            Ⅰ　判例が掲げる問題処理定式　*40*
            Ⅱ　中心部分を含む包括的条項の処理　*43*
        第2項　判例の検討　*46*
            Ⅰ　判例法理の分析　*46*
                1　定式①の分析　*46*
                2　定式②の分析　*47*
            Ⅱ　判例法理の評価　*48*
第4節　結　論 *50*
    第1項　ドイツ法のまとめ　*50*
            Ⅰ　規制対象の画定の意義と基準　*50*
            Ⅱ　判断基準の具体化　*51*
    第2項　日本法への示唆　*53*

第2章　事後的審査と規制対象の画定 　　　　*57*

第1節　序　論 *57*
    第1項　本章の課題　*57*
    第2項　事後的審査・事前的審査の用語法　*59*
    第3項　本章の構成　*61*
第2節　事後的審査に関する議論 *61*
    第1項　事後的審査説の内容　*61*
            Ⅰ　事後的審査説の一般的主張　*61*
            Ⅱ　具体例　*62*
                1　免責条項　*62*
                2　相殺禁止条項　*63*
                3　価格変更条項　*63*
            Ⅲ　事後的審査の実施範囲　*65*
    第2項　事後的審査説に対する批判　*67*
            Ⅰ　権利行使規制との混同　*67*
            Ⅱ　効力維持的縮減への帰着　*69*
            Ⅲ　差止訴訟制度との不整合　*70*
            Ⅳ　「差止訴訟＝事前的審査、個別訴訟＝事後的審査」二分論に対する批判　*70*
    第3項　事後的審査説からの反論　*71*
            Ⅰ　権利行使規制との区別　*71*
            Ⅱ　効力維持的縮減との区別　*72*
第3節　検　討 *73*
    第1項　事後的審査説に対する批判への可能な反論　*73*
            Ⅰ　権利行使規制と関係する批判について　*73*
            Ⅱ　事後的審査と効力維持的縮減の相違　*75*
            Ⅲ　差止訴訟制度との整合性　*76*

                Ⅳ 「差止訴訟＝事前的審査、個別訴訟＝事後的審査」二分論に
                    対する批判について　77
    第2項　事後的審査説の問題点　78
            Ⅰ 正当化根拠の問題性　78
                1 現実化しなかった事実経過の不顧慮　79
                2 現実化した事実経過の一部不顧慮　79
            Ⅱ その他の問題点　80
                1 同一条項の評価変遷　80
                2 事前的審査の方法に関する問題　80
    第3項　事後的審査説の再構成　81
            Ⅰ 再構成の方向性　81
            Ⅱ 支配的見解および事後的審査説における規制対象　82
                1 支配的見解　83
                2 権利行使不顧慮型事後的審査説　83
                3 権利行使顧慮型事後的審査説　84
                4 免責条項の設例へのあてはめ　84
            Ⅲ 各説の正当化根拠　85
                1 支配的見解　85
                2 権利行使不顧慮型事後的審査説　87
                3 権利行使顧慮型事後的審査説　87
            Ⅳ 再構成された事後的審査説の是非　88

第4節　結　　論 ··· 89
    第1項　包括的な条項における規制対象の判断枠組み　89
    第2項　日本法における応用　92
            Ⅰ 学納金返還訴訟における授業料不返還特約の処理　92
            Ⅱ 生命保険契約における無催告失効条項の処理　94

補　論　差止訴訟における規制対象の画定・
　　　　一部無効条項の処理　　　　　　　　　　　97

第1節　序　　論 ··· 97
    第1項　一部無効条項の処理が問題となった差止訴訟の具体例　97
    第2項　問題の所在　99
            Ⅰ 包括的な差止請求の可否　99
            Ⅱ 差止め範囲の限定の要否　100
            Ⅲ 一部無効条項の範囲　100
    第3項　本補論の構成　100
第2節　ドイツ法の状況とその検討 ·· 100
    第1項　ドイツ差止訴訟の構造　100
    第2項　議論状況　105
            Ⅰ 条項の可分性または規制対象の画定を問題とする見解　105

         　　　　　　1　条項の可分性・規制対象の画定　*105*
         　　　　　　2　効力維持的縮減　*107*
         　　　　　　　(1)　違法部分を特定した請求の義務づけ　*108*
         　　　　　　　(2)　違法部分を特定した請求の可能性　*108*
         　　　　　　　(3)　裁判所が適法な規律を示すことの可否　*109*
         　　　　Ⅱ　条項画定論を批判する論者の見解　*111*
         　　　　Ⅲ　判例の状況　*112*
　　第3項　検　　討　*114*
         　　　　Ⅰ　規制の実効性　*114*
         　　　　Ⅱ　原告団体に対する期待可能性　*116*
         　　　　Ⅲ　個別訴訟との判断枠組み平準化の必要性　*117*
　　第4項　小　　括　*118*
第3節　日本法における問題処理 ……………………………………………… *118*
　　第1項　関連裁判例　*118*
　　第2項　包括的な差止請求の可否　*120*
         　　　　Ⅰ　抽象的差止請求の可否　*120*
         　　　　Ⅱ　条項の捉え方　*121*
         　　　　　　1　「現在の文言のこの条項だけが、現に使用されている」
         　　　　　　　という捉え方　*121*
         　　　　　　2　「大は小を兼ねる」という捉え方　*123*
　　第3項　差止め範囲の限定の要否　*125*
         　　　　Ⅰ　無効範囲と差止め範囲の連動　*125*
         　　　　　　1　連動肯定説　*125*
         　　　　　　2　連動否定説　*125*
         　　　　Ⅱ　請求の趣旨による区別　*126*
         　　　　　　1　この条項またはそれと同等の条項に対する差止請求が
         　　　　　　　された場合　*126*
         　　　　　　2　縮減された条項を含む包括的な差止請求がされた場合　*127*
　　第4項　一部無効条項の範囲　*128*
         　　　　Ⅰ　他の契約内容に応じて不当性判断が分かれる場合　*129*
         　　　　Ⅱ　条項文言の一部が不当と評価される場合　*130*
         　　　　Ⅲ　適用場面に応じて不当性判断が分かれる場合　*131*
         　　　　Ⅳ　量的一部無効が問題となる場合　*133*
第4節　結　　論 ……………………………………………………………… *134*

第2部　不当条項に代わる規律の確定　*137*

第1章　時価条項判決をめぐる議論の展開　*139*

第1節　序　　論 ……………………………………………………………… *139*

第1項　本章の課題　*139*
　　　第2項　予備的説明　*140*
　　　　　　Ⅰ　時価条項問題以前の補充的契約解釈論　*140*
　　　　　　Ⅱ　時価条項問題の社会経済的な背景　*142*
　第2節　第2時価条項判決前の議論 *143*
　　　第1項　BGH第8民事部1981年10月7日判決（第1時価条項判決）　*143*
　　　　　　Ⅰ　判決の内容　*143*
　　　　　　Ⅱ　判例における価格変更条項の無効基準　*144*
　　　第2項　下級審裁判例の動向　*146*
　　　第3項　議論の状況　*151*
　　　　　　Ⅰ　BGB316条・315条の適用可能性　*151*
　　　　　　　　1　契約締結時の合意の解釈　*151*
　　　　　　　　2　より実質的な問題点　*153*
　　　　　　Ⅱ　補充的契約解釈による処理　*155*
　　　　　　Ⅲ　補充的契約解釈による処理に対する批判と
　　　　　　　　行為基礎論による処理　*158*
　　　第4項　議論の整理　*160*
　第3節　第2時価条項判決以降の議論 *163*
　　　第1項　BGH第8民事部1984年2月1日判決（第2時価条項判決）　*163*
　　　　　　Ⅰ　概　　要　*163*
　　　　　　Ⅱ　判決理由　*164*
　　　　　　　　1　前提問題　*164*
　　　　　　　　2　補充的契約解釈　*165*
　　　　　　　　3　補充的契約解釈に対する疑義への応答　*167*
　　　　　　　　4　あてはめ　*168*
　　　　　　Ⅲ　判決の評価　*168*
　　　第2項　議論の状況　*169*
　　　　　　Ⅰ　第2時価条項判決を支持する見解　*170*
　　　　　　Ⅱ　無効な条項の一部維持としての補充的契約解釈　*173*
　　　　　　　　1　ハーガーによる批判と補充的契約解釈の分析　*173*
　　　　　　　　2　任意規定による補充を条項一部維持に含める見解　*176*
　　　　　　　　3　その他の見解　*177*
　　　　　　Ⅲ　補充的契約解釈に代わる任意法の継続形成　*178*
　　　　　　　　1　補充的契約解釈に対する批判　*178*
　　　　　　　　2　AGBG6条3項の枠内における契約調整　*181*
　　　　　　Ⅳ　条項一部維持説からの議論整理　*182*
　　　第3項　議論の整理　*185*
　第4節　結　　論 *188*
　　　第1項　無効部分の補充手段としての補充的契約解釈の分析　*188*
　　　　　　Ⅰ　条項不顧慮型補充的契約解釈　*188*
　　　　　　Ⅱ　契約全部無効回避型補充的契約解釈　*190*
　　　　　　Ⅲ　条項趣旨尊重型補充的契約解釈　*190*

　　　　　　Ⅳ　分析の意義　*192*
　第2項　第2時価条項判決の今日的意義　*193*

第2章　補充的契約解釈に関する　　　　　　　その後の裁判例の展開　*197*

第1節　序　　論 *197*
第2節　担保目的表示 *200*
　第1項　問題の概要　*200*
　第2項　裁判例の展開　*200*
　　　　　　Ⅰ　前史――土地債務に関する不意打ち条項規制　*200*
　　　　　　Ⅱ　BGH第9民事部1995年5月18日判決　*203*
　　　　　　Ⅲ　BGH第9民事部1995年5月18日判決に対する学説の反応　*205*
　　　　　　Ⅳ　判例の転換――補充的契約解釈による処理　*206*
　第3項　検　　討　*208*
　　　　　　Ⅰ　規制対象の画定法理による処理の正当性　*208*
　　　　　　Ⅱ　補充的契約解釈の問題としての分析　*209*
第3節　請求即払保証 *211*
　第1項　問題の概要　*211*
　　　　　　Ⅰ　請求即払保証の基本構造と機能　*211*
　　　　　　Ⅱ　問題となった事案　*212*
　第2項　裁判例の展開　*213*
　　　　　　Ⅰ　請求即払保証による契約履行保証　*213*
　　　　　　Ⅱ　瑕疵担保責任の担保における請求即払保証　*215*
　　　　　　Ⅲ　損害担保契約における請求即払条項　*217*
　　　　　　Ⅳ　連帯保証における抗弁放棄条項　*218*
　第3項　検　　討　*219*
　　　　　　Ⅰ　判例の整理　*219*
　　　　　　Ⅱ　担保合意の可分性が肯定される場合とそうでない場合の違い　*220*
　　　　　　Ⅲ　補充的契約解釈が認められる場合とそうでない場合の違い　*223*
第4節　価格変更条項および利率変更条項 *225*
　第1項　問題の概要　*225*
　第2項　ガス供給契約における価格変更条項に関する裁判例の展開　*227*
　　　　　　Ⅰ　値上げ無効確認請求に関する裁判例　*227*
　　　　　　Ⅱ　不当利得返還請求に関する裁判例　*229*
　第3項　利率変更条項に関する裁判例の展開　*231*
　第4項　検　　討　*233*
　　　　　　Ⅰ　判例の整理　*233*
　　　　　　Ⅱ　学説の反応　*234*
　　　　　　Ⅲ　考　　察　*236*
　　　　　　　　1　期待可能性基準の位置づけ　*236*

               2　補充的契約解釈の可否における履行段階の顧慮　239
　第5節　美観修復条項 ……………………………………………………………… 240
　　第1項　問題の概要　240
　　第2項　裁判例の展開　242
　　　　Ⅰ　美観修復条項に対する相当性評価　242
　　　　　1　契約期間中の美観修復条項に関する裁判例　242
　　　　　2　終了時改装条項　245
　　　　　3　代償条項　247
　　　　　4　美観修復条項の規制規範　248
　　　　Ⅱ　美観修復条項に対する規制の効果　250
　　　　　1　美観修復条項の無効範囲　250
　　　　　2　補充的契約解釈による賃借人の美観修復義務の補充の可否　252
　　　　　3　美観修復条項が無効とされた場合の賃料増額請求の可否　252
　　第3項　検　　討　254
　　　　Ⅰ　無効範囲の画定　254
　　　　Ⅱ　補充的契約解釈　257
　第6節　ドイツ連邦通常裁判所のその他の裁判例 ………………………………… 259
　第7節　ドイツ連邦労働裁判所の裁判例 …………………………………………… 264
　　第1項　本節の概要　264
　　第2項　裁判例の展開　264
　　　　Ⅰ　職業教育費用の返還条項に関する裁判例　264
　　　　Ⅱ　その他の裁判例　267
　　第3項　検　　討　268
　第8節　結　　論 …………………………………………………………………… 270
　　第1項　ドイツ法のまとめ　270
　　　　Ⅰ　ドイツ判例における補充的契約解釈の判断枠組み　270
　　　　Ⅱ　期待可能性の具体的判断　272
　　　　Ⅲ　補充的契約解釈の判断枠組みの意味　277
　　第2項　日本法への示唆　280
　　　　Ⅰ　補充的契約解釈の分析からの示唆　280
　　　　Ⅱ　期待可能性基準による補充的契約解釈論からの示唆　281
　　　　　1　不利益の重大性と主観的態様の考慮　281
　　　　　2　履行段階の考慮　284
　　　　Ⅲ　具体例への応用　287
　　　　　1　更新料条項が不当とされる場合の処理　287
　　　　　2　生命保険契約における無催告失効条項の処理　290
　　　　　3　消費者契約法9条違反の効果　291

補　論　　条項不顧慮型補充的契約解釈からの示唆　293

第3部　救済条項の法的処理　　　297

第1章　序　論　　　299
  I　問題の所在　299
  II　救済条項の種類　300

第2章　代替条項に関する法的状況　　　303
第1節　学説の状況　　　303
  I　緒　論　303
  II　契約への組入れ段階での規制　303
   1　わかりやすさの要請　303
   2　不意打ち性　304
  III　内容規制　305
   1　透明性の要請　305
   2　AGBG 6条2項を逸脱することの可否　306
    (1) AGBG 6条2項を逸脱する条項を有効とする見解　306
    (2) AGBG 6条2項を逸脱する条項を無効とする見解　309
    (3) 約款使用者の主観的態様を問題とする見解　310
   3　その他の観点からの内容規制　312
  IV　法律回避禁止の観点からのアプローチ　314
  V　個別契約上の代替条項に対する規制　314
第2節　裁判例の状況　　　315
  I　裁判例の紹介　315
  II　裁判例の分析　323

第3章　救済的条項付記に関する法的状況　　　325
第1節　学説の状況　　　325
  I　緒　論　325
  II　契約への組入れ段階での規制――わかりやすさの要請　325
  III　内容規制　326
  IV　救済的条項付記の例外的許容性　328
  V　条項解釈の観点からのアプローチ　330
第2節　裁判例の状況　　　332
  I　裁判例の紹介　332
  II　裁判例の分析　339

第4章 結　論　　　　　　　　　　　　　　　　　　　　　　　343

第1節　ドイツ法の検討 ·· 343
　　Ⅰ　代替条項の法的処理　343
　　　1　AGBG6条2項を逸脱することの可否　343
　　　　(1)　原則的な逸脱の可否　343
　　　　(2)　約款使用者の主観的態様の顧慮　345
　　　2　透明性の要請に基づく規制　346
　　Ⅱ　救済的条項付記の法的処理　349
　　　1　代替条項と同様の観点からの規制　349
　　　2　救済的条項付記に特有の法的処理　349
　　　　(1)　1段階の審査構造　349
　　　　(2)　救済的条項付記を含む条項の不明確性・不確定性　350
　　　　(3)　例外的な付記使用の許容性　350
　　　　(4)　付記がなければ有効な条項の処理　351

第2節　日本法への示唆 ·· 352
　　Ⅰ　救済条項の種類　352
　　Ⅱ　救済条項全体に共通する問題
　　　　──法が定める代替規律秩序からの逸脱の可否　353
　　Ⅲ　代替条項の種類に応じた法的処理　354
　　Ⅳ　救済的条項付記の法的処理　355

終　章　　　　　　　　　　　　　　　　　　　　　　　　　　　357
　　Ⅰ　本書のまとめ　357
　　　1　不当条項規制における2段階の判断枠組み　357
　　　　(1)　規制対象の確定（第1部）　357
　　　　(2)　代替規律の確定（第2部）　358
　　　2　救済条項の法的処理　360
　　Ⅱ　残された課題　361
　　　1　不当条項規制要件論の解明　361
　　　2　不当条項規制効果論が無効理論一般に対して有する意義　362

　　ドイツ法主要参照条文邦訳　363
　　参考文献一覧　368
　　事項・人名索引　380
　　判例索引　383

/// 凡　　例 ///

・ドイツの法令、裁判所および雑誌の略称は、主として Kirchner, „Abkürzungs-verzeichnis der Rechtssprache", 9. Auflage, 2018 に倣った。
・日本の法令および雑誌の略称は、慣例に従った。
・参考文献の表記は、巻末の参考文献一覧に示した略称による。

/// 序　章 ///

I　本書の課題

　我が国の現行法は、消費者契約法8条以下に不当条項規制の制度を設けている。また、改正民法548条の2第2項は、「定型約款」について、消費者契約法10条に類似した規定を設けた。もっとも、消費者契約法上の不当条項規制とこの定型約款の規定とは、効果面で相違があり（無効と不合意の擬制）、後者においては、いわゆる組入れ規制と内容規制とが一体化している。いずれにせよ[1]、不当条項規制は、個別の契約条項（または約款条項）に焦点を合わせるものであり、その理由づけは問題となるが、少なくとも原則として、契約そのものの効力否定をもたらさないと考えられる。そうすると、不当条項規制により、当事者が合意した（あるいは予定した[2]）契約内容は、修正を受けることになる[3]。それでは、この契約内容の修正は、

---

1) 消費者契約法における無効という法律効果と、民法548条の2第2項における不合意の擬制という法律効果は、少なくとも本書の関心事である不当条項規制効果論の枠組みにとって、実質的な差異をもたらさないものと考える。むろん、不合意と無効を区別しないことには、法概念の処理において精確性を欠く、あるいは、語義の上で無理がある、といった批判があろう。しかしながら、消費者契約条項の規制か約款規制かという違いがあるものの、類似の規制要件の下で異なる規制効果がもたらされることに、合理性はない、と考える。
2) 民法548条の2第2項における不合意の擬制という法律効果を考慮すると、当事者が合意した契約内容が修正されるという表現は用い難いが、その場合でも、このような表現を用いることができよう。
3) ある条項が当事者の合意に基づいて契約内容になるということについては、とりわけ約款の拘束力・組入れの問題において、議論のあるところである。本文の記述は、さしあたり両当事者の包括的な合意によって条項が契約内容になることを前提としているが、その他の方法による約款の組入れの可能性を、およそ否定しているわけではない（その限りにおいて、約款の拘束力の根拠に関する多元説を、さしあたっての出発点としている。いずれにせよ、本書は、この問題について検討し、何らかの態度決定をすることを意図するものではない）。約款の拘束力の根拠に関する議論については、河上［1988］178頁以下、新版注民(13)［2006］179頁以下〔潮見佳男〕などを参照。
　民法548条の2第1項における定型約款の組入れ要件については、同項2号を含めて、定型約

どのような判断枠組みをもって行われるべきなのか。

　この問題を考察する上で、まず取り上げられるべきは、条項一部無効・全部無効に関する議論である。そこでは、部分的に違法な条項は、違法な部分に限って無効となるのか、それとも全体として無効とすべきなのか、という形で、不当条項規制による契約の修正のあり方が問われている。現行法上、消費者契約法9条は、条項一部無効の効果を明定しているが、その他の場合については、定かでない。また、この問題は、債権法改正に関する法制審議会の審議においても検討されたが[4]、2013年の中間試案において脱落した[5]。従来の議論状況は、以下のようにまとめることができる。

　まず、条項全部無効を主張する見解[6]においては、「約款使用者が条項の設定に際して、たとえ規制の網にかかったとしても、ぎりぎり有効と見られるまで内容を制限されるに過ぎないと期待するならば、彼はひとまず包括的に自己に有利で悪質な条項を選ぶことになりかねない」という予防・制裁の観点[7]、または、「みずから許される限度を超えて不当な条項を作成したのだから、条項全体が無効とされたとしてもやむをえない」という帰責・リスク負担の観点から[8]、条項全体を破棄すべきとされている。さらに、私的自治を重視する立場から、「裁判官の契約改訂権を認めることは、裁判官による法律行為の創造を承認する結果を招き、却って私的自治を否定することにならないのだろうか」とし、約款条項が無効の場合には、当事者

　　款を契約内容とすることについての包括的な合意を要件とするものであるとの理解を、さしあたり前提としている。そのような理解については、筒井＝村松編著［2018］249頁以下、潮見［2017］227頁、沖野［2017］120頁以下などを参照。これに対して、同項2号を実際の合意に基づかない組入れ要件として理解する見解として、森田［2016］（その2）94頁以下を参照。この問題についても、本書は、立ち入った検討を加え、態度決定をするものではない。
4）　第11回会議議事録49頁以下、部会資料13-2・41頁、第20回会議議事録44頁、部会資料20-2・11頁、論点整理・98頁、部会資料29・24頁以下、第32回会議議事録32頁以下。
5）　中間試案補足説明51頁。
6）　以下に参照する文献の他に、高橋［1981］141頁も、この見解を支持している。
7）　引用については、河上［1988］376頁。他に、能見［1985-1986］(5)112頁以下（約款による賠償額の予定について）、山本敬［1999］26頁以下・［2000-2］207頁以下・［2001］268頁以下、基本方針【1.5.47】および【3.1.1.37】などを参照。
8）　引用については、山本敬［1999］26頁以下。他に、河上［1988］383頁も、「相手方の利益を充分考慮せずに不合理な条項を作成しそれが無効と評価されるというリスクは、ある程度無効基準が明確化されたところでも生じ得るが、かかるリスクは……任意法規範を排除して別のルールを提案した者が原則として負って然るべきであろう」と述べる。

の意思を補完する規範である任意法が自動的に妥当すると考えて支障はない、との見解が示されている[9]。この最後の見解は、裁判官の権限を問題とする点で、それ以前に挙げた諸見解と観点を異にしている。

　これに対して、条項一部無効を原則とすべきであるとする見解は、「抵触が部分的であるならば、その抵触部分のみの効力を否定すれば足り、契約条項全部を無効としてしまうのは過ぎたること〔である〕」、また、「〔被保護当事者〕としては、はじめから抵触部分を除外した条項でこられれば、その条項にしたがわざるをえなかったはずで、それ以上を望むのは、行き過ぎと考えられる」との考慮を出発点とする[10]。そのうえで、条項一部無効の原則に対する例外が認められる可能性がある場合を挙げているが、実際に例外を認めることには、かなり消極的である。すなわち、まず、予防・制裁の観点から全部無効が要請されうるとするが[11]、約款条項におけるそのような処理については、「〔当時の我が国の法状況を前提として[12]〕明確な法的ルールに抵触する条項を意識的に使用したとの非難を約款使用者に向けることは、多くの場合、困難である」、「〔我が国においては〕約款の内容的規制に関する判例が乏しく、無効基準が充分に明らかになっていない」とする[13]。次に、裁判官の契約改訂という観点から、「一部無効とすべき当該『一部』が種々考えられ、一義的に決定されえないような場合には、全部無効的処理をするのが妥当であろう」とするが、具体例の検討においては、そのような処理に否定的である[14]。

---

9)　石田［1980］117頁以下、潮見［2004-2］275頁以下。
10)　山本豊［1997］138頁。
11)　山本豊［1997］139頁。
12)　その後、論者は、消費者契約法に基づく不当条項規制についても、条項一部無効を支持している（山本豊［2000］(3)63頁以下を参照）。すなわち、同法10条について全部無効説を採用することは、「10条によって条項の無効判断をすることを裁判官に躊躇させ、条項の合理的解釈や制限的解釈という手法をますます愛用させる帰結をもたらすことになりかねないであろう」とする。また、同法8条1項2号・4号についても、「消費者契約の場面であること、無効基準が明確であることから、全部無効説も傾聴に値するが、ここでも、10条が後に控えているのであるから、軽過失責任の一部免除の可否は10条の審査に委ねればよい」、また、「9条違反の条項が一部無効なのに、8条違反の条項だけ全部無効とすべき理由は見出しがた〔い〕」とする。
　　さらに、山本豊［2010］92頁および同［2011-3］25頁以下は、債権法改正との関連で、この問題を立法によって解決するのではなく、学説・判例の継続検討に委ねるべきである、と主張する。
13)　山本豊［1997］141頁。
14)　山本豊［1997］139頁以下。

さらに、条項一部無効論に近い見解として[15]、解釈による規制が説かれている[16]。それによれば、「〔当時の法状況を前提として〕裁判所は、おそらく一般には無効判断の法的根拠として、強行法規違反、公序良俗違反を念頭に、かなり高いところに無効の判断基準を設けているのではないか」ということ、また、無効の効果について十分に議論が詰められておらず、条項全部無効という効果が条項の一部維持という中間的解決を考える場合に大きな障害となることなどから、解釈による規制を縮小し、無効判断により代替することは、必ずしも簡単ではない、とされる[17]。さらに、解釈の性質的限界についても、たしかに解釈とは当事者が設定した規範内容の解明作業であるが、約款による契約の場合には、その内容が一方的に形成されており、相手方にとってはいわば押し付けられたものであるので、不当な約款規制の目的での解釈においては、「解釈」をなしうる幅が広がると考えてよいとする[18]。また、条項一部無効の場合には、無効判断と解釈による規制の双方が重なり合い、区分が流動化するとし、判断の実質面として、合法的解釈においても、違法と判断される部分を指摘し、かつ、その基準が明らかにされなくてはならない、と指摘する[19]。

以上のような条項一部無効・全部無効に関連する議論の前後には、これまで立ち入って検討されてこなかったいくつかの問題が存在する。第1に、一部が違法な条項がどの範囲で無効となるのかという問題の前提として、そもそも何をもって1つの「条項」とするのか、という問題が指摘されている[20]。この問題に対する解答の困難さが、債権法改正作業において条項一部無効の論点が脱落した1つの理由となっている[21]。第2に、条項が無効とされた場合に、無効部分がどのように補充されるのか、という問題がある。この問題については、照応する任意規定の適用の他、補充的契約解

---

15) この近接性については、山本豊［1997］143頁も参照。
16) 安永［1993］・［1994］を参照。
17) 安永［1993］31頁以下・［1994］113頁以下。
18) 安永［1993］32頁・［1994］113頁。
19) 安永［1993］33頁・［1994］115頁以下。
20) 山本敬［1999］25頁以下を参照。
21) 前掲注5）を参照。

釈の可能性も説かれている[22]。しかしながら、とりわけ条項全部無効論に立つ場合には、認められないはずの条項一部無効と補充的契約解釈の違いがどこにあるのか、が問われる。第3に、救済条項（サルベージ条項）の問題がある。救済条項とは、条項無効のリスクを緩和・回避するために用いられる条項の総称である。例えば、「ある条項が無効とされた場合には、当該条項にできるだけ近い有効な条項が妥当する」と規定する条項や、「法律上許容される限りで」条項使用者の責任を免除する条項が考えられる。このような条項をどのように規制するかという問題についても、我が国の従来の学説においては、簡単な記述を見出すのみである[23]。第4に、差止訴訟において条項一部無効の問題がどのように処理されるのか、あるいは、個別訴訟において一部無効とされる条項が、差止訴訟ではいかに取り扱われるのか、という問題を指摘することができる。

　本書は、これらの諸問題を検討することにより、不当条項規制が契約内容をどのように修正するかという冒頭の課題にアプローチする。そのための比較法的な検討素材として、ドイツ約款法における内容規制の効果論を取り扱う。我が国における不当条項規制の効果に関する議論は、ドイツ法の影響を強く受けたものであるといってよい。前述の条項一部無効・全部無効論は、ドイツにおける「効力維持的縮減[24]」（geltungserhaltende Reduktion）の禁止に関する議論を参考にしたものである。また、前段落に指摘したような諸問題に該当する議論も、ドイツにおいては見出される。そこで、本書においては、それらドイツ法の議論を吟味することにより、設定した課題に当たる。

---

22) 河上［1988］383頁・394頁、山本敬［1999］27頁以下、基本方針【1.5.48】（慣習および信義則に従った補充も挙げている）および【3.1.1.38】を参照。なお、補充の順序については、任意規定→補充的契約解釈の順とするものと（山本敬［1999］27頁以下）、補充的契約解釈→慣習→任意規定→信義則の順とするものとがある（基本方針【1.5.48】）。前者が、典型→個別の思考法に立つのに対して、後者は、個別補充の優先を説くものといえる。
23) 高橋［1981］141頁、河上［1988］376頁、潮見［2004-2］272頁などを参照。もっとも、第3部において言及するように、近時、消費者契約法専門調査会における議論において、この種の条項が問題とされている。
24) 山本敬［1990］・［1999］は、geltungserhaltende Reduktion を「保効的縮減」と訳しており、また、「条項を維持しての縮小適用」（河上［1988］376頁）、「有効性を維持する縮小」（潮見［2004-2］272頁）などの訳が充てられることもあるが、本書では、初出論文からの慣例に従い、「効力維持的縮減」の訳語を充てる。

II　ドイツ法の予備的説明

　つづいて、ドイツ約款法における内容規制の効果に関する規定および前述した効力維持的縮減の禁止について、本論の前提となる説明を加える。ドイツにおいては、今日、BGB 307 条以下（2001 年の債務法現代化以前は、AGBG 8 条以下）に約款の内容規制が規定されており、各規定に抵触する約款条項が無効とされる。さらに、BGB 306 条（AGBG 6 条）が、無効の効果について、次のように規定している。

　BGB 306 条（AGBG 6 条）　組入れがない場合と無効の場合の法律効果
　　(1)　普通取引約款が、その全部あるいは一部において契約の構成要素とならない場合、または無効である場合、契約のその他の部分は、依然として有効である。
　　(2)　約款規定が契約の構成要素となっていないか、または無効である限りにおいて、契約の内容は、法律上の規定に従う。
　　(3)　契約に拘束することが、前項に規定された変更を考慮しても、一方の契約当事者にとって期待不可能なほどに過酷であると想定される場合には、契約は、無効とする。

　この規定によれば、第 3 項に該当し契約そのものが無効とされない限り、第 1 項に基づき、契約は存続することになる。そこで、規制を受けた契約の内容を確定するために、第 2 項が置かれている。同項にいう「法律上の規定」に任意規定が含まれることには、争いがない。また、この規定に基づくのか否かについては見解が分かれるが、第 2 部において詳述するように、一部の学説を除けば、補充的契約解釈が認められることにも異論はない。それでは、これらの契約内容確定手法の他に、不当条項を有効な形に縮減して維持することは、許されるか。このような問題について、ドイツの判例・支配的見解[25]は、過剰な条項を「ぎりぎりなお許容される gerade noch zulässig」程度に縮減してはならないとしてきた。この「効力維持的

---

25)　支配的見解に分類可能な学説として、次のものを参照。Ulmer [1981]; Bunte [1982]; ders. [1984]; Lindacher [1983]; Schmidt, H. [1986]; Neumann [1988]; Coester-Waltjen [1988]; Schlachter [1989]; Walter F. Lindacher/Wolfgang Hau in: Wolf/Lindacher/Pfeiffer [2013], § 306 Rn. 14ff.; Harry Schmidt in: Ulmer/Brandner/Hensen [2016], § 306 Rn. 11ff., 24ff. などを参照。

縮減の禁止」と呼ばれる法理は、BGH 第 7 民事部 1982 年 5 月 17 日判決（BGHZ 84, 109）[26]をリーディングケースとして、判例により確立された[27]。もっとも、学説においては、この禁止法理を批判する見解も有力である（批判の要点については、後述）[28]。

効力維持的縮減の禁止を支える論拠として一般に挙げられてきたのは、法文に関する論拠を除いて、次のような論拠である。

①予防思想[29]

効力維持的縮減によって全部無効のリスクが約款使用者から取り去られると、不相当な条項を使用する誘因が働き、適正な約款が使用されなくなる。逆に、適正な約款の使用を促すには、約款使用者に全部

---

26) 本裁判例の事案は、次のようなものであった。すなわち、葬儀社を営む Y は、X に対して、広告用ステッカー 5,000 枚の印刷および配布を、1 年あたり実額 3,000 マルクで注文した。当該注文は、X が用意した注文書式により、5 年間継続し、その間解約告知権が認められないものとされた。しかしながら、Y は、注文の翌日に、注文を撤回した。これに対して、初版のステッカーを作製・配布した X が、Y に代金の支払いを請求したため、5 年間の解約告知権排除の有効性が争われることとなった。1 審は、X の請求を認容したが、原審は、当該解約告知権の排除を無効とし、請求を一部のみ認容した。そこで、X が上告した。

BGH は、請負契約における 5 年間の解約告知権排除を、契約相手方を 2 年よりも長く拘束する契約期間の定めを無効とする AGBG 11 条 12 号 a（現 BGB 309 条 9 号 a）に抵触するとした。そうすると、5 年間の解約告知権排除全体が無効となるのか、それとも、法が規定する 2 年を超える限りにおいて無効なのか、という問題が生じる。この問題について、BGH は、次のような理由から、5 年間の解約告知権排除全体を無効とした。すなわち、① AGBG 9 条〜11 条の文言から、違法な条項の一部維持を導き出すことはできない。これらの法規定は、むしろ常に個別条項の無効を定めている。②違法な条項が「ぎりぎりなお認められる程度で」維持される場合には、実務において使用・推奨される約款の相当な内容を達成することを目指し、顧客に約款から生じる権利義務についての適切な情報を得させるという、AGBG の目的が達成されない。その場合には、相手方が過剰な条項に直面することが妨げられないだろう。③約款使用者にできる限り有利であり、他方で、ぎりぎりなお法的に許容される約款の表現を発見することは、裁判所の任務ではない、④そうすると、両当事者が、解約告知の排除が許容されないことを知っていた場合に、いかなる期間を選択したか、を確定することができない。以上が、その理由である（厳密にいえば、上記③・④の判示は、補充的契約解釈の可能性についてされたものである）。

27) そうこうするうちに、効力維持的縮減の禁止は、EuGH 2012 年 6 月 14 日判決（NJW 2012, 2257）により、ヨーロッパ法のレベルでの判例として確立されることとなった。この裁判例については、フランス法の文脈において、大澤彩［2014］267 頁以下により、取り扱われている。ドイツ法の文脈において、この判決が効力維持的縮減の禁止を述べたものとして位置づけられていることについては、Stoffels［2015］, Rn. 614b、BGH 第 8 民事部 2013 年 1 月 23 日判決（NJW 2013, 991）などを参照。

28) Kötz［1979］; Witte［1983］; Hager［1983］; ders.［1996］; Medicus［1987］; Roth［1989］; ders.［1994］; Boemke-Albrecht［1989］; Canaris［1990］; von Mettenheim［1996］; Mayer［2000］; Uffmann［2010］などを参照。

29) 前掲注 26) ②に対応する。

無効のリスクを課すべきである。
②透明性の要請[30]
　上記①の結果、効力維持的縮減を認めると、契約相手方は、もはや約款から自らの真の権利義務について情報を得ることができなくなる。
③裁判官の役割[31]
　約款使用者にできるだけ有利な規律を認めることで、約款使用者の利益の代弁者となることは、裁判官の任務ではない。
④差止訴訟との関係[32]
　さらに、UKlaG（2001年以前は、AGBG 13条以下）に基づく差止訴訟に関する配慮も、効力維持的縮減の禁止を支える論拠として挙げられてきたところである。すなわち、仮に差止訴訟において効力維持的縮減が行われるならば、原告は、条項が一義的に無効であっても一部棄却のリスクに曝され、その結果として相応の訴訟費用を負担しなければならなくなる、といった懸念が示されている。そして、差止訴訟において効力維持的縮減を認めないならば、UKlaG11条（AGBG 21条）が差止判決の効力の個別訴訟への拡張を規定しているので、個別訴訟においてもできるだけ同様の扱いをすべきである、とされる。

以上が、本論の前提となるドイツ法の簡単な説明である。本書においては、ここで紹介したような効力維持的縮減の禁止に関する諸論拠を直接的に検討するのではなく、既述のように、この禁止法理の前後に存在する諸問題に焦点を合わせる。そのことにより、同禁止法理の輪郭も、これまで以上に明らかになるのではないか、と考える。

III　本書の構成

本書においては、先に挙示した諸問題を、次のような構成で取り扱う。

---

30)　前掲注26）②に対応する。
31)　前掲注26）③に対応する。
32)　Ulmer [1981], 2029を参照。

1　不当条項規制の対象の画定（第 1 部）

　第 1 部においては、何が 1 つの「条項」として把握されるのか、という問題を扱う。

　第 1 章では、この問題が、どのような意義を有しており、また、どのような基準によって判断されるのか、を検討する。関連するドイツ法の議論を概説すると、判例・支配的見解は、効力維持的縮減の禁止と区別して、「少なくとも文言上可分な条項については、規制に抵触しない部分が存続する」としてきた。しかしながら、このような処理に対しては、可分な条項の一部無効と効力維持的縮減の禁止とが適切に限界づけられていないのではないか、などの批判がある。第 1 章においては、この点に関するドイツ法の学説・判例を検討する。

　第 2 章においては、包括的な条項表現に対する処理を検討する。従来の条項一部無効・全部無効論において設例としてよく用いられてきたのが、「事業者は一切の責任を負わない」という条項が、故意・重過失免責を禁じる規範に照らして、全部無効とされるのか、それとも軽過失免責の部分を除いて無効とされるのか、という問題であった（消費者契約法 8 条の適用を前提とするならば、「事業者の責任限度額は、○○とする」という趣旨の条項が、故意・重過失の場合についてのみ無効となるのか、という例題が立てられよう）[33]。しかしながら、このような条項表現を条項一部無効・全部無効の問題として処理することは、当該表現が一体的に規制の対象となっていることを前提とする。第 2 章では、第 1 章での検討を踏まえ、この前提が正当であるか、について検討する。その際、事後的審査と呼ばれる条項審査の方法に焦点を合わせる。この審査方法は、包括的な表現を有する条項を、事後的に現実化した事実経過に即して評価するというものである。例えば、上記の免責条項は、軽過失による契約違反に関する紛争では、不当条項と評価されないことになる。このような処理は、条項一部無効の結果として従来想定されてきたところと重なるものである。この審査方法が「条項」の画定や条項一部無効論とどのような関係にあるかを検討することも、第 2

---

[33]　山本敬［1999］26 頁、河上［1988］376 頁、潮見［2004-2］271 頁などを参照。

章の眼目である。

　第1部の最後に、差止訴訟における「条項」の画定や一部無効条項の処理を検討する。ドイツにおいては、前述のように、差止訴訟における処理が、効力維持的縮減の禁止の根拠の1つとされてきたが、その是非を論じるには、差止訴訟において一部無効条項がどのように処理されるべきか、また、処理の前提として、規制対象がどのように画定されるべきか、を明らかにする必要がある。これらの問題は、日本法においても、条項一部無効の効果を定める消費者契約法9条に該当する条項の差止めを認める裁判例などが登場しているだけに、解決が要請される実践的な問題である。もっとも、ここでの問題は、直接的には請求の趣旨や判決における差止め範囲の確定にかかわるものであり、契約の修正に焦点を合わせる本書の直接の主題ではないため、補論として位置づける。

2　不当条項に代わる規律の確定（第2部）

　第2部では、不当条項に代わる規律（本書においては、「代替規律 Ersatzregelung」と呼ぶ）がどのように定められるか、という問題を検討する。この問題には、先に提示した無効部分補充の問題の他、第1部で扱う「条項」の画定の問題と適切に区別された条項一部無効・全部無効の問題も含まれる。

　検討の素材としては、ドイツ法における補充的契約解釈をめぐる議論を取り扱う。先にも少し述べたが、ドイツの判例・支配的見解は、効力維持的縮減を否定する一方、条項無効後の無効部分の補充について、任意規定の適用と補充的契約解釈という2段階の判断枠組みを採用している。しかしながら、無効部分の補充において補充的契約解釈を認めることに対しては、効力維持的縮減を認めることと異ならないのではないか、という疑問が呈されており、縮減を支持する側からの主要な攻撃点となっている。ところが、我が国の従来の議論においては、効力維持的縮減の是非についての議論が条項一部無効・全部無効論として受容されてきた一方、補充的契約解釈をめぐる議論については、詳細な検討が加えられてこなかった。そこで、本書においては、この部分のドイツ法の検討を行う。

第1章では、任意規定・補充的契約解釈という補充枠組みを確立した判例のリーディングケースとして位置づけられ、第2時価条項判決と呼ばれているBGH第8民事部1984年2月1日判決（BGHZ 90, 69）と、同判決に関連する1990年代初頭までの学説・裁判例を検討する。時価条項の問題は、ドイツにおいて内容規制効果論が最も盛んに論じられた時期において、議論の中心にあった具体的事例である。しかしながら、この問題は、我が国において、これまで詳細には取り扱われてこなかった[34]。第1章においては、この問題に関する法状況を整理するとともに、内容規制の効果において行われる補充的契約解釈を分析する。

　第2章では、さらに近年に至るまでのドイツ最上級審裁判例の動向を追跡する。第2時価条項判決は、無効部分を補充するための補充的契約解釈の問題を終息させたというものではなく、むしろ近年においても、補充的契約解釈に関する最上級審裁判例が登場し、その是非が問われている。そこには、第2時価条項判決との整合性が問題となる、新たな判例の展開も含まれている。それらの裁判例の動向を分析することで、第1章（および前提となる第1部）の検討結果を追試するとともに、さらなる知見を引き出すことが、第2章の目的である。

3　救済条項の法的処理（第3部）

　第3部においては、救済条項の法的処理を検討する。救済条項は、不当条項規制の効果論に対して、次のような問題を投げかける。すなわち、第2部までにおいて論じる判断構造に対して、当事者（条項使用者）は、契約条項によってこれと異なる規制の効果をもたらすことができるか、という問題である。既述のように、効力維持的縮減の禁止に関して、裁判官の権限をどのように考えるか、が議論のポイントの1つとなっている。仮に、第1部および第2部で論じる法的枠組みが、裁判官の判断過程を拘束するものに過ぎないのであれば、救済条項の使用は、制限されない可能性がある。このような形で、救済条項の処理は、不当条項規制の効果論に影響を与え

---

34)　第2時価条項判決の簡単な紹介は、中川［2001-2002］(2) 18頁以下などに見られる。

なお、既述のように、ドイツにおいてAGBGは、2001年の債務法現代化に伴いBGBに統合されており、その前後で参照条文が異なる。また、内容的な改正も、しばしば行われてきている。本書を構成する各部・各章においては、より精確を期すため、そのつど取り扱う議論の当時における条文を主として参照し、対応する現在または過去の条文については、括弧書きで示すことにする。また、主要な参照条文の邦訳については、巻末に資料として掲載する。

Ⅳ　本書のねらい

　以上のような諸問題の検討を通じて、本書がねらいとするところは、次のとおりである。

　まず、不当条項規制効果論のうち、契約そのものは維持されることを前提として、契約内容の修正が問題となる限りにおいて、その判断構造を明らかにすることである。一部無効の問題に関する判断過程の構造化の必要性は、従来から指摘されている[35]。そこでは、「方法論的諸制度の適否とあるべき内容・射程を背景にある諸原理・諸価値の分析と衡量を通して明らかにし、契約の法律効果確定を合理的に遂行するための統一的な方法論的枠組みを構築すること」という課題が提示され、そのような枠組み構築には、「法適用の過程を段階的に分節し、何をどこでどのように評価・判断すればよいかを予め示すことによって、評価者・判断者がレベルの異なる問題にまどわされ混乱することなく基礎づけ可能な結論を導くことを担保するという役割」があるとされる。本書は、不当条項規制による契約の修正に関する限りにおいて、このような課題にアプローチするものである。とりわけ第1部および第2部が、この課題に対応する。

　次に、不当条項規制の効果確定において、法・裁判官・当事者の各アクターが、それぞれどのような役割・機能を果たすのかを、明らかにするこ

---

35)　山本敬[1990](1)15頁以下。

とである。不当条項規制は、（一方的にではあるが）当事者が決めた契約内容に対する法的規制であるところ、法規範がどのように契約内容に介入するのか、が問題とされなければならない。また、裁判手続きを念頭に置く限り、法適用者たる裁判官がどのような役割・機能を有しているのか、が問われる。このことは、既に見たように、条項一部無効・全部無効論またはドイツ法上の効力維持的縮減の禁止に関する議論において、言及されている。さらに、当事者が規制効果の確定にどのように関与しうるか（または関与しえないのか）、が問われる。本書の関心は、とりわけこの問題に向いている。第 1 部では、当事者が「条項」の範囲を自由に決定することができるか、が問われる。第 2 部では、代替規律の確定において無効条項の趣旨がどの程度尊重されるかという形で、当事者の自律的契機が問題となる。第 3 部は、当事者が代替規律を自由に決定することができるか、あるいは、その決定方法を自由に定めておくことができるか、を問題とする[36]。

　最後に、本書の資料的な眼目として、現在に至るまでのドイツ約款法の状況をフォローすることがある。我が国の従来の議論は、ドイツ学説において内容規制の効果論が最も盛んに論じられた 1976 年の AGBG 制定から 1980 年代までの法状況を、主に参考にしてきた。これに対して、その後現在に至るまでの時期におけるドイツ法の展開は、ほとんど追跡されてこなかった。しかしながら、ドイツ法の展開は、上記の期間において終了したというわけではなく、今世紀に入って以降もなお、とりわけ、その是非が問われる様々な最上級審裁判例を中心に、法状況が動いている。そのような近時の展開を紹介することも、本書のねらいとするところである。

36）　当事者の役割に関するもう 1 つの問題として、無効条項の変更の問題がある。そこでは、裁判手続きにおける契約内容の修正と裁判外における条項使用者のイニシアティブによる無効条項の変更とが対比され、後者に関する規律のあり方が問われる。この問題については、本書に収録しなかった武田［2018］を参照のこと。

第1部
不当条項規制の対象の画定

第1章

規制対象の画定の意義と基準

第1節 / 序　論

第1項　問題の所在

　序章で述べたように、不当条項規制の効果論においては、一部が違法な条項が存在する場合に、当該条項を全部無効とすべきか、一部無効に留めるべきか、が論じられてきたが、その前提として、そもそも何を1個の条項と見るべきか、という問題が存在する。この問題を指摘した我が国の先行研究は、次のように論じている[1]。

　すなわち、どの範囲まで無効とすべきかという無効範囲の確定における第1の問題として、無効判断の対象となる条項の確定がある。異なる条項を区別する基準として、「まず考えられるのは、当事者が実際に契約書や約款中でおこなった条文構成を手がかりとする方法である」が、「それをそのまま基準とすると、可能なかぎり多くの条文に書き分けさえすれば、無効となる範囲を限定できることにな〔り〕……、契約書や約款が見通せないほど大部なものとなる恐れがある」。有効な条項と無効な条項とを区別することが目的なのだから、「その区別の基準も、別個の無効判断が可能かどうかというところに求められる」。例えば、商品の信用売買において、購入者が①個人の特定情報または②信用状態につき不実告知した場合に、売主は契約を解除できるとする条項は、それぞれの解除事由ごとに独立した無効判断が可能である。

---

1)　山本敬［1999］25頁以下を参照。

第2の問題は、「そのようにして特定された1個の契約条項の一部が不当である場合に、その条項の全部が無効となるのか、一部のみが無効となるのかである」。「契約自由の原則によると、当事者のおこなった契約はできるかぎり尊重することが要請され……契約自由に対する介入はあくまでも必要最小限度にとどめる必要がある」。「しかし、消費者契約に関するかぎり、こうした一般原則は修正する必要がある」。「予防・制裁ないし帰責……という観点を重視するならば、……条項の全部無効を認めるべきだということになる」。このような一般論とともに、具体例として、「事業者がいっさい責任を負わないと定めた免責条項は、全部無効となるのか、それとも故意・重過失免責を定めた部分のみが無効となるのか」という問題が挙げられている。
　このような議論は、ドイツ約款法における支配的見解を参考にしたものと推察されるが、直ちに次のような疑問が生じる。
　第1に、商品の信用売買における解除条項の例について、上記①・②をともに無効とすれば、予防機能がより働くのではないか、という疑問が生じる。これは、つまり、条項を確定した場合に、なぜ無効範囲は当該条項以上に広がりえないのか、という問題である。条項を確定したうえで、それが全部無効となるのか、一部無効となるのかという判断枠組みは、当該条項以上に無効範囲が広がりえないことを、暗黙の了解にしている。しかしながら、この点は、理由なしに済ますことができないのではないか。
　第2に、免責条項の例においても、故意・重過失免責と軽過失免責とを区別し、前者のみに無効判断を下すことはできないのか、という疑問がある。さらに、条項使用者自身が故意・重過失免責と軽過失免責とを区別して規定していた場合はどうなるのかも、問われる。このような疑問が出てくるのは、無効判断の対象となる条項を確定する具体的な基準が、なお不明確だからである。「別個の無効判断が可能かどうか」が基準になるといっても、免責条項においても、故意・重過失免責と軽過失免責とは、別個に無効判断の対象となるといえてしまうのではないか。そうすると、この基準は、基準として不十分ということになりはしないか。
　本章においては、これらの疑問を解消するため、無効範囲の確定におけ

る第1の問題として位置づけられている「条項の確定」に焦点を合わせて、この判断段階がいかなる意味をもつのか、また、この判断がいかなる基準によって行われるのか、を検討する。このような「条項の確定」の問題に対する解答の困難さは、債権法改正作業において条項一部無効の論点が脱落した1つの理由として挙げられている[2]。本書の検討は、立法過程において積み残された問題に、一定の答えを与えることになる。

第2項　検討の方法

　本章では、これらの問題につき、ドイツ約款法における議論をもとにして検討を加える。先に述べたとおり、「条項の確定」という問題の指摘は、ドイツ法から示唆を得たものと推察される。しかしながら、ドイツ法が実際にどのような状況にあるのかは、これまでのところ、詳細には紹介されてこなかった。そこで、ドイツ法の議論を扱うことにより、比較法的な資料を提供するとともに、上記の問題について示唆を得ようというのが、本章のねらいとするところである。

　ドイツ法の状況整理に当たっては、まず、AGBGの制定（1976年）から今日のドイツにおける支配的見解が形成されるに至る時期（1980年代中頃）までの議論に焦点を合わせて、学説における諸見解を整理する（第2節）。というのは、この時期に主張された諸見解を比較することが、問題を分析する上で有用であり、また、その後の学説における議論は、基本的に、この時期の議論を大きく超えるものではないからである。学説に続いて、この問題に関する判例の状況を整理する（第3節）。その際、詳しく取り上げる裁判例については、判例法理の形成にかかわる若干のものに留める。さらなる裁判例の分析については、第2部第2章において、補充的契約解釈に関する分析の前提として、本章の検討を踏まえて行う。

　序論の最後に、問題を指し示す用語について説明する。ここまで、本章の検討課題を「条項の確定」と呼んできたが、ドイツ法の検討においては、

---

[2]　中間試案補足説明51頁。

「規制対象の画定」という語を用いる。これは、次のような理由による。すなわち、まず、先に紹介した日本法の議論において、「条項」という語は、個別に無効判断の対象となるものという意味で使用されている。精確にいえば、「無効」というのは、不当条項規制によって生じる法律効果であり、法的判断がされるのは、当該条項が不当であるか否か、換言すると違法か適法かという点である。したがって、「条項」という言葉が指示しているのは、個別にそのような違法性評価の対象となるものである、といえる。ところが、本章が検討の対象とするドイツ法の議論において、「条項」（Klausel）という語は、必ずしも個別の違法性評価対象を指して使用されてきたわけではない。そこで、ドイツ法の文脈において個別の評価対象を意味するのに、「条項」という語に代えて、端的に「規制対象」という語を用いることにする（もっとも、本章の最後に述べるように、日本法においては「条項」という言葉を用いてよいと考える）。また、ドイツ法でこの問題を論じる際にしばしば使用される Abgrenzung の語義を考慮して、「確定」ではなく「画定」という語を用いる。

第2節 / ドイツ学説における議論

第1項 学説の状況

I 初期の条項画定論
1 アイケ・シュミットの見解

効力維持的縮減の禁止法理につながる一部が違法な条項の処理に関する問題は、AGBG の制定直後から、活発に議論されるようになった。もっとも、当初は、何をもって1つの条項と考えるべきかという問題意識は希薄であり、もっぱら、条項の全体を無効とすべきか、一部を無効とすべきか、が議論された。この時期の議論においても、そのような条項を部分的に維持することは許されないとする見解が学説の多数を占めていたが、前提として何を1つの条項と見るかは、論じられていなかった[3]。このことは、一部無効を肯定する論者においても同様であった[4]。

そのような中、「条項」(Klausel) の問題を初めて意識的に論じたのが、アイケ・シュミット (Eike Schmidt) である[5]。E. シュミットは、それまで一部が違法な条項の処理の問題として論じられてきた中に、条項の可分性の問題と縮減の問題とが混在していることを指摘した。前者においては、異議を唱えられるべき規律と問題のない規律とを含む条項の一部無効、そして、その一部無効が条項全体にもたらす効果が問題となるが[6]、後者においては、全体として AGBG に違反する条項が問題であり、それに代わっていかなる契約条件（代替規律）が妥当するか、が問題である[7]。そうすると、可分な条項と不可分な条項との区別が問題となるが、この問題の前提として、そもそも「条項」とは何なのか（条項概念）を明確にしておく必要があるとした[8]。そこで、次のように論じている。

まず、当該約款の区分けに注目し、完全に形式的に、約款使用者が分節化したもの、もしくは番号や記号によって項目分けしたものを、個別の条項とすることが考えられる。しかしながら、このような外形に応じた区分によると、約款使用者は、約款を細分化することによって、規制の効果を限定しうるということになる。器用な約款使用者であれば、同一の事柄について、まず不当な規定を置き、ついで予備的になお適法な規定を置くことで、前者が無効とされても後者を存続させようとすることが考えられる。このような問題点があるために、外形的な条項概念を採用することはできない[9]。

そこで、「統一的な事物連関」(der einheitliche Sachzusammenhang) という

---

3) Walter Löwe in: Löwe/Graf von Westphalen/Trinkner [1977], §6 Rn. 2; ders. [1977], 424 Fn. 23; Peter Schlosser in: Schlosser/Coester-Waltjen/Graba [1977], §6 Rn. 9; Stein [1977], §6 Rn. 13; Koch/Stübing [1977], §9 Rn. 36 などを参照。
4) Kötz [1979], 785; Schmidt-Salzer [1977], 197ff.; Peter Ulmer in: Ulmer/Brandner/Hensen [1978], §6 Rn. 20 などを参照。
5) Schmidt, E. [1980], 401. なお、E. シュミット以前に、約款使用者が意図した規定の個数を無効部分の画定の基準にしようとするエーベル (Hermann Ebel) の議論があるが、どのような基準をもって規定の個数を決定するのかについて、立ち入った検討はされていない (Ebel [1979], 1973 を参照)。
6) Schmidt, E. [1980], 401.
7) Schmidt, E. [1980], 404.
8) Schmidt, E. [1980], 402.
9) Schmidt, E. [1980], 402.

実質的な基準をもって、条項を画定することが、提案される。この基準は、次のように具体化される。すなわち、第 1 に、不当条項リストである AGBG 10 条・11 条（現 BGB308 条・309 条）が手掛かりとされ、約款中の規定位置にかかわらず、これらの法条に規定された個別の事項を規律する全ての規定が、単一の条項となる。その根拠として、①AGBG 10 条・11 条における禁止条項の列挙が、通常、約款において規定される事柄の大部分を把握しているほどに網羅的であること、②そこでは、規制が不適切な拡張なしに実効的に行われうるほどに、規律領域が細分化されていることが挙げられる。また、AGBG 10 条・11 条の文体や細分化の程度は、一般条項である AGBG 9 条によって評価される条項の独立性を判断する場合にも、モデルとして役立つとする。第 2 に、法律効果が共通している場合でも、要件が異なる場合には、それぞれ独立の条項であるとする[10]。

　E. シュミットは、このような条項概念をもとに、条項の可分性の問題についても、同様の考え方を継続することで処理することができるとする。つまり、条項が可分であるといえるのは、同一の事項について複数の下位の事項が規定されており、そのうちのいくつかが脱落しても、その他の事項が意味を失わない場合に限られる。このような場合には、条項の一部が無効であっても、残部の有効性は影響を受けない。他方で、条項の対象となる給付や給付方式が可分であっても、直ちに条項それ自体が可分であるとは帰結されない。また、包括的な規律については、細分化されておらず、不可分である。したがって、例えば、複数の事由について約款使用者の解除権を留保する条項において、そのうちの 1 つの事由に基づく解除権留保が、AGBG 10 条 3 号に基づいて実質的に正当化されないものと評価される場合、当該条項は、個別の解除事由ごとに可分であり、その他の事由に基づく解除権は存続する。これに対して、期間や損害賠償の予定額を細分化することはできないし、「約款使用者はいかなる場合にも損害賠償義務を負わない」というような包括的な免責条項も、不可分であることになる。これに対して、履行補助者のあらゆる過失について責任を排除するとともに、

---

10) Schmidt, E. [1980], 402f..

約款使用者の軽過失について責任を制限する条項は、可分であるとされている[11]。この処理が、履行補助者と約款使用者の人的相違に注目した結果であるのか、それとも、重過失免責と軽過失免責の相違に注目した結果であるのかは、明らかでない[12]。

さらに、以上の処理に対して、条項全部無効を要請する理由は、存在しないとする。まず、不当条項の使用者を処罰するという考え方は、そもそも問題にならない。これを理由に全部無効を強いるならば、個別条項の無効につき約款全体が無効となるはずだが、法律がそのように規定していない以上、条項の一部無効は、この理由によっては条項全体の無効をもたらさない。また、透明性の要請についても、それ自体としてわかりやすく細分化されている規定だけが可分な条項とされ、包括的な条項や相矛盾する条項[13]は作成者の不利になるのだから、既に考慮されている。さらに、このように考えると、熟練の法律スタッフを有する約款使用者が有利になるのではないかという点についても、AGBGによる規制は、もっぱら同法の定める枠を超えたことに向けられているのであり、その枠内で約款使用者が自己の利益を確保することは問題にならない、とする[14]。

これに対して、不可分な条項がAGBGに違反する場合には、前述のように、当該条項が全体として脱落し、その代わりにいかなる代替規律によって契約が維持されるか、が問題とされる。この点、AGBGが定める許容される条項の最低水準をもって維持すること（効力維持的縮減）と、任意法の条件をもって維持することとが考えられる。E. シュミットは、約款使用者

---

11) Schmidt, E. [1980], 403.
12) 同時期にE. シュミットの議論を支持したリンダッハー（Walter F. Lindacher）は、この問題について次のように主張した（Walter F. Lindacher in: Wolf/Horn/Lindacher [1984], §6 Rn. 15）。すなわち、約款使用者と契約相手方との個別関係に関しては、条項が細分化されている場合に、およそ全ての下位の点について、有効性の問題が個別に回答されるのは適切ではない。具体的には、約款において補助者の「重過失および軽過失について」責任を排除する約款使用者は、従業員の「過失について」責任を排除する約款使用者よりも、有利に扱われえない、と。この記述は、同コンメンタールの最新版においても、維持されている（Walter F. Lindacher/Wolfgang Hau in: Wolf/Lindacher/Pfeiffer [2013], §306 Rn. 40）。
13) E. シュミットは、同一事項につき、第1に違法な条項を規定し、第2に適法な条項を置くことで、無効範囲を前者に限定しようとする型の救済条項について、両者をまとめて1つの条項と評価することで対処することができると考える（Schmidt, E. [1980], 402）。
14) Schmidt, E. [1980], 403f..

と契約相手方の力の格差に鑑みて、約款使用者に高められた無効リスクを課すことで、約款使用者の優位性に対する契約相手方への補償とするとの考慮から、後者を支持している[15]。

2　ヴィッテの見解

条項を画定したうえで、一部が違法な条項の処理を、条項の可分性の問題と縮減を含む代替規律の問題とに分けるという判断枠組みは、ヴィッテ（Peter Josef Witte）の議論に引き継がれている[16]。もっとも、ヴィッテの見解は、E. シュミットと同様の枠組みを採用する一方、いくつか異なる点があるので、それらの点に留意しながら、全体像を確認していく。

はじめに、条項の画定について、ヴィッテもまた、当該約款の条項番号などに従った形式的基準ではなく、実質的基準によるべきであるとするが、既にこの段階で、E. シュミットの議論との間に相違が見られる。まず、具体的な判断基準として、E. シュミットが論じるように、AGBG 10条・11条を手掛かりとし、要件の細分化に注目するだけでは十分ではなく、全ての個別の法律効果が独立した条項の対象となるとしている[17]。この点、E. シュミットは、具体的な代替規律を規定しておくタイプの救済条項の問題（詳細は、第3部を参照）をここで処理すべく、効果における細分化を条項概念のメルクマールから外したのではないか、と推測されるが[18]、これに対して、ヴィッテは救済条項の問題を別に処理している点が、両者の評価を分けているのではないか、と考えられる[19]。さらに、具体例として、E. シュミットが可分性の問題に位置づける複数の事由についての解除権留保に関して、要件の細分化に注目するならば、解除事由と同じ数の独立した条項があるとする[20]。他方で、包括的に規律された約款の処理については、やはり形式的な顧慮が働くとする。すなわち、実際の約款が条項画定の限界

---

15) Schmidt, E. [1980], 404f..
16) Witte [1983], 98ff..
17) Witte [1983], 104f..
18) 前掲注13) を参照。
19) Witte [1983], 276ff..
20) Witte [1983], 103.

となるのであり、それだけが審査の対象となる、と。この限りで、約款使用者は、約款を精確・詳細に規律することによって、独立した条項の内容を決定することができるとする[21]。

つづいて、可分性および効力維持的縮減の問題の位置づけにおいても、ヴィッテの見解には、E. シュミットとの相違が存在する。

まず、可分性の問題は、包括的な条項の分割の問題として位置づけられる。ヴィッテは、包括的な条項もまた、法律および判例・学説、生活事実を手掛かりに実質的基準に従って分割することができ、分割された条項部分のうちで、相当なものは維持され、不相当なものは脱落するとしている。このことは、契約への最小介入の原理[22]によって正当化されている。ヴィッテによれば、この原理は、瑕疵あることの効果は絶対に必要な程度に限定されるべきであるという法的安定性・明確性に基づく原理であり、AGBG 6 条 1 項の基礎にある。隣接する別の部分が不相当であるというだけで、顧客がそれ自体から理解することができる独立した規律部分を非難することは、法的安定性の観点から不合理であるし、現に存在するものを維持する方が、欠缺を補充するよりも容易であり、最も明確であるとする[23]。

これに対して、量的過剰性を含む条項の処理が、効力維持的縮減の問題となる。ヴィッテは、次のようなゲッツ（Heinrich Götz）[24]の見解を引合いに出して、このような条項は不可分であるとする。すなわち、ゲッツは、一部が違法な条項の無効範囲は、当該条項を有効な部分と無効な部分とに分割することができるかによって決まるとするが、そもそもどの部分が無効なのかを問題とする。そして、無効な部分を画定するに際しては、無効を基礎づける規範の要件を考慮する必要があり、法律行為の構成要素のうち無効の決定について重要な全てのものが、無効部分に含まれるとする。このことから、量的過剰性が問題となる場合には、給付内容のうち許容さ

---

21) Witte [1983], 105ff..
22) Witte [1983], 247ff..
23) Witte [1983], 108ff., 263ff..
24) Götz [1978], 2223.

れる枠を超える部分だけでなく、適法な限界内に留まる部分も、無効部分に属することになる。というのは、両者のいずれかをないものと考えると、無効であるとの非難を向けることができなくなるか、少なくともそのような非難が弱まるからである。このような構成要素間の因果関係によって、有効な部分と無効な部分の分解が排除されるとする[25)][26)]。

また、ヴィッテは、最小介入の原理を、可分な条項の処理と同様に効力維持的縮減を正当化するものではない、とする。というのは、この原理の基礎にある法的安定性・明確性の観点からして、可分な条項と同じようにいうことができないからである。たしかに、最小介入の原理は、効力維持的縮減においても、全部破棄・任意法の妥当よりも実質的に小さく契約に介入することを要請する。しかしながら、内容規制規範は、濫用限界を規定するが、立法者が相当な条項内容と考えたものではないため、無効な条項の代わりにいかなる規律が妥当するか、が明確にならない。この点で、効力維持的縮減は、予見可能性や法的安定性を欠く。また、濫用の危険を防止することが困難であり、裁判官が約款使用者の手先となる可能性も含む。これらの考慮から、効力維持的縮減は、相当な程度への縮減としてのみ認められ、さらに、意図的な濫用に対処するため、一義的な法律上の制限または最上級審判例に違反する場合には、相当な程度への縮減も禁止されるとする[27)]。

Ⅱ 条項画定論に対する批判

かくして、ドイツ約款法における当初の議論においては、一部が違法な

---

25) Götz [1978], 2226. ただし、当該禁止規範の保護目的または信義誠実に照らして全部無効が不都合であると考えられる場合には、無効部分の画定準則が後退し、縮減が認められるとする。
26) この考え方によると、例えば、相手方を5年間契約に拘束する旨の条項は、AGBG 11条12号a（現BGB309条9号a）が長過ぎる期間を規制する趣旨であるとすると、全体として無効となり、2年に限り有効とはならない。これに対して、複数の事由を挙げる解除権留保条項は、そこに規定されている解除事由と同じ数の個別規律に分割される。また、免責条項についても、重過失免責と軽過失免責の集積ではなく、重過失による加害の重大性がAGBG 11条7号（現BGB309条7号b）の根拠であるという理由から、両者の間に無効を基礎づける因果関係はないということになる。ゲッツによれば、この結論は、軽過失免責が個別に規定されているか、より包括的な表現の免責条項から導かれるかに、左右されない（Götz [1978], 2226）。
27) Witte [1983], 135ff., 265ff..

条項の処理における可分性の問題と縮減の問題とを区別する前提として、条項画定の問題が指摘された。このような問題区分に対しては、直ちに次のような疑問が生じる。すなわち、第1に、論者が主張している基準によって、条項を一義的に画定することができるのか、第2に、条項を画定したうえでその可分性を問うという判断枠組みにおいては、条項の画定にいかなる意味も見出されないのではないか、という疑問である。そのため、上記の条項画定論に対しては、次のような批判的見解が提起された。

まず、ウルマー（Peter Ulmer）は、E. シュミットが提案する実質的な基準による条項の画定に対して、やはり形式的であると、批判の目を向けた。すなわち、AGBG 10条・11条を基準として画定されるところの「事物連関」または「規律領域」は、これらの条文の偶然の配置や表現に左右され、同様に形式的である。そのうえ、E. シュミットは、AGBG 10条・11条において1つの号に規定されている解除や責任制限について、単に外形的に分割された規律の一部無効を認めており、実質的な分割を一貫させていない、と批判した[28]。

さらに、ハーガー（Johannes Hager）もまた、E. シュミットが、実質的な条項概念を基礎としながら、同一の事柄について下位分割がされていれば条項の可分性を認めることは、形式的であり首尾一貫していないと批判した。とりわけ、予防思想に基づいて条項全部無効を要請するならば[29]、約款使用者が約款をうまく分割することで無効範囲を限定しうることになり、問題があるとする[30]。さらに、AGBG 10条以下に依拠して条項を画定することについても、実質的基準といっても複数のものが考えられ、具体的な基準が依然として不明である、という問題が残るとする[31]。例えば、BGB 旧635条[32]による責任を排除する条項について、仕事の瑕疵に基づく請負

---

28) Ulmer [1981], 2032.
29) この点は、E. シュミットが予防思想に依拠した条項全部無効論を展開したわけではなく、そのような条項全部無効論一般に対する批判である。
30) Hager [1983], 66.
31) この点については、Hager [1996], 177 も参照。
32) BGB 旧635条
　　仕事の瑕疵が請負人の責めに帰すべき事情に基づく場合に、注文者は、解除または代金減額に代えて、不履行による損害賠償を請求することができる。

人の損害賠償義務という同条の規律対象を独立の規律領域と見るならば、そのような条項が AGBG 11 条 11 号[33]に違反する場合、条項全部無効としなければならない。これに対して、同号の規律する性質保証責任を独立した規律領域と見るならば、同じ条項が、保証された性質の欠如が問題となる限りにおいて、無効となるはずだとする[34]。また、AGBG 11 条 7 号と同条 11 号との間でも、規律領域の重複を指摘する[35]。

　これらの批判を展開した論者は、何が 1 つの条項であるかをもはや問題とせず、端的に一部無効ないし効力維持的縮減の可能性を論じている。そして、その際に、裁判官による契約内容の形成を限界づけるという発想から、形式的に問題を処理しようとする。

　まず、ウルマーは、単に可分であるに過ぎない条項か、文言において既に分割されている条項かだけを考慮し、前者について効力維持的縮減は認められないが[36]、後者については一部無効が承認されるとする[37]。単に可分な条項の効力維持的縮減においては、裁判官が契約内容の形成に介入することになるが、約款をできる限り維持することは、裁判官を約款使用者の代弁者とすることになり、認められない。これに対して、文言において既に分割されている条項においては、無効を文言上不相当な部分に限定することができるため、裁判官の介入が問題にならないとする。さらに、AGBG の保護目的に支えられた実質的理由から不可避である場合にのみ、実質的な基準による条項分割が行われなければならないとする。この点、実質的な分割を要請する理由は、AGBG 2 条（現 BGB305 条 2 項・3 項）および 7 条（現 BGB306 a 条）の他に存在しない。条項を有効な部分と無効な部分とに細かく分割することで、約款使用者が常になお有利に扱われること

---

33) AGBG 11 条　評価の余地のない禁止条項
　　普通取引約款において、次のものは無効である。
　　11.（保証された性質についての責任）
　　売買・請負または製作物供給契約において、保証された性質の欠如を理由とする、民法典 463 条・480 条 2 項・635 条に基づく約款使用者に対する損害賠償請求権を、排除または制限する規定。
34) Hager [1983], 67, Fn. 23.
35) Hager [1983], 72.
36) Ulmer [1981], 2027ff..
37) Ulmer [1981], 2031f..

に対して、心理的な不快感が存在するとしても、それだけで分割された条項の表現を拒絶することはできないとする。細かく分割していけば、それだけ約款条項がわかりにくいものとなり、AGBG 2 条に基づく組入れに際して不利に働く。また、不当な部分が顕在化するため、差止訴訟のリスクが高まる。約款使用者は、これらのリスクを負ったうえで条項の細分化を行うのだから、一部無効を承認しても、弊害が生じることはない。それにもかかわらず濫用が生じれば、AGBG 7 条を援用する可能性が残されている[38]。これに対して、全部無効を要請することで、内容規制に罰則的な性格をもたせるべきではない、とする[39]。

これに対して、ハーガーは、裁判官の形成力という観点を徹底していくならば、約款の文言自体における分割だけが一部無効をもたらすということはない、とする。要は、裁判官が全体の文脈から適法な規律（予備的規律）を見出すことができるかという問題なのだから、法律からそれを見出すことができる場合にも、一部無効が可能であるとする。ハーガーは、この問題を指して、「透明性の問題」と呼んでいる[40]。

もっとも、ウルマーとハーガーの見解の相違は、ウルマーの不徹底さに起因するものではないと思われる。むしろ、ウルマーが、別の考慮も働かせていたと見るべきである。ウルマーは、効力維持的縮減を認めない理由の 1 つとして、顧客にとっての透明性の要請を挙げている。すなわち、縮減を認めるならば、約款使用者はひとまず不相当な条項を使用するよう誘引され、その結果、顧客は真の自己の権利義務を当該約款から読み取れなくなる、と[41]。これと対比して、既に文言において分割されている条項においては、分割されているうちの有効な一部がそのまま維持されるだけであるから、透明性の要請は妨げられない、との考慮が働いたのではないかと推察される。

---

38) ここでウルマーが、具体的にどのような場合を想定しているのかは、不明である。
39) Ulmer [1981], 2032.
40) Hager [1983], 73f., 199ff.
41) Ulmer [1981], 2028.

III　独立した有効性審査の可能性を基準とする見解

　ここまでの議論の展開を踏まえて、「約款の一部の実質的な規律内容が独立した有効性審査を可能とするか」を基準として規制対象を画定することが主張され、支持を広げた。この見解は、学説上、はじめにハリー・シュミット（Harry Schmidt）によって提唱された[42]。

　H. シュミットは、それまでの諸見解を次のように批判した。まず、一方で、ウルマーが主張する文言上分割された条項の一部無効論について、その前提に対し、次のような疑問を呈した。すなわち、この議論の前提として、約款の外形的に統一的な規律部分が規制に服せしめられることになる。しかしながら、規制対象をむしろ実質的基準によって確定すべきではないのか、したがって、約款の文言よりも実質的な規律内容に重点を置くべきではないのかという、事の性質上、一部無効に先行する問題が浮上せざるを得ない。この点で、文言上分割された条項の一部無効論は、形式的な条項概念を基礎とする実質的な理由を明らかにしていない。そのうえ、この見解は、1つの文・項から成る文言上の規律単位が基準を充たすという以上に、条項概念を説得的に精確化することに成功していない。さらに、判例が実質的な基準に焦点を合わせていることにも鑑みて（第3節を参照）、文言上分割された条項の一部無効論は、条項の画定における形式的なアプローチゆえに、従うことができないとする[43]。他方で、実質的な条項概念を持ち出すE. シュミットやヴィッテの議論に対しても、ウルマーやハーガーが指摘した問題点に加えて、なぜ規律内容に方向づけられた実質的基準だけを問題にすべきなのか、依然として明らかにされていない点を問題視する[44]。

　H. シュミットは、以上のような批判を展開したうえで、規制の効果の問題に優先して、規制の対象が吟味されなければならないとする。そして、内容規制の趣旨から、規律内容に方向づけられた実質的基準が、規制対象である「規定」（Bestimmung）の存在について決定的であるとする。すなわち、内容規制は、第1次的に、不相当な規律から、したがって特定の状況

---

42)　Schmidt, H. [1986], 67ff..
43)　Schmidt, H. [1986], 69ff..
44)　Schmidt, H. [1986], 72ff..

において特定の実質的な法律効果から、顧客を保護しようとするものである。例えば、個別事例において顧客には特定の解除事由が向けられるのだから、内容規制は、外形的に統一された約款規律において相当な解除事由および不相当な解除事由を挙げる解除権留保に対して行われるのではなく、個別の解除事由がそれぞれ AGBG に耐えるかについて行われる。顧客の不利益は、常に特定の約款規律のありうる作用に基づいてのみ評価することができる。外形的に統一的な条項が様々な適用事例や法律効果を挙げていれば、そのつど個別の審査が要請される。この意味で、「約款の一部の実質的な規律内容が独立した有効性審査を可能とするか」が、決定的であるとする[45]。

この定式の具体的な適用として、いくつかの例が挙げられているが、次のように整理することができる。まず、これまでも実質的な基準として挙げられてきたものが、同様に持ち出される。すなわち、AGBG 10 条・11 条の各規範は、やはり基準とされる。例えば、一定の要件の下で相殺と留置権行使とが排除されている場合、AGBG 11 条 3 号（相殺禁止）と同条 2 号 b（留置権の排除・制限）とに独立した規制の基礎があるため、両者について独立した審査が可能であるとされる。また、要件・効果の異同も基準とされる。1 つの要件に複数の択一的な効果が結び付けられている場合、逆に、1 つの効果に複数の択一的な要件が結び付けられている場合には、それぞれの効果・要件について個別の審査が可能であるという理由で、複数の「規定」があるものとされる[46]。これに対して、複数の法律効果が累積的に生じるものとされ、不相当性がそれらの共同発生に基づく場合、また、1 つの約款規律が複数の要素から成り、その規律内容全体が内容規制に服する場合（例えば、解除権と代金減額請求権を排除し、顧客に修補請求権を与えるが、AGBG 11 条 10 号 b[47]に規定された権利〔修補または代物給付が失敗した場合に、

---

45) Schmidt, H. [1986], 74f..
46) Schmidt, H. [1986], 75ff..
47) AGBG 11 条　評価の余地のない禁止条項
　　普通取引約款において、次のものは無効である。
　　10.（瑕疵担保）
　　　b) 新たに製作された物の供給および給付に関する契約において、約款使用者に対する瑕疵担保請求権を、全部または一部、修補請求権または代物給付請求権に制限する規

対価の縮減を請求する権利、または、建築給付が瑕疵担保の対象ではない場合に、契約相手方の選択に従い、契約解除を請求する権利〕を留保しない瑕疵担保規律）には、1つの「規定」しかないとされる[48]。

　その一方で、H. シュミットは、約款使用者自身が約款を分節化しているかを、やはり考慮している。すなわち、約款それ自体が分節化されていなければ、独立の「規定」が存在するとは認められないとする。例えば、顧客に一定の義務を負わせ、これに違反した場合について解除権を留保した場合には、義務を負わせる規定と解除権を留保する規定の2つがあるとするが[49]、約款使用者が一定の要件の下で解除権を規定したが、その要件を独立した義務として規律しなかったならば、1つの規定しか存在しないとする[50]。

　このような処理は、AGBG の保護目的にも反しないとされる[51]。無効範囲を不相当な規律部分と関連する規律へと一般的に拡張することは、同法から引き出されないし、顧客保護のためにそのような拡張を要請する事情は、明らかでない。たしかに、無効範囲を拡張した方が、約款使用者がはじめから相当な約款形成に努めるようになり、同法の実効性が高まるだろうが、このような予防思想は、無効範囲を限定する AGBG 6 条 1 項に根拠を見出さない。しかも、なぜ別の規律は脱落しないのかが、ほとんど説得力をもって説明できない。また、複数の規律対象を有する外形的に統一的な条項において、個別の規定は、顧客にとって透明性を有するし、裁判所は、1つの規定を全体として無効とする場合に、不相当な条項内容を約款使用者のために変更するわけではない。さらに、「細かい分割」への疑義[52]に対しては、そのような疑義の核心にはやはり予防思想があり、それによって一般的に無効範囲の拡張を根拠づけることはできないとする一方、それ

　　　　　定。ただし、契約相手方に明示的に次の権利が留保される場合は、この限りでない。すなわち、修補または代物給付が失敗した場合に、対価の縮減を請求する権利、または、建築給付が瑕疵担保の対象でない場合に、契約相手方の選択により、契約の解除を請求する権利である。
48) Schmidt, H. [1986], 77f.
49) Schmidt, H. [1986], 75.
50) Schmidt, H. [1986], 78.
51) Schmidt, H. [1986], 78ff.
52) リンダッハーの見解。前掲注12) を参照。

までの実務において包括的に規律されていた対象を、約款使用者が意図的に分割する場合には、ウルマーが指摘するような差止訴訟のリスクや組入れの問題が生じるうえ、最終的には個別事例において権利濫用[53]となりうるとする。

このようにして画定された「規定」の一部が違法な場合をどのように処理するかについて、H. シュミットは、一部無効や効力維持的縮減は認められないとの立場をとっている[54]。そのうえで、無効部分の補充について、任意規定によって相当な利益調整を図ることができない場合に、補充的契約解釈を認めている。そこでは、無効とされた約款規定の趣旨が考慮されることが、否定されていない[55]。

以上のような H. シュミットの見解に代表される、①独立した有効性審査が可能である部分を 1 個の規制対象とし、当該部分が不相当でも無効範囲は他の部分に及ばないが、②包括的な条項については全体として 1 個の規制対象とするという考え方は、ドイツ学説において、現在に至るまで支配的見解を構成しているといってよい[56]。

IV 小 括

ここまで取り上げてきたドイツ学説の議論においては、大きく分けて、次の 2 つの問題が論じられていたといえる。すなわち、第 1 に、効力維持的縮減の前段階において、約款の一部の効力が否定されるが、その他の部分の効力は維持されるという処理を、内容規制の効果論のレベルで考えるのか、それとも規制対象のレベルで考えるのか、という問題である。そし

---

53) ここで権利濫用を持ち出すのは、容易ではないと思われる。というのは、約款使用者にも契約内容の形成自由があり、自らの約款をどのように区画するかは、原則として約款使用者の自由意思に委ねられるはずだからである。それにもかかわらず、通常されているのと異なる分節化が権利濫用になるというならば、約款使用者の契約自由を制約する何らかの理由がなければならない。ここでは、そのような理由が明らかにされていない。
54) Schmidt, H. [1986], 107ff.
55) Schmidt, H. [1986], 191ff.
56) H. シュミット自身、近年のコンメンタールにおいてもこの見解を維持している（Harry Schmidt in: Ulmer/Brandner/Hensen [2016], § 306 Rn. 11ff.）。この他、Lindacher/Hau in: Wolf/Lindacher/Pfeiffer [2013], § 306 Rn. 40ff.; Neumann [1988], 82ff., 96; Boemke-Albrecht [1989], 125ff.; Fastrich [1992], 337f.; Stoffels [2015], Rn. 600 などを参照。

て、第2に、いずれのレベルにせよ、どのような基準によってこの問題を処理するのか、という問題である。これらの問題に対する各論者の解答は、次のようになる。

まず、E. シュミットの見解においては、第1の問題に対する解答は不明確である。第2の問題については、規律内容に焦点を合わせた実質的基準とともに、包括的な条項を不可分とするという意味で、形式的基準が採用されている。これに対して、ヴィッテは、第1の問題について、規制対象レベルの問題＝条項の画定と効果レベルの問題＝条項の可分性とを区別している。そして、第2の問題について、形式的基準の採否（包括的条項の処理）という点で画定と可分性とに違いを設けているが、いずれにおいても実質的基準が採用されている。

次に、ウルマーとハーガーの見解は、もっぱら効果論のレベルで問題を処理しようとしている。その前提として、何を個別の規制対象と捉えているのかは、不明瞭である。また、第2の基準の問題については、裁判官による契約形成の統制という観点から（または、それに加えて、契約相手方にとっての透明性の観点から）、形式的基準に意義を認めている。

最後に、H. シュミットに代表される現在の支配的見解においては、第1の問題について、明確に規制対象レベルでの処理が主張されている。そして、このことと平仄を合わせて、第2の問題について、「独立した有効性審査の可能性」という基準が定立されている。もっとも、支配的見解は、同時に、包括的な条項については全体として1個の規制対象になるという立場をとっている。

第2項　学説の検討

I　問題処理の意義と位置づけ

E. シュミット、ヴィッテ、H. シュミットらの議論において、規制対象（条項）の画定または条項の可分性という問題の区分・位置づけは様々であるが、それらの判断段階が果たす機能、すなわち、そこから導かれる効果は、共通している。つまり、これらの問題設定は、当該約款の効力を否定

しうる最外延を画する機能を有している。条項が可分とされる場合、または別個の規制対象とされる場合、不相当と評価された部分を超えて、無効範囲が広がることはない。それとは逆に、不相当とされた条項の一部または独立した「規定」は、全体として効力を否定されうる。このことは、効力維持的縮減を認めないE.シュミットやH.シュミットの見解において、明らかである。また、効力維持的縮減を認めるヴィッテにおいても、不可分な条項ないしその一部について問題となる効力維持的縮減は、相当な程度への縮減に留まり、かつ、主観的な濫用が問題となる場合に認められない。したがって、不可分な条項ないしその一部については、不当とは評価されない要素が含まれているとしても、全体として効力を否定されうることになる。これに対して、可分性が認められる場合においては、そのような考慮が働かず、条項の一部が無条件にそのまま維持されるのであり、可分性の有無に一定の限界線が置かれている。

　規制対象の画定または可分性という問題設定がこのような機能を果たすことの背景には、「違法性評価の対象となっていないものについては、効力を否定しえない」という考慮が見出される。すなわち、法的評価の対象となっていれば、仮に内部になおそれだけでは違法とはいえない要素を観念することができるとしても、全体として効力を否定する余地があるが、およそ法的評価が下されていない領域については、予防思想などの無効範囲の拡張思想によっても効力を否定しえない、という考慮である。ヴィッテが可分な条項と効力維持的縮減の対象となる不可分な条項との区別を説明する際に引合いに出すゲッツの見解は、このような思考の発現として理解することができる。つまり、その見解によれば、法律行為が違反する規範に照らして無効を基礎づける部分が、無効範囲に含まれるのに対して、そのような基礎づけにかかわらない部分は、無効範囲から外れる。このような考え方は、違法性評価の対象になっているか否かで無効範囲に含まれうるかを決するものということができ、上記のような考慮に合致する[57]。

---

57)　ゲッツの見解に対して、ハーガーは、因果関係の構想について理由が示されていないことは別として、依然として一部無効の形式概念にはまり込んでいる、と批判する。すなわち、ゲッツは、BGB1822条5号違反の場合には縮減が可能である一方、暴利行為（BGB138条2項）の場

このような考慮を表現する上では、効果論のレベルにおける条項の可分性という問題設定よりも、規制対象の画定という問題設定の方が適切である。というのは、AGBG 9条以下に照らして不相当な部分だけが無効とされるならば、その部分が個別に規制対象になっていると説明した方がよいからである。また、条項の画定と可分性という2段階の判断構造には、いずれの段階においても同様の実質的基準によって判断すべきものとされており、先行する条項画定の問題に積極的な意味を見出し難い、という難点がある。

II 規制対象の画定基準

ドイツ学説の議論からは、規制対象の画定あるいは条項の可分性を判断するための基準として、形式的基準、実質的基準、さらに後者の中でも「独立した有効性審査の可能性」という基準が見出された。先に論じた問題処理の意義と位置づけからは、これらの基準について次のように評することができる。

まず、形式的基準、すなわち、約款使用者による当該約款の分節化に従って個別の規制対象ないし無効範囲が決まるという考え方については、これらの問題を約款使用者の自由な決定に委ねるべきでない、との反論が浮

合には不可能とするが、成人の時点が許容される期間の計算について意味をもつとしても、前者においても違法性は広過ぎる義務づけの帰結であり、要求される意味での可分性の有無が、しばしば偶然に左右されてしまう、とする。また、信義則を顧慮して因果関係準則が破られる場合があるとされている点について、この準則の説得力を否定している（Hager [1983], 65f.）。しかしながら、これらの批判に対しては、次のように反論することができる。まず、具体的引合いに出されているBGB1822条5号と暴利行為との結論の差異は、前者をどう解釈するかという問題である。無効を基礎づける規範をどのように解釈するかは、当然ながら残された問題である。だが、ゲッツの説は、規範の解釈が定まれば、そこから無効範囲が導かれるとする点に意義がある。ハーガーの批判は、この点におけるゲッツ説の意義を否定できていない。また、信義則を顧慮して因果関係準則が破られる点においても、そもそも1つの準則だけで一部無効の問題を解決することができるかが問題であり、例外則を設けることが、直ちに原則の意義を失わせるわけではない。さらに、理由が示されていないという批判についても、「違法性を基礎づけている部分全体の効力を一体的に否定してよい」という思考は、どこまで貫徹することができるかは別として、およそ理由となりえないものではない。

BGB1822条　その他の行為についての認可
　後見人は、次の各場合に家庭裁判所の認可を要する。
　5．使用賃貸借契約、用益賃貸借契約、または被後見人が継続的な給付義務を負うその他の契約について、その契約関係が被後見人の成人後1年を超えて継続する場合

上する。とりわけ、予防思想を理由に効力維持的縮減の禁止を是とする場合には、無効範囲の確定が約款使用者の技巧に左右されることは、適切とはいえない。それゆえ、実質的基準を採用することにより、たとえ約款使用者が約款を細分化していたとしても、一定の実質的観点から無効範囲を確定することが、望ましい。

　そこで次に問題となるのが、具体的にどのような観点から実質的基準を決するのかである。一連の議論からまず見出されるのは、規律されている事柄の相違に注目するという意味での事実的基準である。これには、さらに2つの意味が考えられる。E. シュミットやヴィッテは、実質的基準の具体化として、AGBG 10条・11条の各規定や、約款に規定された要件・効果の区別に注目すべきとしている。これを、「扱われている事項を区別することが可能であれば、それに応じて約款を分割することができる」という趣旨に理解する余地がある。仮に、このような理解によるならば、形式的基準と実質的基準との相違は、重複する複数の規律が置かれている場合に、それらを区別して扱うか、一体として扱うかという点に限られる。例えば、契約相手方に非常に不利な規律が無効とされた場合に備えて、より抑制的な規律を予備的に設置しておくような場合である。これに対して、第2に、一定の規律領域（H. シュミットの言葉でいえば、「統一的な事物連関」）ごとに約款を区画するという意味がありうる。ウルマーやハーガーは、同一の事柄について下位概念に基づく分割がされている場合についても可分性を認めることを、形式的であるとしており、第1の意味での事実的基準も、形式的であると考えているようである。その裏面として、彼らが想定している実質的基準の意味は、ある一定の規律領域ごとに約款を区画していくことであると解される。この考え方をとるならば、そのような規律領域内部でのさらなる分割は、実質的とはいえないことになる。

　もっとも、これらの意味での事実的基準を規制対象の画定基準として採用しようとすると、次のような難点がある。まず、第1の意味については、「規律されている事柄が区別可能であれば、およそ個別に規制される」とはいえないのではないか、との疑問が浮かぶ。仮に、この命題を承認するならば、累積的な違法性評価はおよそ認められないことになる。しかしなが

ら、複数の規律の累積によって不相当との評価が下されうること、そして、その場合に効力維持的縮減の禁止法理によれば累積的な規律の全体が無効となること（累積効果）は、一般に認められている[58]。次に、第2の意味については、具体的に何をもって一体として扱われる規律領域を画するのかを、明らかにする必要がある。ハーガーが指摘するように、約款に規律される事柄には、様々な上位概念・下位概念が考えられ、どのレベルで規律領域が区画されるのかは、容易には決定できない。

　このように考えていくと、H. シュミットが主張するように、「独立した有効性審査の可能性」という一般的な基準を立てるしかないことになりそうである。もっとも、この基準に対しては、循環論法に過ぎないのではないか、との批判がありうるだろう。しかしながら、この基準は、次のように、一定の意義を有しているといえる。まず、この基準は、事実的基準との対比において、一定の規範的な観点を導入すべきことを説いているものと、理解することができる。何が個別に法的な審査の対象となるかは、単なる事物の分別という意味での事実的基準によって決まるものではなく、何らかの規範的な評価によって決せられるはずである。このことを明確にする点で、「独立した有効性審査の可能性」という基準には、まず一定の意味が認められる。さらに、ここでの規範的な観点自体も、およそ不確定なものとはいえない。それは、「具体的な規制規範に照らして、何が違法性を基礎づけているか」を基準にすることができるからである。約款の内容規制における違法性評価は、AGBG 9条以下（BGB307条以下）に置かれた各規制規範の適用によって行われる。そうであるならば、法的評価の対象が何であるかもまた、これらの法規範によって決定される、といえる。このように考えれば、実質的基準の具体化として、しばしばAGBG 10条・11条の不当条項リストが挙げられていたことも、そこに適切な事物の分別が表現されているからではなく、そこに具体的な規制規範が列挙されており、それぞれに規制対象を定めているからである、という形で説明することができ

58）　いわゆる累積効果（Summierungseffekt）ないし増幅効果（Verstärkereffekt）については、Andrean Fuchs in: Ulmer/Brandner/Hensen [2016], § 307 Rn. 155; Thomas Pfeiffer in: Wolf/Lindacher/Pfeiffer [2013], § 307 Rn. 213 などを参照。

る。むろん、このように規範的な評価が決定的であるとすることは、その前提として事実的な分別が可能であることの要求を否定するわけではない（事実的に区別しえない事柄は、個別に評価しようがないから）。

　最後に、「独立した有効性審査の可能性」（具体的な規制規範）を基準とすることは、規制対象の画定が、当事者が決めた内容の探求という意味での解釈の問題ではなく（「当事者は、何を1つの条項としたか」という問題設定の否定）、法適用の問題であることを明らかにする。H. シュミットは、約款の規律内容だけでなく、場合によっては複数の規定が存在することも、約款について妥当する客観的解釈準則に従って確定されなければならないとする[59]。しかしながら、規律内容の確定は解釈の問題であるとしても、独立した規制対象たる「規定」の画定は、解釈の問題とはいえない。

Ⅲ　規制対象の画定を問題としない判断枠組みの問題点

　ウルマーやハーガーは、規制対象の画定を問題にすることなく、端的に規制の効果として一部無効の可否を論じていた。H. シュミットは、ウルマーの見解に対して、条項の一部無効を論じる前提として、約款の外形的に統一的な規律部分が規制に服せしめられていると指摘するが、ウルマーやハーガーの議論では、そもそも規制対象の画定が問題とされていないと考えられる。というのは、彼らの構想する判断枠組みにおいては、約款が文言上分割されているか、または、裁判官にとって予備的規律（契約がどのような条件で適法に存続しうるか）が明確であるかだけに、焦点が合わせられているからである。

　これらの見解は、無効範囲を画定するための基準として、「約款使用者が約款をどのように分節化したか」に焦点を合わせる形式的基準を採用している。その基礎には、約款使用者の契約自由の尊重と、裁判官による契約形成の制限という2つの考え方を見出すことができる。つまり、約款が分節化されている限り、それに即して無効範囲が限界づけられることから、約款使用者は、広範囲にわたって自由に約款を分節化し、それによって無

---

59) Schmidt, H. [1986], 75.

効範囲をコントロールすることができる。同時に、約款の分節から（あるいは法律から）適法な規律を見出すことができる限りにおいてのみ、裁判官が契約内容を修正することができるという意味で、裁判官による契約形成は制約される。

　このような考え方は、前述のように予防思想に基づく効力維持的縮減の禁止とは折り合いが付きにくいとしても、それはそれとして一貫した判断体系を示している。しかしながら、端的に無効範囲または適法な規律を論じる思考法には、なお次のような問題がある。すなわち、ここでは、AGBG 9 条以下（BGB307 条以下）に定められた法規範に基づく内容規制が問題である。そうである以上、何がどのような理由で違法と評価されるのかを明らかにすることが、一連の判断枠組みの出発点に置かれるべきである。その意味で、規制対象の画定という判断段階を捨象することは、適切でない。仮にこの段階を無視して、あるいは明確にせずに、適正な契約内容を論じるならば、それはもはや公然たる内容規制ということはできない。このような理由から、ウルマーやハーガーのような端的に一部無効を論じる見解は、適切でないと考える。

第 3 節 ／ ドイツ判例における規制対象の画定

　ドイツ判例は、効力維持的縮減の前段階における約款の無効範囲の確定という問題を、どのように処理しているのだろうか。第 2 節において述べたように、ここには、規制対象の画定と効果論上の無効範囲のいずれのレベルで考えるのか、また、どのような基準で処理するのかという、2 つの問題が含まれている。以下では、この 2 つの観点から判例を整理・分析する。

第 1 項　判例の状況

I　判例が掲げる問題処理定式

　AGBG 制定後の最上級審裁判例を共時的に見たとき、そこには様々な問題処理の定式を見出すことができる。その中で、近時の裁判例においても

比較的よく用いられているのは、次のような2つの定式である[60]。
　①内容的に相互に可分な、それ自体から理解可能な約款規律は、他の無効な規律と外見的・言語的に関連している場合でも、個別の有効性審査の対象となりうる。
　②有効とみなされうる残部が契約の全体構造の中でもはや意味を有しないとき、とりわけ、無効とされる条項部分が決定的な意義を有しており、完全に新たな、従来のものと完全に異なる契約形成といわなければならないときは、条項の一部の無効が、条項全体を把握する。
　また、これら2つの定式を簡略化したと見られるものとして、③「ある条項が、その文言によれば、それ自体から理解可能かつ有意味に、内容的に許容される規律部分と許容されない規律部分とに可分である場合には、許容される部分の維持は法的に問題がない」という定式も、しばしば使われている[61]。
　これらの判例法理が生成される上で出発点となった裁判例として、BGH第8民事部1981年10月7日判決（NJW 1982, 178）を挙げることができる。同裁判例は、差止訴訟に関するものであるが、自動車買主のいくつかの義務およびそれらに違反した場合の売主の解除権を定めた約款が、どのように区分されるのか、が問題とされた。具体的に問題となったのは、「買主は、売買契約から生じる請求権を譲渡せず、自動車を受領前に転売せず、ならびに自己への自動車運行許可を取得する義務を負う。買主は、YまたはYの権限ある代理人に、要求に応じて、買主への自動車運行許可を申請する権限を付与するものとする。この規律に違反した場合、または、違反しようとした場合、Yは、期間を定めることなく、契約を解除することができ

---

60)　BGH第10民事部1989年4月18日判決（BGHZ 107, 185）、BGH第7民事部1996年5月9日判決（BGHZ 132, 383）（ただし、定式②は事案の処理に不要であったため、定式①のみを挙げている）、同1996年10月10日判決（NJW 1997, 394）、同2009年2月12日判決（BGHZ 179, 374）、BGH第3民事部2013年10月10日判決（NJW 2014, 141）、BGH第7民事部2014年10月1日判決（NJW 2014, 3642）などを参照。
61)　BGH第5民事部1988年11月18日判決（BGHZ 106, 19）、BGH第9民事部1992年1月16日判決（NJW 1992, 896）（もっとも、定式③に続いて定式②も挙げている）、BGH第8民事部2000年9月27日判決（BGHZ 145, 203）、同2003年6月25日判決（NJW 2003, 2899）、同2004年6月23日判決（NJW 2004, 2586）、BGH第12民事部2005年4月6日判決（NJW-RR 2006, 84）、同2012年9月26日判決（NJW 2013, 41）などを参照。

る」と書かれた約款であった。このような約款を前にして、BGH は、次の2つの画定基準を指摘した。すなわち、第1に、最低限の要求として、④維持される条項は、それ自体から理解可能かつ有意味でなければならないこと、である。このことから、要件となる買主の諸義務が無効とされた場合には、効果規律（売主の解除権）だけを維持することはできない、とされた。第2に、⑤内容的に独立した約款規律は、他の無効な条項と外見的・言語的に関連している場合にも、個別の有効性審査の対象となりうること、である。本判決は、上記の約款において買主に課されている義務のうち、運行許可取得義務および授権義務のみを無効としたが、請求権譲渡禁止および転売禁止との関係で、解除権は存続しうるとした。

　つづいて、BGH 第3民事部1984年5月28日判決（NJW 1984, 2816）が、上記の定式①・②に対応する基準を整理した。同判決においては、請負報酬を振り込むための信託口座開設契約における「X〔貯蓄金庫〕は、これによって、撤回不可能な形で、上記の信託口座の負担でA〔請負人〕に以下の振込みを行うことを、委託された。……合意された支払期限に、信託口座に必要な資金が……提供されていない場合には、Y〔注文者〕は、Xに対して、撤回不可能な形で、履行期が到来した請負報酬につき、つなぎ融資を行うことを委託する」。BGH は、このような条項のうち、「撤回不可能な形で unwiderruflich」という部分のみ AGBG 9条1項に抵触するが、振込み・つなぎ融資の委託を定めるその他の部分については、効力が維持されるとした。その際に、上記の定式①・②につながる次の3つの理由が示された。すなわち、①'「内容的に可分な、個別にそれ自体から理解可能な約款規定は、言語的に1つの文にまとめられている場合でも、個別の有効性審査・確認の対象となりうる」。②'「約款規定の一部無効は、残部が文言的に可分であり、内容的に独立し、かつ、（それ自体単独で見て）法的に許容される場合でも、その残部契約の全体構造の中でもはや意味を有しないであろうときは、規定全体の無効をもたらす。異議を唱えられた条項部分が決定的な意義を有しており、完全に新たな、従来のものと完全に異なる契約形成といわなければならないときは、条項全体またはさらに契約全体が無効となる」。しかしながら、本件では、そうではない。⑥「撤回不可能な形

で」という文言を完全にかつ代替なしに削除することができるので、文言の改変が必要となる効力維持的縮減には該当しない。以上の3つの理由である。この判決以降、判例が示す定式は、上記①・②または③という形で、固まっていっている。

　ここまで挙げてきた①～⑥の関係は、次のように整理することができる。すなわち、BGH 第8民事部1981年10月7日判決が示した⑤は、直接的に定式①につながっている。また、定式①には、④のうち、理解可能性の部分が入り込んでいる。さらに、文言の改変禁止をいうBGH 第3民事部1984年5月28日判決の⑥も、定式①において含意されていると見ることができる。一部の裁判例が、可分性の判断方法として「青鉛筆テスト」（blue-pencil-test）[62] [63]、すなわち、他の部分の意味を害することなく無効な部分を──青鉛筆で取消し線を引くかのように──削除することができるかという基準を挙げていることが、そのように考えることができる1つの根拠となる。次に、④のうち有意味性の部分については、同じく残部の意味を問題とする②において発展的に引き継がれているといえる。最後に、繰返しになるが、定式③は、①と②を統合・簡略化したものと考えられる。

II　中心部分を含む包括的条項の処理

　判例の定式①にも含まれていると見ることができる⑥の文言改変禁止原則については、最上級審裁判例においても貫徹されているわけではない。中心部分を含む包括的に表現された条項の処理が問題となる場合には、BGB307条3項（AGBG 8条）によれば内容規制の対象とならない中心部分を無効範囲から除外する裁判例が見られる。

---

[62]　前掲注60）・BGH 第3民事部2013年10月10日判決、BAG 第8部2005年4月21日判決（NZA 2005, 1053）、BAG 第10部2008年3月12日判決（NZA 2008, 699）などを参照。内容的に異なる考え方をしているわけではないが、ドイツにおける最上級審裁判例のほとんどは、「青鉛筆テスト」という言葉を用いていない。Thüsing [2006], 661 も、（当時において）BGH が「青鉛筆テスト」という言葉を使ってこなかったことを指摘している。

[63]　青鉛筆テストは、ドイツ学説においては、Zimmermann [1979], 79f. が、一般法律行為論の文脈において、イギリス法を引合いに出して、この審査方法を支持したことに端を発し、Neumann [1988], 88 らが、これを約款法に導入して以来、しばしば使用される標語となっている。この点については、Uffmann [2010], 157 を参照。

そのような処理の嚆矢となったのが、BGH 第9民事部 1995 年5月 18 日判決（BGHZ 130, 19）である。同判決の詳細は第 2 部第 2 章で取り上げるが、簡単にいえば、そこでは、金融機関が使用していた保証契約の書式に含まれていた「債権者（金融機関）が主債務者との銀行取引から取得する現在および将来の全ての債権を保証する」旨の包括的な担保目的表示は、どの範囲で内容規制の対象となるか、が問題とされた。BGH は、このような表示のうち、保証義務を受け入れる原因（Anlass）となった債権についての保証の引受けは、保証人の主たる給付義務の合意として内容規制に服さないが、保証が現在および将来の他の債務に及ぶ旨の合意は、主たる義務を拡張する付随的合意として、規制対象になるとした。そのうえで、後者については、BGB767 条 1 項 3 文[64]の指導形象に合致せず（AGBG 9 条 2 項 1 号）、また、契約の本性から生じる保証人の本質的権利を、契約目的の達成を危殆化するほどに制限する（同項 2 号）との理由で、不相当と判断した。そして、このような目的表示の分割は、効果論においても貫徹され、保証の引受けに際して存在した限度の信用関係から生じる現在および将来の全ての債権を保証するという形で、目的表示ひいては保証契約自体を維持することができるとされた。このような分割は、文言上は完全には不可能であったが、このことは、目的表示を維持する妨げとならない、とされた。

　もっとも、この 1995 年判決に対しては、学説から、上記のような処理は効力維持的縮減に該当するとの批判がなされ、その批判を受けた BGH は、その後の裁判例において、担保目的表示が全部無効であるとしても、補充的契約解釈により、保証引受けの原因となった債権の限度で保証責任を負う旨の合意が補充されるとの理由により、同様の結論を正当化するようになった[65]。

---

64)　BGB767 条　保証債務の範囲
　　(1)　保証人の義務については、主たる債務のそのつどの現状を標準とする。とりわけ、主たる債務が主たる債務者の過失または遅滞によって変更される場合も、同様である。主たる債務者が保証の引受け後に行った法律行為によって、保証人の義務は拡張されない。
　　(2)　〈略〉
65)　学説の批判およびその後の裁判例の展開についての詳細は、第 2 部第 2 章を参照。

しかしながら、このような担保目的表示に関する判例の転換は、包括的条項においても中心部分を規制対象から除外する処理が、判例上完全に否定されたことを意味しない。というのは、第1に、補充的契約解釈による処理を導入した最初の裁判例である BGH 第9民事部 1997 年 11 月 13 日判決（BGHZ 137, 153）は、補充的契約解釈によっても同様の結論を導くことができるとしただけであり、担保目的表示はその包括的な表現ゆえに不可分であるとしたわけではないからである。そして、第2に、近年の最上級審裁判例においても、条項文言の包括性にもかかわらず、中心部分を規制対象から除外する処理が見出されるからである。例えば、長期の貯蓄契約における利率変更条項は、条項文言を問題にすることなく、変動利率の合意と利率変更方法の合意とに分割され、前者は規制対象にならないが、後者は BGB308 条 4 号に基づいて評価されている[66]。また、ガス供給契約において当初価格の決定についても将来の価格変更についても機能する価格算定式は、当初価格の決定については規制対象にならないが、価格変更を対象とする限りにおいて、内容規制に服するとされている[67]。

　これに対して、BGH 第 11 民事部 2012 年 11 月 13 日判決（BGHZ 195, 298）は、差押保護口座の「基本料金月額　10 ユーロ」という貯蓄金庫の約款条項について、法律上の義務である差押保護口座としての口座管理に対して（通常の振替口座に比して）割増料金を徴収することは許されないとしたが、その前提として、それ自体として規制対象にならない振替口座の料金と差押保護口座としての割増料金とが文言上不可分であることは内容規制を妨げないとし、むしろ不可分な条項の全部無効を招来したうえで、欠缺補充がされなければならないとした。もっとも、この裁判例は差止訴訟に関するものであり、私見によれば、個別訴訟における処理にかかわらず、包括的な文言それ自体を一体的な規制対象と捉えてよいと考えられる場面であった（第 1 部補論を参照）。

---

[66]　BGH 第 11 民事部 2004 年 2 月 17 日判決（BGHZ 158, 149）、同 2008 年 6 月 10 日判決（NJW 2008, 3422）など。この問題についての詳細は、**第 2 部第 2 章**を参照。
[67]　BGH 第 8 民事部 2014 年 5 月 14 日判決（BGHZ 201, 230）。

第2項　判例の検討

I　判例法理の分析
1　定式①の分析

　定式①については、問題処理の位置づけと処理基準の両面において不明瞭さを有しているが、以下のように分析することができる。

　まず、この定式が、規制対象の画定と効果論上の無効範囲のいずれを問題にしているかを見た場合、一見したところ、ある約款規律が無効であることを前提として、それと隣接・関連する規律の効力が否定されるか否かを問題としている、と受け取ることができる。もっとも、ここでは、個別に有効性審査の対象となりうることが語られている。また、そもそもこの定式を無効範囲の問題と捉えたとしても、前提として無効な規律がいかにして画定されるか、が問われるはずである。この問題もまた、定式①によって処理されていると考えられる。そうすると、定式①は、規制対象の画定法理としての側面をも有している、と見ることができる。

　次に、問題処理の基準の面から見たとき、定式①は、内容的な可分性と理解可能性という2つの基準を含んでいる。前者は、第2節で検討した学説に見られた実質的基準に対応するものと考えられる。これに対して、後者は、言語的な基準を立てているものと理解することができる。このような理解を前提に、それぞれの基準は、さらに以下のように分析される。

　第1に、内容的な可分性については、学説の検討において指摘したのと同様、事実的基準か規範的基準かという問題がある。この問題については、支配的学説と同じく、規範的基準が採用されていると考えられる。というのは、定式①は、個別の有効性審査対象性を問うており、これを問うには、規範的な観点が不可欠だからである。また、実際の裁判例においても、規範的な考慮から条項の可分性が否定されている。幅広い分析は第2部第2章で行うが、一例を挙げると、BGH第8民事部2004年6月23日判決（NJW 2004, 2586）は、許容されない固定的な実施期間の定めを有する美観修復条項が、修復義務の転嫁それ自体と実施期間の定めとに言語的に可分である

としても、後者の無効は前者の無効を帰結するとした。その理由として、実施期間の定めは、修復義務の範囲を具体化することによって、義務転嫁と一体を成すとする。さらに、このような条項の一体性は、条項の相当性評価において、既に考慮されている[68]。また、後掲 BGH 第 7 民事部 2014 年 10 月 1 日判決においても、累積効果が問題となる場面において、一体的な処理がされている。このような裁判例からは、規範的な考慮に基づいて内容的な可分性が判断されている、ということができる。また、中心部分を含む包括的条項の可分性を肯定する場合には、ここにも規範的基準の適用を見出すことができる。

第 2 に、理解可能性については、これを言語的な基準として理解した場合、そこには、文法的な観点と意味的な観点とが含まれうる。前者の観点については、文言改変禁止原則（包括的条項の一体的処理）が含意される一方、1 つの文またはそれ以上の文法的単位が決定的な意味を有するわけではないことも明示されている。これに対して、意味的な観点（ある約款規律が意味の上で理解可能であること）については、事実的な分別をいうのと異ならないと考えられる。このことは、既に、規範的な観点からの内容的可分性の判断の前提として、クリアされているはずである。

以上の分析によると、定式①に含意されている処理基準は、学説における「独立した有効性審査の可能性」基準と同様の規範的基準および包括的条項の一体的処理（これもまた、H. シュミットらに支持されていた）であると考えられる。

2　定式②の分析

定式②については、定式①に比べて容易に理解することができる。まず、ここでは明確に無効範囲の拡張が説かれている、ということができる。すなわち、それ自体としては有効性審査の対象になっていないが、違法部分と関連して効力が否定される場合があることを示している。このような無効範囲の拡張の例としては、前掲 BGH 第 8 民事部 1981 年 10 月 7 日判決で

---

68)　以上のことを含む美観修復条項に関する裁判例の展開についての詳細は、第 2 部第 2 章を参照。

問題とされた効果規律の処理を挙げることができよう。また、問題処理の基準についても、残存部分が法的に有意味かを問うものであり、特に理解に苦しむものではない。

　もっとも、定式②の適用例には、既に規制対象のレベルで一体的に扱われているものが見出される。その一例として、BGH 第 7 民事部 2014 年 10 月 1 日判決（NJW 2014, 3642）を挙げることができる。同判決においては、建築請負契約における瑕疵担保保証の効力が問題とされた。注文者が用いた約款には、注文額の 5％の契約履行保証の設定を請負人に義務づける条項とともに、注文者は瑕疵担保の担保として注文額の 2％を留保しうる旨の条項、また、請負人が瑕疵担保の担保を提供するなどの条件を充たした場合には、請負人が最終の支払いを留保なく受領した後に、契約履行保証を解消する旨の条項が存在した。BGH は、これらの条項が合計 7％の担保をもたらすが、それが過剰担保に当たるとの理由で、請負人を不相当に不利益に扱うものであるとした（AGBG 9 条 1 項）。そして、このような複数条項の累積効果が問題であることから、全ての条項が無効とされた。さらに、最後の条項において「請負人が最終の支払いを留保なく受領した後」という部分だけを削除することができるかについて、定式②を根拠に否定の回答をした。すなわち、この部分は、契約履行保証を瑕疵担保請求権の担保のためにも利用する約款使用者の意図にとって決定的であることから、そのような部分を削除することは、従来の内容と原則的に異なる規律内容、条項使用者の意図に反する契約形成をもたらす、とされた。このような定式②の適用例からは、既に規制対象の画定において一体として扱われるべき場面が、②における無効範囲の拡張の問題に含められていることを、見て取ることができる。複数の規律から成る担保合意を全体として評価するという処理は、第 2 部第 2 章で取り上げる請求即払保証の例においても、目にすることができる。

Ⅱ　判例法理の評価

　まず、定式①については、法的評価に基づく個別審査対象性の判断が含まれている限りにおいて、学説の検討において述べたのと同様の理由から、

支持することができる。すなわち、内容規制の対象を画定するためには規範的な評価が不可欠であること、また、その評価に際しては具体的な規制規範が基準を提供することを示す点において、この定式①に内包された判断段階は、正当であると考える。

次に、同じく定式①に含まれていると見ることができる、文法的な可分性の要求、すなわち、包括的に表現された条項は一体として扱われるという法理に対しては、さしあたり3つの態度決定が考えられる。すなわち、(i)中心部分を含む包括的な条項についても、この法理を貫徹すべきである（中心部分の維持は、無効部分の補充に委ねるべきである）、(ii)中心部分の除外ルールをこの法理に優先させるべきである[69]、(iii)一般的にこの法理を立てるべきでない、という態度である。私見は、(iii)を選択するものであるが、この問題についての詳細な考察は、第2章において行う。ここでは、中心部分の除外との関係で、若干の指摘をするに留める。すなわち、(iii)のような考え方による場合、包括的な表現においても中心部分の除外が可能であるというのは、決して特別な処理ではなく、具体的な規範に応じて規制対象が画定されるということの現れに過ぎない。内容規制の規範が中心部分を評価対象から外す形で形成されている以上、中心部分でない部分だけが個別の規制対象ということになる。

最後に、定式②における関連部分への無効範囲の拡張については、このような法理を独立に置くことに意味があると考える。この法理に対しては、BGB306条2項（AGBG6条2項）に基づく補充の可能性を考慮していないとの批判がある[70]。しかしながら、このような批判は、当たっていない。というのは、既に前掲BGH第8民事部1981年10月7日判決において、自動車買主の義務が無効な場合に、その義務違反を理由とする売主の解除権の規律だけを維持することができないとしたとき、BGHは、解除の要件を補充する可能性も検討したうえで、そのような判断をしているからである。

---

69) 学説においては、Harry Schmidt in: Ulmer/Brandner/Hensen [2016], §306 Rn. 13af. が、このような立場をとっている。
70) Schmidt, H. [1986], 80; ders. in: Ulmer/Brandner/Hensen [2016], §306 Rn. 12a; Uffmann [2010], 162.

すなわち、そこでは、義務として禁止されていた転売などの単なる事実に結び付けて解除規律を維持した場合、約款使用者の意思と本質的に異なる意味内容を条項に与えることになるとして、そのような補充の可能性を否定している。このような判断例に鑑みて、判例が補充の可能性を無視しているとはいえない。もっとも、定式②が、補充の可能性を考慮しようと有意味な形で存続しえない場合を問題にするものだとしても、その場合の関連部分の無効は、効力維持的縮減の禁止に基づく条項全部無効とは区別されるべきである。というのは、ここでの無効範囲の拡張は、規制規範に抵触することのサンクションとして課されるものではないからである。学説には、残部がそれ自体から理解可能な意味を有していない場合には、その部分まで無効になるのではなく、単に契約の実行に際して適用されないに過ぎない、とする見解もある[71]。

第4節 / 結　論

第1項　ドイツ法のまとめ

ここまでのドイツ法の検討は、包括的に表現された条項の処理という点で積み残した課題があるものの、それ以外の部分について次のようにまとめることができる。

I　規制対象の画定の意義と基準

効力維持的縮減の禁止法理により条項全部無効が要請されるとしても、約款の効力を否定しうる最外延を画定する必要がある。そのような画定の機能は、個別の内容規制の対象を画定する規制対象の画定法理に見出すことができる。すなわち、規制の効果（サンクション）として与えられる無効の範囲は、不相当と評価される個別の規制対象を超えて拡張されない。ただし、不相当とされた規制対象に関連する部分が、規制部分の無効により

---

71) Schmidt, H. [1986], 80.

法的な意味を失う場合には、当該関連部分も無効になる。しかしながら、この無効は、規制の効果としての無効と区別されるべきである。

　このような意義を有する規制対象の画定という処理は、何が個別に規制の対象になるかという法的な評価に基づいて行われる。この評価においては、具体的な規制規範が基準を提供する。すなわち、「当該場面において適用される規制規範の構成要件に照らして、何が違法性（不当性）を基礎づけているか」という判断が、決定的である。

　以上のような基準の定立は、ドイツ学説の展開に鑑みて、特に次の3つの意味を有しているといえる。すなわち、第1に、約款使用者は自由に規制規範を設定することができないのだから、約款使用者が約款を細分化しておくことで無効範囲を狭く操作できてしまうという問題は生じない（逆にいえば、一体的な法的評価という論理によって、約款使用者の細分化戦術に対抗することができる）。第2に、そのつどの法規範の適用において決定的な規律内容に焦点を合わせるという限りにおいて、画定基準の不確定性が克服されている。第3に、このような基準を通じて、規制対象の画定という判断段階が、当事者が決めた規律内容の探求という意味での解釈の問題ではなく、それとは区別された法適用の問題であることが明らかになる。

　最後に、上記のような基準に基づいて行われる規制対象の画定は、たとえ効力維持的縮減の禁止にコミットしない場合でも、公然たる内容規制を問題とする限り、無視することができない。というのは、ある約款内容が外部的な法規範に基づいてその違法性を判断されるという構造、したがって、そのような判断の対象が特定されるという構造は、公然たる規制において常に認められるはずだからである。

II　判断基準の具体化

　内容規制要件論を精緻化するために確立されてきた各種の理論は、それぞれ以下のように、規制対象を画定するための手掛かりを提供する。

　①不当条項リスト（BGB308条以下、AGBG10条以下）が適用される場合には、その中の個々の禁止規範が、それぞれ何を個別に評価対象としているかを探求することになる。

②これに対して、一般条項（BGB307条1項、AGBG9条1項）が適用される場合には、そもそも具体的にいかなる規範によって約款が不相当と評価されるのかという、具体化の作業が必要となる。具体的な規制規範が確定されれば、そこから規制対象の画定基準が導かれるという点に、変わりはない。また、一般条項を具体化する規定として置かれているBGB307条2項（AGBG9条2項）からも、手掛かりが与えられる。とりわけ、任意規定の指導形象機能を定める同項1号からは、任意規定を逸脱する部分がどこかという形で、規制対象の画定基準が提供される[72]。

③中心条項を内容規制の対象から除外するBGB307条3項（AGBG8条）もまた、規制対象の画定基準を提供する。すなわち、中心部分が法的評価の対象から外されている以上、そのような部分を除外した形で、規制対象が画定される。

④言語的な区分が決定的な意味を有しないということを明確にする法理として、累積効果の考え方が重要である。すなわち、Aという事項とBという事項とが言語的に区分されるとしても、AとBの全体が違法性評価の対象となる場合には、その全体が1つの規制対象として把握される[73] [74]。また、補償作用が問題となる場合、すなわち、Aのもたらす不利益をBが緩和する関係にあるという場合には、不利益をもたらすAが違法性評価の対象になっており、規制の効果はAの無効をもたらすと考えられる[75]。

---

[72]　任意規定を起点とした規制対象の画定の具体例としては、保証契約における担保目的表示をBGB767条1項3文の基本思想に基づいて原因債権の保証部分を除いて無効とする前掲BGH第9民事部1995年5月18日判決の処理の他、第2部第2章において取り上げる美観修復条項の無効範囲の処理などが挙げられる。

[73]　累積効果の具体例としては、本章においても言及し、第2部第2章において詳細に論じる美観修復条項の処理を参照。

[74]　ところで、野田[1997] 88頁は、「増幅作用」（累積効果）の問題を、「約款中のある条項がそれ自体では許容される内容である場合に、別の条項が共働作用することによって契約相手方の不利益を増幅させ、結果として不当性を帯びることがありうるのか」と定式化している。ここでは、複数の条項が問題とされている。これに対して、後述のように「条項」という語を個別に不当性評価の対象となるものに割り当てるならば、累積効果の問題は、単数の規制対象＝条項の画定の問題に他ならない。

[75]　具体例として、第2部第2章で取り上げる瑕疵担保責任の担保条項の処理を参照。

第2項　日本法への示唆

　以上のような形でドイツ法において見出された規制対象の画定法理が日本法の議論に与える第1の示唆は、この法理を日本法における不当条項規制にも移入してよいと考えられることである。というのは、ここでは、契約条項に対する法的な規制において一般的に経由される判断過程が問題となっているからである。すなわち、公然たる不当条項規制の効果論においては、いかなる契約条項がいかなる法規範に基づいて不当と評価されるのかということが、まずもって問題とされなければならない。この問題を明確にするドイツ法の判断枠組みは、日本法にも直ちに適用可能なはずである。判断基準の具体化について述べたところも、そこで取り上げた各種の理論が日本法にも当てはまる限りにおいて、同様に考えることができるだろう[76]。その際に、ドイツ法上、効力維持的縮減（条項一部無効）の禁止が判例かつ支配的見解を構成しているのに対し、日本法においては、消費者契約法9条が条項一部無効の効果を定めていることを措くとして、条項一部無効の可否について議論の余地があろうとも、そのような彼我の相違は、規制対象の画定法理の導入に対する妨げとならない。一体的に規制対象とされた部分が、どの範囲で無効とされるのか、または、当該部分に代わりどのような規律が妥当するのかといった問題は、次の判断段階における問題である。なお、個別に規制対象とされるものの名称は、それ自体として核心的な問題ではないが、日本法においては、法文の用語に従い「条項」としてよいだろう[77]。

　規制対象の画定と無効範囲の確定の判断過程の区分に関する日本法にお

---

76)　ところで、大澤彩［2010］451頁以下は、「〔契約当事者間の情報・交渉力の格差の〕『濫用』によって不均衡が生じ、そのことによって一方当事者に過剰な利益・不利益という『結果』が生じることが不当条項規制の根拠である」とし、一般条項における具体的な「基準」についても、「『不均衡』という具体的な『結果』を切り出したものを用いるべきであろう」と論じる。このような規制基準に関する議論も、規制規範に照らして規制対象を画定するという本書の見解を具体化する上で、考慮されるべきものである。

77)　もっとも本書では、以下でも、便宜的な理由から、このような厳密な意味での「条項」とは異なる慣用的な用法で、条項という言葉を用いることがある。

ける実践例として、消費者契約法9条を挙げることができる。同条柱書は、「次の各号に掲げる消費者契約の条項は、当該各号に定める部分について、無効とする」と規定している。ここにおいて不当性評価の対象（構成要件該当性の判断対象）となるのは、「条項」である。同条1号についていえば、「当該消費者契約の解除に伴う……平均的な損害の額を超えるもの」という構成要件に該当するか否かの判断対象となるのは、「条項」であり、その「条項」全体を把握する作業が、規制対象の画定である。その際、例えば解約手数料・損害金・違約金といった形で、複数の金銭項目が立てられている場合でも、合算されて全体評価が加えられることになる（累積効果の一種といえる）。そのうえで、「条項」がどの範囲において無効になるかを確定するのが、無効範囲の問題である。消費者契約法9条においては、無効範囲は、「当該各号に定める部分」に限定されており、1号についていえば、平均的な損害の額を超える部分である。このように2つの問題を区別することができる。

　このような形で無効範囲の確定と区別された規制対象の画定という判断段階を設定することは、条項一部無効・全部無効の議論に対して、次のような影響を与える。まず、条項一部無効を支持する論者は、「抵触が部分的であるならば、その抵触部分のみの効力を否定すれば足り〔る〕」としている[78]。しかしながら、規制対象となる条項の画定という判断段階を設けるならば、法に抵触するのは条項全体であり、条項全部無効もまた、違法な範囲を超えて無効範囲を拡張するものではない、ということになる[79]。次に、条項全部無効説の論者からは、条項一部無効に対して、「一部無効によって無効となる部分は、あくまでも無効でなければならない以上、その基準はやはり無効基準でなければならないはずである」との指摘がある[80]。しかしながら、条項全体が違法であるならば、ある条項が違法な部分とそうでない部分を含むことを前提とする無効基準の支配に、論理必然性はな

---

[78] 山本豊［1997］138頁。
[79] 条項の全体が無効原因を有することを指摘する近時の学説として、鎌野［2013］208頁以下も参照。
[80] 山本敬［1999］32頁注(10)。

い。他方で、条項全体が違法であることから、条項全部無効が必然的に帰結されるわけでもない。消費者契約法9条が明文で条項一部無効の効果を定めているところ、そのような考え方は、少なくとも現行法の解釈論として無理がある。これらのことからすると、無効基準に従った代替規律の是非については、「はじめから有効な条項が用いられていれば相手方もそれに拘束されたはずだから、そのような規律が妥当すべきだ」という、いわゆる客観的権衡論[81]を正当とするか否かが決定的である、と考えられる。

最後に、規制対象の画定という判断過程を明確にすることは、公然たる不当条項規制と隠れた規制(解釈による規制)[82]との違いを明らかにする上で、重要である。すなわち、前者においては、この判断過程が明確にされなければならないのに対して、後者においては、法的規制であることが明確にされない以上、規制対象の画定という判断段階が明確にされないか、そもそも存在しないと考えられる[83]。このような判断過程の違いを両者の違いとして浮き彫りにできることもまた、ドイツ法の検討から得られる示唆の1つである[84]。

---

81) 山本豊[1997]112頁・138頁を参照。
82) 安永[1993]・[1994]を参照。
83) また、仮に、解釈による規制においても、規制対象の画定に当たる実質的判断が存在し、それが明確にされるべきであるとするならば、法的判断の形式面と実質面が乖離することになる。そのような複線的な思考枠組みには、問題があろう。
84) 隠れた規制と公然たる規制の違いについては、さらに具体的に次のことを指摘することができる。すなわち、解釈による規制と条項一部無効論との間には、その近接性にもかかわらず、前者が縮減された条項内容に対する当事者の意思の存在に懐疑的であるのに対して、後者は縮減された条項内容の維持が当事者意思に適うというテーゼから出発している、との違いがあると指摘されている(潮見[2002-2]275頁を参照)。換言すると、解釈による規制においては、「約款による契約の場合は、その内容が一方的に形成されており、それを使用される相手方にとっては決して自らが決めたものではなくいわば押しつけられたものであるので、……とりわけ不当な約款規制の目的での解釈においては、『解釈』をなしうる幅が広がると考えてよい」という形で、私的自治の制限が説かれているのに対して(安永[1993]32頁)、条項一部無効論は、条項の一部維持が私的自治の尊重に資するとの発想に基づく。このような差異が生じる理由もまた、条項に対する違法性評価の段階が明確にされないことに起因するとして、説明することができる。すなわち、規制が私的自治の制限・契約への介入につながるというのは、この違法性評価の段階の話として位置づけられる。これに対して、条項一部維持が私的自治の尊重に資するというのは、第1段階において規制が発動することが明らかにされた後の、つまり、当事者が決めた条項が、そのものとして効力を承認されえないことが宣言された後の、第2部で論じる代替規律の確定という第2段階の話である。解釈による規制論においては、この第1段階が明確にされず、したがって、2つの判断段階が区別されないために、条項一部維持が私的自治の制限をもたらすとの発想が出てきてしまう、といえる。

第2章

事後的審査と規制対象の画定

第1節 / 序　論

第1項　本章の課題

　事業者が用いる約款に、「一切の責任を負わない」と書かれた免責条項が存在したとする。この免責条項は、重過失による契約違反の場面においても、また、軽過失による契約違反の場面においても、適用される可能性がある。さらに、条項の書きぶりとして全部免責の規定になっているが、事業者が実際に全部免責を主張することの他、一部免責しか主張しないことも考えられる。消費者契約法8条1項によれば、事業者の故意・重過失により消費者に生じた損害を賠償する責任については、一部を免除する条項も無効とされ（同項2号・4号）、また、軽過失免責についても全部免責であれば無効とされる（同項1号・3号）。これらの規定の下で、上記の免責条項は、どのように処理されるのか。

　このように複数の可能な事実経過を含む包括的な表現を有する契約条項に対する不当条項規制のあり方について、ドイツ約款法においては、次のような見解が主張されている。すなわち、個別訴訟において、裁判官は、現実の事実経過に鑑みて条項の適法性を判断するため、軽過失による契約違反に関する紛争では、上記の免責条項は、重過失免責を禁じる規範によっては不当条項と評価されない、という見解である。同様に考えると、軽過失による契約違反の場合において、事業者が一部免責しか主張しなければ、全部免責を禁じる規範によって不当条項と評価されることはないこと

になる。ここでは、ありうる複数の事実経過のうち、事後的に見て現実化した事実経過に即して、条項の不当性を評価するという処理がされている。このような処理を、本書においては、「事後的審査」（ex post Betrachtung）と呼ぶ。また、一定の場合に事後的審査が行われるとする見解を、「事後的審査説」と呼ぶことにする。

　もっとも、事後的審査説はドイツにおいて少数説に留まっており、支配的見解（本章では、事後的審査説を支持しない議論を総称して、「支配的見解」と呼ぶ）は、次のような処理を行っている。すなわち、「一切の責任を負わない」と書かれた免責条項は、重過失免責を含むところ、重過失免責を禁じる規範によって、軽過失による契約違反に関する紛争においても、不当条項と評価される、という処理である。つまり、ありうる事実経過の中に違法なものが含まれていれば、それが現実化したか否かにかかわりなく、不当条項と評価されるのである。本書では、このような処理を、「事前的審査」（ex ante Betrachtung）と呼ぶ。

　本章では、次の2つの理由から、このドイツにおける事後的審査をめぐる議論を取り上げる。

　第1に、これまで我が国において、この議論について、十分な検討がされていないことである。たしかに、ドイツにおける事後的審査説自体については、既に紹介されているが、その内容に立ち入った吟味はされてこなかった[1]。他方で、後述するように、日本法の議論においても、事後的審査・事前的審査という言葉が使われている。このような状況において、事後的審査とは何であり、いかなる問題点があるのかを明らかにするために、ドイツの議論を本格的に検討することが有益である、と考える。

　第2に、複数の事実経過を含む包括的な条項に対する不当条項規制において、何が個別の規制対象として捉えられるかを検討したい、という理由である。第1章では、具体的な規制規範に照らして何が一体的に違法性評価の対象となっているかによって、個別の規制対象が画定されるべきである、との結論に達した。しかしながら、このような基準だけでは、包括的

---

[1]　比較的詳細な紹介として、上原［2001］299頁以下（初出1991）を参照。

に表現された条項において何が個別の規制対象となるか、明確にならない。すなわち、「一切の責任を負わない」という文言の免責条項それ自体というように、当該条項の表現全体が1つの規制対象となるのか、それとも、重過失免責と軽過失免責とが別の規制対象であるとするように、当該条項の表現に内包されている複数の要素が、別個の規制対象として把握されるのか、定かではない[2]。そこで、引き続き、この問題について検討しようというのが、本章の目的である[3]。

　事後的審査・事前的審査の対立は、直接的には、規制対象の画定を問題とするものではない。しかしながら、複数の事実経過における条項の効果をそれぞれ別個の規制対象と捉えるべきか、という点での対立として、捉え直すことができる。そして、このような再構成によって、包括的な条項表現における規制対象の画定を考える上で、有益な分析枠組みを引き出すことができるのではないか、と考える。

第2項　事後的審査・事前的審査の用語法

　事後的審査・事前的審査という用語は、従来の日本法の議論において、次のような意味に使われている。すなわち、契約条項の効力判断において考慮されるべき事情を契約締結時までのそれに限る考え方を事前的審査とし、契約締結後の事情も考慮に入れて効力判断を行う考え方を事後的審査とする語用である[4]。ここでは、不当条項規制における事実的な評価基準時の問題[5]として、事後的審査と事前的審査の区別が説かれている。

---

[2]　この問題点は、法制審議会民法(債権関係)部会の議論においても指摘されたところである。第32回会議議事録38頁〔鎌田薫発言〕を参照。
[3]　なお第1章第4節において、1個の規制対象とされるものを日本法では「条項」と称してよいとしたが、ここでは、便宜的に、包括的な表現を有する(1つの)条項に複数の規制対象が含まれるかという形で、議論を展開する。
[4]　山本豊［2012］25頁および落合［2001］150頁以下・とりわけ151頁注(10)を参照。後者は、事前的な観点からのルールとするのが好ましいとするが、同［2011］258頁注(15)では、信義誠実の原則が消費者契約法10条の基底となっていることからすると、契約締結後の事情を一切考慮できないと解する必要はないように思われる、としている。
[5]　不当条項規制における評価基準時の問題には、どの時点の事情を基礎とするかという事実的な基準時の問題の他に、どの時点の規範状況を基礎とするかという規範的な評価基準時の問題が含まれる。山本豊［2012］25頁注(4)は、これら2つの問題を、注意深く区別している。

これに対して、本書で論じる事後的審査と事前的審査の区別は、契約締結後の事情を考慮するか否かによるものではない。本書が従来の日本法におけるのと異なる語用をする理由は、次の2つである。第1に、本章の検討対象であるドイツにおける事後的審査説を、契約締結後の事情を考慮すべきかという問題設定の下で理解することが、適切ではないと考えるからである。この問題設定には、契約締結後の事情変更が条項規制にどのように影響するか、という問いが含まれうる。これに対して、事後的審査説が問題とするのは、契約締結時点において想定される事実経過が複数ある場合の処理に過ぎない。第2に、近時の日本法の議論においても、契約締結時までの事情と契約締結後の事情との区別の曖昧性が指摘されているからである。すなわち、近時の学説においては、「何をもって契約条項の効力場面で考慮に入れられるべき契約締結時までの事情とし、何をもって考慮外とされる契約締結後の事情と性質づけるかについての、詳しい検討が必要である」との指摘がある[6]。このような状況において、「契約締結時に想定された事情〔とそうでない事情〕」[7]という異なる軸に立脚し、想定された事情の枠内での処理を論じることは、日本法における理論展開を図る上でも有意義である、と考える。このような理由から、本書においては、事後的審査を、「契約締結後の事情を考慮に入れて効力判断を行う方法」としてではなく、前述のように、「ある条項の下で想定された複数の事実経過のうち、現実化したもののみを考慮して、条項の不当性評価を行う方法」として定義する。

---

6) 山本豊［2012］51頁。
7) なお、山本豊［2012］52頁以下も、生命保険契約における無催告失効条項の処理に関して、「失効当時における一般的督促通知実務は、契約締結後に生じる事実・事情ではあるが、契約締結時に想定されていた事情として、事前審査説の立場においても、例外的に効力判断において斟酌されるべきものと位置づけることができるだろう」と指摘する。筆者は、この指摘に基本的に賛同するが、契約締結時に想定されていた将来の事情を考慮することは、契約におけるリスク分配が一定の将来の状況を想定して行われるものであることから、事前的審査においても例外的処理ではない、と考える。

第3項　本章の構成

　本章では、以下の順序で論を進める。まず、第2節において、ドイツにおける事後的審査をめぐる議論を整理する。次に、第3節において、ドイツ法の議論内容を検討し、事後的審査説の問題点を明らかにするとともに、同説を規制対象の画定という観点から再構成することを試みる。最後に、第4節において、ドイツ法の検討から得られた思考枠組みを整理し、日本法の議論においてどのように役立てることができるかについて、若干の具体例を示す。

第2節 ／ 事後的審査に関する議論

第1項　事後的審査説の内容

　ドイツにおける事後的審査説は、主として、バゼドウ（Jürgen Basedow）によって展開された[8]。他の論者による議論を補いつつ、その主張内容をまとめると、次のとおりである。

I　事後的審査説の一般的主張

　バゼドウは、差止訴訟と個別訴訟の手続構造から生じる規制方法の違いとして、事後的審査を説明する。すなわち、約款は、契約実行段階におけるリスクを、当事者間に分配するものであるが、その分配がAGBGの限度内に留まるかの審査方法は、訴訟形態に応じて、次のように異なってくるとする。

　まず、差止訴訟における裁判官は、全ての具体的事情から離れて、事前的に、当該条項がいかなる場合についてそもそも意義を有するのかを、問わなければならない。その際には、約款の解釈が問題となるだけではなく、

---

8)　Basedow［1982］, 356ff..

考えられる事実経過、したがってありうるリスクを、できる限り網羅的に観念することを、あらゆる想像力をもって試みなければならない。

これに対して、個別訴訟における裁判官は、契約の実行[9]前に条項無効の確認が請求された場合を別として（この場合には、事前的審査によるものとされている[10]）、一定の実際の出来事に対峙する。彼にとっては、将来のリスクではなく、過去に実現したリスクが問題である。契約に基づくリスク分配が実際の出来事に鑑みて適法であったかについて、事後的に判断を下すことは、裁判官の古典的な任務である（「我に事実を与えよ、汝に法を与えん da mihi factum, dabo tibi ius」）。その際に、たしかに契約締結時に可能性の範囲内にあったが、現実化しなかった展開は考慮されない。正当な目的のための条項の実現を、別の場合に条項が違法であるという理由によって、拒絶することはできないとする。

II 具体例

さらに、バゼドウは、いくつかの具体的な適用事例をもって、事後的審査説による処理を説明している。事後的審査説の発想源となっているのは、免責条項や相殺禁止条項に関する AGBG 施行前の比較的古い裁判例であるが、同説が提唱された当時における重要な適用事例としては、価格変更条項の処理が想定されていた。以下では、①免責条項、②相殺禁止条項、③価格変更条項の順に、事後的審査説による具体的処理を説明する。

1 免責条項

AGBG 11 条 7 号（BGB309 条 7 号 b）によれば、約款使用者の重過失による契約違反に基づく損害についての責任排除または責任制限は、無効とされる。事後的審査説によれば、「一切の責任を負わない」というような約款使用者の責任を完全に排除する条項は、この規定に基づいて、次のように

---

[9] バゼドウがいう契約の実行（Abwicklung）とは、主たる給付の履行と同一ではなく、特定の条項に鑑みて、当該条項において把握された契約リスクが現実化し、そのリスクが、当該条項に従ってまたはその他の方法で終局的に当事者間に配分された場合のことである（Basedow [1982], 339）。

[10] Basedow [1982], 357, Fn. 75.

処理される。すなわち、個別訴訟においては、実際に重過失が契約の実行を歪めた場合にのみ、そのような条項が無効とされなければならず、これに対して、給付障害が軽過失に基づき、したがって原則として免責が許容される場合には、無効とされてはならない、とされる。

バゼドウは、AGBG が 1977 年に抽象的約款規制を導入するより前において、このような処理は自明のことであったとする[11]。その指摘するところによれば、いくつかの BGH の裁判例[12]において、約款使用者の重過失が認定されたことから、責任制限条項の有効性が否定され、または、その援用が制限されている。これに対して、別の裁判例[13]においては、約款使用者の重過失が実際に認定されない限り、免責条項は有効であるとされている。

2　相殺禁止条項

AGBG 11 条 3 号（BGB309 条 3 号）は、争いのない債権または既判力をもって確定された債権による相殺の禁止を、無効としている。事後的審査説によれば、この無効は、この状況にある顧客の保護のために認められるものであり、包括的な相殺禁止条項がある場合に、争いのある債権による相殺も可能にするために認められるものではない、とされる[14]。

3　価格変更条項

バゼドウは、差止訴訟に係る BGH 第 8 民事部 1980 年 6 月 11 日判決（NJW 1980, 2518）を引いて、事後的審査説における価格変更条項の処理を論じている。この裁判例は、雑誌定期購読約款における「価格の引上げまたは通常配達料の改定によって、この契約は解消されない。これらの変更が、

---

11) Basedow [1982], 358.
12) BGH 第 1 民事部 1956 年 3 月 6 日判決（BGHZ 20, 164）、BGH 第 2 民事部 1962 年 10 月 29 日判決（NJW 1963, 99）、同 1969 年 3 月 13 日判決（BeckRS 1969, 31169418）が取り上げられている。
13) BGH 第 2 民事部 1961 年 11 月 16 日判決（BB 1962, 11）、同 1962 年 4 月 2 日判決（NJW 1962, 1195）が取り上げられている。
14) Basedow [1982], 358f. なお、バゼドウは、このような処理を行った裁判例として、BGH 第 2 民事部 1954 年 2 月 6 日判決（NJW 1954, 794）を参照している（Basedow [1982], 358, Fn. 81）。しかしながら、この判決は相殺に関するものではなく、BGH 第 1 民事部 1954 年 1 月 22 日判決（BGHZ 12, 136）と取り違えた、と思われる。

契約締結と引渡しの開始の間に生じるとしても、同様である」という文面の価格変更条項について、差止めが認められたものである。BGH は、次のような理由を述べて、差止めを命じた原判決を支持した。

　①この条項は、あらゆる恣意的な価格引上げを可能とする。例えば、被告は、有利な価格で購読を勧誘したうえで、引渡し前に値上げすることができる。また、原価が増加していなくとも、利益を増やすためだけに、価格を引き上げる権限も認められることになる。さらに、より低価格で宣伝されているにもかかわらず、個別購読の価格水準に引き上げられる可能性もあるし、1年以内での複数回の値上げさえ排除されていない。このように、被告は、価格形成において完全に自由であり、顧客は、契約期間の経過前に契約関係を終了させることができない。

　②価格変更条項の有効性については、買主が既に契約締結に際して、条項の表現から、いかなる範囲で価格引上げがありうるのかを認識することができること、そして、行われた価格引上げの正当性を授権条項に照らして評価することができることが、決定的である（具体化の要請）。個別事例において行われた価格引上げを裁判所による再審査に服せしめるという、BGB315 条から生じる注文者の権限は、具体化の要請を代替することができない。

　バゼドウは、上記①の理由づけに注目する。すなわち、この裁判例は、特に不相当と見られる少なくとも4種の価格引上げ、つまり、(i)供給開始前に価格を引き上げる可能性、(ii)利益を増やすためだけに価格を引き上げる可能性、(iii)廉価で宣伝したにもかかわらず、個別販売価格の水準に価格を引き上げる可能性、(iv)1年以内に何度も価格を引き上げる可能性を列挙して、価格変更条項を無効と評価したものであるとする。これは、差止訴訟において裁判官が、ありうる事実経過（不相当な価格引上げのリスク）をできる限り網羅的に考えた実例とされる。これに対して、個別訴訟において同様の条項が問題となったならば、不相当な価格引上げのリスクが実現した場合にのみ、つまり、出版社が実際に価格を不相当に引き上げた場合にのみ、条項を無効とすることができるとする。

　価格変更条項に関しては、さらに、新車売買契約における時価条項の処

理について、別の論者により個別訴訟における事後的審査が主張された[15]。BGH 第 8 民事部 1981 年 10 月 7 日判決（BGHZ 82, 21. 第 1 時価条項判決）は、差止訴訟において、契約締結時に合意された価格にかかわらず引渡し時の価格が妥当する旨の時価条項を無効とした[16]。この判決が、時価条項に基づき既に代金が支払われた場合の不当利得返還訴訟に対して、どのような影響を有するかという問題について、そのような個別訴訟においては、そもそも時価条項の有効性につき、差止訴訟とは異なる審査がされるべきことが主張された。すなわち、差止訴訟においては、当該条項が引き続き使用された場合に、将来的に消費者の不相当な不利益をもたらしうる「抽象的な」可能性が存在するか、が問題となる。第 1 時価条項判決は、そのような観点から時価条項を無効としたものである。これに対して、不当利得返還訴訟では、当該顧客または類似の状況にある別の顧客がこの条項によって実際に不利益を受けたか、が問題となるのであり、第 1 時価条項判決をもって、直ちに一律に不当利得の返還が認められるわけではない、とされた。

Ⅲ 事後的審査の実施範囲

　事後的審査説においても、全ての個別訴訟において事後的審査が予定されているわけではない。既述のように、契約の実行前に条項無効の確認請求がされた場合には、事前的審査によるものとされている。さらに、先行する差止訴訟との関係においても、事後的審査が行われる場面は限定されている。つまり、差止訴訟における差止判決の既判力または先例としての作用が、個別訴訟における無効判断に影響する可能性が認められている。

　この問題について、バゼドウは、次のように考察している。まず、個別顧客が契約締結前に出された差止判決を援用しうることは、AGBG 21 条（UKlaG 11 条）の定めるところとして、異論がない。これに対して、契約締結後または履行後の判決が顧客の助けとなるかについて、AGBG は明らかにしていない。したがって、継続中の契約（laufender Vertrag）に対する遡

---

15)　Kötz [1982], 647f.; Bechtold [1983], 539.
16)　同判決については、**第 2 部第 1 章**を参照。

及効および既に実行された契約（abgewickelter Vertrag）に対する遡及効が問題となる。バゼドウは、この問題に焦点を合わせる[17]。

この問題について第1に検討しなければならないのが、AGBG 21条の規定によって、これらの契約においても、差止めの対象となった条項が無効とみなされるかである。この規定について、バゼドウは、立法過程における連邦議会法律委員会報告書の見解に従い[18]、AGBG 17条に基づく差止判決が、訴訟当事者間で、条項無効の確認についても既判力を有すると解したうえで、この既判力が個別顧客との関係でも拡張されるとする[19]。さらに、既判力の時的限界が最終口頭弁論の時点に求められ、この時点に遡って条項の無効確認が既判力を有することになるから[20]、AGBG 21条に基づく既判力の拡張は、この時点で既に実行された契約には及ばない[21]。これに対して、最終口頭弁論の時点で継続中の契約については、差止判決が既判力を有しており、約款使用者は、継続中の契約において当該条項の援用を認められないことになるとする[22]。ここで、バゼドウは、条項の組入れの時点ではなく、契約の実行の時点を決定的と見ている。その積極的な理由は明確ではないが、BGH の判例[23]に依拠したものと思われる。

かくして、既に実行された契約（あるいは他の約款使用者が同一の条項を使用する継続中および将来の契約）をめぐる個別訴訟には、差止判決の既判力が及ばない。しかしながら、差止判決における無効評価が先例として作用する可能性は、なお存在する。ここで、バゼドウは、そのような先例としての作用は、訴訟形態を含む事案の類似性が存在する場合にのみ認められるところ、差止訴訟における約款規制と個別訴訟におけるそれとでは、様々な相違があり、差止判決が先例として作用する場合は限られているとする[24]。差止訴訟における事前的審査、個別訴訟における事後的審査は、そ

---

17) Basedow [1982], 338f.
18) BT-Drucks. 7/5422, 12.
19) Basedow [1982], 345f.
20) Basedow [1982], 347ff.
21) Basedow [1982], 349.
22) Basedow [1982], 350.
23) BGH 第8民事部1981年2月11日判決（NJW 1981, 1511）。
24) Basedow [1982], 351ff.

のような相違の1つとして論じられている。

以上のようなバゼドウの論述によれば、AGBG 21 条により差止判決の既判力が拡張される場合（同一約款使用者の将来の契約および継続中の契約に係る個別訴訟）においては、事後的審査をするまでもなく、当該条項が無効とされる。差止判決の既判力が及ばない場合（同一約款使用者の既に実行された契約および他の約款使用者の同一条項が使用された契約に係る個別訴訟）において、初めて事後的審査の余地が存在することになる。

第2項　事後的審査説に対する批判

第1節で述べたように、ドイツ学説の支配的見解は、事後的審査説を支持していない。以下では、事後的審査説に対して、どのような批判が向けられているかを整理する。

I　権利行使規制との混同

事後的審査説に対する第1の批判として、内容規制と権利行使規制とが区別されるべきことを前提に、同説が両者を混同するものであるとの指摘がある[25) 26)]。それによれば、契約内容の有効性に向けられた内容規制は、契約から生じる権利の行使に向けられた権利行使規制と、区別されなければならない。約款使用者が実際に不相当な範囲で条項を使用した場合にのみ、条項無効がもたらされるとする事後的審査は、異なる規制方法を区別できていないとする。このような指摘をもとにして、さらに、次のような批判が提起されている。

まず、内容規制の趣旨からすると、内容規制は、権利行使の段階で初め

---

25)　Schmidt, H. [1986], 101; Andreas Fuchs in: Ulmer/Brandner/Hensen [2016], Vorb. § 307 BGB Rn. 63; Walter F. Lindacher/Wolfgang Hau in: Wolf/Lindacher/Pfeiffer [2013], § 306 BGB Rn. 26.
26)　判例もまた内容規制と権利行使規制を区別しているとされ、支配的見解の論述においては、BGH 第8民事部 1981 年 10 月 28 日判決（BGHZ 82, 121）をはじめ、多数の最上級審裁判例が参照されている。もっとも、事後的審査説に親和的な裁判例が一部に存在することも、支配的見解において留保されている（Schmidt, H. [1986], 104 Fn. 13）。BGH 第3民事部 1983 年 6 月 9 日判決（NJW 1983, 2701）および BGH 第7民事部 1984 年 1 月 19 日判決（BGHZ 89, 363）が、それに当たる。

て行われるものではない、とされる。すなわち、内容規制は、約款使用者による契約形成自由の濫用的な行使を妨げんとするものであるところ、顧客の利益が侵害される危険性は、顧客が約款使用者に約款の形成を委ねたことに、既に結び付けられている。そうであれば、内容規制は、直接的にこの契約形成の段階に配置され、個別事例において危険が実現した際に初めて行われるものではない、と考えるのが自然である[27]。このように内容規制と権利行使規制とを区別するならば、条項が無効であればその援用はおよそ禁じられるので、前者が後者に優先することになる[28]。

　次に、基準の面でも、事後的審査は内容規制にそぐわない、とされる。すなわち、内容規制において顧慮されるのは、この種の取引に通常関与する顧客圏の類型的な利益に留まり、個別事例の特別事情は考慮されない。事後的審査のように約款の無効を具体的顧客の現実の不利益にかからしめることは、このような一般的利益衡量に矛盾する、とされる[29]。

　さらに、論者によってニュアンスがあるものの、法文もまた事後的審査に不利に働くとされる。ある論者は、事後的審査に親和的な規定が存在することを認めつつ、このことを主張する。すなわち、AGBG 9条1項（BGB307条1項）（契約相手方に不相当に不利益を与える場合に、約款規定を無効とする）や同11条7号（責任の排除または制限を無効とする）といった規定は、事後的審査に有利に解する余地があるが、多くの規定は、内容規制の対象として、権利の行使ではなく、「規定」または「合意」を挙げており、法文全体として、個別事例において生じた条項の作用だけを顧慮することに、否定的に働くとする[30]。これに対して、AGBG 9条1項を、「約款規定〔それ自体〕が約款使用者の契約相手方に……不相当に不利益を与える場合に、〔当該規定を無効とする〕」と読み、「約款使用者が約款規定を援用して契約相手方を……不相当な不利益を与える場合」とは書かれていないことから、この規定も事後的審査を妨げる、とする指摘もある[31]。また、AGBG

---

27) Schmidt, H. [1986], 104f.; Bunte [1984], 1148f.; Neumann [1988], 198.
28) Neumann [1988], 198.
29) Schmidt, H. [1986], 105; Löwe [1982-3], 650f..
30) Schmidt, H. [1986], 105f..
31) Neumann [1988], 198f..

10条・11条（BGB308条・309条）の禁止条項リストについて、事前的審査によってしか説明できない、との見解もある[32]。

　最後に、事後的審査説の論拠に対しては、次のような反論が加えられている。第1に、差止訴訟において抽象的な内容規制が行われることから、個別訴訟について逆のことを導くことはできない。第2に、古い裁判例が、約款の無効をしばしば実際の不相当な権利行使にかからしめていたとしても、より新しい裁判例は、具体的事例における不相当な権利行使を問題にしていない。第3に、「我に事実を与えよ、汝に法を与えん」という法格言から、必然的に、顧客の実際の不利益が裁判官にとって本質的な事実となるわけではない。約款使用者によって援用された条項の内容だけが、裁判上重要な事実であると見ることも、また可能であるとする[33]。後述するように、私見によれば、事後的審査「説」の弱点としては、この最後の批判が決定的である。

II　効力維持的縮減への帰着

　第2の批判は、事後的審査が効力維持的縮減（geltungserhaltende Reduktion）をもたらす、とするものである。ドイツ学説における支配的見解（事後的審査を否定する学説という意味での支配的見解とは、範囲が異なる）は、不相当な条項を許容される限度に縮減して維持することを認めない（判例も同じ）。このような見解を支持する論者は、事後的審査も結論として効力維持的縮減に帰着すると指摘し、これを否定する[34]。また、効力維持的縮減に肯定的な論者からも、具体的な事例における条項の行使は、効力維持的縮減の枠内において考慮されるべき問題である、との批判がされている[35]。

---

32)　Roth［1994］, 25を参照。AGBG 11条7号については、Neumann［1988］, 199も同旨である。
33)　Schmidt, H.［1986］, 103f.
34)　Peter Ulmer/Carsten Schäfer in: Ulmer/Brandner/Hensen［2016］, § 305c BGB Rn. 79; Harry Schmidt in: Ulmer/Brandner/Hensen［2016］, § 306 BGB Rn. 14; Neumann［1988］, 199; Thomas Pfeiffer in: Wolf/Lindacher/Pfeiffer［2013］, § 307 BGB Rn. 94.
35)　Roth［1994］, 26.

Ⅲ　差止訴訟制度との不整合

　第3の批判は、差止訴訟制度との整合性に関するものである。それによれば、差止訴訟における内容規制の対象は、条項がAGBGに適合するか否かであり、当該条項が既に具体的な契約に組み入れられているか否かにかかわらない。したがって、差止請求権は、約款使用者が異議を唱えられた条項を不相当に行使したか、また、不相当な行使を意図したかにも、左右されない。これに対して、差止訴訟において差止判決を受けた約款使用者が、個別訴訟においては顧客が実際に不利益を受けた場合に無効となるに過ぎない原則として有効な条項を、もはや使用してはならないとするならば、著しい評価矛盾をきたすとする。また、AGBG 21条も、差止判決に反する条項の無効を前提としている。同条の文言からすると、この規定の適用対象となる約款使用者の顧客は、条項が実際に不相当な範囲で使用されたか否かにかかわらず、条項無効を援用することができるはずである。くわえて、差止判決を受けていない約款使用者の顧客に対しては、同じ条項の無効が、実際に不利益を受けたか否かに左右されるとすることは、説得力に欠けるとする[36]。

Ⅳ　「差止訴訟＝事前的審査、個別訴訟＝事後的審査」二分論に対する批判

　ここまで紹介してきた批判は、個別訴訟においても事前的審査によるべきことを主張するものであった。これに対して、第4の批判は、「差止訴訟＝事前的審査、個別訴訟＝事後的審査」という二分論を問題視し、いずれの訴訟形態においても、事前的審査と事後的審査のいずれもが必要であるとする見解である[37]。

　この見解によると、まず、差止訴訟においても、事後的審査が可能であり、許容され、かつ必要である。その理由として、事後的な事情から条項の将来の適用領域を推論することができるだけでなく、現に存する契約に由来する事後的な事情は、差止判決が決定的な意味をもつ将来の個別訴訟

---

36)　Schmidt, H. [1986], 106f..
37)　Pfeiffer in: Wolf/Lindacher/Pfeiffer [2013], § 307 BGB Rn. 94.

において、意味をもちうるからとする。

　他方で、個別訴訟においても、事後的審査に限定されるべきではなく、事前的審査が必要であるとする。つまり、ある条項が、当該契約関係における事前的審査においてありうる、かつ、全く蓋然性がないというわけではない事情を把握する場合にも、当該条項を無効としなければならない。さもなければ、例えば、重過失についても軽過失についても妥当する一般的な免責条項が、軽過失による契約違反が問題となる場合には有効であるのに対して、重過失による義務違反についての個別訴訟が軽過失による契約違反に先行した場合には無効になる、すなわち、第１判決の先例としての作用が、同一当事者間での第２判決における有効な免責の承認を妨げるという、奇妙かつ耐え難い結論に至るとする。また、第１の訴訟において、たまたま、無効を直接に基礎づける事後的な事情が存在しなかったがために、それ自体として無効な条項が複数の訴訟を引き起こす事態を回避するという理由だけでも、個別訴訟における事前的審査は、長期の契約関係において意味を有する、と指摘する。

第３項　事後的審査説からの反論

　支配的見解による批判に対して、事後的審査説の側からは、次のような反論がされている。

I　権利行使規制との区別

　事後的審査説が内容規制と権利行使規制とを混同しているとの批判に対しては、この批判が展開された後の論稿において、反論がされている。すなわち、バゼドウは、支配的見解が主張するのと同様に内容規制と権利行使規制の区別を明確にしたうえで、なお事後的審査説を主張している。それによれば、約款条項の相当性審査の対象は、条項の内容であり、個別事例における権利の行使ではない。それゆえ、約款使用者が権利を完全な範囲で行使しなかったという理由で、不相当な条項を維持することはできない。これに対して、ある条項が当該事例の具体的な事情の下で違法ではな

い場合には、裁判官は、個別訴訟において、想定しうる別の事例で当該条項が無効であるという理由によって、当該条項を無効としてはならない[38]。このような叙述は、当初の事後的審査説には見られなかったものである。

もっとも、このような形で権利行使規制との区別が説かれるのに合わせて、事後的審査による処理が説かれる具体例に、変化が見られる。すなわち、免責条項については、従前の事後的審査説の主張が維持されている[39]が、価格変更条項については、条項の表現において変更の要件と範囲とを具体化することが必要であるとする判例の立場（前掲 BGH 第 8 民事部 1980 年 6 月 11 日判決②を参照[40]）に即した説明がされている[41]。このことは、後者において単に判例に即した記述をしただけという可能性もあるが、内容規制と権利行使規制との区別を意識したものである、と理解することもできる。というのは、条項内容としては無制限の価格変更権が認められるが、相当な範囲でのみ価格を引き上げた場合というのは、約款使用者が条項を完全な範囲で行使しなかった場合といえるからである。

さらに、事後的審査は内容規制における一般的利益衡量に反するとの批判に対しては、個別事情の考慮と事後的審査の採用とは別の問題であることが、示唆されている。バゼドウは、事後的審査がされるべきこととは別に、約款条項の相当性審査においては、当該種類の契約の締結に通常関与する取引圏の観察が標準となるとし、個別的な観察法は許容されないと述べている[42]。

II 効力維持的縮減との区別

事後的審査と効力維持的縮減との区別は、当初からバゼドウが強調して

---

38) MükoBGB/Jürgen Basedow [2003], §307 BGB Rn. 33.
39) MükoBGB/Basedow [2003], §309 BGB Nr. 7 Rn. 30.
40) 前掲 BGH 第 8 民事部 1980 年 6 月 11 日判決において示された具体化の要請は、その後の裁判例を通じて、確立された判例法理となっている。なお、新車販売契約における時価条項については、BGH 第 8 民事部 1984 年 2 月 1 日判決（BGHZ 90, 69. 第 2 時価条項判決）により、不当利得返還訴訟においても、差止訴訟におけるのと同様に無効とされたが、補充的契約解釈により売主に価格変更権が認められる結果、不当利得返還請求は認められないとされた。第 2 時価条項判決の詳細については、**第 2 部第 1 章**を参照。
41) MükoBGB/Basedow [2003], §309 BGB Nr. 1 Rn. 20ff..
42) MükoBGB/Basedow [2003], §307 BGB Rn. 34f..

いる点である。それによれば、効力維持的縮減は、条項がAGBG9条以下の規制規範に違反し無効であることを前提とし、無効範囲を違法な部分に限定するものである。このような意味での無効範囲の処理は、当該条項がそもそもAGBGに違反しているのかという問題を、論理的に前提とする。事後的審査説は、この問題に解答しようとするものである。したがって、事後的審査によって条項の違法性が肯定される場合にのみ、効力維持的縮減の問題が生じるとする[43]。

第3節 / 検　討

第1項　事後的審査説に対する批判への可能な反論

　第2節で整理した議論をもとに事後的審査説の是非を検討すると、まず、事後的審査説に対して向けられている批判は、事後的審査説の論者自身が反論している部分の他にも、多くの点で反論可能なものである、と考えられる。

I　権利行使規制と関係する批判について

　まず、バゼドウが、内容規制と権利行使規制とを区別したうえで、なお事後的審査説を展開しているように、権利行使規制と区別した形で事後的審査を位置づけることは、論理的に可能である。その限りで、事後的審査説が内容規制と権利行使規制を混同しているとの批判は、当たっていない。もっとも、現実の事実経過のみを考慮すべきという事後的審査の考え方から、内容規制においては約款使用者の権利行使の態様・範囲を問題にしないという結論は出てこない。この点については、後述する。

　また、内容規制と権利行使規制の区別に際して指摘される前者の一般的審査としての性格も、事後的審査説に対する批判としては当たっていない。すなわち、内容規制が一般的審査か個別的審査かという問題は、事後的審

---

43) Basedow [1982], 359f..

査を採用するか否かとは別の問題である。内容規制における一般―個別の軸には、規範的なものと事実的なものとがありうるが[44]、いずれも事後的審査とは独立に観念することができる。まず、規範的な軸として、一般的な評価基準を立てるのか、個別的正義（衡平）を基準とするのかという問題がある。この問題が、事後的審査の採用によって左右されないことは、例えば、不当利得返還訴訟において時価条項の効力を判断するに際して、当該顧客だけでなく、類似の状況にある別の顧客にとっても不利な価格変更が行われたか否かに着目する見解が存することに、見て取ることができる。また、事実的な軸としては、典型的な事情に限って考慮するか、当該契約における個別事情をも考慮するか、が問題となるが、事後的審査説は、後者の立場にコミットするものではない。例えば、免責条項の処理において、重過失による不履行と軽過失による不履行の区別がされるとしても、それは、当該免責条項の下で典型的に想定される事実経過を区分しているに過ぎない[45]。

　なお、本章冒頭から強調しているように、事後的審査説の扱う問題は、評価基準時の問題（不当性評価の基準時や契約締結時に想定されていなかった事情の考慮の問題）とも区別すべきである[46]。一般に、個別訴訟における不当性判断の評価基準時は契約締結時であるとされるが、事後的審査説は、可能態（契約締結時点において想定されるありうる事実経過）と現実態（契約実行に際して現実化した事実経過）の区別を採用しているとはいえ、契約締結時点において想定されている事実経過が複数ある場合の処理を問題にしているに過ぎない。契約締結時からの規範的な評価の変移や、契約締結時に想定されない事実経過を議論しているのでないことは、挙げられている具体例からも明らかである。

---

44) Pfeiffer in: Wolf/Lindacher/Pfeiffer [2013], § 307 BGB Rn. 77ff.
45) Pfeiffer in: Wolf/Lindacher/Pfeiffer [2013], § 307 BGB Rn. 86 も、事前＝事後と一般＝個別が別の軸であることを述べている。すなわち、個別訴訟においては、具体的契約関係の諸事情も一般的審査基準によって評価されなければならず、事前的審査も事後的審査と同様に、具体的契約関係に限定されるとする。
46) Pfeiffer in: Wolf/Lindacher/Pfeiffer [2013], § 307 BGB Rn. 94.

II　事後的審査と効力維持的縮減の相違

　既述のように、支配的見解が事後的審査説を効力維持的縮減に帰着するものとして批判しているにもかかわらず、事後的審査説においては、条項がそもそも AGBG 9 条以下に該当するか否かを問題とする事後的審査の手法と、AGBG 9 条以下に違反する条項がどの範囲で無効となるのかに関する効力維持的縮減の問題とが、区別されている。この区別については、さらに次の 2 点を付け加えることができる。

　第 1 に、事後的審査による処理と効力維持的縮減とでは、考慮すべき事情が異なってくる。まず、事後的審査において問題となるのは、ある事実経過において条項が AGBG 9 条以下に該当するか否かだけである。そこでは、約款使用者が当該条項の違法性を認識していたか否かなどは、問題とならない。これに対して、効力維持的縮減の可否については、諸説あるものの、当該条項の違法性を認識していたかなど、約款使用者の主観的態様を考慮してその可否を決すべきであるとの見解も、有力に主張されている[47]。バゼドウもまた、原則として効力維持的縮減を認めるが、約款使用者が当該条項の設定に際して、その違法性を認識し、または、あえてこれを認識しようとしなかった場合には、効力維持的縮減を認めるべきでない、との立場を表明している[48]。

　第 2 に、事後的審査の採用にもかかわらず、効力維持的縮減の問題として残される領域が存在しうることも、指摘することができる。すなわち、仮に内容規制と権利行使規制とを区別するならば、条項のある適用場面において、約款使用者が当該条項から生じる権利を実際にどの範囲で行使したかは、事後的審査においても考慮されない。抑制的な権利行使がされた場合に、その効力を肯定してよいかについては、むしろ、効力維持的縮減の是非と絡めて検討されるべき問題である、ということができる。また、権利行使の態様まで考慮して事後的審査を行うとしても、約款使用者が過

---

47) Kötz [1979], 789; Canaris [1990], 557ff.; Roth [1994], 36ff. (ただし、判例無視や明確な違反の有無といった客観的基準によることを主張する); Staudinger/Peter Schlosser [2013], § 306 BGB Rn. 25 などを参照。また、ドイツ判例が補充的契約解釈の枠内において約款使用者の主観的態様を考慮していることについて、**第 2 部第 2 章**を参照。
48) MüKoBGB/Basedow [2003], § 306 BGB Rn. 13.

剰な範囲で権利行使をした場合に、その一部の効力を承認するかについては、なお効力維持的縮減の問題として位置づけることが可能である。

Ⅲ　差止訴訟制度との整合性

　既述のように、事後的審査説は、当初の構想から、差止判決の既判力が拡張される場合とそうでない場合とを分け、後者においてのみ事後的審査の余地を認めている。差止訴訟制度との不整合を指摘する支配的見解の批判が当たっているかは、このような構想が評価矛盾を孕むものであるかにかかっている。事後的審査説によれば、差止判決の既判力が拡張されるのは、差止判決を受けた約款使用者が締結した将来の契約および継続中の契約についての訴訟であるが、将来の契約と継続中の契約では状況が異なるため、分けて検討する。

　まず、将来の契約については、差止めを命じられた約款使用者が、その後に、当該条項の表現を（実質的に）改訂することなく、そのまま用いて契約を締結したという状況が問題となっている。この状況においては、差止判決がない場合に比して広く約款の効力を認めないことに、理由があるのではないか、と考えられる。すなわち、差止判決に服している約款使用者は、約款を改訂しさえすれば禁止を免れることができるにもかかわらず、差し止められた条項表現をそのまま使用している。このような約款使用者には、単に不当条項を用いて契約を締結した約款使用者よりも強い非難可能性を認めることができ、したがって、より広く約款の効力を否定する措置を正当化することができる。

　これに対して、継続中の契約に関する処理を正当化することができるかについては、問題がある。ここでは、既存の契約において、差し止められた表現の条項を援用することが一律に禁止されるが、その利益状況は、将来の契約におけるのと異なっている。すなわち、約款使用者は、原則として約款の改訂によって禁止を免れる途を閉ざされている。したがって、禁止された条項を放置したことについて、強く非難されるわけではない。そうすると、差止判決の有無によって処理を分ける事後的審査説は、この場面で正当化困難な状況に陥ることになる。

もっとも、このような難点が生じるのは、個別訴訟において事後的審査を採用するからではなく、差止訴訟において継続中の契約における条項援用の禁止を命じることができる仕組みに原因がある。すなわち、差止訴訟における規制には一般的に条項の改訂を迫る目的が認められるとしても、条項改訂が困難な継続中の契約における援用禁止は、かかる目的によって正当化しえない。援用禁止の正当化根拠は、継続中の契約においても顧客を不当な不利益から保護することにあるというしかない。そうすると、ある表現の条項の援用を一律に差し止めることは、過大な措置であり、むしろ、差止訴訟において認定された限りにおいて、顧客が不当な不利益を受ける場面に限定して条項の援用を禁止することが、規制目的に合致するのではないか、と考えられる。このように考えれば、事後的審査がされる場合との間で、評価矛盾は生じない。

　ここまでの検討によれば、個別訴訟における事後的審査は、差止訴訟制度、とりわけ AGBG 21 条における既判力の拡張制度との間で、適切な調整を図ることが可能である。

Ⅳ 「差止訴訟＝事前的審査、個別訴訟＝事後的審査」二分論に対する批判について

　「差止訴訟＝事前的審査、個別訴訟＝事後的審査」二分論を批判する論者は、事後的審査によれば、軽過失による契約違反が問題となる訴訟と重過失による契約違反が問題となる訴訟のいずれが先に行われるかによって、条項の有効性判断が変わってしまう、と指摘する。この指摘は、第1訴訟における有効性判断が第2訴訟においても先例として作用するため、第2訴訟において問題となっている事態と関係なく、条項が有効または無効と判断される、との理解に基づく。しかしながら、事後的審査説の論者が説くところを推し進めれば、このような先例作用は働かないとも考えられる。すなわち、バゼドウは、差止判決の既判力拡張が働く場面を別として、差止訴訟と個別訴訟とでは訴訟形態を含め事案の類似性が存しないことから、差止訴訟における無効判断が個別訴訟において先例として作用することに否定的である。同様の考慮をすれば、個別訴訟相互の間でも、事案の類似

性が認められなければ、先例としては作用しないことになろう。例えば、重過失免責が問題となっている訴訟と軽過失免責が問題となっている訴訟とでは、事案を異にするため、先例作用は認められないことになる。もっとも、かかる先例作用の否定もまた、権利行使の態様・範囲の不顧慮と同様に、現実の事実経過のみを考慮すべきという事後的審査の考え方から、直ちに導かれるものではない。この点については、後述する。

なお、二分論を批判する論者が主張する差止訴訟における事後的審査は、事後的審査説において主張される個別訴訟の処理方法とは、全く別ものである。そこでいわれている事後的審査は、事前的審査においてありうる事実経過を探求する際に、これまで当該条項がいかなる役割を果たしてきたかを手掛かりとするという手法であり、事前的審査の枠内における回顧的観察とでも呼ぶべきものである。したがって、この指摘は、事後的審査説の主張のうち、差止訴訟において事後的審査は行われないという部分に対する批判としては、当たっていない。もっとも、バゼドウが事前的審査を想像力によって行われるとしている点に対する批判としては、重要な指摘である。

第2項　事後的審査説の問題点

他方で、事後的審査説に対しては、次のような問題点をなお指摘することができる。

I　正当化根拠の問題性

事後的審査説は、「我に事実を与えよ、汝に法を与えん」という法格言を正当化根拠として、過去に実現したリスクに係る個別訴訟における条項の不相当性評価に際して、現実化しなかった事実経過は考慮されないとする。しかしながら、このような正当化根拠から内容規制の方法について一定の結論を導くことは、困難であると考えられる。

1　現実化しなかった事実経過の不顧慮

　まず、支配的見解の側から指摘されているように、個別の権利行使あるいは条項適用場面を問題とする以前の条項の内容（そこに内包されている可能な事実経過）もまた、裁判官が考慮しなければならない事実の1つとして位置づけることが可能である。当該条項の表現の下で、どのような適用場面が想定されているか、また、どのような権利が留保されており、それがどのように行使される可能性があるかを、事前的に観察するという手法をとったとしても、それは裁判官が判断の対象とすべき事実たる条項内容を探求しているに過ぎない。要するに、ある条項の下でどのような事実経過が想定されていたかは、条項解釈の問題として、過去に実現した契約上のリスクに関する個別訴訟においても探求すべきものと考えることができる[49]。

　そして、条項解釈の問題として、ある条項の下でどのような事実経過がありうるものとして想定されていたか、が探求されるのだとすると、「我に事実を与えよ、汝に法を与えん」という法格言から、現実化しなかった事実経過を捨象するという処理を導き出すことはできない。逆に、想定されていた事実経過の全てが当該訴訟における条項の不相当性評価にとって意味を有するということもできないが、現に問題となっている事実経過のみを基礎として不相当性評価をすべきというためには、別の正当化根拠が必要となる。バゼドウらは、そのような正当化根拠を提示できていない。

2　現実化した事実経過の一部不顧慮

　さらに、「我に事実を与えよ、汝に法を与えん」という法格言から現実化した事実経過のみを顧慮するというだけでは、現実化したが決定的な意味を有しない事情があるという点を、基礎づけることができない。このことは、次の2点において明らかになる。

　第1に、事後的審査説の論拠から、内容規制と権利行使規制とを区別す

49）　なお、約款解釈の方法について差止訴訟と個別訴訟とで違いがないかは、また別の問題である。バゼドウも、事後的審査を提唱したのと同じ論文において、両訴訟形態における約款の解釈方法の相違を説いている。Basedow [1982], 354ff. を参照。

べきかについて、回答を与えることはできない。上記の法格言からは、現に行われた権利行使の態様を考慮するともいえるし、権利行使の態様は内容規制の問題ではないから考慮しないともいえる。現に、事後的審査説の論者は、当初は両者を区別しておらず、後に両者を区別する主張を展開している。したがって、権利行使の態様・範囲を顧慮すべきか否かについては、別に論拠を求めなければならない。

　第2に、同一の契約関係において、重過失免責が問題となる訴訟と軽過失免責が問題となる訴訟とが連続した場合の処理について、第1訴訟の先例作用を否定することが考えられるとしても、この処理も、上記の法格言からは導かれない。第1訴訟の事実関係もまた現実のものである以上、この法格言だけでは、なぜ第1訴訟の事実関係が第2訴訟において意味を有しないのかを、説明できない。

Ⅱ　その他の問題点
1　同一条項の評価変遷
　事後的審査説によれば、訴訟により同一契約における同一条項の相当性が一律に評価されないことになる。しかしながら、このような処理によると、条項の不相当性評価が転々するかのような印象を与えることになる。例えば、「一切の責任を負わない」と書かれた条項は、契約締結当初（リスク実現前）においては、事前的審査により不当条項と評価されるが、その後に軽過失免責に関するリスクが実現した際には、相当な条項ということになる。第1訴訟の先例作用を否定することにより、実際的な不都合は生じないのかもしれないが、このような説明では、事情変更が生じたわけでもないのに、同一条項の評価が変遷しているかのような印象を与える。

2　事前的審査の方法に関する問題
　また、事後的審査説の論者が想定している事前的審査のあり方も、課題を残すものである。そこでは、差止訴訟に関してであるが、考えられる事実経過をできる限り網羅的に観念しなければならない、とされている。このような形での事前的審査によると、顧客が不利益を被る場面として、き

わめてイレギュラーな事実経過が観念されるだけであっても、不当条項と評価されかねない。そのような審査方法は、必ずしも適切とはいえないのではないか。既述のように、支配的見解に属する学説には、個別訴訟における事前的審査のあり方として、ありうる事情のうち全く蓋然性を欠くわけではないものを考慮すべき、との限定を加えるものがある[50]。もっとも、支配的見解においても、このような限定を加えない事前的審査の主張が見られるところであり[51]、この点については、事後的審査への賛否とは別の問題である。

第3項　事後的審査説の再構成

　第2項Ⅰで指摘したところによれば、事後的審査説は、支配的見解と差別化して自己を正当化することができておらず、また、同説の内部で考えられる具体的処理の選択についても手掛かりを提供しない。しかしながら、このことは、事後的審査説が完全に失当であり、支配的見解が正当であるということを、意味するわけではない。むしろ、事後的審査説に向けられた批判の多くは反論可能なものであり、同説の処理にも一定の合理性が認められる可能性がある。そこで、同説を再構成することで適切な正当化を図り、支配的見解と比較することができないか、引き続き検討する。

Ⅰ　再構成の方向性

　事後的審査は、規制対象の画定法理として再構成することが可能である。第1章で論じたように、「規制対象の画定」とは、内容規制において何が個別に不相当性評価の対象となるのかを決定することである。この問題は、いかなる範囲において不当条項が無効とされるのかという問題（無効範囲の問題）とは区別される。規制対象の画定は、個別訴訟における機能として、いわゆる条項全部無効の範囲という意味で、無効範囲の最外延を画するものである。ある条項がある規制規範に照らして不当条項と評価されるとし

---

50)　Pfeiffer in: Wolf/Lindacher/Pfeiffer [2013], § 307 BGB Rn. 94 を参照。
51)　例えば、Schmidt, H. [1986], 104ff. を参照。

ても、他の条項はそのような評価の対象となっておらず、したがって、無効範囲にも組み込まれない。このように、規制対象の画定は、条項全部無効の必要条件を成す。他方で、十分条件となるかについては、規制対象を画定した後の判断構造の組立て次第である。

　このような意味での規制対象の画定法理として、事後的審査は、次のように位置づけることができる。すなわち、同審査は、現実化した事実経過を基礎としてのみ、条項の不当性評価を行うものである。これは、別の見方をすれば、現在の特定状況における条項の効果のみを規制対象にしている、ということができる。そうすると、事後的審査が、現実化しなかった事実経過を捨象しているのは、それらの事実経過における条項の効果は、別個の規制対象であるからである、と説明することができる。このように内容規制の対象を捉えることが可能であれば、それにより事後的審査を正当化することができる。

　なお、もともとの構想において、事後的審査が効力維持的縮減と区別されていることは、ここで再度強調して余りある。すなわち、事後的審査は、条項がそもそもAGBG 9条以下に違反するか否かを判断する手法であり、AGBG 9条以下に違反する条項がどの範囲で無効となるのかを決するものではない。事後的審査は、元来、無効範囲の確定の前段階に位置づけられているのである。

Ⅱ　支配的見解および事後的審査説における規制対象

　事後的審査（説）の中には、約款使用者による権利行使の態様までも事後的に観察するものと、権利行使の態様については考慮しないとするものとが見出される。後者においては、権利行使の態様については事前的審査を行うのと同じことになる。以下では、前者を「権利行使顧慮型事後的審査（説）」、後者を「権利行使不顧慮型事後的審査（説）」と呼ぶ。事後的審査説を規制対象の画定という観点から再構成したとき、両者において個別の規制対象として把握されるものは異なってくる。支配的見解における規制対象の画定の方法を含め、3説を対置すると、次のとおりである。

1　支配的見解

第1に、支配的見解においては、「独立した有効性審査の可能性」を基準として、個別の規制対象を画定すべきことが説かれている[52]。その趣旨は、具体的な規制規範に照らして規制対象を画するものと理解することができる。この基準によれば、約款使用者が約款をどのように分節化しているかは、規制対象の画定に際して決定的な意味をもたない。形式的には複数の条項が存在しているとしても、それらが累積的に不相当性を基礎づける場合には、その全体が1つの規制対象を構成するものと捉えられ、形式的には複数の条項が全体として無効となることも、ありうることになる。もっとも、支配的見解においては、別個の規制対象として区分する上での最低限の要件として、文言上分節化されていることが必要とされている。包括的に表現された条項は、その内部において複数の要素を観念しうるとしても、全体として1つの規制対象として把握するしかないと考えられている[53]。このような支配的見解は、「独立した有効性審査の可能性」という基準によって画定された約款の具体的な表現を、規制対象として把握するものであるといえる。

2　権利行使不顧慮型事後的審査説

第2に、権利行使不顧慮型事後的審査説では、現実に生じた契約実行段階の特定の状況において、顧客が不相当な不利益を受けているか否か、が問題とされている。さらに、そこでいう不利益とは、当該条項に基づいて顧客が直面している約款使用者の権利または顧客自身の義務それ自体であり、約款使用者による権利行使の結果ではない。したがって、この説における個別の規制対象は、契約実行段階の特定の状況において条項から生じる権利義務の内容ということになる。

---

52)　第1章第2節を参照。判例も基本的に同様の判断基準を採用していることについては、同第3節を参照。
53)　もっとも、包括的な条項表現の中に中心部分が含まれている場合の処理については、判例・学説ともに見解が分かれている。この点についても、第1章第3節を参照。

3　権利行使顧慮型事後的審査説

第3に、権利行使顧慮型事後的審査説は、約款使用者による権利行使の態様・範囲までも含めて、現状において顧客が不相当な不利益を受けているか否かを問題とするものである。このように考える場合には、権利義務の内容に対する規制と権利行使に対する規制とが区別されず、条項から生じる権利が行使された結果として最終的に顧客が置かれる利益状況が、規制対象として捉えられることになる。

4　免責条項の設例へのあてはめ

本章冒頭の免責条項の設例を用いて、これら3説の関係を示すと、【図1】のとおりである。支配的見解においては、「一切の責任を負わない」という条項表現自体が、規制対象として把握される。これに対して、権利行使不顧慮型事後的審査説においては、約款使用者の重過失による契約違反の場面と軽過失によるそれとが区別され、それぞれの場面における免責効果が、個別の規制対象となる。権利行使顧慮型事後的審査説においては、さらに、約款使用者が全部免責を主張した場合と一部免責のみ主張した場合とが区別され、それぞれの場合における顧客の利益状況が、別個に規制対象となる。

【図1】　免責条項における規制対象

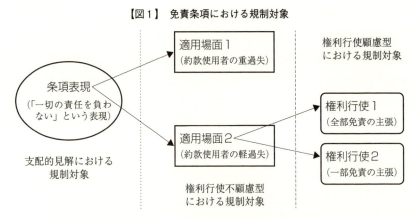

Ⅲ　各説の正当化根拠

Ⅱの1～3で概説した3説について、それぞれの正当化根拠を検討すると、次のとおりである。

1　支配的見解

支配的見解によれば、内容規制と権利行使規制の区別について説かれるように、内容規制が契約内容の形成それ自体に向けられた規制であるとの観念が、強く働いている。そして、このことは、規制対象を条項の表現レベルで捉えるという点にも、現れていると見ることができる。つまり、支配的見解においては、約款の表現＝契約内容（権利義務の内容）≠権利行使という思考枠組みを見出すことができる。

しかしながら、このような思考枠組みは、事後的審査説と対比したとき、相対化されざるを得ない。というのは、適用場面の区別や権利行使の態様・範囲による区別も、契約締結時に想定されたものである限り、全て条項の形成に際して組み込まれたものであると考えることが可能だからである。例えば、「一切の責任を負わない」と定式化された条項には、その形成段階において既に、重過失免責と軽過失免責とが内包されていると考えることができる。同様に、全部免責の規律と一部免責の規律とが、重畳的に含まれていると見ることもできる。したがって、1つの定式としての条項の形成＝1つの契約内容の形成であると、即断することはできない。このように、支配的見解の基礎にある観念を相対化することができる点にこそ、事後的審査説の重要な意義があるといえる。

また、「独立した有効性審査の可能性」という基準を提唱する論者が、その根拠として、内容規制が第1次的に「特定の状況における特定の実質的な法律効果から顧客を保護すること」を目的としていることを挙げている点が、注目される[54]。しかしながら、このような規制目的から支配的見解を全面的に正当化することは、困難である。というのは、この規制目的命題からすると、特定の状況において顧客が直面している法律効果に焦点を

---

54)　Schmidt, H. [1986], 75.

合わせる事後的審査説もまた規制目的に反しないことになり、条項表現に焦点を合わせる積極的な理由とはならないからである。支配的見解の下でこの命題が意味を有するのは、例えば免責条項と解除権留保条項とが別の規制対象になるといったように、約款文言のレベルで別の要件と効果が定められていれば、それぞれ個別に不相当性評価を行う、というところまでである。

かくして、さしあたり見出された支配的見解の正当化根拠は、包括的な条項を1つの規制対象として扱うことについて、決定的な意味を有しない。そこで、支配的見解の機能面から、次のように考えることができないか。すなわち、支配的見解においても、「特定の状況における特定の実質的な法律効果から顧客を保護することが、内容規制の目的である」との命題を掲げるならば、条項表現が適用場面ごとに細分化されていれば（例えば、重過失免責と軽過失免責とが別の条項として定式化されている場合）、各適用場面に対応する部分ごとに、個別の規制対象として扱わざるを得ないはずである[55]。これに対して、包括的な条項においては、複数の適用場面がまとめて1つの規制対象とされ、全体として無効となる可能性を有する。このように、条項が細分化されている場合に比して、包括的に定式化されている場合に、より強い規制が行われるのは、単にある適用場面において顧客が不当な不利益を被るというのではなく、包括的な表現そのものに問題があるからだと考えられる。つまり、包括的な表現ゆえに顧客が自らの不利益を十分に見通せないなどの考慮が働くならば、条項表現それ自体に焦点が合わせられ、規制対象として把握されうる。

---

[55] これに対して、権利行使の態様・範囲がそれぞれ別に定式化されている場合（例えば、軽過失免責について、全部免責と一部免責とを重畳的に定式化している場合）は、また別の考慮を要する。この場合には、約款使用者が、同一の場面において、最大限の権利を留保しつつ、それが法的に承認されない場合に備えて、より小さな権利を確保しているものと見ることができる。内容規制と権利行使規制を区別する立場をとるならば（したがって、権利行使顧慮型事後的審査説に立たないならば）、このような意図で約款が表現されている場合に、結果として無効範囲を大きな権利に限定する処理をすることには、問題がある。そこで、このような場合には、実質的に1つの権利が留保されているものと見て全体を1つの規制対象として扱うか、または、各部分が別の規制対象であるとしても、より小さい権利の留保を救済条項と見て（ある条項が無効とされた場合に備えて、具体的な代替規律を準備している場合に当たる）、その効力を否定していくことが考えられる。ドイツ法学説において、前者の方向での処理を示すものとして、Schmidt, E. [1980], 402がある。また、救済条項については、第3部を参照。

2 権利行使不顧慮型事後的審査説

　条項が包括的に表現されている場合でも、個々の適用場面ごとに相手方の保護を考える権利行使不顧慮型事後的審査説は、支配的見解よりも、「特定の状況における特定の実質的な法律効果から顧客を保護することが、内容規制の目的である」との命題に合致している。このことが、権利行使不顧慮型の第１次的な正当化根拠として考えられる。他方で、包括的な表現そのものは、格段、問題にしないものということができる。

　また、次に述べる権利行使顧慮型との対比においては、約款使用者がどの範囲で権利を行使したかは内容規制に際して顧慮されないため、条項の表現自体において、約款使用者の権利内容を抑制しておく必要が生じることになる。このことは、次のように正当化することができよう。すなわち、不相当な権利行使がされない限り、法的介入が行われないとすると、約款使用者としては契約の実行に際して適法な権利行使範囲を見定めればよいだけであるから、約款の表現上は過大な権利の留保が行われやすくなる。その結果、顧客が不相当な権利行使に巻き込まれる危険性が増大する。顧客にとって、ある権利行使が相当な範囲に留まっているか否かを自ら判断することは、必ずしも容易ではないと考えられる[56]。このような理由から、権利行使の態様については顧慮しないとするのが、権利行使不顧慮型の事後的審査説といえよう。

3 権利行使顧慮型事後的審査説

　支配的見解と対比したとき、この説もまた、権利行使不顧慮型と同様に、「特定の状況における特定の実質的な法律効果から顧客を保護する」という規制目的命題によって正当化される。他方で、権利行使不顧慮型との対比において、この説は、内容規制・権利行使規制の二分論を採用しないものである。その結果、権利行使の段階において適法な範囲で権利主張をすれば、そのような権利主張の効力が認められ、条項の定式における過大な権利の留保は、特に問題視されないことになる。過大な権利留保の危険性を

56）　価格変更条項の規制における具体化の要請（第２節第１項を参照）は、まさにこのような思考に立脚するものといえる。

重視せず、最終的に顧客が不当な法律効果に曝されなければよいとするのが、この説の正当化根拠といえる。

Ⅳ 再構成された事後的審査説の是非

かくして、事後的審査説は、「特定の状況における特定の法律効果から顧客を保護することが、内容規制の目的である」との理由により、複数の適用場面や権利行使の可能性を含む包括的な表現の条項について、個々の適用場面における権利義務の内容、または、条項から生じる権利が行使された結果として顧客が置かれる利益状況を、個別の規制対象として把握する考え方として再構成された。このように再構成された事後的審査説においては、もとの事後的審査説と異なり、同一の対象について評価が変遷するといった問題は生じない。契約締結時点から、想定されている事実経過のそれぞれが、別個の規制対象として扱われるだけである。

残る問題は、再構成された事後的審査説を、実際に採用しうるかである。仮に、包括的に表現された条項は一般的に望ましくないものと考えるならば、同説が入り込む余地はなく、支配的見解が支持されるべきことになる。この点、一般的に条項表現レベルで規制対象を捉えることは、正当化できないと考える。たしかに、条項表現が決定的な意味を有する場面もある。例えば、AGBG 10条3号（BGB308条3号）は、約款使用者が解除権を留保する条項について、解除事由を契約において挙示することを要求している。この場合には、包括的に表現された条項（例えば、「必要な場合には、いつでも契約を解除することができる」と書かれた条項など）そのものが、規制対象になっているというべきである。しかしながら、規制規範が条項表現に焦点を合わせていないと考えられる場面も存在する。その1つの重要な例は、後述するように、日本法における消費者契約法9条1号の適用に際しての解除時期の区分であるが、ドイツにおいても論じられている重過失免責と軽過失免責の区分という問題も、同様に考えられる。すなわち、「重過失免責を許さない」という規範は、それ自体として、包括的な条項表現をターゲットにしているわけではなく、重過失免責と軽過失免責の重畳を問題としているわけでもない[57]。このように考えると、包括的な条項表現そのも

のを規制対象として把握しうるかは、個別の規制規範の定立・解釈によって判断すべきである。また、権利行使顧慮型事後的審査を常に排斥しうるか、つまり、内容規制と権利行使規制の二分論を貫徹しうるかについても、さしあたり個別の規制規範によるものと考える。

第4節 / 結　論

第1項　包括的な条項における規制対象の判断枠組み

　本章の検討をまとめると、包括的に表現された条項においては、以下の①・②の判断枠組みによって、個別の規制対象が画定される。また、このような判断枠組みからは、③の帰結が生じる他、④の点に留意すべきである。

　①まず、当該条項表現の下で、いかなる事実経過が想定されていたか、すなわち、どのような場面において、どのような権利義務が発生し、また、いかなる態様・範囲で権利行使がされる可能性があるか、を確定する必要がある。これは、条項解釈の問題である[58]。

　もっとも、過去に実現したリスクが問題となる訴訟においては、下記②(ii)または(iii)の形で規制対象が画定されるならば、現に生じた事実経過が当該条項の下で想定されていたものであることを確定すれば足り、他にいかなる事実経過が想定されていたかを詳らかにする必要はない。その限りにおいて、事後的審査（現在の事実経過だけを問題とした条項規制）というものが成り立つ。

---

57) このように考えることは、包括的な免責条項に何ら表現上の問題がないということを意味しない。例えば、「本契約において、一切の損害賠償責任を負わない」と書かれた免責条項を、リスク転嫁場面を特定しないその包括性ゆえに不相当と評価することは、検討すべき問題である。しかしながら、このことは、重過失免責の不許容性とは異なる規範の適用による。

58) ここにおいて、条項解釈は、一対一対応的な言葉の定義を明らかにする作業ではなく、種々の適用場面を把握する作業として位置づけられる。例えば、「〔事業者は、〕過失があったとしても責任を負わない」と書かれた条項があったとしよう。このような条項の意味は、「過失＝注意義務違反」というような定義をもってではなく、むしろ、免責の対象となる様々な場面が明らかにされることによって、初めて理解されると考える。このように複数の場面が条項の意味に対応するならば、「過失」という語は、意味的に最小単位とはいえない。

②上記①において確定された事実経過において、何が個別に規制対象として把握されるかは、次のように、規制規範の定立・解釈によって決まる。条項表現の包括性、すなわち、何らかの文法的な単位によって、規制対象が決まるわけではない[59]。

(i)顧客が自らの不利益を十分に見通せないなど、条項表現それ自体に

---

[59] テキストの文法的単位を決定的なものとして契約条項のような規範を扱うことに対しては、さらに次の2つの問題点を指摘することができる。第1に、規範構造と文法構造とは必ずしも一致しないのではないか、という問題点である。例えば、我が国の近時の民法概説書には、要件事実論を基礎としながら、民法規範の構造分析を試みるものがある（山本敬［2005］とりわけ xiii 頁以下・［2011］とりわけ xix 頁以下を参照）。そこでは、権利の発生と阻却の基礎づけという観点から、民法規範の意味と構造を明らかにする作業として、民法の解釈が位置づけられている。そして、この構造分析は、民法の規定の形式・文言を基礎としつつ、あくまでも民法の趣旨・目的によって導かれる、とされる（このような基準設定は、要件事実論における通説とされる法律要件分類説に概ね対応する。今日の通説は、実体法規の解釈に当たって、各法規の文言・形式を基礎として考えると同時に、法の目的、類似または関連する法規との体系的整合性、当該要件の一般性・特別性または原則制・例外性、およびその要件によって要件事実となるべきものの事実的態様とその立証の難易などが、総合的に考慮されなければならないとする。司法研修所［1986］8 頁以下を参照）。このような分析から得られる文法構造と規範構造との差異を示す一例としては、日本民法 533 条の構造を挙げることができよう。同条は、本文とただし書の2つの文から成っているが、本文における双務契約の存在が同時履行の抗弁権の成立要件とされるのに対して、同じく本文に含まれる相手方の債務の履行の提供は、ただし書における相手方の債務の弁済期と同様に、同時履行の抗弁権の阻却要件として位置づけられるものである（山本敬［2005］76 頁以下を概述すると、このようにいうことができよう）。これは、制定法規範の構造分析についての例だが、（約款に基づく）契約規範についても、同様に考える可能性があるのではないか。そうすると、内容規制の単位（個別に内容的に不当であるか否かを評価する対象）としても、文法的単位ではなく、規範構造上の単位が決定的ではないのかという問題が、浮上せざるを得ない。第2に、このような問題があるにもかかわらず文法的単位を決定的なものとするならば、基準となる単位は、文章・文・句・単語のいずれに求められるのか、という問題点である。

これらの問題を特に意識させる裁判例として、第1章において取り上げた BGH 第3民事部 1984 年5月28日判決（NJW 1984, 2816）を挙げることができる。同判決においては、「撤回不可能な形で unwiderruflich」という1語を付された振込委託条項について、この撤回不可能の部分だけを規制対象とし、それのみを無効とすることができるかが争われた。BGH は、このような処理を肯定したが、学説上は、条項全体を一体的に処理すべきとの批判も強い。このように、文中の1語を1つの規制対象として扱いうるかという問題が生じるのは、まさに文法的単位に基準性を認めるがゆえであるといえよう。そして、文と単語のいずれが決定的かという問題に対して、単なる直観ではない解答を与えることは、容易ではないだろう。これに対して、前段落で取り上げた権利義務の成立と阻却（消滅）というカテゴリを手掛かりに法律効果に着目するならば、このような条項は、振込みを委託する旨の規定と撤回を禁じる旨の規定という、2段階の規範構造を有するものとして分析することができる。このとき、条項の問題性を撤回禁止のみに見るならば、後者のみを規制対象とすることが導かれる。

同様の問題は、「約款使用者は、重過失および軽過失についての責任を負わない」と書かれた免責条項にも生じる。ここには、重過失免責と軽過失免責の2つの免責条項があるのか、あるいは1つの免責条項しかないのか。このような問いを文法的に解決することは、はたして可能なのだろうか。

問題があると評価される場合には、当該条項の表現が1個の規制対象として扱われる。
(ii)規制規範が、「特定の状況における特定の実質的な法律効果からの顧客の保護」を目的とし、かつ、過大な権利の留保を抑止せんとする趣旨に出たものである場合には、条項が適用される個々の場面において当該条項から生じる権利義務の内容が、個別の規制対象として把握される。
(iii)規制規範が、「特定の状況における特定の実質的な法律効果からの顧客の保護」を目的とし、かつ、不相当な権利行使にのみ介入すれば、それで規範目的が達成される場合には、条項から生じる権利が行使された結果として顧客が置かれる個々の利益状況が、それぞれ別個の規制対象となる。

このように、具体的な規制規範に依拠して規制対象を画定する際には、当該規範の目的も考慮する必要がある。
③このような判断枠組みをとることは、次のような帰結を意味する。
(i)上記②(ii)または(iii)の形で個別の規制対象が画定される場合、異なる事実経過における不相当性評価は、当該の事実経過における相当性評価に影響を与えない。
(ii)上記①および②の枠組みからは、何に対して個別に不相当性評価が下されるかが明らかになるだけであり、その評価からいかなる法律効果が生じるかについては、直ちには明らかにならない。例えば、②(ii)において、ある場面における条項使用者の権利内容が不相当と評価されるとしても、当該権利が一部たりとも認められないこと（全部無効）は、当然には帰結されない。
④上記②(i)または(ii)の形で規制対象が画定される場合には、複数の適用場面または権利行使の態様・範囲が、まとめて相当性審査の対象となる。このとき、特殊な事実経過において顧客が不利益を被るに過ぎないのであれば、事前的審査の方法に関して既に指摘したように、不相当性評価を下さないことが考えられる。というのは、これらの場合には、顧客が最終的に不利益を受ける危険性に対して規制をかけている

ことになるが、その危険性が法的介入を要しないほどに小さいことも考えられるからである。

第2項　日本法における応用

以上の判断枠組みは、日本法においても適用可能である。このことを示すため、本章の最後に、著名な判例として、学納金返還訴訟における授業料不返還特約の処理と生命保険契約における無催告失効条項の処理とを取り上げ、それらが本章の枠組みにおいてどのように捉えられるか、を検討する。もっとも、本章は、本格的な判例研究を志向するものではない。ここでの検討は、判例そのものをどう理解するかという点に絞り、異説[60]への応接は省略する。

I　学納金返還訴訟における授業料不返還特約の処理

学納金返還訴訟において、判例は、消費者契約法9条1号の下、在学契約の解除の意思表示が3月31日までにされた場合と4月1日以降にされた場合とで、授業料不返還特約の有効性判断を分けている。すなわち、前者の場合には、大学にとって解除が織り込み済みであることから、原則として、大学に生ずべき平均的な損害は存在せず、不返還特約は全て無効とされる。これに対して、後者の場合には、原則として、大学が初年度の授業料等に相当する損害を被ることから、不返還特約は、大学に生ずべき平均的な損害の額を超えておらず、全て有効になるとされている[61]。

このような解除の時期による区分は、適用場面により有効性判断を分けるものである。つまり、入学者の納付金を返還しない旨の条項が適用される場面としては、入学予定者が3月31日までに在学契約を解除するという

---

60) とりわけ、無催告失効条項に関しては、後掲最判平成24年3月16日の法廷意見に対する異説として、原判決（東京高判平成21年9月30日民集66巻5号2300頁）および最判平成24年3月16日に付された須藤正彦裁判官の反対意見が重要であるが、本書では扱わない。
61) 最判平成18年11月27日民集60巻9号3437頁、最判平成18年11月27日民集60巻9号3597頁、最判平成18年11月27日判時1958号62頁、最判平成18年12月22日判時1958号69頁。

場面と4月1日以降に解除するという場面とが、ともに考えられるところ、両者を分けた判断がされている。解除の時期は、大学側がいかなる範囲で権利を行使したかという問題ではないから、権利行使の態様・範囲による区分がされているわけではない。

　ここでは、適用場面に応じて個別の規制対象が捉えられているものと見ることができる（第1項②(ii)の形での規制対象の画定）。というのは、解除の時期は、3月31日以前と4月1日以降のいずれでしかありえないところ、2つの場合をあえて分けて条項を表現することに意味があるとはいえず、不返還条項の表現そのものが不相当性評価の対象になっているとは考えづらいからである。むしろ、解除の時期ごとに、条項から生じる効果（授業料の不返還）が不当であるかが判断されたものと見る方が、容易である[62]。

　ところで、学納金返還訴訟においては、(a)専願等を出願資格とする推薦入試の合格者の取扱い[63]、(b)入学手続要項等に、入学式に無断欠席した場合には入学を辞退したものとみなす旨の条項が存在した場合の取扱い[64]、さらに、(c)入学辞退に関する問い合わせに対して、大学職員が入学式に出席しなければ入学辞退として取り扱う旨を告げたため、入学式を欠席することで在学契約を解除した場合の処理[65]も、問題とされている。このうち(a)と(b)は、条項の不当性評価の基礎となる契約内容の問題であり、契約締結後の事実経過が複数想定される場合の処理という問題ではない。また、(c)について、判例は、条項の有効性レベルではなく、大学に対して不返還特約の効力主張を許さないという形で、問題を処理している。このようなやり取りも、イレギュラーではあるが、契約締結時におよそ想定されない事態ということはできないから、ありうる事実経過の1つとして捉え、そ

---

[62]　消費者契約法9条1号にいう「解除の事由、時期等の区分」につき、同法の立案担当者は、当該条項の文言において解除の事由や時期が区分されている場合を想定した説明をしている（消費者庁［2018］220頁以下）。しかしながら、実務では、学納金返還訴訟の例が典型的であるように、「当該条項において設定された」という法の文言にもかかわらず、現に問題となっている解除事由や時期に応じた不当性判断が行われている。また、既に法制定後まもない頃の学説において、「当該条項において設定された」という文言を重視しない解釈をすべきことが説かれている（山本豊［2003］75頁）。
[63]　前掲注61)・最判平成18年11月27日民集60巻9号3437頁。
[64]　前掲注61)・最判平成18年11月27日民集60巻9号3597頁。
[65]　前掲注61)・最判平成18年11月27日判時1958号62頁。

のような事実経過において条項は不当とする処理をすることも考えられる。しかしながら、そのような処理をしていないことからすると、判例は、特殊な事態において消費者が不利益を被るというだけでは、不当条項とは評価していない、と見ることができる。同じことは、次の無催告失効条項に関する裁判例においても、見て取ることができる。

II 生命保険契約における無催告失効条項の処理

　生命保険契約等において払込期月後の猶予期間内に保険料が支払われなかった場合に無催告で保険契約が失効する旨の条項が消費者契約法10条に該当するかについて、最判平成24年3月16日民集66巻5号2216頁は、次のような判断を下している。すなわち、民法541条において求められる催告期間よりも長い猶予期間が存在し、自動貸付条項（保険料等の額が解約返戻金の額を超えないときは、自動的に保険会社が保険契約者に保険料相当額を貸し付けて保険契約を有効に存続させる旨の条項）によって、保険契約者の権利保護を図るために一定の配慮がされている。さらに、本件保険契約の締結当時において、保険料支払債務の不履行があった場合に契約失効前に保険契約者に対して保険料払込みの督促を行う態勢を整え、そのような実務上の運用が確実にされていたとすれば、失効条項は信義則に反して消費者の利益を一方的に害するものに当たらない、と。

　ここで挙げられている考慮要素のうち、猶予期間および自動貸付条項については、失効の要件をどのように評価するかという問題であり、複数の事実経過を包含している条項の処理とはかかわらない。本章の検討から注目すべきは、督促実務の存在に関連して、督促の有無による区別である。本件失効条項の下では、督促が契約上の義務ではないとされることから[66]、保険会社が実際に督促をしたうえで契約が失効するという事実経過と、督促なしに失効するという経過とがありうることになる。この事実経過の分岐は、適用場面レベルのものではなく、権利行使レベルのものとして位

66）　学説においては、督促通知が失効の要件であると解釈する見解もある。山下＝米山［2010］697頁〔沖野眞已〕、大澤康［2010］45頁、原田［2012］127頁などを参照。

づけることができる。なぜなら、督促を行うのが保険会社の自由である以上、督促をした場合においては、督促なしで契約の失効を主張しうるところ、あえて督促をすることで抑制的に権利行使した場合といえるからである。

　ここで、最高裁は、当該事案では現に督促がされていることから、失効条項は相当であるとの判断をしていない[67]。したがって、権利行使顧慮型事後的審査説はとられていない、ということができる[68]。この態度決定は、前述の授業料不返還特約における解除時期による区分と齟齬するものではない。権利行使顧慮型事後的審査説をとらないとしても、適用場面ごとの規制対象の画定（権利行使不顧慮型事後的審査）は可能だからである。このようにして、本章の示した判断枠組みは、2つの判例の関係を説明することができる。

　そのうえで、現に督促がされたか否かという点について、判例が事前的審査の方法をとっているとしても、督促なしに失効する可能性があることから、失効条項は不相当であるとはされていない。ここで、確実に督促を行う実務運用の存在が、意味をもってくると考えられる。つまり、督促が確実にされているのであれば、督促なしに契約が失効する可能性は小さい、つまり、そのような事態は、特殊であると評価することができ、失効条項に規制をかける必要はない、と判断することができる。このようにして、督促実務の存在は、督促が失効の要件とはなっていないにもかかわらず、本章の判断枠組みの下で、事前的審査における危険性評価の1つの考慮要

---

[67]　これに対して、学説においては、契約後の事情も含め一切の事情が考慮されうるとし、現に督促通知がされた等の事情の下では、失効条項の適用によって顧客の利益が信義則に反して一方的に害されたとはいえない、とする見解も存在する（鹿野［2010］78頁）。
[68]　この判断が無催告失効条項の規制に限ったものなのか、それとも、消費者契約法10条に基づく規制一般、あるいは、より広く不当条項規制一般に射程の及ぶものであるのかは、1つの問題である。消費者庁［2018］238頁は、消費者契約法10条について、「信義則に違反する権利の行使や義務の履行を設定する条項については、それに基づく事業者の権利の行使を認めないこととするにとどまらず、当該条項を無効とし、当該条項において意図された法的効果を初めからなかったことにしようとするものである」と述べる。このような解説に従うならば、消費者契約法10条は、一般的に内容規制と権利行使規制を区別していることになる。同条のこのような解釈が適切であるか否かについて、規制規範の確立を所与とする本書の分析からは、回答することができない。もっとも、両規制の区別に必然性はなく、制度設計上の問題であると考える。

素として、位置づけることができる[69]。

　最後に、以上のような理解によると、別の事実関係における処理について、次のように推論することができる。まず、一般的な督促実務は存したが、現実には督促がされなかった場合も、失効条項自体は、有効と評価されることになる。督促なしに失効させられた顧客の保護は、条項の援用に対する規制に委ねられる[70]。これとは逆に、一般的な督促実務はなかったが、たまたま当該事案においては督促がされたという場合はどうか。この場合、失効条項は、不当条項と評価されざるを得ない。もっとも、この不当性評価は、督促を受けた顧客との関係においても、直ちに失効条項の無効をもたらすわけではなく、現に督促を受けた顧客との関係でも失効の効果を否定すべきかを、さらに検討する必要がある。そして、条項全部無効の考え方をここで採用するならば、顧客が現に督促を受けていようと失効を否定することも、不当な処理ではないということになる[71]。

---

69) これに対して、山本豊［2012］52頁は、本件の失効当時に、督促通知が実際になされ、それが到達して初めて、保険契約者は不履行に気付くことができるはずであり、保険契約締結当時の督促態勢整備と確実な実務運用がなぜ本件失効当時における保険契約者の不履行認識につながるのかは、はっきりしないと述べる。この批判の背景には、保険契約者が実際に不履行を認識しえたことが、失効条項の評価に当たって決定的な意味を有するとの評価がある。このことは、同学説が、無催告失効条項を督促の通知・到達に関する証明責任の転換条項と位置づけ、「せめて本件失効に際しての『督促態勢整備と確実な実務運用』の主張・立証が必要ではないか」と主張していることから窺われる（同53頁）。このような思考は、本章の枠組みでいえば、権利行使顧慮型事後的審査につながるものである。しかしながら、本文に述べたように、判例は、権利行使顧慮型の発想をとっておらず、むしろ、将来において督促なしに（あるいは督促が到達せずに）契約が失効するという危険性を、規制対象として捉えている、と見ることができる。そして、このような危険性の評価に当たっては、契約締結時における一般的な督促実務に十分な意味がある。
70) 山下友［2010］17頁、山下典［2011］158頁、山本豊［2012］49頁も同旨。
71) 第2部第2章で述べるように、私見によれば、この場合には条項全部無効の効果を正当化することができる。

/// 補　論 ///
差止訴訟における規制対象の画定・一部無効条項の処理

第1節 / 序　論

第1項　一部無効条項の処理が問題となった差止訴訟の具体例

　本補論においては、不当条項差止訴訟における一部無効条項の処理およびその前提となる規制対象の画定の問題について、考察を加える。まずは、具体的にどのような問題が存在するかを説明するために、消費者契約法9条1号に該当する条項の差止めが認められた裁判例として、【1】京都地判平成23年12月13日判時2140号42頁（以下、裁判例は、番号のみで表記する）を取り上げる。【1】においては、個別消費者の事業者に対する不当利得返還請求が併合されているが、差止訴訟の問題に限定してその概要を説明すると、次のとおりである。

　Y_1は、冠婚葬祭の相互扶助の業務等を行う株式会社であり、不特定かつ多数の消費者との間で、消費者が将来行う冠婚葬祭に備え、所定の月掛金を前払いで積み立てることにより、当該消費者は、冠婚葬祭に係る役務等の提供を受ける権利を取得し、Y_1は、当該消費者の請求により、上記の役務等を提供する義務を負うことを目的とする契約（以下、「本件互助契約」という）を締結していた。Y_1が本件互助契約を締結する際に用いていた約款には、消費者が本件互助契約を中途解約した場合、当該消費者は、支払済み金額から所定の手数料（1口の契約金額および積立回数が異なる3つのコースごと、加入口ごとに異なる）を差し引いた解約払戻金をY_1に対して請求することができる旨の条項（以下、「Y_1解約金条項」という）が存在した。

Y₂は、旅行業や相互扶助的冠婚葬祭の関連業務等を行う株式会社であり、不特定かつ多数の消費者との間で、代金分割前払方式による利用券取得契約（以下、「本件積立契約」という）を締結していた。Y₂が本件積立契約を締結する際に用いていた会則には、消費者が本件積立契約を中途解約した場合、当該消費者は、①支払済み金額相当の利用券の交付を受けるか、または、②支払済み金額から所定の手数料を差し引いた解約払戻金を受け取るかを選択することができる旨の条項が存在した（以下、②の条項を「Y₂解約金条項」という）。

　適格消費者団体Xは、Y₁およびY₂に対し、解約手数料に関して、消費者契約法41条所定の事項を記載した書面により差止請求を行い、訴訟を提起した。Xは、主位的請求において、本件互助契約または本件積立契約を締結するに際し、解約時に支払済み金額から「所定の手数料」などの名目で解約金を差し引いて消費者に対し返金する旨を内容とする意思表示を行ってはならない旨等を請求し、予備的請求において、現に使用されている文言の契約条項を内容とする意思表示を行ってはならない旨等を請求した。

　本判決は、XのY₁に対する主位的および予備的請求を、次のとおり一部認容した。すなわち、「Y₁は、消費者との間で、冠婚葬祭の互助会契約を締結するに際し、消費者が冠婚葬祭の施行を請求するまでに解約する場合、解約時に支払済金額から『所定の手数料』などの名目で、58円に第1回目を除く払込の回数を掛けた金額を超える解約金を差し引いて消費者に対し返金する旨を内容とする意思表示を行ってはならない」とするとともに、同内容の条項が記載された契約書雛形が印字された契約書用紙の破棄等を命じた。Y₁解約金条項は、施行請求前に解約された場合について、振替費用を超える限度で、消費者契約法9条1号により無効とされた。また、Y₂に対する請求については、「平均的な損害」に含まれる費用が存せず、Y₂解約金条項は消費者契約法9条1号により無効であるとして、主位的請求が全部認容された[1]。

---

1) 【1】の控訴審である後掲大阪高判平成25年1月25日（【9】）は、Y₂解約金条項について原審の判断を維持したものの、Y₁解約金条項については、「平均的な損害」の算定を修正した。すなわち、1回60円の振替費用、ならびに年2回の会員向け冊子「全日本ニュース」および年1回

第2項　問題の所在

【1】のような裁判例からは、差止訴訟における一部無効条項の処理および規制対象となる「条項」の画定について、Ⅰ～Ⅲのような諸問題を指摘することができる。

Ⅰ　包括的な差止請求の可否

第1に、現に使用されている文言の条項に限らない包括的な差止請求を行うことが可能か、という問題である。【1】において、Xの差止請求は、より低額の条項（縮減された条項）を含め包括的に解約金条項の差止めを求める主位的請求と、現に使用されている文言によって請求内容を特定する予備的請求の2段構えになっていた。Xが2段構えの請求をした背景には、次のような配慮が窺われる。

まず、予備的請求に関して、現に使用されている文言の不当条項の差止請求が可能であることについては、特に問題がない。しかしながら、このような請求だけでは、たとえ差止判決が得られたとしても、わずかな文言の変更によって、差止めを回避されるおそれがある[2]（例えば、「所定の手数料」という文言を、「所定の違約金」に変更した場合）。主位的請求のような包括的な差止請求が認められれば、こうした懸念は解消される。しかしながら、このような請求は、消費者契約法8条以下による不当性評価以前に、認められない可能性がある。というのは、包括的な差止請求が認められるためには、まさに本書が論じようとするように、理論的にクリアすべきハードルが存在するからである。本判決は、Xの主位的請求を、特に問題視することなく（一部）認容しているが、このことは検証を要する問題である。

の入金状況通知の作成・送付費用14.27円（1件月あたりの金額）が平均的損害に含まれるとし、「60円に第1回目を除く払込みの回数を掛けた金額及び14.27円に契約月数を掛けた金額を超える解約金を差し引いて消費者に対し返金する旨を内容とする意思表示を行ってはならない」とした（施行請求前に解約された場合の限定は同じ）。

2）　このような懸念は、従来から、学説が指摘しているところである。山本豊［2007］45頁・［2011-1］32頁、大髙［2006］93頁などを参照。

II　差止め範囲の限定の要否

　第2に、無効範囲と連動して差止め範囲を限定する必要があるか、という問題が存在する。【1】は、無効範囲と差止め範囲を連動させている。すなわち、「消費者が冠婚葬祭の施行を請求するまでに解約する場合」、「58円に第1回目を除く払込の回数を掛けた金額を超える〔部分〕」という2つの限定を伴って、Y1解約金条項の消費者契約法9条1号該当性が肯定されたが、これらの限定は、差止め範囲に反映されている。このような処理が適切か、また、どのような場合に適切かが、ここでの問題である。

III　一部無効条項の範囲

　第3に、そもそも何が一部無効条項なのか、言い換えれば、一部無効条項に特有の処理をすることができるのが、どのような場合なのか、を明らかにする必要がある。【1】においては、解約時期による区分と金額の限定が問題となっているが、他にも、一部無効条項に当たるか否か、が問われる場面が存在する。そして、一部無効条項の範囲を画するためには、その前提として、差止訴訟において個別に規制対象として捉えられる「条項」が何であるのかについても、考察する必要がある。

第3項　本補論の構成

　本補論においては、これらの問題を検討するために、まず、ドイツ差止訴訟法における関連する議論を整理・検討する（第2節）。次に、ドイツ法の検討から得た知見を手掛かりに、日本法における諸問題の処理について論じる（第3節）。

第2節　／　ドイツ法の状況とその検討

第1項　ドイツ差止訴訟の構造

　ドイツ法の検討に入る手始めに、約款の差止めに関する差止訴訟の基本

構造および争点を確認する[3]。同訴訟は、2001年の債務法現代化によるAGBGの実体法部分のBGBへの統合に伴い、他の差止訴訟に関する規律と合わせ、UKlaGによって規律されるところとなっているが、かつてはAGBG 13条以下に規定されていた。本補論で取り扱う議論は、主として旧法下で展開されたものであるため、AGBGの条文番号を指定し、現行法のそれについては括弧内にて指定することにする。

AGBG 13条1項（UKlaG 1条）は、AGBG 9条〜11条（BGB307条〜309条）によれば無効な約款規定を使用し、または、法律行為による取引において推奨する者は、差止めまたは推奨の撤回を請求されうることを規定する。そのうえで、AGBG 13条2項・3項（UKlaG 3条）所定の組織に、差止・撤回請求権を認めている[4]。したがって、差止・撤回請求権の要件として、①約款規定が存在すること、②当該約款規定が無効であること[5]、③当該約款規定が使用または推奨されたこと[6]、の3点が引き出される。さらに、差止請求権一般に課される要件として、繰り返される危険（Wiederholungsge-

---

[3] AGBGにおける差止訴訟の基本構造については、上原［2001］263頁以下・とりわけ270頁以下（初出1991）を参照。

[4] 団体訴権の理論的な位置づけについては、様々な見解が主張されており、その議論は、我が国においても既に紹介されている。上原［2001］34頁以下（初出1979）、髙田［1986］75頁以下・［2001］137頁以下、内山［1986］48頁以下などを参照。

[5] 法文は、無効を基礎づける規範として、AGBG 9条〜11条を挙げており、約款の内容規制に関する実体法規範が想定されている。しかしながら、差止・撤回請求権を基礎づける規範は、解釈によって拡張されている。すなわち、約款規定が、契約相手方の保護を目的とするその他の強行法規に違反する場合にも、勿論解釈によって、差止・撤回請求権が肯定されている。AGBG 9条違反という迂回路を通らずに、これらの規範が、直接に請求権を基礎づけることになる。Walter F. Lindacher in: Wolf/Lindacher/Pfeiffer [2013], § 1 UKlaG Rn. 17; Alexander Witt in: Ulmer/Brandner/Hensen [2016], § 1 UKlaG Rn. 10ff.; Staudinger/Peter Schlosser [2013], § 1 UKlaG Rn. 18 などを参照。

[6] ここでは、とりわけ「使用」（Verwenden）の意味が問題となる。この点、AGBG 13条1項における「使用」は、契約締結以前の段階を念頭に、当該約款が申込みまたは申込みの誘因と併せて相手方に提示された段階で認められるというのが、立法者の意思であった（Bericht des Rechtsausschusses, BT-Drucks. 7/5422, 10)。しかしながら、今日では、判例によって「使用」概念の拡張が図られ、同様の見解が学説においても支配的となっている。すなわち、既に締結された契約の実行に際して異議を唱えられるべき条項が援用される場合にも、「使用」があるとされている。リーディングケースとして、BGH 第8民事部1981年2月11日判決（NJW 1981, 1511）が挙げられる。また、Witt in: Ulmer/Brandner/Hensen [2016], § 1 UKlaG Rn. 24; Staudinger/Schlosser [2013], § 1 UKlaG Rn. 19; Lindacher in: Wolf/Lindacher/Pfeiffer [2013], § 1 UKlaG Rn. 27 などを参照。ただし、最後に挙げたリンダッハー（Walter F. Lindacher）は、支配的見解であることを理由に「使用」概念の拡張について説明しているだけで、積極的にこの拡張を支持しているわけではない。

fahr)[7]が要求されるが、既に当該約款が使用されていれば、そこからこの危険が推定される、と考えられている[8]。

そこで、上記①・②の要件から、個別訴訟の場合と同様に、約款のどの部分が個別の規定ないし条項として把握されるのか、また、個別の規定ないし条項の一部が違法な場合はどう処理されるのか、といった問題が生じてくる。しかしながら、差止訴訟においては、約款がどの範囲で無効であると評価されようとも、それによって直接的に個別具体的な契約の内容が左右されるわけではない。この点で、無効範囲の判断によって具体的な契約内容が左右される個別訴訟とは、問題状況が異なっている。差止訴訟に関して問題となったのは、日本法について指摘したのと同様に、どのような形で請求の趣旨や判決主文を表現すればよいのか、ということである。AGBG 11 条 12 号（BGB309 条 9 号）に違反する期間条項の場合を例に挙げるならば、同号所定の期間を超える分が違法であり使用してはならないという形で表現されるのか、それとも、約款に規定されたその期間を定める条項を使用してはならないという形に留まるのか、が問題とされている[9]。

この問題を検討するにあたっては、AGBG（UKlaG）が請求の趣旨および判決主文について特別に規定しているところを押さえる必要がある。すなわち、AGBG 15 条 2 項（UKlaG 8 条 1 項）は、請求の趣旨に、①約款において異議を唱えられる規定の文言（同項 1 号）、および、②その規定が異議を唱えられる法律行為の種類の表示（同 2 号）の 2 点を含まなければならないとしており、このような形で請求の趣旨を特定することを要求している。同様に、AGBG 17 条（UKlaG 9 条）は、裁判所が訴えを認容する場合の判決

---

7) くわえて、初めて使用される危険（Erstverwendungsgefahr）がある場合にも、差止請求権が肯定されるというのが、一般的な見解である。Lindacher in: Wolf/Lindacher/Pfeiffer [2013], § 1 UKlaG Rn. 37; Staudinger/Schlosser [2013], § 1 UKlaG Rn. 20a を参照。

8) Lindacher in: Wolf/Lindacher/Pfeiffer [2013], § 1 UKlaG Rn. 32ff.; Staudinger/Schlosser [2013], § 1 UKlaG Rn. 20; Witt in: Ulmer/Brandner/Hensen [2016], § 1 UKlaG Rn. 37ff. を参照。

9) 何が個別の規定ないし条項であるかが問題となるもう 1 つの場面として、訴額計算の問題が存在する。ドイツの裁判実務においては、差止め・撤回の訴えが向けられる条項ごとに、訴額を計算するものとされている（Witt in: Ulmer/Brandner/Hensen [2016], § 5 UKlaG Rn. 30 によれば、使用差止めについては、条項ごとに 3,000～5,000 ユーロとのことである）。そこで、やはり何を個別の条項と考えるべきかが問題となってくるが、本書では問題の指摘のみに留める。

主文について、①約款における異議を唱えられた規定の文言（同条１号）、および、②差止請求権を基礎づける約款規定が使用または推奨されてはならない法律行為の種類の表示（同２号）を含むものとしており、判決理由の解釈を待たずに、主文自体から差止め内容が直ちに明らかになることを保障しようとしている。両１号によれば、請求の趣旨および判決主文において、当該約款のうちのどの部分が差し止められるべきなのか、を特定しなければならないことになる。

　この差止め対象の特定の問題は、さらに、約款使用者・推奨者はいかなる約款の使用・推奨を禁止されるのか、という差止め範囲の問題につながってくる。この問題に関して、AGBG 17条3号（UKlaG 9条3号）は、同じ内容の約款規定の使用または推奨の差止命令を判決主文に含むことを、要求している[10]。この規定は、差止め一般について判例・学説によって展開された「核心説」（Kerntheorie）を成文化した確認規定であるとされているが[11]、差止め範囲が、異議を唱えられた約款規定に厳密な意味で限定されるわけではないことを、明らかにしている。このことから、次のような問題が生じる。すなわち、一部が違法であるという理由で差止めを命じられた被告が、新たにその部分を修正した条項を用いたところ、その条項がやはり違法であると評価される場合に、この条項の使用は、差止命令に違反するものとして、強制執行の対象となるのか、という問題である。先ほどの期間条項の例でいえば、かなりの程度短縮されているが依然として長過ぎると評価される期間を定める条項の使用は、差止命令に違反するのだろうか、という問題である。

　最終的に判決主文において差止め対象となる部分を特定することが重視される理由は、1つには強制執行を容易にすることにあるが、さらに約款の差止訴訟制度に特有の事情として、次のことが挙げられる。第1に、判決

---

10)　AGBG 17条2号および3号においては、推奨について規定されていなかったが、立法時の瑕疵であると理解されていた。UKlaG 9条においては、修正されている。
11)　「禁止判決は、違反行為が核心において手つかずのままの変更も把握する」との法理である。Bericht des Rechtsausschusses, BT-Drucks. 7/5422, 12; Witt in: Ulmer/Brandner/Hensen [2016], § 9 UKlaG Rn. 6; Lindacher in: Wolf/Lindacher/Pfeiffer [2013], § 9 UKlaG Rn. 8; Staudinger/Schlosser [2013], § 9 UKlaG Rn. 5 などを参照。

主文は、原告の申立てにより、連邦公報またはその他の場所で公表されることが予定されていることである（AGBG 18条〔UKlaG 7条〕）。このこととの関係で、判決主文自体において、判決内容を明確にしておく必要がある。第2に、AGBG 21条（UKlaG 11条）は、判決を受けた約款使用者が差止命令に違反した場合、個別訴訟においてその約款使用者の契約相手方が差止判決の効力を援用すれば、当該約款規定が無効とみなされるとしていることである。この規定は、当該契約相手方が、差止訴訟の判決を参照することを前提としており、その内容把握を容易にすることが要求される。また、AGBG 21条の存在は、差止訴訟の結論が個別訴訟へと連結可能なものであることを要求しており、この点も考慮に入れる必要がある。なお、AGBG 20条[12]には、連邦カルテル庁における訴え・判決等の登録制度が規定されており、これを通じて請求の趣旨や判決主文を開示することが予定されていた。しかしながら、同制度は、UKlaGには引き継がれず、廃止されている。

---

12) AGBG 20条　登録
　　(1) 裁判所は、連邦カルテル庁に対して、職権で次のことを通知する。
　　　　1. 第13条または第19条により係属する訴え
　　　　2. 第13条または第19条による手続きにおいて下された確定判決
　　　　3. その他の原因による訴訟の終了
　　(2) 連邦カルテル庁は、第1項によりなされた通知について、登録簿に記載する。
　　(3) 登録は、登録簿への登録が行われた年の末より20年の経過をもって、抹消される。抹消は、抹消の記載をした旨の登録によって行われる。その他の原因による訴訟の終了（第1項第3号）の登録の抹消は、訴えの登録の抹消に準じて行う。
　　(4) 何人も、申立てにより、現在の登録について、情報開示を受けることができる。その情報には、次の内容が含まれる。
　　　　1. 第1項第1号による訴えについて
　　　　　a) 被告
　　　　　b) 受訴裁判所および事件番号
　　　　　c) 請求の趣旨
　　　　2. 第1項第2号による判決について
　　　　　a) 敗訴した当事者
　　　　　b) 判決裁判所および事件番号
　　　　　c) 判決主文
　　　　3. 第1項第3号によるその他の原因による訴訟の終了については、その終了の態様

第 2 項　議論状況

　第 1 章で取り上げた各論者は、規制対象（条項）の画定・条項の可分性・効力維持的縮減といった個別訴訟における判断枠組みが、差止訴訟においても意味をもつと考えている。両訴訟形態における判断枠組みの平準化が要請されることの理由の 1 つとして、AGBG 21 条における差止判決の拡大効の存在が挙げられているが[13]、さらに差止訴訟に固有の観点から、各説の根拠づけが行われている。ここでは、条項の可分性または規制対象の画定を効力維持的縮減と区別して問題とする見解と、それらを問題としない見解とに分けて、差止訴訟に関する議論内容を整理していく。その後に、判例の状況についても簡単に触れる。

I　条項の可分性または規制対象の画定を問題とする見解

　個別訴訟において条項の可分性ないし規制対象の画定を問題とする諸論者は、差止訴訟において差止め対象をどのように特定するかという問題についても、可分性ないし規制対象の確定の問題と効力維持的縮減の問題との区別が、意味をもつと考えている。

1　条項の可分性・規制対象の画定

　条項の可分性ないし規制対象の画定は、差止訴訟の文脈では、請求の趣旨および判決主文において、差止め・撤回の対象を、どこまで特定しなければならないかという問題として、位置づけられている。すなわち、可分な条項についてその一部を、あるいは、個別に有効性審査が可能な独立した規制対象となる部分を、請求の趣旨および判決主文において特定しなければならないというのが、論者の主張するところとなっている。

　まず、アイケ・シュミット（Eike Schmidt）は、次のように、可分な条項の一部が差止訴訟の対象になるとしている。すなわち、差止訴訟の目的は、

---

13)　Schmidt, E. [1980], 405; Ulmer [1981], 2029; Hager [1983], 74f.; Witte [1983], 165（もっとも、可能性を指摘するに留まる）。

悪質な約款を取引から一般的に遠ざけることであり、異議を唱えられうる規定が有効な規定と同一条項内に結合されていたとしても、そのような結合関係を規制することは、差止訴訟の問題ではない。したがって、原告団体は、具体的な規定位置を顧慮せずに、既にその文言上の形態に基づいてAGBG 10条・11条の禁止に違反する条項または条項の一部だけを、訴訟に持ち込んでよい、と[14]。また、ハリー・シュミット（Harry Schmidt）も、「独立した有効性審査の可能性」という実質的な基準によって画された個別の規定が規制の対象となり、差止・撤回請求は、そのつど不相当な「規定」にのみ向けられる、とする[15]。

　その理由づけとして、第1に、このような形で差止め対象を限定することが、AGBG 15条2項1号や17条1号・3号に含まれる差止め対象・差止め範囲の特定という法の要請に合致することが挙げられている。違法性評価の対象となる部分とそうでない部分とが一緒に記載されると、どの部分が違法なのか、あるいは、複数の部分の結合関係が違法なのかといったことが、わかりづらくなるという趣旨であろう。第2の理由づけとして、原告団体に対する期待可能性が挙げられる。E. シュミットは、はじめから可分な条項の一部を区分けするよう要求すること、そうしていない場合に訴訟費用のリスクを課すことは、原告団体に対しても期待可能であるとしている。その他の論拠として、H. シュミットは、差止訴訟についての諸規定がAGBG 9条〜11条によって無効な「規定」に結び付けられていることも挙げている。

　これに対して、ヴィッテ（Perter Josef Witte）の見解においては、条項の可分性の問題が包括的に定式化された条項の分割の問題として位置づけられているため、異議を唱えられた約款規定の文言を記載することを求めるAGBG 15条2項1号・17条1号を文字どおりに解釈するならば、差止訴訟において、可分な条項を分割して処理することは、要請されないのではないか、とも考えられる。しかしながら、ヴィッテもまた、可分な条項について、どの部分が違法なのかを明らかにすることを要求する。すなわち、

---

14) Schmidt, E. [1980], 405.
15) Schmidt, H. [1986], 81ff..

実際に規定されている形で条項の使用が禁止されるだけだと、その条項の一部を引き続き使用してよいのか否かが不明確であり、その点について新たな紛争が生じる。この不明確性は、裁判所が全ての下位の点と条項の部分を評価し、その結論を少なくとも判決理由で示すことによって除去することができる。そして、そのような条項の細部に立ち入った審査が行われるならば、その結論を判決主文にも記載すれば、第三者にも周知させることができる。また、上訴が可能になることで、両当事者は、より有利な再審査を受けることが可能になる。とりわけ、原告は、なお相当と評価された部分についても再審査を求めることで、当該条項のうちどの部分が違法ないし適法なのかを、終局的に明らかにすることができる、としている[16]。さらに、条項の分割により禁止行為の核心がより明らかになれば、執行段階において不作為義務違反の有無を一義的に確定することができるため、可分な条項を細分化することは、AGBG 17条3号にも適合するとする[17]。そして、包括的な条項のうちのどの部分が違法かを明らかにするには、AGBG 15条2項2号・17条2号における法律行為の種類の表示と同様に処理することが考えられ、どのような生活事実に関して当該条項が禁止されるかを明らかにすればよいとする[18]。他方で、訴訟費用負担の問題については、E. シュミットらと異なり、そもそも原告団体に条項分割を求めるか否かの考慮要因とはならないとしている。この問題は、むしろ見出された結論の帰結でなければならないうえ、約款使用者・推奨者が原告よりも保護に値しないということはない、とする[19]（したがって、結論としては、やはりこの問題が分割要求を妨げることはないということになる）。

2　効力維持的縮減

以上に対して、効力維持的縮減の対象となりうる条項（の一部）については、どこからが違法であるのかを明らかにすることは、要求されないと考

---

16) Witte [1983], 179f..
17) Witte [1983], 181f..
18) Witte [1983], 182f..
19) Witte [1983], 183ff..

えられている。もっとも、このような条項の処理については、次に示すように、いくつかの問題が併せて議論されており、それぞれ別個に見ていく必要がある。

(1)違法部分を特定した請求の義務づけ

まず、原告団体に対してそのような要求を課すこと、すなわち、請求の趣旨において当該条項のどこからが違法であるのかを特定しなければならないとすることに対しては、次のような批判がある。すなわち、縮減を認めると、自ら相当性判断を下して、許容される約款がどういうものかを約款使用者にはじめから気付かせることを、原告に要求することになり、その結果、訴えがそもそも失敗し、または事後的な縮減によって一部敗訴となるリスクを負うことになる[20]。他方で、約款使用者は、法に合致しない従来の約款の表現を、どのみち改訂しなければならず、約款を改訂させることこそが差止訴訟の目的なのだから、訴訟はいずれにせよ完全に目的を達している。よって、縮減によって約款使用者を訴訟費用から保護することは、不要である、と。また、形式的な理由として、AGBG 15条2項1号や17条1号が、異議を唱えられた規定の文言の採録しか命じていないことも、指摘されている[21]。

(2)違法部分を特定した請求の可能性

上記のような考え方をとると、当該条項またはその一部の全体が無効と

---

[20] このように原告に訴訟費用を負担させるべきではないとの考慮から、AGBG制定当初の文献においては、縮減を行ったうえで被告に訴訟費用を負担させるための判決主文の構成として、次のようなものが主張されていた。すなわち、ヘンゼン(Horst-Diether Hensen)は、「被告は、約款における……という規定を、もはや使用してはならず、または……という表現でのみ使用してよい」というような判決主文の定式化を提案していた。AGBG 10条・11条違反が問題となる場合には、上記の形での法律への適合が適切であるとした。このように判決主文が約款規定の縮減された表現も含むことで、原告には、一方で勝訴し(「もはや使用してはならない」)、他方で付記(「……という表現でのみ使用してよい」)によって、請求の趣旨に劣る判決が与えられる。この原告の不利は、原則として、判決の取消し可能性を開かなければならない。というのは、原告は、裁判所によってその条項に付与された表現がAGBG 9条の要求になお耐えない、という見解でありうるからである。この場合に、「本案」において原告が勝訴しているので、訴訟費用は、敗訴した被告に負担させることができると主張した。Hensen in: Ulmer/Brandner/Hensen [1977], § 17 Rn. 13ff. を参照。

[21] Schmidt, E. [1980], 405; Ulmer [1981], 2029; Schmidt, H. [1986], 138f. 同様の見解として、その他に、Walter Löwe in: Löwe/Graf von Westphalen/Trinkner [1977], § 15 Rn. 4, § 17 Rn. 12ff.; ders. in: Löwe/Graf von Westphalen/Trinkner [1983], § 13 Rn. 31f. などを参照。

評価されるため、縮減された適法な規律であっても、もはや使用してはならないということになってしまうのではないか、という問題が生じる。この問題については、AGBG 制定直後より、「一部のみ違法な約款条項であっても、差止訴訟における請求・判決は、常にその条項『全体』に向けられている」、すなわち、「この条項だけが差止の対象である」という説明がされてきた[22]。この説明をもとに、AGBG 17 条 3 号も、質的かつ量的に同じ内容の条項だけが差し止められる、というように解釈される。したがって、縮減された適法な規律は、差止命令の射程から外れることになる。

しかしながら、このように考えると、縮減されてはいるが依然として不適法な規律も、差止め範囲に含まれないという事態が生じてくる。例えば、約款使用者が異議を唱えられた期間を短縮した場合、新たな条項は、依然として長過ぎる場合でも、（経済的に無意味なほどに変更が小さい場合を除き）旧条項と同じ内容ではなく、たとえそれが違法であっても、新たな訴えによらなければ差し止めることができない、ということになる[23]。そこで、原告自ら縮減を行う形で請求を立てることは要求されないとしても、そのような請求は可能である、例えば、一定以上の期間を定めてはならないというように、一定限度を超える条項の差止めを請求することもできる、と論じられている。「過剰な条項の使用には、相対的に緩やかな──しかし依然として違法な──条項の使用も含まれているので、このような請求も可能である」と考えることで、差止め範囲を拡張する可能性が開かれている[24]。

(3) 裁判所が適法な規律を示すことの可否

残る問題は、原告が、縮減可能な条項について、どこからが違法である

---

22) Löwe in: Löwe/Graf von Westphalen/Trinkner [1977], § 15 Rn. 4; MüKoBGB/Johann Wilhelm Gerlach [1978], AGBG § 13 Rn. 18 などを参照。
23) Koch/Stübing [1977], § 17 Rn. 2ff.; Hager [1983], 71ff.; Staudinger/Schlosser [2013], § 9 UKlaG Rn. 5; Lindacher in: Wolf/Lindacher/Pfeiffer [2013], § 9 UKlaG Rn. 8.
24) Peter Schlosser in: Schlosser/Coester-Waltjen/Graba [1977], § 17 Rn. 1; Schlosser [1980], § 17 Rn. 2; Koch/Stübing [1977], § 17 Rn. 2ff. (他の裁判所の判断に影響を与えるため、原告が具体的に一定程度を超える条項の差止めを請求した場合を除き、裁判所には、有効な条項表現を確認する権限も、そのための指針を提供する権限もないとする); Staudinger/Schlosser [2013], § 9 UKlaG Rn. 5.

かを特定することなく請求を立ててきた場合に、裁判所が縮減された適法な規律を示してよいのかである。この点に関して、ヴィッテは、次のように指摘している。すなわち、縮減可能な条項を全体として非難すると、新たに条項を規律するに際しての指針が示されず、さらなる訴訟を回避しえない可能性がある。このような可能性に対処するために、縮減された条項についての差止請求を原告に認めることや、判決理由中で相当な条項表現を示唆することを超えて、裁判所が、過剰な部分を除去し、条項を相当な内容で維持することで、何が許容されるかについて、拘束力をもって確定することも考えられる。複数の形成可能性がある場合には、このような措置は困難だが、量的に過剰な条項については、無効限度を定めることだけが問題となるから、このような処理も可能である、と指摘する[25]。

そして、このような処理によって生じるその他の問題点についても、ヴィッテは、次のように回答している。まず、効力維持的縮減は規制の効果の問題であるから、それによって、約款使用者が使用していない規定が審査されることにはならない。また、原告は、AGBG 15条2項1号に基づいて実際に使用された文言を請求の趣旨に挙げればよく、縮減を行うのは裁判所であるから、原告の負担にもならない。さらに、縮減は、何が許容されるかを明確にするために行うのであり、約款使用者を保護するために行うのではないから、原告が訴訟費用を負担することにもならない。また、縮減を認めた判決に拘束されるのは、両当事者だけであり、その他の者が縮減された条項の有効性を争えないわけではないし、別の裁判所が他の方法で縮減することも妨げられない、と述べる[26]。

以上のように論じるにもかかわらず、ヴィッテは、最終的には、差止訴訟における効力維持的縮減は不可能である、と結論づけている。というのは、裁判官が提示する新たな条項の形は、従来設定されたものでなく、かつ、将来設定されることが予見されるものでもないため、内容規制の対象ではないからである。裁判所がそのようなものを判決主文において認めるならば、原告は、それに対して上訴することができるはずである。しかし、

---

25) Witte〔1983〕, 193ff.
26) Witte〔1983〕, 198ff.

その場合には、約款使用者も意図していない規律について判断が下されることになり、約款使用者が差止要求を即座に認諾することも考えられる。そうすると、原告団体は、訴訟費用の負担を避けるために、控訴期間内に約款使用者に催告しなければならなくなる。このように、両当事者は、彼らが意図しなかった条項について、短期間に検討しなければならなくなる。したがって、将来なお許容されるものについての拘束力ある判断は、差止訴訟に適していない、とする[27]。

H. シュミットも、判決主文において許容される条項の表現を示すことは、差止訴訟の目的に鑑みて、行き過ぎであるとする。差止訴訟は、当該規律問題について約款の許容される内容を明らかにせんとするものではなく、一定の不相当な規律による法的取引の障害を除去しようとするものであるから、と述べる。もっとも、差止義務の射程について誤解が生じうる場合には、そのような説示が考慮されるべきであるとし、判決理由から解釈し精確化することができる限りにおいて、そのような説示は不要であるが、理由を伴わない認諾判決・欠席判決などでは、判決主文を説明のための付記によって精確化する必要がある、とする[28]。

II 条項画定論を批判する論者の見解

以上のような議論に対して、第1章で見たように条項画定論を批判して形式的基準によって無効範囲を画することを主張する論者に目を向けると、ウルマー（Peter Ulmer）は、判決主文における裁判官の形成支援なしに、差止命令を条項のうちの不相当な部分に限定することができるという理由から、差止訴訟においても文言上分割された条項は、分割して処理すべきであるとするにとどまる[29]。

これに対して、ハーガー（Johannes Hager）は、違法な約款を確実に差止め範囲に含めようとする配慮から、差止訴訟においても、彼がいうところの透明性の有無が、決定的な基準になるとする。それによれば、まず、差

---

27) Witte [1983], 266f..
28) Schmidt, H. [1986], 139ff..
29) Ulmer [1981], 2032.

止訴訟において細分化された条項を全部無効として扱うと、次のような困難が生じると指摘する。すなわち、全部無効とすると、合法的な規律の使用まで禁止されることになってしまう。そうならないようにするためには、条項全体についてのみ裁判所に判断権限を与えることが考えられるが、そうすると今度は、違法な約款であっても再使用可能ということになってしまう。このような訴訟物の定め方は、合目的的でないし、とりわけ AGBG の目的に反する30)。そこで、ハーガーは、約款使用者が条項を細分化していれば、そのうちの有効な部分にまで差止判決の効力が及ぶことはなく、法律から分割が明らかになる場合も同様とする。これに対して、細分化されていない条項は、全体として差止めの対象となるが、AGBG の保護目的や 17 条 3 号の基礎にある核心説を考慮して解釈するならば、当該表現における条項が禁止されるだけであり、適法な約款まで禁止されるわけではないとする。差止訴訟における訴訟物は、その具体的な形での条項の使用が差し止められなければならないかという問題であり、約款使用者が条項を分割している場合、または、法律から分割が明らかになる場合には、原告団体の請求の趣旨においても、その分割が顧慮されなければならないとする31)。

III 判例の状況

ドイツ判例もまた、個別訴訟と差止訴訟において同一の判断枠組みを用いている。すなわち、差止訴訟においても、効力維持的縮減の禁止法理を妥当させる一方32)、第 1 章においてまとめた規制対象の画定に関する諸準則に基づく処理を行っている33)。既に後者に関する判例法理の出発点となった BGH 第 8 民事部 1981 年 10 月 7 日判決（NJW 1982, 178）が、差止訴訟に

---

30) Hager [1983], 71f.
31) Hager [1983], 73.
32) BGH 第 8 民事部 1983 年 1 月 26 日判決（NJW 1983, 1320）、後掲 BGH 第 8 民事部 1984 年 10 月 31 日判決、BGH 第 11 民事部 2004 年 11 月 30 日判決（BGHZ 161, 189）などを参照。
33) 本文において取り上げるものの他、BGH 第 8 民事部 1984 年 11 月 26 日判決（BGHZ 93, 29）、BGH 第 3 民事部 1985 年 9 月 19 日判決（BGHZ 95, 362）、BGH 第 8 民事部 1989 年 6 月 7 日判決（BGHZ 108, 1）、同 2000 年 9 月 27 日判決（BGHZ 145, 203）などを参照。

関するものであった[34]。

　もっとも、具体的な処理について疑問の余地がないわけではない。その1つとして、BGH 第8民事部 1984年10月31日判決（NJW 1985, 320）を挙げることができる。事案は、家具販売企業の販売・供給約款における「絨毯、マットレス、カーテンおよびリネンの返還に際しては、これらは条件付きでしか使用することができないので、取引価値、最高で10%を支払う」と書かれた解除時の代金返還条項に対して、差止めが請求されたというものであった。原審が、売買目的物の種類によって細分化せずに取引価値の10%の最高限度を定めていることを理由に、この条項の差止めを認めたのに対して、被告は、「絨毯」および「最高で10%」を含まない条項内容について、上告により請求棄却を求めた。BGHは、この上告を容れ、これらの文言を含めた条項の使用に対してのみ差止判決が維持されるとした。その際、「最高で10%」という文言は、言語的な改変なしに、完全かつ代替なしに削除されるものであることから[35]、このような処理は効力維持的縮減には当たらないとした。しかしながら、ここでは、売主の代金返還義務の制限に対する数量的な評価が問題となっており、まさに効力維持的縮減の禁止に該当する場合ではないか、と考えられる[36]。また、当該条項を全体として差し止めたとしても、学説の議論を踏まえるならば、「最高で10%」に限定されない適法な条項の使用は妨げられないはずである。

　このような疑義が生じてくる背景には、判例が、個別訴訟と差止訴訟において同一の判断枠組みを用いることにより、無効範囲と差止め範囲を一致させる発想に立っており、それゆえ、上述の文言が全体として無効と判断されるならば、代金返還義務を限度なしに取引価値に制限することも禁止されてしまう、と考えていることがある。しかしながら、第3項で述べるように、このように無効範囲と差止め範囲を一致させる処理には、問題がある。

---

34)　同判決については、第1章を参照。
35)　ここでは、第1章で紹介したBGH 第3民事部 1984年5月28日判決（NJW 1984, 2816）が参照されている。
36)　理由は異なるが同様の疑義を述べるものとして、Medicus [1987], 90 を参照。

第3項 検　　討

　ここまで行ってきたドイツ法の状況整理によれば、規制対象の画定・条項の可分性・効力維持的縮減といった問題について、学説の諸見解および判例のいずれにおいても、基本的に個別訴訟と差止訴訟において同一の判断枠組みが当てはまると考えられている、ということができる。しかしながら、このことは、自明であろうか。以下では、考慮されているまたは考慮されるべき諸要因ごとに、一連の議論について改めて検討を加える。

I　規制の実効性

　違法な約款が取引界からより効果的に放逐されることが、約款規制の目的という観点からは望ましい。このことは、個別訴訟の文脈において、予防思想の観点から効力維持的縮減を禁止すべきであるとの見解によって考慮されているが、差止訴訟においては、違法な約款の使用をより広く禁止すること（差止め範囲をより広げること）が、規制を実効的なものとする。まずは、この差止め範囲の広狭の観点から、差止め対象をどのように特定するかを考えるべきである。

　ここで注目されるのが、一部のみが違法な条項が差し止められる場合でも、違法な部分と適法な部分とを含むこの条項の使用が差し止められるだけである、との解釈論である。このような解釈論は、差止訴訟において、適法な約款規律の使用まで禁止されることはないと考えられている点に基づく。差止訴訟において適法な規律の使用まで差し止めると、約款使用者は、将来にわたって無限定の不利益を受けることになる。このことは、予防思想などによっても正当化することができないだろう。したがって、このような解釈論は、適切であるといえる。

　このような一部のみが違法な条項の処理は、図式的にいうと、次のように一般化することができる。すなわち、A・B・Cの3要素から成る約款において、《A・B・C》の全体を差止め対象として挙げるならば、3つのうちのいずれが違法なのか、またはA・B・Cの累積が違法なのかといったこ

とが、差止め対象の画定から判明しない。その場合には、《A・B・C》と
いうこ̇の̇約款が差し止められる。A・B・Cという3要素を含む約款だけが
差止め範囲に含まれる。これに対して、仮にAだけが違法であるとして、
Aだけを差止め対象として特定するならば、Aを含む約款を全て差止め範
囲に含めることが可能となる。つまり、《A・B・D》であっても、《A・
C・E》であっても、Aについては使用が禁止される。かくして、実際に使
用された約款のうちのどの部分が差止め対象となるのかを、より広い範囲
でしか特定しないと、それだけ約款の使用が禁止される範囲は限定される
ことになる。

　このように考えると、より効果的に不当な約款の使用を阻止するという
観点から見た場合、個別訴訟と差止訴訟とは対照的である。つまり、個別
訴訟においては、予防思想を基礎として効力維持的縮減の禁止が主張され
るように、無効範囲を広げることで、違法な約款の使用者がより大きな不
利益を被るようにすれば、それだけ約款の適正化が実現される可能性があ
る。これに対して、差止訴訟においては、当該約款のうちのどの部分が差
止め対象となるのかを、より狭い範囲で特定した方が、約款の使用が禁止
される範囲が広がり、その分だけ約款の適正化が達成されうる。

　なお、第2項で見た議論においては、差止訴訟における効力維持的縮減
を、個別訴訟と同様に、適法な内容へと縮減すること、すなわち、適法な
規律が何かを明らかにすることであると捉え、そのような処理は要請され
ないとの見解が主張されている。しかしながら、規制の実効性という点か
ら要請されるのは、何が違法であるかをより精確に特定することであり、
何が適法であるかを特定することではない。Aが違法であることを特定す
ることが要請されるのであり、A以外の部分が適法であることを示せと要
求しているわけではない。

　かくして、差止め範囲をなるべく広くすることを目的とするならば、条
項の可分性ないし規制対象の画定の問題として処理される場合についてだ
け差止め対象を一部に特定することが、この目的に適うわけではない。通
常はこれらの問題ではなく効力維持的縮減の問題とされる、量的な過剰性
を伴う条項についても、どこからが違法なのかを特定することが、差止め

範囲の拡大につながる。そうすると、効力維持的縮減の対象となる条項についても、どこからが違法であるかを特定して請求を立てさせる方が、望ましいことになる。

II 原告団体に対する期待可能性

　もっとも、原告に対してどこまで違法な部分の特定を要求することができるかについては、期待可能性の問題が考慮されている。可分性ないし規制対象の画定が問題となる場合には、原告に違法部分の特定を要求するが、効力維持的縮減が問題となる場合にはそれを要求しないという見解には、前者では、違法部分を特定することが期待可能であるが、後者においてはそうではない、という観念が窺える。

　しかしながら、どこまで違法部分を特定することが期待可能かという問題について決定的なのは、可分性ないし規制対象の画定と効力維持的縮減との問題区分、すなわち、個別に違法性評価の対象となるか否かではなく、法的基準が明確になっているか否かである。効力維持的縮減が問題となる場合においても、明確な法的基準が存在する場合がある。例えば、AGBG 11条12号がそうである。たしかに、同条においては、一定期間を超えることが不相当性を基礎づけているが、積極的に相当な期間を定めているわけではない。したがって、原告としては、積極的にいかなる期間が相当であるかを特定することは期待困難であるかもしれないが、少なくとも所定の期間を超えることが不相当であることは、特定可能である。そうすると、可分性ないし規制対象の画定が問題となる場合にだけ、原告に対して違法部分を特定することを求める見解は、原告に対する期待可能性という観点からは、十分に基礎づけられていない。

　この観点からは、約款使用者が条項を分割しているか、あるいは、法律から分割が明らかになるかに注目するハーガーの見解の方が、筋が通っている。とはいえ、このようなハーガーがいうところの「透明性」は、第1章において見たように、裁判官にとっての明確性のはずであり、直ちに原告団体にとっての明確性と同視してよいかは、なお疑問が残る。

　ところで、原告に対する期待可能性の問題は、しばしば、原告に一部敗

訴・訴訟費用のリスクを負わせてよいかという問題として、論じられている。そこでは、次のような論理が展開されているものと思われる。すなわち、前述の《A・B・C》という約款において A だけが違法な場合に、《A・B・C》について差止請求がされたならば、A は《A・B・C》の一部だから、A についてのみの請求認容は、請求の一部認容ということになり、原告は、B・C の敗訴分につき、訴訟費用を負担しなければならない、との論理である。しかしながら、先の論理からいえば、《A・B・C》についての差止めとは、《A・B・C》というこの条項に対する差止めであり、A・B・C のそれぞれについての差止めではない。そして、《A・B・C》の差止めは、《A・B・D》や《A・C・E》に及ばない以上、この差止請求は、A についての差止請求よりも抑制的であり、A に対する差止請求が、《A・B・C》に対する差止請求の一部を構成するとはいえない。もちろん、原告が《A・B・C》という約款の文言を挙げる場合に、A・B・C のそれぞれについて差止めを求める趣旨であることも考えられる。しかしながら、その場合に、A だけが違法であれば、B・C について一部敗訴となり、訴訟費用を負担することになっても、やむを得ないはずである。

Ⅲ　個別訴訟との判断枠組み平準化の必要性

その他に、AGBG 21 条が差止判決の拡大効を定めていることから、個別訴訟と差止訴訟とで判断枠組みを平準化することが説かれている。しかしながら、本当にその必要性があるのかは、疑う余地がある。本書で取り上げた議論は、主として 1980 年代のものであるが、今日では、拡大効の規定が実際上意味を失っていることが指摘されている[37]。そうであれば、この規定を根拠に両訴訟形態における対象画定基準の共有を図ることに、どれほどの説得力があるのかは疑わしい。

---

37) MüKoZPO/Hans-Wolfgang Micklitz [2008], § 11 UKlaG Rn. 2; Witt in: Ulmer/Brandner/Hensen [2016], § 11 UKlaG Rn. 13f.

第4項 小　括

　ここまでの検討によると、差止訴訟においては、規制の実効性という観点から、法的基準が明確な限りにおいて、効力維持的縮減が問題となる場合にも、どの部分が違法なのかを特定することを、原告団体に要求することが望ましい。それにもかかわらず、規制対象の画定のみで足り、効力維持的縮減の対象となる条項についてどこからが違法かを示す必要がないとするならば、次のような理由によると考えられる。すなわち、規制対象を画定するということは、具体的な規制規範に照らして、当該約款のうちどの部分が違法性評価を基礎づけているのかを、特定することを意味する。最低限このことを要求しなければ、極論すると、現に使用ないし推奨されている約款の文言全体を取り上げて、「そのどこかに違法な部分があるから、全体として差止めを求める」という請求も可能になり、被告側の防御が困難になってしまう。他方で、規制の実効性という観点から見た場合、当該約款文言のうちのどの部分が違法か特定されれば、少なくともその現に使用ないし推奨された文言については、差止め範囲に含まれることになる。この差止め範囲は、狭いかもしれないが、規制の実効性を完全に損なうものとはいえない。それゆえ、仮に、差止め範囲をさらに広げる請求の立て方があるとしても、そこまで義務づけられることはない。原告団体には、一定の範囲内で、自らの裁量において、積極策をとることも消極策をとることも許される。以上のような理由づけが可能であろう。

第3節 / 日本法における問題処理

第1項　関連裁判例

　本節においては、第2節におけるドイツ法の検討を手掛かりとしつつ、第1節の序論において提示した日本法の各問題について考察を加える。その際に、関連する裁判例を、逐次参照する。消費者契約法8条以下に該当

する不当条項に対する差止請求が（一部）認容された裁判例として、第1節の序論において取り上げた【1】の他に、次のものを挙げることができる[38]。

【2】京都地判平成21年4月23日判時2055号123頁
【3】京都地判平成21年9月30日判時2068号134頁
【4】大阪高判平成21年10月23日LEX/DB25481143（【2】の控訴審）
【5】大阪高判平成22年3月26日LEX/DB25470736（【3】の控訴審）
【6】京都地判平成24年7月19日判時2158号95頁
【7】大阪地判平成24年11月12日判時2174号77頁
【8】名古屋地判平成24年12月21日判時2177号92頁
【9】大阪高判平成25年1月25日判時2187号30頁（【1】の控訴審）
【10】大阪高判平成25年10月17日消費者法ニュース98号283頁（【7】の控訴審）
【11】大分地判平成26年4月14日判時2234号79頁
【12】福岡地判平成26年11月19日判時2299号113頁

これらの裁判例のうち、【2】・【4】・【6】〜【9】・【11】・【12】については、一部無効条項の処理またはそれに関連する問題を含んでいる。しかも、【2】・【4】・【6】においては、【1】におけるのと異なる処理を見出すことができる。そこで、以下では、これらの裁判例についても適宜言及しながら、検討を進めていく[39]。

---

38) 差止訴訟制度の運用状況については、消費者庁ウェブサイトの消費者差止訴訟制度のページを参照。以下に取り上げる裁判例は、初出論文において取り上げたものに限る。
39) 建物賃貸借契約における定額補修分担金条項に係る【3】・【5】においても、条項が消費者に有利になる場合との関係で一律差止めの相当性が問題とされている。しかしながら、観念的には当該条項が消費者に有利となる場合がありうるものの、現実にはそのような例があるとは窺えないことから、そもそも場合を分けずに不当条項と評価されている。したがって、一部無効条項の処理という問題領域を、やや外れる裁判例であるということができる。これらの裁判例は、どこまでの（仮定的な）事情を考慮して条項の不当性を判断するか、すなわち、典型的な事情に限り考慮すべきか、それとも非典型的な事実経過まで考慮に入れるべきかという問題との関連において、検討される必要がある。この問題については、第2章において、主として個別訴訟に関してであるが、検討を行った。筆者としては、差止訴訟においても、非典型的な事実経過においてのみ消費者の不利益が生じるのであれば、そもそも不当条項と評価しないことがありうるし、逆に、希に消費者の利益となりうるとしても、過剰差止めの防止との関係で考慮するほどのことでないのであれば、そのような場合を除外して不当条項と評価する必要はない、と考える。

第2項　包括的な差止請求の可否

【1】におけるXの主位的請求のような、縮減された条項を含む包括的な差止請求が認められるためには、次の2つの問題を解決しなければならない。

I　抽象的差止請求の可否

第1の問題は、包括的な差止請求が、差し止められるべき行為の特定性を欠くとして、却下される可能性である。これは、いわゆる抽象的差止請求の適法性の問題である。差止め回避に対処するための抽象的差止請求の可能性は、従来から、不正競争・知的財産権侵害訴訟の領域において議論されており[40][41]、不当条項に対する差止訴訟においても、同様の問題が生じているといえる[42][43]。

先に述べたとおり、【1】は、この問題に立ち入っていないが、Xの主位的請求を適法なものとして扱っている（このことは、後述する【6】も同じである）。

---

[40] 例えば、「ディズニーランド」という表示について差止判決が下された場合、濁点を取って「ティスニーランド」という表示に変更すれば、強制執行を免れるのかという問題である（東京地判昭和59年1月18日判時1101号110頁を参照）。この領域における抽象的差止請求の問題については、金［2006］149頁、田村［1999］149頁、野村［1995］17頁などを参照。

[41] 抽象的差止請求が議論されているもう1つの領域として、公害・生活妨害訴訟がある。しかしながら、そこでの問題状況は、不当条項や不正競争・知的財産権侵害に対する差止訴訟とは、多分に異なっている。すなわち、公害・生活妨害については、侵害行為や侵害防止措置を原告の側で特定することがそもそも困難であることから、抽象的差止請求の必要性が説かれているのであって、侵害行為の変更が問題とされているわけではない。このような問題状況の違いについても、前掲注40）に挙げた諸文献を参照。

[42] 三木［2004］52頁。

[43] 不当条項の差止訴訟に関しては、消費者契約法12条にいう不当行為の「停止若しくは予防に必要な措置」の特定も問題となっている。【3】は、被告が従業員らに対して問題の条項を含む意思表示を行うための事務を行わないことを指示すべき旨の請求について、事業者の義務の内容が一義的に明らかでなく、請求の特定を欠き不適法であるとして、これを却下している。これに対して、【5】は、請求自体の特定性に欠ける点はないとしたが、当該条項が2年近く使用されておらず、当該条項を含む意思表示をしないことを従業員にも周知徹底したことが認められるとして、請求を棄却した。学説にも、【5】を支持するものがある（笠井［2011］108頁）。
　ここでの抽象的請求の可否は、具体的な防止措置の決定を被告に委ねるという側面において、公害・生活妨害訴訟におけるのと同様の問題を含んでいる。

また、近時の学説においては、少なくとも間接強制による強制執行の可能性を肯定すべき場合には、抽象的請求も適法とする考え方が強くなっている、との指摘がされている[44]。この問題については、十分な検討が必要であるが、さしあたり、少なくとも【1】におけるXの主位的請求と同程度の抽象的な請求は適法であると解して、論を進めたい。ここで主張したいのは、抽象的差止請求を肯定するだけでは、Xの主位的請求を基礎づけることはできない、ということだからである。

II 条項の捉え方

【1】におけるXの主位的請求が認容されるための第2の問題は、差止めの実体法上の要件を充足するか否かである。解約金条項一般を対象とする同請求は、さしあたり条項文言を基準とすると、現に使用されている条項またはそれと同等の条項だけでなく、Y_1・Y_2が過去にも使用していない解約金条項まで、差止め対象とするものである。このような差止請求が、「現に行い又は行うおそれがあるとき」という消費者契約法12条3項・4項の要件を充たすのか、が問題となる。

この問題の解は、条項をどのように捉えるかにかかっている。以下では、単純化のため、契約解除に伴い10万円の違約金を徴収する旨の条項が消費者契約法9条1号に該当すると評価されたという設例をもとに、このことを説明する。

1 「現在の文言のこの条項だけが、現に使用されている」という捉え方

10万円の違約金条項の捉え方としては、第1に、10万円の条項だけが現に使用されており、別ものである5万円や8万円の条項が使用されているわけではない、とすることが考えられる。図示すると、【図2】のとおりである。

このような捉え方をすると、10万円の違約金条項に対する差止請求は、現在の行為に対する停止請求として肯定されるが、たとえ5万円以上の違

---

[44] 笠井 [2011] 108頁。

【図2】 文言を基準とした条項の捉え方

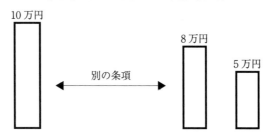

約金が「平均的な損害の額」を超えるとしても、5万円を超える違約金条項に対する差止請求は、将来の行為に対する予防請求として認められる余地があるだけである。しかしながら、5万円の違約金条項が将来使用される「おそれ」は、当然に存在するわけではなく、原告の側で個別に立証しなければならないことになる[45)][46)]。

---

45) 不当条項差止訴訟と問題状況の類似する不正競争事件について抽象的差止請求を肯定する議論においては、「回避の危険」をメルクマールとして、包括的な差止請求の範囲を画定しようとする見解が存在する（野村 [1995] 157 頁以下を参照）。また、消費者差止訴訟に関しても、同様の見解が主張されている（長野 [2006] 89 頁）。しかしながら、上記のような条項の捉え方をする限り、縮減された条項の使用は、現在の条項に対する差止めを回避するものとはいえない。というのは、縮減された条項は、現在の条項と等置されず、現在の条項が継続使用されているものと評価されないからである。

　このことを説明する上で、異議を唱えられた規定と同内容の約款規定の差止めを命じる AGBG 17条（UKlaG 9条）3号に関する理論が役に立つ。既述のように、同号該当性の判断につき、例えば、約款使用者が異議を唱えられた期間を短縮した場合、新たな条項は、依然として長過ぎる場合でも、旧条項と同じ内容ではなく、新たな訴えによらなければ差し止めることができない、とされる。要するに、同じ内容の条項とは、質的かつ量的に同じ内容の条項でなければならないのである。

　AGBG 17条（UKlaG 9条）3号は、既述のように、他の差止訴訟においても判例・通説とされる核心説（Kerntheorie）と呼ばれる理論を法定したものであり、請求の趣旨および判決主文において具体的な行為を特定したうえで、執行段階において「核心」を同じくする行為をも把握するという方法をとるものである。執行段階を柔軟化するという点で抽象的差止請求とは考え方を異にするが、「核心」内容の理解を抽象的差止めの限界づけに引き直して考えることは可能である。というのは、核心説に対しては、「核心」概念の曖昧さや執行裁判所が「核心」内容を探求することによる法的不安定性などが指摘されているが（ドイツにおける核心説に対する批判については、野村 [1995] 94 頁以下、上村 [1979] 107 頁以下・[1984] 293 頁以下を参照）、抽象的差止請求における差止め範囲の枠付けは、「核心」を明らかにすることに他ならないとされているからである（野村 [1995] 165 頁）。

　以上の指摘は、本文において述べたところも含め、事業者が現に使用している不当条項と実質的に同一物と認められる別の条項を別途、使用するおそれがあるときには、当該新条項の使用をも合わせて予防すべく、包括的差止請求を行うことが許されるとする、根本 [2014] 277 頁以下にも当てはまるだろう。

このような発想は、まず、次のような学説の見解に見出される。すなわち、解約金の率を少しずつ引き下げるなど、差止請求とのいたちごっこが繰り広げられる事態が予想される場合には、例外的に、消費者契約法12条3項にいう「予防に必要な措置」として、例えば、「少なくとも〇〇％を超える違約金を定める条項を使用してはならない」という形で判決を下すことがあってもよい、とする見解である[47]。

さらに、携帯電話利用サービス契約における解約金条項について差止めが請求された事案に係る【6】も、類似の見解に立脚するものと考えられる。【6】において、原告は、【1】におけるＸの主位的請求と同様に、包括的な形での差止めを請求した。これに対して、裁判所は、解約時期と金額とによって区画された一部範囲において解約金条項の消費者契約法9条1号および10条該当性を肯定したが、「被告が、今後、本件解約金条項を改訂し、本件定期契約において解約時期等による区分がある解約金条項を使用するおそれがあることを示す証拠はないことから、差止めの対象となるのは、あくまで被告が現に使用する本件解約金条項を含む意思表示に限られるというべきであって、被告が今後新たに解約時期等による区分がある解約金条項を使用することを想定して、一部無効となる範囲を明示した意思表示の差止めを求めることはできないと解する」と述べて、現に使用されている解約金条項の限度で、請求を認容した。

2　「大は小を兼ねる」という捉え方

条項の捉え方の第2は、現に使用されている条項の中に縮減された条項も含まれている、とするものである。これによると、10万円の違約金条項には、5万円の違約金条項も含まれていることになる。図示すると、【図3】

---

46) 従来の裁判例において、不当条項が使用される「おそれ」があるとされたのは、過去に当該条項が使用されていたが、現在は使用されていないという事案である（【3】・【5】を参照）。本書が想定しているのと場面が異なることは、いうまでもない。
47) 山本豊［2007］45頁・［2011-1］32頁および三木他座談会［2006］26頁以下［山本豊発言］を参照。ただし、どのように条項を改訂するかは事業者側の私的自治に属する事柄である等の理由から、「解約金額を〇〇円に改めよ」といった積極的な改訂請求を許容するのは、相当ではないとする。

のようなイメージとなる。

【図3】 縮減された条項を含む条項の捉え方

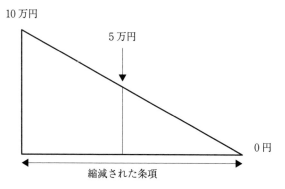

　このように考えれば、現在の条項文言上は10万円の違約金条項しかなくとも、5万円や8万円の違約金も違法であると評価されるならば、それらの条項に対しても、現在の行為に対する停止請求として、差止めを求めることが可能となる。結果として、5万円以上の違約金を徴収する条項について、包括的な差止請求が認められることになる[48]。【1】が、条項が使用される「おそれ」の有無を特に審査することなく、より低額な解約金条項を含む包括的な差止判決を下した背景には、このような条項の捉え方があるものと推察される。このことは、【1】の控訴審である【9】および同種の解約金条項が問題とされた【12】においても、同様である。
　筆者としては、このような、いわば「大は小を兼ねる」ような条項の捉え方、そして、それを基礎とした縮減された条項を含む包括的な差止請求は、規制の実効性を確保するという観点から望ましいものであり、否定されるべきではないと考える。

---

48) 第1項において述べたように、このような考え方は、ドイツ法において見出される。

第3項　差止め範囲の限定の要否

I　無効範囲と差止め範囲の連動

次なる問題は、一部無効条項に対する差止請求がされた場合に、差止め範囲の判断を無効範囲の判断と連動させるべきか否かである。この問題に関して、従来の裁判例・学説には、次の2つの考え方が見出される。

1　連動肯定説

【1】は、無効範囲と差止め範囲を連動させる考え方をとっている。すなわち、【1】においては、「消費者が冠婚葬祭の施行を請求するまでに解約する場合」、「58円に第1回目を除く払込の回数を掛けた金額を超える〔部分〕」という2つの限定を伴って、Y_1解約金条項の消費者契約法9条1号該当性が肯定されたが、これらの限定は、差止め範囲に反映されている。

また、学説においても、一部無効条項につき、原告が単に当該条項の使用差止めを求めたときは、一部認容判決を下すべきである、との見解が存在する[49]。

2　連動否定説

これに対して、早期完済違約金条項[50]に対して差止請求がされた【2】は、無効範囲と差止め範囲を連動させていない。すなわち、裁判所は、「利息制限法所定の制限利率を超過する利息付金銭消費貸借が存在する場合」という限定を付して、消費者契約法10条該当性を肯定したが、差止め範囲については、制限利率を超過する場合に限定することなく、早期完済違約金条項を含む契約の締結を停止することを命じている。

さらに、学説においても、無効範囲と差止め範囲とは必ずしも連動する

---

49) 三木［2006］70頁。
50) 利息付金銭消費貸借契約の借主が、貸付金の返済期限が到来する前に貸付金全額を返済する場合に、返済時までの期間に応じた利息以外に、返済する残元金に対し割合的に算出される金員を貸主に対し交付する旨を定める条項をいう。

ものではなく、一部無効条項全体の差止めを求めることができる、との指摘がされている[51]。

II 請求の趣旨による区別

　私見によれば、無効範囲と差止め範囲とを連動させるべきか否かは、原告がいかなる趣旨の差止請求をしているかに左右される問題である。というのは、次のとおりである。

1　この条項またはそれと同等の条項に対する差止請求がされた場合

　差止請求の趣旨としては、第1に、現に使用されている文言のこの条項の差止めを求めることが考えられる。第2項で挙げた10万円の違約金条項の設例でいうと、「10万円の違約金を徴収する」という条項についての差止請求である。このような請求は、【図2】の考え方をとった場合だけでなく（この場合には、予防請求が可能なときを除き、このような請求しか認められない）、【図3】の考え方をとった場合にも可能である。このような請求がされた場合には、現在の文言のこの条項の違法性（10万円が違法か否か）だけが問題であり、どこからが違法なのか（5万円や8万円が違法か否か）は決定的な意味をもたない。このことから、現在の条項文言を全体として摘示して、「この条項を含む意思表示」の停止を命じることが可能である。

　厳密にこの条項だけでなく、この条項と同等の条項をも対象とする差止請求についても、同様に考えることができる。例えば、【11】においては、所定の期日以降に在学契約が解除された場合には校納金を全額返還しない旨の、大学受験予備校の不返還条項が問題とされたが、原告は、授業料相当額を全額返還しないとする条項全般について、差止請求を行った。裁判所は、解除後の期間に対応する授業料の全額について、一般的・客観的に損害を被ることにはならず、授業料の全額不返還を定めた当該不返還条項は、消費者契約法9条1号に該当するとした。そのうえで、「本件不返還条項の授業料に関する部分のうち、具体的にどの範囲が平均的な損害を超え

---

[51]　山本豊［2007］44頁・［2011-1］30頁以下、三木他座談会［2006］25頁以下［山本発言］、角田［2007］265頁を参照。

ることになるのかについては、必ずしも明らかでないが、本件における請求の趣旨の内容によれば、原告は、あくまで当該不返還条項を現状のまま使用することの差止めを求めるものであり、解除までの期間……に対応する授業料に関する部分の無効を主張するものではなく、また、被告が当該不返還条項を修正して使用することまで差し止める趣旨でもない」として、原告の請求を全部認容した。ここでは、現状の条項と同等の条項だけを差止め対象に含める請求の趣旨に鑑みて、無効範囲と差止め範囲との連動が否定されている[52]。

2 縮減された条項を含む包括的な差止請求がされた場合

第2に、【図3】の考え方に依拠すると、縮減された条項を含む包括的な差止請求が可能である。このような請求がされた場合には、無限定の差止めを認めるべきではない。というのは、差止め範囲を限定しなければ、改訂を施すなどして不当ではなくなった条項の使用まで、禁止することになるからである。例えば、5万円を超える違約金条項に対する差止請求がされたが、平均的損害が7万円と見積もられる場合を考えてみれば、わかりやすい。差止判決の効力が将来長期にわたり事業者の契約自由を制限することに鑑みると、無限定の差止めは、過剰差止めであり、正当化することが困難である。

【1】が無効範囲と差止め範囲とを連動させた点は、このように考えることによって正当化することができる。これに対して、【2】およびその控訴審である【4】[53]については、包括的な差止請求がされているにもかかわらず、無効範囲と差止め範囲とを切り離したことを、問題点として指摘することができる。すなわち、【2】・【4】における原告の請求は、早期完済違約金条項の差止めを、場合を分けずに求めるものであった。それにもかかわらず、前述のように、当該条項が無効となる場合に限らず差止めを認めたことは、

---

[52] 在学契約の解除の時期にかかわらず納入された学費を一律に返還しない旨の条項全般について差止請求がされた【8】においても、同様の処理がされている。

[53] もっとも、【2】と【4】では、無効範囲の限定の仕方が異なっている。【4】においては、制限利率内の利息が定められている場合にも、他の条項や具体的適用状況次第で、条項が消費者契約法10条に該当することがあるとされている。

過剰差止めの危険を孕む判断であったといえる[54]。

第4項　一部無効条項の範囲

　以上の検討によれば、差止訴訟における一部無効条項の処理には、次の特徴を認めることができる。すなわち、①無効範囲に含まれる条項全般に対する差止請求の他に、一部無効となる範囲を厳密に特定することなく、現に使用されている文言の この条項（またはそれと同等の条項）を対象とした差止請求が可能であること、②後者の請求がされた場合には、無効範囲と差止め範囲とを連動させることなく、条項全体の差止めを命じてよいこと、である。もっとも、このような処理が可能な場合があるとしても、原告が差止め対象を自由に特定してよいことにはならない。既述のように、事業者が使用している契約書や約款の全体を一体のものとして、「そのどこかに違法な部分があるから、全体として差止めを求める」といった請求をすることには、問題があろう。そうすると、上記のような処理が可能な一部無効条項の範囲がどこまでなのかを、決定しなければならない。以下で

---

[54]　この点、【2】は、他の契約内容によって不当性判断が分かれる場合であって、当該条項を使用した契約締結を差し止めるべき必要性が高い場合には、当該条項を使用した契約締結を差止め対象とすることも許容するのが、消費者契約法12条の趣旨であるとする。その際、次のような立法過程の議論を参照している。すなわち、①無効となる場合がありうる契約条項がそのまま使用されることは適当でないこと、②事業者には消費者契約の内容が消費者にとって明確かつ平易なものとなるよう配慮することが求められていることを理由に、一部無効条項についても差止め対象とすべきである、との議論である（内閣府国民生活審議会消費者政策部会消費者団体訴訟制度検討委員会報告「消費者団体訴訟制度の在り方について」(2005) 7頁）。同様に無限定の差止めを許容する【4】も、①消費者にとって無効判断がきわめて困難であること、および、②自由返済との関係において消費者を混乱・困惑させるものであることを理由に、そのような条項が不特定多数の消費者との間で用いられることは、消費者契約法3条の趣旨に照らし相当でないとする。
　これらの論拠によって、本文に述べたところと異なる結論を正当化することは、困難である。まず、範囲を限定して差止めを命じたとしても、不当な要素を含む条項を、そのまま使用することができるわけではないから、条項改訂をもたらす効果と差止め範囲の限定とは無関係である。また、消費者にとって無効判断が困難であることから消費者契約法3条の趣旨に反するとの論拠も、不当性が生じないように改訂された条項の使用まで禁止する根拠とはならない。【2】に即していえば、「制限利率を超過する場合を除く」という付記を加えた早期完済違約金条項は、そもそも無効とならない以上、消費者が無効判断を誤る危険性は存在しない。さらに、自由返済との関係の不明瞭さについても、このことをもって早期完済違約金条項が一律無効であるとするのでないならば（【4】は、消費者契約法10条後段の判断要素としても、この不明瞭さを挙げている）、不明瞭さだけを理由に無効ではない条項の使用を禁止することはできない。

は、場合ごとに、一部無効条項としての処理が妥当するか否かを検討する。

I 他の契約内容に応じて不当性判断が分かれる場合

【2】においては、制限超過利率の有無が問題とされていた。これは、他の契約内容に応じて不当性判断が分かれる場合として、一般化することができる。この場合を一部無効の問題として捉らえ、条項全体の差止めを肯定するということは、次のことを意味する。すなわち、複数種類の契約に組み入れられる単一の条項が、不当性を生じる契約に組み入れられる可能性があることを理由に、一律に差止め対象となるということである。図示すると、【図4】のとおりである。【2】に即していえば、制限超過利率が存在する契約にも存在しない契約にも組み入れられる早期完済違約金条項が、前者の契約に組み入れられうることを理由に、一律に差止め対象となりうることになる。

【図4】 複数種類の契約に組み入れられる条項の差止め

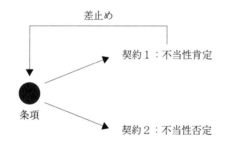

しかしながら、上記のような処理は、次の理由により適切ではない。第1に、法文と整合するか疑わしい。複数種類の契約に組み入れられうる単一の条項を差し止めるということは、意思表示に組み込まれる前の条項を差し止めることを意味する。このことは、意思表示を差止め対象とする消費者契約法12条3項・4項の文言に整合しない（意思表示の停止や予防のために必要な措置として、複数種類の契約に用いられうる契約書などの廃棄を命じることは、また別の問題である）。第2に、実質的に見ても、消費者が当該条項によって不利益を受けるのは、不利益が生じうる契約を締結した場合に限られるところ、不利益を生じない契約においてまで当該条項の使用を禁止

する必要はない。

　以上の理由から、不当性判断を左右する他の契約内容は、異議を唱えられる条項とともに、請求の範囲を特定するために必要な情報（不当条項を含むどの契約の締結につき差止めを請求するのかを明らかにするために、原告が特定しなければならない事項）として位置づけるべきである。【2】に即していえば、たとえ特定文言の早期完済違約金条項についてのみ差止めが請求されても、制限超過利率が存在する場合についてしか請求を認容すべきではなかった[55]。

II　条項文言の一部が不当と評価される場合

　ある条項文言が複数の要素を含み、その一部が違法とされる場合がありうる。例えば、【7】においては、建物賃貸借契約について、賃借人に「解散、破産、民事再生、会社整理、会社更生、競売、仮差押、仮処分、強制執行、成年被後見人、被保佐人の宣告や申し立てを受けたとき」のいずれかの事由が該当するときは、賃貸人は契約を解除することができる旨の条項が問題とされた。裁判所は、成年被後見人および被保佐人の開始審判や申立てを解除事由とする部分についてのみ、消費者契約法10条に該当すると評価した[56]。

　この場合の処理につき、従来の学説には、十分に解明が進んでいない問題であるとの留保をしつつ、次のような提案をするものがある。すなわち、条項が形式的には単一であっても（契約書等において1箇条となっていても）、独立に内容審査の対象とすべき複数の規定を含む場合には、それぞれの規

---

[55]　山本豊［2011-1］31頁以下は、一方で、条項の特定とともに、意思表示を差し止める契約の種類も特定する必要があることが指摘するが、他方で、他の契約内容と結合して消費者に不利益を与える場合が一部無効に当たるのかは、曖昧にしている。すなわち、「単独でみれば有効な契約条項が、他の定型的に使用されている条項と結合して消費者に与えるべき不利益を理由に（一部）無効とされ、その使用停止が命ぜられる可能性も排除されない」（同32頁）と述べている。これに対して、私見によれば、消費者の不利益を左右する他の契約内容は、差止め範囲を特定するために必要な情報であり、無効範囲を特定することなく全体として差止めを請求することができるという意味での一部無効条項の問題ではない。

[56]　これに対して、控訴審である【10】においては、そもそも消費者契約において問題とならない解散・会社整理・会社更生を除き、破産・民事再生・競売・仮差押・仮処分・強制執行の決定または申立てについても、消費者契約法10条に該当するとされた。

定が消費者契約法 12 条 3 項・4 項にいう「条項」として差止め対象となる、とする提案である。この提案によると、ある要件に複数の効果が結び付けられている条項、一定の効果を生じさせる複数の要件を定めている条項、さらに解約時期を区分した解約金条項は、複数の条項を含むとされる[57]。したがって、【7】における複数の解除事由を列挙する解除条項も、解除事由ごとに 1 つの「条項」として扱われることになる。【7】も、同法 10 条に該当する解除事由についてのみ、差止めを命じている[58]。

　筆者は、「独立した内容審査の対象」という基準を次のように解したうえで、この提案に賛同したい。すなわち、差止めを請求する原告は、差止め対象が消費者契約法 8 条以下に該当することを、主張・立証しなければならない。とすると、同時に、8 条以下の各規制規範が、契約のどの部分を個別に把握して不当性評価を下すのかを、最低限明らかにしなければならない。このような意味で個別の規制対象となるものは、一部無効条項としての処理の前提となる単位という意味で、1 つの「条項」ということができる。

Ⅲ　適用場面に応じて不当性判断が分かれる場合

　【1】においては、冠婚葬祭の施行請求の前後という解約時期の区分によって、解約金条項の不当性判断が分けられている。この解約時期の区分は、Y_1 が使用していた条項の文言には存在しなかった。これを一般化すると、複数の適用場面を包含する形で定式化されている条項につき、ある適用場面では当該条項が不当と評価されるが、他の適用場面では不当と評価されない場合ということができる。この場合については、文言として一体である以上、1 つの規制対象と見てよいのか（【図 5】）、それとも、不当性評価を異にする複数の区分が観念される以上、区分ごとに複数の「条項」があ

---

[57]　山本豊［2007］44 頁・［2011-1］30 頁を参照。ここでは、「独立した有効性審査の可能性」をもって条項画定基準とするドイツにおける支配的見解を、参考にしているものと推測される。
[58]　控訴審である【10】においては、「〔当該条項〕記載の各事由が生じたことにより無催告で契約を解除できるとする条項を内容とする意思表示を行ってはならない」とされた。この判決主文を字句どおりに読めば、解散・会社整理・会社更生の解除事由も、差止範囲に含まれる。しかしながら、これらの解除事由がそもそも消費者契約において問題とならないとされたことを考えると、これらの解除事由をも禁止する趣旨ではないと解される（むろん、消費者契約においてこれらを解除事由としても、無意味であるが）。

り、そのいずれが差止め対象となるのかを特定しなければならないのか[59]（【図6】）、が問題となる。

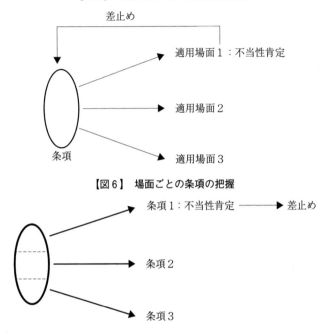

【図5】 文言を基準とした条項の把握

【図6】 場面ごとの条項の把握

「独立した内容審査の対象」を基準とする従来の学説は、文言自体が区分されている場合を例としており、この場合の処理については明確でない。筆者は、次のように考える。すなわち、2で述べた見解を貫徹するならば、【図6】のように考えるべきことになる。しかしながら、差止訴訟の目的が、消費者に不利益を生じさせる条項を含む契約を締結させないことにあるとするならば（このような見方は、意思表示に焦点を合わせる消費者契約法12条3項・4項の文言に整合的である[60]）、条項文言の定式自体を評価対象として捉

[59) ドイツ法に照らしていえば、Witte [1983] に対応する。
60) 三木他座談会［2006］26頁［加納克利発言］は、意思表示を危険が現に発露している場面とし、その場面を差し止めるという形で、消費者契約法12条が立案されていることを指摘している。

えることができる。そして、特定文言の条項に対する差止請求にも、事業者に当該文言の使用停止や改訂を迫る意味がある。したがって、文言として一体である部分を1つの条項として最低限特定すれば、それで足りるのではないか、と考えられる。例えば、【8】においては、在学契約の解除の時期によって不当性判断（消費者契約法9条1号）が異なる専門学校の学費不返還条項が問題とされたが、原告は、解除の時期にかかわらず一律に返還しないとする条項の差止めを請求し、裁判所は、この請求を認容している。

このように考えると、個別訴訟と差止訴訟とでは、規制対象となる「条項」の画定に差異を生じることになる。すなわち、個別訴訟に関する第2章においては、具体的規制規範が「特定の状況における特定の実質的な法律効果からの顧客の保護」を目的とし、かつ、過大な権利の留保を抑止せんとする趣旨に出たものである場合には、条項が適用される個々の場面において当該条項から生じる権利義務の内容が、個別の規制対象として把握されるとし、その例として学納金返還訴訟における解除時期の区分に関する最高裁判例を挙げた。このような差異が生じるのは、両訴訟形態において不当条項規制のもたらす効果が異なること（契約条項の効力否定と当該条項を含む意思表示の差止め）に起因する。この点において、規制対象の画定は、規制規範の要件面だけでなく、効果面をも考慮に入れる必要があることになる。

Ⅳ 量的一部無効が問題となる場合

最後に、数量的な過剰性が不当性判断の根拠となっており、当該数量を縮減すれば不当性が除去される場合が存在する。典型的には、再三にわたり言及している解約金ないし違約金の額のように、消費者契約法9条1号にいう「平均的な損害の額」を超えるか否かの判断が、この場合に当たる。

この場合には、当該数量の全部が一体的に評価対象になっているといえる。したがって、全体を1つの規制対象として扱うことができる。さらに、ここでは、文言上の区分が存在するときでも、複数の区分が累積的に不当性評価をもたらすならば、全体として1つの規制対象と見ることができる。

例えば、契約解除に際して、損害金と違約金という名目で、2種類の金銭の支払いが義務づけられているときでも、消費者契約法9条1号によれば、損害賠償額の予定または違約金が「平均的な損害の額」を超えるかは、それらを合算して評価されるのだから、両者は全体として1つの差止め対象となる。

第4節 / 結　論

本補論の検討をまとめると、一部無効条項は差止訴訟において次のように処理することができる。

①差止訴訟においては、現在の文言のこの条項だけが存在するのではなく、縮減された条項もそこに含まれているものとして、一部無効条項を捉えてよい。このような条項の捉え方により、この条項およびそれと同等の条項に対する差止請求だけでなく、縮減された条項を含む包括的な差止請求が可能となる。

②この条項およびそれと同等の条項に対する差止請求がされた場合には、無効範囲と連動させることなく、条項全体を差止め対象とすることができる。これに対して、縮減された条項を含む包括的な差止請求がされた場合には、無効範囲を考慮して差止め範囲を限定する必要がある[61]。

---

61)　以上のような形で無効範囲と差止め範囲との必然的な連動を否定する前提には、次のような消費者契約法の構造理解がある。すなわち、消費者契約法12条3項および4項の各本文によれば、同法8条～10条に規定された条項を含む消費者契約の申込みまたは承諾の意思表示を現に行いまたは行うおそれがあることが、差止請求権の要件である。これらの規定は、8条以下の各規制規範の構成要件に該当することだけを問うており、当該条項が契約に組み入れられたうえで無効であるか否かを問題にしていない、と読むことができる。つまり、消費者契約法の構造は、8条以下の構成要件該当性から、無効と差止めという効果をそれぞれ導くものであり、無効を介して差止めを導くものではない。それゆえ、無効になるか否かは、差止めの可否にとって決定的ではない。このような法構造の理解によれば、無効範囲と差止め範囲とは、必然的に連動しない。
　このような法構造の理解は、民法548条の2第2項に基づいて不合意が擬制される条項に対する差止めの可否を考える上でも、意味を有する。不合意が擬制される条項については、無効にすらならないので、消費者契約法上の差止請求ができなくなるのではないか、という問題が指摘されている。第96回会議議事録37頁〔山本敬三発言〕・42頁〔鹿野菜穂子発言〕、森田［2016］（その3）93頁・（その4）95頁を参照。上記の理解によれば、無効になることは差止めの要件ではないという限りで、このような問題は解消される。もっとも、消費者契約法8条以下が「消費

③上記のような処理が可能という意味で一部無効条項の問題と捉えることができる場合として、次の2つが挙げられる。第1に、包括的に定式化された条項において、適用場面に応じて不当性判断が分かれる場合である。例えば、解約時期による区分を規定していない解約金条項を、消費者契約法9条1号に基づいて規制する場合である。第2に、量的一部無効が問題となる場合である。例として、消費者契約法9条1号における「平均的な損害の額」の評価が挙げられる。これに対して、他の契約内容に応じて不当性判断が分かれる場合および条項文言の一部が不当と評価される場合は、ここにいうところの一部無効条項の問題ではない。

者契約の条項」であることを要件としていることから、不合意が擬制される条項については、およそ契約条項たりえず、差止めの要件に該当しないのではないか、とも考えられる。しかしながら、不合意の擬制は、絶対的な法律効果と考えるべきではない。民法548条の2第2項がこのような効果を定めるのは、相手方を不当条項から保護するためである。そうすると、定型約款準備者が自らに有利な形でこの法律効果を援用することは許されない、とすべきである（相対的無効と同じ発想）。このように考えれば、民法548条の2第2項に抵触する条項についても、不合意の擬制という効果ゆえに消費者契約法上の差止請求権が否定されることはない。

さらに、定型約款の条項に対する差止請求については、次のような別の問題が生じるのではないか、と思われる。すなわち、消費者契約法12条3項および4項は、不当条項を含む消費者契約の申込みまたは承諾の意思表示に焦点を合わせている。同法は、条項が契約を構成する意思表示に基づいて契約内容となることを前提に、その意思表示を差し止めるという構成をとっている、と読める。これに対して、改正民法における定型約款の組入れルールについては、合意に基づく組入れを定めるものであるか、争いがある（2号を含めて定型約款を契約内容とすることについての包括的な合意を要件とするものであるとの理解をとる見解として、筒井＝村松編著［2018］249頁以下、潮見［2017］227頁、沖野［2017］120頁以下などを参照。これに対して、2号を実際の合意に基づかない組入れ要件であるとする見解として、森田［2016］（その2）94頁以下を参照）。仮に、民法548条の2第1項2号の規定が合意によらない組入れを定めるものとするならば、そのようなメカニズムによって契約内容となる条項は、事業者の申込みまたは承諾の意思表示に含まれるものではないため（2号にいう「表示」は、これらの意思表示とは異なる表示ということになろう）、差し止めるべき意思表示が存在しえないのではないか（消費者契約法12条の規定について、定型約款組入れの表示も差止め対象とするような、解釈上あるいは立法上の手当てをすべきではないか）、という懸念が生じる。このように考えると、差止めとの関係においても、約款の組入れルールが重要な問題である、ということができる。

第 2 部
不当条項に代わる規律の確定

第1章
時価条項判決をめぐる議論の展開

第1節 / 序　論

第1項　本章の課題

　引渡し時期について数年先と合意された新車売買契約において、売主が、「契約締結時に合意された価格にかかわらず、引渡し時の価格が妥当する」という約款条項を用いたとする。このような条項は、時価条項（Tagespreisklausel）と呼ばれる。時価条項が不当条項規制によって無効とされた場合に、買主は、当初合意された契約締結時の価格が妥当するものとして、実際に支払った引渡し時の価格との差額の返還を請求することができるか。この問題は、無効とされた契約条項の代わりに、いかなる規律が妥当するのかという点において、不当条項規制の効果論にかかわる。ドイツ約款法においては、1980年代に、内容規制の効果論に関する具体的事例として、時価条項の問題が活発に議論された。本章では、その議論を整理・分析し、無効条項の代わりにいかなる規律が妥当するのかという問題について、示唆を得ることを課題とする。

　時価条項の問題は、ドイツにおいて約款内容規制の効果論が最も盛んに論じられた時期において、議論の中心にあった具体的事例である。しかしながら、ドイツ法の効果論の影響を強く受けてきた我が国において、この問題は、これまで詳細には紹介されてこなかった。そこで、本章は、少なくとも資料的な価値を有するものとして、時価条項の問題の詳細を改めて紹介することも、その目的の1つとする。

さて、ドイツ約款法における時価条項の問題については、BGH の重要な裁判例が 2 つ存在する。第 1 に、差止訴訟において時価条項の無効を宣言した第 8 民事部 1981 年 10 月 7 日判決（BGHZ 82, 21. 第 1 時価条項判決）であり、第 2 に、個別訴訟における無効の効果を論じた第 8 民事部 1984 年 2 月 1 日判決（BGHZ 90, 69. 第 2 時価条項判決）である。第 1 時価条項判決を受けて、時価条項の無効がもたらす個別訴訟上の帰結について、学説の議論が喚起され、また、多数の下級審裁判例が登場した。そして、それらの議論を踏まえて下された第 2 時価条項判決に対して、さらなる議論が展開された。本章では、まず、第 1 時価条項判決から第 2 時価条項判決までの議論を整理し（第 2 節）、次に、第 2 時価条項判決以降の議論を扱う（第 3 節）。だが、その前に、議論の出発点として、時価条項問題以前の補充的契約解釈論の状況について、また、ドイツにおいて時価条項が大問題として浮上した背景について、最低限の予備的な説明を行うことにする。

第 2 項　予備的説明

I　時価条項問題以前の補充的契約解釈論

　第 2 時価条項判決は、無効な時価条項に代わり、補充的契約解釈によって売主の価格変更権（および買主の解除権）を導いたものであり、前述のように、補充的契約解釈の可否に関するリーディングケースとして位置づけられている。とはいえ、内容規制によって生じた無効部分の補充手段として補充的契約解釈を認めるという議論自体は、時価条項の問題に端を発したものではない。AGBG 6 条 2 項（現 BGB306 条 2 項）には、補充的契約解釈について明文の定めがないにもかかわらず、同項の成立経緯から、既に AGBG 制定当初の多数説は、補充的契約解釈が可能であるとしていた。すなわち、AGBG 6 条 2 項の起草過程において、対応する政府草案 5 条 2 項が、「約款規定が、契約の構成要素となっていないか、または無効である限りにおいて、契約の内容は、法律上の規定に従う。法律上の規定が欠けている場合には、契約の本性に従う」と規定していたのに対して[1]、連邦議会法律委員会報告書が、「法律上の規定が欠如している場合には、既に BGB133 条

と併せた157条が、補充的契約解釈を可能とする」との理由から、法律上の規定が無効な約款規定に代わることを規定すれば、十分であるとした、という経緯があった[2][3]。このような経緯から、AGBG制定後まもなく刊行された概説書・注釈書は、概ね、第1次的には不当条項によって排除された任意制定法が妥当するが、第2次的に補充的契約解釈が可能である、としていた[4]。

無効部分の補充手段として補充的契約解釈が認められるとすると、AGBG制定前の判例法理が想起される。すなわち、AGBG制定前においても、BGHは、いくつかの裁判例において、それ自体としては信義誠実（BGB242条）に反する条項の補充的契約解釈を認めていた。それによると、約款の補充的契約解釈は、そもそも排除されるものではなく、それによって、信義誠実の要請に合致する内容を条項に付与することができる[5]。しかしながら、補充的契約解釈においては、両当事者の利益を相当に考慮することが要求され、信義誠実に反する条項を、ぎりぎりなお可能であると思われる程度にまで緩和してはならない。裁判所は、そのような表現を発見

---

1) BT-Drucks. 7/3919, 4.
2) BT-Drucks. 7/5422, 5.
3) なお、政府草案以前の作業グループ第1部分報告書（ArbG.［1974］．邦訳として北川＝安永［1975-1976］があるが、本章該当部分については未翻訳である）および参事官草案（DB Beilage 18/1974）では、対応する草案10条2項において、「約款規定が契約の構成要素となっていないか、または無効である限りにおいて、契約の内容は、法律上の規定に従う。法律上の規定が欠けている場合には、契約の本性、または取引観により形成された契約の指導形象に従う」（ArbG.［1974］, 30）とされていた。さらに、理由書（ArbG.［1974］, 95; DB Beilage 18/1974, 22）では、非典型契約など、不当条項によって排除された任意制定法の規定を妥当させることが困難な場合について、当該条項の縮減が可能であるとされ、縮減が不可能な場合の補充基準として、同項後段があると説明されていた。これに対して、政府草案理由書（BT-Drucks. 7/3919, 21）では、縮減の可否について言及されていない。
4) Max Josef Dietlein in: Dietlein/Rebmann［1976］, § 6 Rn. 4; Dittmann/Stahl［1977］, Rn. 249; Walter Löwe in: Löwe/Graf von Westphalen/Trinkner［1977］, § 6 Rn. 6ff.; Peter Schlosser in: Schlosser/Coester-Waltjen/Graba［1977］, § 6 Rn. 11; Stein［1977］, § 6 Rn. 8ff.; Koch/Stübing［1977］, § 6 Rn. 11ff.; MüKoBGB/Hein Kötz［1978］, § 6 AGBG Rn. 15ff. などを参照。これに対して、Peter Ulmer in: Ulmer/Brandner/Hensen［1978］, § 6 Rn. 24f. は、後に改説したが（第2節第3項Ⅱ）、AGBG6条2項の文言などに由来する形式的論拠の他、法的安定性を理由に、単純な縮減を超える裁判官による契約補充としての補充的契約解釈は認めるべきではない、としていた。
5) BGH第7民事部1970年6月4日判決（BGHZ 54, 106）、同1973年4月16日判決（BGHZ 60, 353）、同1974年1月10日判決（BGHZ 62, 83）、同1974年5月16日判決（BGHZ 62, 323）などを参照。

する役割を有しない[6]。さらに、両当事者が、条項の違法性を認識していたならば、いかなる規律を選択したかについて、多様な形成可能性が考えられ、十分に確定することができない場合には、補充的契約解釈が不可能であり、法律上の規定が妥当する、とされていた[7]。時価条項の問題に関連して補充的契約解釈が論じられるにあたっては、とりわけ第2時価条項判決前の議論において、このような判例法理が参照された。

II 時価条項問題の社会経済的な背景

問題となった時価条項は、ドイツ自動車中央連合会（ZDK）・ドイツ自動車工業会（VDA）・ドイツ自動車輸入業者協会（VDIK）といった事業者団体により共同で作成され、使用が推奨されていた新車販売約款に規定され、当時の新車売買契約において、広く使用されていたものである[8]。その文言は、「契約締結と合意された引渡し時期との間が4か月を超える[9]場合にのみ、価格変更が許容される。その場合には、引渡し日に効力を有する売主の価格が妥当する」というものであった。

しかしながら、時価条項が大問題となった主要な社会経済的な背景は、ダイムラー・ベンツ社（当時）というドイツを代表する自動車メーカーの市場状況であった[10]。実際、裁判例の大半は、同社に関するものである。同社は、このような時価条項が規定された新車販売約款と併せて、「リスト価格（販売税を除く売買価格）現在のところ〇〇マルク」という記載が予めされており、金額だけを注文時に記入する形の注文書式を使用していた[11]。

---

6) 前掲注5)・BGH第7民事部1974年1月10日判決を参照。この命題は、AGBGの下での効力維持的縮減の禁止法理（BGH第7民事部1982年5月17日判決（BGHZ 84, 109））へと引き継がれた。
7) 前掲注5)・BGH第7民事部1970年6月4日判決、同1974年1月10日判決、同1974年5月16日判決を参照。これらの裁判例においては、実際には、この点を理由として補充的契約解釈が認められなかった。
8) 問題の新車販売約款は、AGBG制定に合わせて作成され、1977年に連邦カルテル官庁に届出されたものであるが、時価条項は、それ以前の30年にわたり、既に広く使用されていたことが指摘されている。Beggerow [1987], 3を参照。
9) 4か月以内であれば、AGBG 11条1項（現BGB 309条1項）により、価格引上条項は禁止される。
10) Mockenhaupt [1987], 3ff. を参照。
11) ダイムラー・ベンツ社の書式について、Beggerow [1987] の巻末を参照。

そして、時価条項に基づいて、自動車の引渡し時に、その時の価格リストの価格を請求することになっていた。この価格は、当時の経済情勢から[12]、契約締結時の価格に比べて引き上げられていた。このような契約実務は、引渡しまでの期間（引渡期間）の長さゆえに重要であった。すなわち、メルセデス・ベンツ人気の高まりにより、1970年代後半には、引渡期間が複数年に及ぶことが珍しくなかった。さらに、売買契約それ自体が取引対象とされ、これが少なからぬ範囲で投機対象となっていた（グレー市場）。このとき、時価条項は、投機目的の買主に現在のリスト価格と契約締結時の価格との差額を得させないことで、投機を抑制する意味も有していた。このような状況下において、時価条項が無効とされ、買主による不当利得返還請求が認容されるならば、ダイムラー・ベンツ社は多額の返還債務を負うことが指摘された[13]。

それでは、このような問題に対して、判例・学説はどのように対応したのか。第2節以下において、議論の展開を追っていく。

第2節 ／ 第2時価条項判決前の議論

第1項　BGH第8民事部1981年10月7日判決
（第1時価条項判決）

I　判決の内容

BGH第8民事部は、第1時価条項判決と呼ばれる表題の裁判例（BGHZ 82, 21）において、時価条項を無効とした。事案は、消費者保護団体が自動車販売業者[14]に対して起こしたAGBG 13条以下に基づく差止訴訟において、時価条項を含む複数の約款条項の使用差止めが請求されたというものであった。時価条項についての訴えは、第1審において棄却されたが、原審では認容され、差止めが命じられた。BGHは、被告の上告を棄却し、以下のように判示した。

---

12) Ulmer [1982], 1132; Mockenhaupt [1987], 231.
13) Schlosser [1984] は、副題に「メルセデスにとって不当な8億〔マルク〕か？」と付ける。
14) Ulmer [1982], 1125によれば、ポルシェ社のディーラーであった。

① AGBG 11 条 1 号（現 BGB309 条 1 号）に抵触しない価格変更条項も、完全に有効というわけではなく、AGBG 9 条（現 BGB307 条）によって評価される。

② 引渡しまでに長期間を要する自動車取引において、売主は、費用の増加に基づいて引渡しまでに生じる値上げを買主に転嫁することについて、正当な利益を有する。というのは、値上げの原因となる費用の増加は、しばしば予見することができないし、事後的に買主に転嫁することができなければ、予め担保的に高い価格を設定しておかなければならないからである。このことは、買主にとっても不利に働く。これらの事情は、注文時に、買主によっても十分に認識されている。

③ しかしながら、価格変更条項は、増加費用の転嫁を超えて、合意された売買価格を無限定に一方的に引き上げることを可能にするならば、給付の均衡原理に照らして、もはや相当ではない。本件条項も、その表現において無限定であり、あらゆる任意の価格引上げを可能にする。

④ 差止訴訟において、以上の判断は、BGB315 条 3 項に基づく裁判所による価格の衡平審査が存在することによって妨げられない。差止手続きは、まさに訴訟に先立って顧客を保護するものだからである。

⑤ もっとも、価格引上げの要因は多様であり、価格変更条項を買主にとって跡づけ可能な形で表現することができない。しかしながら、価格引上げの要因や限度を挙げない一般的に表現された価格変更留保であっても、一定の要件で買主に解除権を付与することによって、不相当性を除去することができる。いずれにせよ、そのような解除権を規定していない以上、本件条項は無効である。

このように、BGH 第 8 民事部は、条項の表現において無限定の価格引上げが可能であること、また、買主に解除権が付与されていないことから、AGBG 9 条に基づいて時価条項を無効とした。

II　判例における価格変更条項の無効基準

第 1 時価条項判決は、約款における価格変更条項の内容規制に関する最上級審裁判例として、BGH 第 8 民事部 1980 年 6 月 11 日判決（NJW 1980,

2518）に続く。この裁判例では、差止訴訟において、雑誌定期予約購読契約（継続的債務関係であり、AGBG 11 条 1 号が適用されない）に使用されていた「価格の引上げまたは通常の配達料金の改定は、この契約からの解放をもたらさない。これらの変更が、契約締結と引渡し開始との間に生じる場合についても、同様である」との価格変更条項が問題となった。BGH は、この判決においても、「購読者が、既に契約締結に際して、条項の表現から、いかなる範囲で価格引上げがありうるのかを認識することができること、そして、実際に行われた価格引上げの正当性を、授権条項に照らして評価することができること」が保障されていないという理由で、当該条項の無効判断を下した[15]。これらの判決によって、「条項の表現自体において価格引上げ範囲を増加費用に限定することが要求される（具体化の要請）が、約款使用者に条項の具体化を期待することができない場合には、顧客の解除権が補償として要求される」という判例法理が形成された[16]。この判例法理は、現在でも基本的に維持されている[17]。

　この判例法理は、とりわけ、AGBG 9 条以下に基づく内容規制と BGB315条に基づく規制との関係を考慮したうえで形成されたものである。BGB315条 1 項および 3 項によれば、給付確定が衡平な裁量によって行われるものとされている場合に、裁判所は、実際に行われた給付確定が衡平に合致するか否かを審査し、合致しない場合には、判決によって給付を確定することができる。したがって、売主が一方的な確定権を留保する価格変更条項については、当該条項に基づいてされた価格変更権の行使が、この規制の対象となる。そこで、このような権利行使規制と内容規制との関係が問題となる[18]。この問題について、第 1 時価条項判決前には、時価条項問題の

---

15) このような無効基準は、AGBG 政府草案理由書において、AGBG 11 条 1 号のもとになった 9 条 1 号についての記述に由来する（BT-Drucks 7/3919, 28）。また、AGBG に対応した統一的な新車販売約款の作成に際して、顧客側の代表であるドイツ自動車連盟（ADAC）によって同様の主張がされたが、受け入れられなかったことが指摘されている（Beggerow [1987], 9 を参照）。
16) ここで定立された具体化の要請は、透明性の要請の一種として位置づけることができる。ドイツ法における透明性の要請一般については、倉持 [1995]、石原 [1996]、鹿野 [1997] を参照。
17) 判例の詳細については、さしあたり Andreas Fuchs in: Ulmer/Brandner/Hensen [2016], § 309 BGB Rn. 28ff. を参照。
18) 内容規制と権利行使規制との区別一般については、Andreas Fuchs in: Ulmer/Brandner/Hensen [2016], Vor § 307 BGB Rn. 63ff.; Thomas Pfeiffer in: Wolf/Lindacher/Pfeiffer [2013], § 307

解決提案として BGB315 条を優先させる主張も見られたが[19]、判例は、AGBG 9 条による価格変更条項の有効性審査は、BGB315 条によって妨げられないとする。前掲 BGH 第 8 民事部 1980 年 6 月 11 日判決によれば、具体化の要請は、個別事例において訴訟に発展すること、または、相手方が価格引上げを甘受することを、できる限り防止するものであり、BGB315 条に基づく裁判所の衡平審査によって代えることができないとされる。これを受けた第 1 時価条項判決も、BGB315 条による規制が、時価条項の無効判断を妨げないとするものである。

かくして、判例は、BGB315 条に基づく権利行使規制が可能であるというだけでは、約款における価格変更条項の有効性を認めるに足りないとし、具体化の要請および解除権の付与という基準を立てて、内容規制を行う。もっとも、この判例法理が、その後の価格変更条項またはその他の契約変更条項に関する裁判例において貫徹されてきたわけではないし、学説においても異論がある[20]。しかしながら、要件論レベルで価格変更条項の無効基準を論じることが本章の目的ではないし、本章で扱う効果論上の議論は、基本的に時価条項が無効であることを前提としてされたものであることから、この判例法理の当否については、ここでは立ち入らない[21]。

第 2 項　下級審裁判例の動向

第 1 時価条項判決から第 2 時価条項判決までの間に、多くの個別訴訟における下級審裁判例が出された。それらの裁判例は、次のような類型に区分することができる。すなわち、契約締結時またはその後に合意された価格への拘束を命じ、買主による不当利得返還請求を認容した類型（Ⅰ）、引

Rn. 29ff.; Staudinger/Michael Coester [2013], § 307 Rn. 36ff. を参照。
19）　Reuter [1981], 71.
20）　判例を批判する学説として、例えば、Wiedemann [1991] を参照。
21）　差止訴訟において形成されたこの判例法理が、個別訴訟においても妥当するのかという問題については、事後的審査説がかかわる。同説に属する論者からは、個別訴訟において時価条項は不相当な価格引上げが実際に行われた限りにおいて無効である、と主張された。事後的審査説からの議論の詳細については、**第 1 部第 1 章第 2 節**を参照。

渡し時の価格について契約締結後に両当事者の合意が存在したとして、買主の請求を棄却した類型（Ⅱ）、BGB316条・315条を適用する類型（Ⅲ）、補充的契約解釈によって売主の価格変更権を認めた類型（Ⅳ$_1$）、それとともに買主の解除権をも認めた類型（Ⅳ$_2$）、その他のものとして、自由心証主義に依拠して裁判所が直接に価格を算定した類型（Ⅴ）である。

　以上の分類に基づいて、公表裁判例は、下記の表のように整理することができる。なお、下表においては、時価条項問題の背景である引渡期間についても記載している。また、備考欄に断りがない限り、買主による不当利得返還請求が問題となった事案である。以下、〔下級審裁判例一覧表〕中の裁判例を指示する際には、番号で表記する。

〔下級審裁判例一覧表〕

番号	裁判所・言渡年月日	掲載	類型	引渡期間	備考
【1】	LG Wuppertal 1981年8月13日	AGBE Ⅱ§9 Nr.100	Ⅲ	約2年半	第1時価条項判決前の裁判例だが、整理のために加えた。
【2】	OLG Stuttgart 1981年11月24日	BB 1982, 148	Ⅲ	約4年半	買主による契約不成立確認請求事件。
【3】	LG Frankfurt 1982年1月21日	AGBE Ⅲ§9 Nr.60	Ⅰ	約5月	売主による増額代金支払請求事件。
【4】	AG Stuttgart-Bad Cannstatt 1982年1月26日	AGBE Ⅲ§9 Nr.71	Ⅲ	約2年8月	引渡しの3か月前に型式が変更されたが、注文変更確認書において、固定価格期間の起算点は、元の契約締結時とされていた。
【5】	LG Nürnberg-Fürth 1982年1月27日	BB 1982, 456	Ⅰ	約3月	引渡期間は型式変更時から。
【6】	LG Darmstadt 1982年3月12日	AGBE Ⅲ§9 Nr.62	Ⅲ	約2年	引渡しの1年前に型式が変更されていたが、固定価格期間の起算点を元の契約締結時とする条項が存在し、有効とされた。
【7】	AG Dortmund 1982年6月26日	AGBE Ⅲ§9 Nr.72	Ⅳ$_1$	約2年	
【8】	AG Regensburg 1982年6月29日	AGBE Ⅲ§9 Nr.73	Ⅲ	約1年	引渡期間は型式変更時から。
【9】	LG Essen 1982年7月6日	AGBE Ⅲ§9 Nr.66	Ⅲ	3年以上	

【10】	AG München 1982 年 7 月 14 日	AGBE III § 9 Nr. 74	I	約 6 月	
【11】	AG Duisburg 1982 年 9 月 24 日	AGBE III § 9 Nr. 76	III	約 3 年	
【12】	AG Regensburg 1982 年 10 月 8 日	AGBE III § 9 Nr. 77	IV₁	約 5 月	引渡期間は型式変更時から。
【13】	AG München 1982 年 10 月 12 日	AGBE III § 9 Nr. 78	I	約 8 月	
【14】	OLG Saarbrücken 1982 年 10 月 19 日	DB 1983, 546	III	約 3 年	買主の受領拒絶に対する、引渡し時のリスト価格の 15 ％ についての、売主による損害賠償請求事件。
【15】	LG Duisburg 1982 年 10 月 19 日	AGBE III § 9 Nr. 67	V	約 4 年 4 月	
【16】	LG Duisburg 1982 年 10 月 29 日	AGBE III § 9 Nr. 68	I	約 7 月	
【17】	AG Mönchengladbach 1982 年 11 月 3 日	AGBE III § 9 Nr. 79	I	約 8 月	
【18】	OLG Hamm 1982 年 11 月 11 日	ZIP 1983, 186	II	3 年以上	【9】の控訴審。引渡しの 2 か月半前に、追加装備の注文および価格の確認がされている。
【19】	OLG Frankfurt 1982 年 12 月 23 日	DB 1983, 547	IV₁	約 5 月	
【20】	LG München I 1983 年 1 月 26 日	AGBE IV § 6 Nr. 25	I	約 6 月	【10】の控訴審。
【21】	OLG München 1983 年 2 月 1 日	AGBE IV § 6 Nr. 6	IV₁	約 2 年半	
【22】	OLG Hamburg 1983 年 3 月 11 日	AGBE IV § 6 Nr. 7	III	約 4 年 3 月	
【23】	OLG Köln 1983 年 4 月 20 日	AGBE IV § 6 Nr. 8	III	約 4 年	
【24】	OLG München 1983 年 5 月 10 日	ZIP 1983, 837	IV₁	約 3 年	
【25】	OLG Düsseldorf 1983 年 5 月 27 日	AGBE IV § 6 Nr. 9	III	約 3 年	
【26】	OLG Düsseldorf 1983 年 5 月 27 日	AGBE IV § 6 Nr. 10	II	4 年以上	契約締結から 4 年目に注文内容が変更されているが、詳細は不明。
【27】	OLG Nürnberg 1983 年 5 月 30 日	ZIP 1983, 836	II	約 4 年	引渡しの 3 か月前に、型式・装備が変更されている。
【28】	OLG Hamburg 1983 年 7 月 12 日	AGBE IV § 6 Nr. 13	III	約 4 年	

【29】	OLG Bremen 1983年9月13日	AGBE IV§6 Nr.15	IV₁	4年半以上	
【30】	OLG Düsseldorf 1983年9月16日	BB 1983, 2012	IV₂	約4年4月	【15】の控訴審。
【31】	OLG Celle 1983年10月13日	AGBE IV§6 Nr.17	II	約4年半	契約締結後、二度にわたり型式が変更されている。最後の変更は、引渡しの2か月前であった。
【32】	OLG Stuttgart 1983年10月20日	AGBE IV§6 Nr.18	IV₂	約5年	買主による契約無効確認請求事件。
【33】	OLG München 1983年11月2日	AGBE IV§6 Nr.19	IV₁	約2年4月	
【34】	OLG Hamm 1983年11月3日	AGBE IV§6 Nr.20	IV₁	約3年8月	
【35】	OLG Düsseldorf 1983年11月23日	AGBE IV§6 Nr.21	IV₂	約4年4月	
【36】	OLG Düsseldorf 1983年11月23日	AGBE IV§6 Nr.22	IV₂	約4年8月	

　このように整理すると、1982年の裁判例は、当初合意された価格への拘束を命じるもの（類型Ⅰ）と、引渡し時における売主のリスト価格を妥当させるもの（類型Ⅱ以下）とに分かれていたものの、後者の方が多数であった。また、1983年になると、後者が圧倒的になる。くわえて、両年の類型Ⅰの裁判例においては、引渡期間が1年未満と比較的短かったことが指摘できる。その点で、下級審裁判例の大勢は、長期の引渡期間が存在した場合に、引渡し時の価格を妥当させる傾向にあったといえる。

　しかしながら、引渡し時のリスト価格を妥当させる法的構成については、判断が分かれる。いくつかの裁判例は、実際に両当事者が当該価格を合意したとする（類型Ⅱ）。もっとも、これら裁判例の事案においては、引渡しまでの間に型式や装備について注文内容が変更され、その際に、新たな価格が提示されたという事情が存在した。この事情から両当事者の新たな価格合意を認定することに対しては、次のような批判がなされた。すなわち、この場合に、買主から見て、売主からの価格変更通知は、一方的な価格変更権の行使でしかなく、承諾を要する変更の申込みではなかったのだから、買主の行為態様から黙示の承諾を導き出すことはできない、という批判で

ある[22]。この批判に対しては、型式が変更された場合については、目的物が変更されており、当初の価格がもはや妥当しえないのではないかという疑問が生じるが（実際、いくつかの裁判例は、型式変更時から引渡期間を計算している）、いずれにせよ、新たな価格合意を認定するに足る事情が存在しなかった場合が問題である。

　このような事情が存在しないとすると、時価条項に代わって何らかの規律が妥当することにより、引渡し時のリスト価格が拘束力を認められることになる。そのような法的構成として、後の第2時価条項判決においては、補充的契約解釈によって売主の価格変更権および買主の解除権を認めるという構成（類型IV_2）が採用されたが、下級審裁判例においては、BGB316条・315条が適用されるとする構成（類型III）が多く見られ、とりわけ1982年の段階では、こちらの方が多数であった。さらに、補充的契約解釈による構成においても、買主の解除権を問題とせず、実質的にBGB316条・315条を適用するのと異ならない構成（類型IV_1）が見出される。このような下級審裁判例の傾向から、時価条項に代わりいかなる規律が妥当するのかという問題を論じるにあたっては、補充的契約解釈の問題だけではなく、BGB316条・315条を適用することができるかという問題についても、検討を加える必要がある。

　以上のような下級審裁判例の傾向に対して、学説においては、BGB316条・315条を適用することによってであれ、補充的契約解釈によってであれ、売主の一方的な価格変更権を認めてはならないという、類型Iに当たる見解も、有力に主張された。そこで、次に、BGB316条・315条を適用する見解、補充的契約解釈による見解とともに、売主の一方的な価格変更権を認めない見解を取り上げて、第2時価条項判決前の議論状況を整理する。

---

22) Bunte [1983], 766.

第3項　議論の状況

I　BGB316条・315条の適用可能性

　買主の不当利得返還請求を認めない解決は、第1に、BGB316条・315条の適用可能性を検討するという形で、AGBG6条2項に基づく任意規定の妥当というレベルで模索された。BGB316条は、反対給付の範囲が確定されていない場合に、当該反対給付の債権者に確定権を認める規定であり、価格が確定されていないことを要件とする。そのため、これらの規定の適用可能性は、主として、契約締結時の価格合意の解釈問題として議論された。もっとも、それとともに、時価条項に対する不相当評価との関係において、より実質的な問題点も指摘された。

　なお、以下では、しばしば用いられる語法に倣い、確定価格の合意なしに売主による価格確定が留保される場合を「価格留保」（Preisvorbehalt）と呼び、当初合意された確定価格の変更が留保される場合を「価格変更留保」（Preisänderungsvorbehalt）と呼ぶ。

1　契約締結時の合意の解釈

　価格留保を理由にBGB316条・315条を適用した代表的な裁判例として、【2】を挙げることができる。【2】は、注文書式における金額記載と注文確認書における金額記載とが食い違っており、売買代金についての合意が存在しないことを理由として、買主が契約不成立の確認を請求した事案において、AGBG6条2項に基づき、無効な時価条項に代わりBGB316条・315条が妥当するとした。それによると、注文書式においてリスト価格が「現在のところ21,010マルク」とされていること、および引渡し時期から見て、両当事者は、契約締結時に売買代金を精確に確定しておらず、むしろ、引渡し時に初めて精確な確定を行うものとしている。注文確認書からも、同様の解釈が可能である。この解釈は、約款を引合いに出すことなく可能であるが、約款からも確認される。このとき、注文書式および注文確認書に記載された数値は、契約締結時のリスト価格を示すに過ぎない。この数値

が食い違うとしても、申込みと承諾が価格留保として一致する以上、BGB150 条 2 項[23]（変更を加えた承諾）、BGB154 条[24]（明らかな不合意）は適用されない。このような価格留保の合意に関して時価条項が無効とされた結果、価格確定方法につき BGB316 条・315 条が適用されるので、契約は有効に成立しているとした。その後の裁判例においても、価格留保説が、BGB316 条・315 条適用構成の論拠とされた。

　これに対して、長期の引渡期間が合意されている場合であっても価格変更留保であるとする解釈も、当初から一定の支持を得ていた。価格変更留保説は、時価条項が無効であるとすると、BGB315 条の要件である給付確定権の合意が存在せず、また、確定価格の合意があるために BGB316 条を適用することもできないとする[25]。この見解は、BGH 第 8 民事部 1983 年 5 月 18 日判決（NJW 1983, 1603）によって支持された。この判決は、【2】の上告審判決であり、約 4 年半という長期の引渡期間が合意されていたにもかかわらず、契約締結時に確定価格の合意があるとし、注文書式と注文確認書における金額の食い違いを理由として、契約の不成立を確認した。BGH は、さしあたり次の理由から、価格留保説を否定した。

　①注文書式の金額記載からは、まずは一度効力を有する価格を確定するという両当事者の意思を引き出す方が自然である。この記載を単なる数値・指針とする解釈は、そのような記載が必要とされないこと、さらに、注文書式においてリスト価格が明示的に「販売税を除く売買価格」として定義されていることに鑑みて、満足のいく説明を与えることができない。注文確認書においても、「メーカー工場渡しの売買価

---

23) BGB150 条　遅延した承諾および変更を加えた承諾
　　(1) 〈略〉
　　(2) 拡張、制限またはその他の変更を伴う承諾は、新たな申込みと結び付けられた拒絶とみなす。
24) BGB154 条　明らかな不合意；証書の不作成
　　(1) 一方当事者のみの表示によっても合意がされるべきものとされる契約の全ての点について、両当事者が合意しなかった限りにおいて、疑わしい場合には、契約は成立していない。個別の点についての合意は、書面への記載が行われたとしても、拘束力を有しない。
　　(2) 〈略〉
25) 学説として、Löwe [1982-1], 35; ders. [1982-2], 153f.; ders. [1982-3], 649; Salje [1982], 92; Ulmer [1982], 1130 を、裁判例として、【5】を参照。

格」として金額が記載されている。
②時価条項によって価格留保を基礎づけることもできない。無効な時価条項から、両当事者の現実の意思を導出し、新たな合意を構成することはできない。そのうえ、時価条項は、明確に「価格変更条項」として表現されている。しかも、4か月以内に引き渡される場合には、契約締結日の価格が妥当するものとされ、契約締結時の確定価格合意を前提とする。

この判決後、価格留保説（BGB316条・315条適用構成）は、〔**下級審裁判例一覧表**〕において見て取ることができるように、下級審裁判例においても支持を失った。

2　より実質的な問題点

もっとも、価格変更留保であっても、BGB316条・315条が適用される可能性、または、実質的に同一の結論をもたらす可能性が指摘された。例えば、ケッツ（Hein Kötz）は、不相当な価格引上げが実際に行われない限り個別訴訟において時価条項は無効ではないとする見解を第1次的に主張したが[26]、第2次的に次のように主張した。すなわち、(i)両当事者の価格合意は、「現在のところ」効力を有するリスト価格として契約に挙げられた確定的な価格の合意、(ii)時価条項における当初価格の変更が許されるという合意、(iii)価格変更の方法として引渡し日に効力を有する価格が標準となるとする合意の3要素から成る。この中で無効であるのは(iii)の要素だけであるため、売買代金を支払うことは合意されているが、その金額、すなわち反対給付の範囲を確定する合意がないものとして扱われ、BGB316条・315条が適用される、と[27]。さらに、既述のように、補充的契約解釈を介してこれらの規定を適用するのと同一の結論を導く裁判例があり（類型Ⅳ₁）、併せてこれらの規定の類推適用に言及する裁判例も存在する（【29】）。

しかしながら、BGB316条・315条の適用に対しては、より実質的な問題が指摘された。すなわち、これらの規定の適用は、時価条項と同じく売主

---

[26] Kötz [1982], 647f.. この見解は、事後的審査説に基づく（第1部第2章を参照）。
[27] Kötz [1982], 645f..

の価格確定権ないし変更権を認めるものであるが、具体化の要請を充足しておらず、買主の解除権を導くこともないため、時価条項の無効評価と相容れない規範的評価を下すことになる、という問題である[28]。さらに、この点を推し進めて、価格留保であっても、価格が確定されていない状態で価格確定条項が無効となれば、価格についての合意が存在せず、BGB154条・155条[29]によって規律される不合意が存在するとして、時価条項の無効が契約不成立をもたらす可能性が指摘された[30]（ただし、この見解の背景には、後述のように、そもそも約款において一方的給付確定権を留保することは許されない、という考慮がある）。前掲 BGH 第8民事部 1983 年 5 月 18 日判決も、先の2つの理由づけに続いて、価格留保説が、買主の解除権をもたらさず、結論においても不適切であるとした。すなわち、価格留保であるとすると、給付確定の限界が衡平性のみとなる。売主による価格確定は、たしかに、この限度内に留まるかもしれないが、買主の給付能力には、それでもなお、もはや相当でない負担を課せられるかもしれず、他方で契約の解消可能性が認められていない。AGBG 9 条のみが、この点に向けられた相当性規制を可能にする、とされた。

　このような難点を意識したのか、BGB316 条・315 条の適用についての異なる構成が、ウルマー（Peter Ulmer）[31]によって主張された。ウルマーは、【2】と【5】とを比較し、比較的短い引渡期間が問題となった【5】において、両当事者による確定価格の合意が存在するとされたことから、目安として、引渡期間が4か月～1年の契約（中期の引渡期間）であれば価格変更留保であるが、引渡期間が1年を超える契約（長期の引渡期間）であれば価格留保であるとした。そして、【5】を内容規制の問題ではないとした。すなわち、

---

28) Salje [1982], 92; Bartsch [1983], 215; Reinhold Trinkner in: Löwe/Graf von Westphalen/Trinkner [1983], § 11 Rn. 17 を参照。
29) BGB155 条　隠れた不合意
　　両当事者が、締結されたものとみなす契約において、合意がされるべきものとされた点について、実際には合意していなかった場合には、その点についての規定がなくても契約が締結されたものと認められうる限りにおいて、合意されたものが妥当する。
30) Trinkner in: Löwe/Graf von Westphalen/Trinkner [1983], § 11 Rn. 12, 21.
31) Ulmer [1982], 1128f. を参照。その他に価格留保説を支持する学説として、Bartsch [1983], 215 がある。

もっとも、ウルマーは、1982年の論稿において[37]、この枠組みを時価条項の問題にそのまま適用することはせず、前述のように、引渡期間が1年を超える契約については、そもそも内容規制の問題から外し、引渡期間が4か月～1年の契約についてのみ、価格変更留保であるとして補充的契約解釈を肯定した。すなわち、この場合には、当事者意思および取引慣行によれば、通常、変更が留保されているとはいえ、売買価格が重要なものとして合意されている。このとき、時価条項が無効とされることによって契約に欠缺が生じるが、補充的契約解釈を介して価格変更が認められる、と。さらに、下級審裁判例や学説において、AGBG制定前の判例をもとに、規律内容を確定することができないという理由から補充的契約解釈構成が批判されたところ（Ⅲ）、少なくとも既に完了している契約については、実際に支払われた価格が相当であるかを審査すれば足りるのだから[38]、適切な変更条項を裁判所が定式化する必要はない、とした[39]。

　また、ウルマーは、無効部分の補充手段としての補充的契約解釈を、「可分な約款条項の妥当要求を縮減して維持するために考えられる手段」[40]という点で、効力維持的縮減と共通性を有するものとして、約款使用者が条項の違法性を予見することができたかという効力維持的縮減の可否について論じられていた事情[41]を、補充的契約解釈を認める際の考慮要因とした。このことから、時価条項の問題においても、前掲BGH第8民事部1980年6月11日判決が周知されて以降に締結された契約については、約款使用者が自己のリスクにおいて行為したものであり、補充的契約解釈は認められない、とされた[42]。

---

37) Ulmer [1982], 1125.
38) ウルマーは、価格相当性審査の基準として、市場経済秩序の趣旨から、第1時価条項判決が前提とする増加費用ではなく、市場価格を主張する（Ulmer [1982], 1131f.）。価格留保の場合のBGB315条3項に基づく規制においても、同様である（Ulmer [1982], 1129）。そうすると、市場価格と通常は一致するリスト価格条項たる時価条項は、そもそも具体化の要請という観点から不相当とは評価されないのではないか、という疑問が生じる。
39) もっとも、このように考えたとしても、詳細な定式化を要しないというだけであり、市場価格に制約された価格変更を認めることに変わりはない。なお、同様の見解として、Bechtold [1983], 541 および【12】・【19】がある。
40) Ulmer [1981], 2026.
41) Kötz [1979], 789; Schlosser [1980], § 6 Rn. 17 などを参照。
42) Ulmer [1981], 2031; ders. [1982], 1130f., 1132.

その後、補充的契約解釈による処理は、ブンテ（Hermann-Josef Bunte）[43]によって、前掲 BGH 第 8 民事部 1983 年 5 月 18 日判決などが勘案され、後の第 2 時価条項判決に近い形へと展開された。ブンテは、引渡期間による区別をせず、長期の引渡期間が合意されている場合として、補充的契約解釈を論じる（長期の引渡期間に、ウルマーのいう中期の引渡期間が含まれるのかは、定かでない）。

まず、補充的契約解釈の前提として、ブンテは、次のように主張した。すなわち、仮定的当事者意思の探求において、長期の引渡期間の合意、注文書式に記載された「現在のところ」という付記、さらに、無効ではあっても時価条項自体からも、両当事者が価格変更を前提としていたという認定は避けられない。そして、時価条項が無効とされることよって契約締結時に期待しえなかった利益を得ることがないように、買主は、時価条項の無効を知っていたならば、信義誠実に従って代替解決に同意しなければならなかったであろう、と[44]。

そのうえで、ブンテは、補充的契約解釈によって導かれる規律内容についても、前掲 BGH 第 8 民事部 1983 年 5 月 18 日判決が示唆するところに倣い、BGB316 条・315 条に応じた価格変更権が売主に認められ、一定規模を超える価格引上げについて、買主に解除権が認められるとした。理論的に多数の形成可能性があるとしても、当該法律行為の個性に基づいて具体的に検討すると、その他の可能性に対しては、製造業者の合理化利益が再交渉条項に不利に働く、また、通貨制度との関係で自動スライド条項も妨げられるなどとする[45]。さらに、乗用車市場における価格競争の限定性および費用変動審査の困難さから、買主が承認しなければならなかったと考えられるのは、少なくともリスト価格が一般生活費用よりも大きく引き上げられなかった場合について、引渡し時のリスト価格を妥当させる変更条項であるとした[46]。

---

43) Bunte [1983], 765.
44) Bunte [1983], 767.
45) 【30】も、引渡し時のリスト価格の合意とともに買主の解除権を付加することが、最も容易に考えられ、かつ、最も実際的な解決であるとする。
46) Bunte [1983], 768.

III 補充的契約解釈による処理に対する批判と行為基礎論による処理

補充的契約解釈による処理に対しては、次のような批判が展開された。

当初から指摘された難点は、規律内容の確定可能性についてのものであった。例えば、【5】は、AGBG 制定前の判例法理を引合いに出し、両当事者が契約欠缺を認識していたならばいかなる規律をなしたかを、確定することができないとして、補充的契約解釈を否定した[47]。

これに続いて、トリンクナー（Reinhold Trinkner）とレーヴェ（Walter Löwe）が、補充的契約解釈による処理に対して批判を展開した。彼らは、一般論としては補充的契約解釈の余地を認めていたが[48]、時価条項の事例については、さらに次の2点から、補充的契約解釈によって売主の価格変更権を認めることはできないとした。

第1点は、補充的契約解釈によって導かれる規律の内容について、確定可能でなければならないとともに、無効とされた条項の全部または一部が維持されてはならない、ということである。条項全体が維持されるならば、AGBG による内容規制の意義と目的が失われるし[49]、一部だけが維持されるとしても、約款使用者が無効リスクを負わなくなるという効力維持的縮減の禁止と同様の考慮から、補充的契約解釈が禁じられる[50]。したがって、無効とされた条項と具体的に異なる結論をもたらさなくてはならない。そして、この制約を課すならば、両当事者がいかなる規律をなしたかを確定することはできない。このような考慮から、補充的契約解釈を介して売主の価格変更権を認めることは、無効な条項を完全に維持するものであるとして、批判された[51]。

第2点は、法律行為の要素たる価格については、そもそも補充的契約解釈が不可能である、ということである[52]。価格形成は、私的自治に委ねら

---

47) 学説における同様の主張として、Salje [1982], 88; Jung [1983], 1059; Trinker [1983-2], 1876; Trinkner in: Löwe/Graf von Westphalen/Trinkner [1983], § 11 Rn. 18 も参照。
48) Löwe in: Löwe/Graf von Westphalen/Trinkner [1977], § 6 Rn. 8.
49) Trinkner [1983-2], 1876; ders. [1983-3], 2014; Löwe [1983], 2015.
50) Trinkner [1983-2], 1876.
51) Trinkner [1983-3], 2014.
52) Trinkner [1983-2], 1875; Trinkner in: Löwe/Graf von Westphalen/Trinkner [1983], § 11 Rn. 18.

れた事柄であり、価格に関する規律が無効とされた場合に、補充に適した任意制定法が存在しないとしても、それは立法者の企図から当然の帰結である。また、有効な確定価格が存在するならば、価格変更条項の無効は、何ら補充を要する欠缺を生じさせない、とした。

さらに、トリンクナーとレーヴェの批判の背景には、補充的契約解釈に対する方法論的疑義に留まらないものがあった。すなわち、彼らは、一方的な給付確定権を約款に規定すること自体が適当でない、と考えていた[53]。それによると、約款において約款使用者の一方的給付確定権を認めることは、BGB315条3項に基づく大量の訴訟を引き起こす可能性があるため、大量取引に適していない。さらに、個別事例における同項の審査の存在によって、とりわけ差止訴訟における AGBG の審査が妨げられる。しかも、買主に対する解除権の付与は、過剰な価格引上げによって解除を強要される可能性や、適時に代替物を調達することが困難な場合（例えば、旅行契約における出発直前の価格引上げ）に鑑みて、十分な補償とはならない[54]。したがって、給付確定権を約款において留保すること自体が不相当であるため、効力維持的縮減や補充的契約解釈によってこれを認めることもまた許されない、としたのである。

このように売主の一方的な確定権を否定するトリンクナーとレーヴェであるが、売主の価格変更利益を完全に否定したわけではない。彼らは、行為基礎障害に基づく価格調整が可能である、と指摘した。レーヴェ[55]によると、AGBG6条2項にいう「法律上の規定」には、裁判官法や慣習法も含まれ、行為基礎論（当時は成文化されていない）も含まれる。これにより、給付の著しい不均衡が生じる場合にのみ、一方的給付確定権を要件とすることなく、売主は価格調整を請求することができる。もっとも、ここで問題となるのは、契約締結時に予見できなかった事情だけであり、前掲 BGH 第8民事部1980年6月11日判決後に締結された契約については、時価条項の無効を考慮しておかなくてはならなかったため、約款使用者が意図的

---

53) Löwe [1982-2], 155f.; Trinkner in: Löwe/Graf von Westphalen/Trinkner [1983], § 11 Rn. 17.
54) Löwe [1982-2], 157; Trinkner in: Löwe/Graf von Westphalen/Trinkner [1983], § 11 Rn. 15.
55) Löwe [1982-2], 152, 154; ders. [1982-1], 35f.; ders. [1982-3], 648.

に無効リスクを引き受けたものとして、価格調整が認められない、とされた。

これに対して、補充的契約解釈による処理を支持する論者は、次のように反論した。まず、ウルマーは、AGBG 6 条 3 項が特則として行為基礎論の一般準則を排除すること、行為基礎論が AGBG 6 条 2 項にいう「法律上の規定」であるならば、補充的契約解釈もそうであり、一般法律行為論では補充的契約解釈が優先されること、さらに、そもそも「法律上の規定」には、実体的内容を有する規範だけが含まれ、方法論的準則が含まれないことを主張した[56]。これに対して、ブンテは、補充的契約解釈と行為基礎障害に基づく契約調整との区別が流動的であることから、行為基礎障害に基づく調整自体は可能であるとしたが、長期の引渡期間を有する契約の場合には、買主が価格上昇のリスクを引き受ける、と指摘した[57]。

第 4 項　議論の整理

ここまで扱ってきた第 2 時価条項判決前の展開は、次のようにまとめられる。すなわち、第 1 時価条項判決において、条項の表現自体において価格変更範囲を限定することを要求する具体化の要請、および、価格変動要因の多様性から具体化が困難である場合の解除権規定の有無を無効基準として、時価条項の使用差止めが命じられた。そのため、契約締結時に合意された価格と引渡し時に支払った価格との差額についての多数の不当利得返還請求訴訟において、無効な時価条項の代わりにいかなる規律が妥当するのか、が議論された。代表的な見解として、BGB316 条・315 条に基づいて売主の価格確定権を認める見解、補充的契約解釈によって売主の価格変更権を認める見解、行為基礎論に基づく価格調整のみを認める見解が存在した。このような議論状況に対しては、以下のことを指摘できる。

まず、AGBG 6 条 2 項に基づく任意規定の適用がきわめて機械的に論じられていることを、指摘できる。すなわち、BGB316 条・315 条の適用可能性

---

56) Ulmer [1982], 1130.
57) Bunte [1983], 769.

については、契約締結時の確定価格合意の有無など価格合意の解釈により、これらの規定の要件を充たすかを判断するというのが、主要な論調であった。しかしながら、このような機械的な任意規定の適用判断によっては、時価条項に向けられた否定的評価を、代替規律の確定に際して考慮することができない。第1時価条項判決は、売主が変更権を留保するという趣旨の時価条項を承認するのに、BGB315条に基づく権利行使規制の存在では足りないとしたものである。この判決に従って時価条項を無効とする以上は、価格留保の場合であれ、価格変更留保の場合であれ、売主の確定権を認めてBGB315条の規制を課すだけの処理は認められないはずである。時価条項はBGB316条・315条との比較において問題とされたのではないにもかかわらず、価格合意の解釈により機械的にこれらの規定を適用しようとしたことに、BGB316条・315条適用説の最大の難点があったといえよう。このような難点が必ずしも意識されずに、同説が主張された背景には、AGBG6条2項に基づく任意規定の適用と、そもそも当事者が合意していなかった事項について任意規定を適用する場合との違いが、十分に意識されていなかったのではないか、と窺われる。

つづいて、補充的契約解釈によって売主の価格変更権および買主の解除権を認める見解と行為基礎論による価格調整だけを認める見解との対立について、次のことを指摘できる[58]。すなわち、ここでは、条項無効のリスクをどのように割り当てるかという問題と、長期の引渡期間を有する契約

---

58) 本文で指摘することの他、そもそも一方的価格変更権の留保が許されるかという点において、明確な見解の相違が存在したことも、一応押さえておく必要があろう。補充的契約解釈により売主の価格変更権を認める見解は、当然のことながら、その留保自体は適法であることを前提とする。これに対して、行為基礎論による処理のみを認める論者は、そもそも約款における価格変更留保それ自体が許されない、としていた。このような理解を前提とするならば、規律内容の確定性や効力維持的縮減の禁止についてどのような理解をとろうとも、補充的契約解釈によって売主の価格変更権を認めることはできないはずである。現に、補充的契約解釈構成に対して向けられた批判は、無効な条項の部分的な維持としての効力維持的縮減を超えて、無効な条項の完全な維持という点にまで及んでいた。したがって、両見解の対立は、厳密には、条項の一部維持の可否についてのものではなかった、ということができる。もっとも、補充的契約解釈による処理を批判する論者は、価格変更留保がそれ自体として許されないとする根拠として、判例の傾向も挙げていたが（Löwe [1982-2], 155f.）、第1時価条項判決などから引き出される判例法理は、価格変更留保をおよそ認めないとするものではない（この点は、前掲BGH第8民事部1983年5月18日判決においても指摘された）。

において誰が価格上昇リスクを引き受けるかという問題とが混同されたまま、議論が展開されていることである。このことは、両見解にともに当てはまる。まず、トリンクナーとレーヴェは、行為基礎論に基づく価格調整が可能であるが、約款使用者が時価条項の無効を考慮しなければならなかった場合には、それが認められないとしていた。ここで、任意規定として行為基礎論が適用されるとするのであれば、価格上昇リスクの割当てだけが問われるはずである。これに対して、行為基礎論の厳格な要件下でのみ約款使用者が無効リスクの完全な負担を免れるとするのであれば、それは区別すべき問題である[59]。同様の混同は、補充的契約解釈による処理を説く論者にも見られる。すなわち、ウルマーが条項内容を維持するための手段として補充的契約解釈を位置づけ、また、ブンテが無効な時価条項を補充的契約解釈の手掛かりとし、買主は時価条項の無効により契約締結時に期待しえなかった利益を得てはならないと述べるところでは、効力維持的縮減の是非と同様に、無効リスクの割当てが論じられていた、ということができる。これに対して、行為基礎論による処理に対する批判として、長期の契約においては買主が価格上昇リスクを引き受けるべきであると説かれ、また、長期の引渡期間の合意が補充的契約解釈の手掛かりとされるところでは、（この合意だけで売主の価格変更権を導くのに十分であると考えるのであれば）無効リスクとは区別された価格上昇リスクが問題とされている。このような形で2つの異なるリスクが混同されている結果、いかなる要素が補充的契約解釈を基礎づける上で決定的なのか、不明確になっている。この点は、第3節で扱う第2時価条項判決以降の議論を見たうえで振り返ると、この時期の議論の不十分さを示すものとして際立つ。

　その他の点として、法律行為の要素たる価格については、そもそも補充的契約解釈が不可能ではないか、という指摘がされたことも、注目に値する。というのは、時価条項問題後の裁判例の展開[60]においては、契約の中心部分に係る条項が無効である場合に補充的契約解釈による処理がされて

59）　なお、行為基礎論による処理ついての同様の混同は、ウルマーの批判にも現れている。
60）　第2章を参照。

おり、中心部分を規制対象から除外するAGBG 8条（BGB307条3項）に基づく規制対象の画定とも関連して[61]、問題を生じさせているからである。ここでの補充的契約解釈の不可能性の指摘には、このような中心条項の処理に関する問題意識の先取りとして、一定の意味を認めることができる。

第3節　第2時価条項判決以降の議論

第1項　BGH第8民事部1984年2月1日判決（第2時価条項判決）

I　概　　要

　BGH第8民事部は、主要な判決理由および結論を共有する1984年2月1日の2つの判決（BGHZ 90, 69. 第2時価条項判決；NJW 1984, 1180. 同日判決）において、買主による不当利得返還請求について、初めて判断を下した。さらに、同年10月31日の判決（NJW 1985, 621. 補足判決）において、これらの判決を補足した。一連の判決で、BGH第8民事部は、補充的契約解釈によって、売主に価格変更権が認められる一方、買主には一定の場合に解除権が認められるとした。ここでは、第2時価条項判決を紹介するが、その中で適宜、他の判決についても言及する。

　第2時価条項判決の事案は、次のようなものであった。すなわち、1977年11月に締結された売買契約において、契約締結時の価格が「リスト価格○○現在のところ25,330マルク」とされ、引渡し時期が1980年の第2四半期とされていたところ、1980年5月に28,580マルクと引換えに自動車を受領したXが、契約締結時の価格との差額3,250マルクの返還をYに請求した、というものである。請求は第1審・原審ともに棄却され、Xは上告した。BGHは、次のような詳細な理由づけをもって、この上告を棄却した。

---

61) 第1部第1章を参照。

II 判決理由
1 前提問題

まず、BGHは、本件においても時価条項が無効であることを確認したうえで[62]、補充的契約解釈を論じる前に、事後的な価格変更合意の有無および任意規定の適用可能性について、次のように判断した。

①事後的な価格変更合意について、引渡しの6日前にYによって提示された計算書が問題とされた。BGHは、Xから見て、この計算書の提示がYによる一方的な価格変更権の行使でしかなく、承諾についての裁量の余地がなかったことから、両当事者の事後的な変更合意を否定した[63]。なお、同日判決においては、引渡しの約1年前に、買主が引渡しの延期を要請し、その際に新たな価格が提示されたという事情が存在したが、それも新たな申込みに当たらない、とされた[64]。

②任意規定の適用可能性については、次のように判示された[65]。すなわち、BGB旧453条[66]は、リスト価格と市場価格が通常は一致するとしても、両当事者間に市場価格の合意が存在しなかったことから、適用することができない。BGB612条2項および632条2項[67]も、規定報酬が価格変更条項によって排除されているので、適用することができない。さらに、BGB315条については、時価条項が無効であり、価格変更権自体と変更方法とを分割し後者のみを無効とする効力維持的縮減も認められないので、一方的な給付確定権の合意という要件を欠いている。また、契約締結時点において確定価格が合意されていたとして、契約締結時点での確定価格合意の不存在を要件とするBGB316条も適

---

62) BGHZ 90, 71.
63) BGHZ 90, 71f.
64) NJW 1984, 1181.
65) BGHZ 90, 72f.
66) BGB旧453条〔市場価格〕
　　売買価格として市場価格が定められた場合において、疑わしいときは、履行地において履行期に標準となる市場価格が合意されたものとみなす。
67) BGB612条　報酬
　　(2) 報酬の額が定められていない場合において、報酬規定があるときは、規定に従った報酬が、報酬規定がないときは、通常の報酬が合意されたものとみなす。
　　(BGB632条2項も同じ)

用することができない、とされた[68]。

2 補充的契約解釈

つづいて、BGH は、次のように判示して、補充的契約解釈により、売主の価格変更権および買主の解除権が認められるとした。

①両当事者が確定価格に合意しているとしても、時価条項の無効によって、契約欠缺が生じている。すなわち、契約締結時の価格が「現在のところ」妥当するものとされており、長期間を経た引渡しに際して異なる価格が妥当するという合意が存在していたところ、この異なる価格の算定方法である時価条項が内容規制に耐えなかったので、両当事者の規律企図に反する欠缺が生じている[69]。

②補充的契約解釈が行為基礎障害に基づく契約調整に優先するという一般法律行為論上の命題が、AGBG 6 条の枠内でも妥当する。くわえて、行為基礎論によっては、特に重大かつ予見不可能な均衡障害しか把握することができない[70]。

③補充的契約解釈を基礎づける BGB157 条・133 条は、AGBG 6 条 2 項にいう「法律上の規定」である。たしかに、任意規定が補充的契約解釈に先行するが、「具体的な実体法上の規律という意味での任意制定法が提供されておらず、かつ、条項の無効によって生じた欠缺が補充されなければ、約款使用者と顧客の典型的利益を顧慮する相当な解決が提供されない場合」には、補充的契約解釈が可能であり、それによって、「両当事者が、条項の無効を知っていたならば、両者の利益を適切に衡量して、信義誠実に従い誠実に合意したであろう」規律が認められる[71]。

---

68) この点について、同日判決は、注文書式において、リスト価格が詳細に定義されておらず、また、約款中の「価格変更条項」に対する指摘もなかったという点で、前掲 BGH 第 8 民事部 1983 年 5 月 18 日判決と事案を異にしていた。しかしながら、同日判決は、注文確認書に記載された金額が「工場渡しの売買価格」とされていたことから、表示の語義および両当事者の利益状況を理由として、確定価格の合意が存在しているとした（NJW 1984, 1181）。
69) BGHZ 90, 74.
70) BGHZ 90, 74f.
71) BGHZ 90, 75ff.

④契約締結時の価格合意に拘束することは、顧客に予期せぬ不当な利益を得させる点で不衡平であり、また、買主が価格上昇を負担しなければならないという両当事者の現実の意思にも合致しない。他方で、信義誠実という客観的基準に方向づけられるため、無効な条項と内容的に同等な、いわば個別合意による規定を置くこともできない。そこで、相当な利益調整として、「買主は、たしかに原則として、自動車の引渡し時に効力を有するリスト価格がBGB315条1項・3項における衡平な裁量に基づく売主の給付確定に合致する限りにおいて、この価格を支払わなければならないが、自動車の価格上昇が、注文から引渡しまでの間の一般生活費用の上昇を、軽微ではない程度に超える場合には、契約を解除することができる。」[72]

⑤この結論は、両当事者の利益に合致する。すなわち、BGB315条3項に基づく衡平審査によって、買主が契約締結時に特別有利な価格で契約したという事情も顧慮され、さらに、一般物価上昇を下回るが、乗用車の一般調達費用の上昇を大きく上回る価格引上げについても、客観的衡平に反するものとして扱われる。また、価格変更が衡平審査に耐えるとしても、価格引上げが買主にとって負担となることがあるが、買主は、契約締結に際して、価格および自らの給付能力が変動しうることを認識しており、一般物価上昇の枠内での価格引上げを計算に入れていたのだから、自動車価格の変動が一般価格動向を逸脱しない範囲で、価格引上げを甘受しなければならない。買主の解除権について、明確な価格引上げ率に結び付けることは、著しい不確実性を伴い、具体的な全経済的経過によっては一方当事者の不当な不利益をもたらしうるため、一般生活費用に関連づける方が、仮定的当事者意思および両当事者の利益に合致する。また、売主は、一般的なリスト価格を請求することができるに留まり、BGB315条3項による規制にも服するのだから、個別的な著しい価格引上げによって買主に解除を迫る危険性は、存在しない[73]。

---

72) BGHZ 90, 77f.
73) BGHZ 90, 78ff.

3 補充的契約解釈に対する疑義への応答

さらに、BGH は、補充的契約解釈に対する諸々の疑義に対して、以下のように述べた。

① 時価条項の脱落によって生じた欠缺を補充するために、多様な可能性が存在するだろうという理由で、補充的契約解釈が排除されなければならないという見解には、同意することができない。補充的契約解釈は、客観的基準により、当事者が誠実に思考したならば正当な利益調整として何を承認したかに方向づけられなければならない。これによって、リスト価格に拘束された売主の給付確定権が認められるならば、その行使については、BGB315条3項に基づく衡平審査の対象であり、補充的契約解釈の対象ではない。また、補充的契約解釈は、全ての「技術的な」個別事項について、当事者の意思ないし意思表示に手掛かりが存することを要求しないので、解除権について異なる規律がありうるとしても、妨げとはならない[74]。

② BGB315条・316条を引合いに出す補充的契約解釈による欠缺補充は、効力維持的縮減に帰着するものではない。効力維持的縮減においては、AGBG9条～11条の基準において「ぎりぎりなお許容される」部分の限界が探求される一方、補充的契約解釈は、両当事者の利益に可能な限り合致する調整を追求する。この理由から、さらに、補充的契約解釈は、それ自体として AGBG9条による相当性規制を必要とせず、また、解除権の承認によって、買主の利益を十分に保護する要素が組み込まれている[75]。

③ 給付確定権を約款によって契約に組み入れることができるか、また、このような組入れが具体化の要請に抵触しないかも、問題にならない。どのような契約補充が無効な時価条項の代わりになりうるのか、ということだけが問題であり、約款条項の形成が問題なのではない[76]。

④ 確定権を付与することによって売主に価格確定が委ねられており、裁

---

74) BGHZ 90, 80f..
75) BGHZ 90, 81f..
76) BGHZ 90, 82f..

判所による許されない価格規制に当たるものでもない[77]。

なお、上記②・③は、補充的契約解釈を介して認められる規律が、AGBG の無効基準を超えてもよいという趣旨に読めるところ、学説によって直ちに批判された[78]。これを受けて、補足判決は、補充的契約解釈が、一方当事者の不相当な不利益扱いをもたらすものではないので、AGBG 9 条の基準によるさらなる審査を必要としないという趣旨であること、また、それまでの判例において、約款による一方的な給付確定権がおよそ内容規制に耐えないとはされていないことを、指摘した[79]。

4　あてはめ

これらの判断をもとに、次のようにあてはめがされた。すなわち、本件における価格の引上げは、年平均 5.13％ であり、この間の生活費用の上昇（年平均 4.76％）をわずかに上回るのみであり、乗用車調達費用の上昇（年平均 5.16％）にほぼ一致していた。引渡しまでの間に、注文車に改良が加えられていることも顧慮すると、その他に給付確定が不衡平であったとする手掛かりは、原告によって主張されていない。また、一般価格動向とリスト価格の引上げ幅との差額は、250 マルクに満たない。とりわけ、売買目的物が高価であること、また、引渡期間が比較的長期であることを顧慮すると、この差額は、依然として軽微なものであり、原告に解除権は認められない、と[80]。

III　判決の評価

以上のような第 2 時価条項判決は、既述のように、内容規制による無効部分補充のための補充的契約解釈に関するリーディングケースとして位置づけられており、II 2 ③の部分が、補充的契約解釈の要件を示す判例の一

---

77)　BGHZ 90, 83. ここでは、裁判所が第 1 次的に価格調整を図る場合と、一方当事者に確定権を認めたうえで、裁判所がその行使について BGB315 条 3 項に基づく衡平審査を行う場合とが区別されている。これらの構成の区別について、Baur [1983], 63ff. を参照。
78)　Trinkner [1984], 491f.; Löwe [1984], 493; Bunte [1984], 1147.
79)　NJW 1985, 622f.
80)　BGHZ 90, 84f..

般的定式として認識されている。また、Ⅱ3②の判示についても、効力維持的縮減と補充的契約解釈の基準の違いに関する判例の考え方を示すものとして、知られている[81]。

　第2時価条項判決は、第2節で取り上げた同判決前の議論（とりわけブンテの見解）の影響を強く受けたものであり、その議論の問題点も受け継いでいる、ということができる。すなわち、まず、何が補充的契約解釈の決定的な手掛かりとなっているのか、必ずしも明らかでない。無効な時価条項が明示的に論拠とされてはいないが、長期の引渡期間の合意だけを決定的なものと見ているともいえず（直接的には、当初価格についての「現在のところ」という付記が手掛かりとされている。Ⅱ2①）、両当事者の現実の意思への言及がある（Ⅱ2④）。関連して、効力維持的縮減と補充的契約解釈の基準の違いが示されたとしても、補充的契約解釈が条項内容を部分的に維持する処理として位置づけられているのかも、明らかでない。また、Ⅱ2②における補充的契約解釈と行為基礎論との関係についての判示には、第2節第4項で指摘した2つのリスクの混同という指摘が、そのまま当てはまる。

　このような第2時価条項判決の問題点は、本節第2項で取り上げる同判決後の議論において明確化され、そこからさらなる理論が展開されていくことになる。

第2項　議論の状況

　第2時価条項判決後の学説においては、同判決を支持する見解が主張される一方で、概ね2つの方向から批判的な見解も主張された。第1の批判的見解は、効力維持的縮減が許容されるとする論者によって主張されたものであり、第2の批判的見解は、トリンクナーとレーヴェの見解の延長線上において、補充的契約解釈によって価格変更権は認められないとする論者によって主張されたものである。以下では、この順番で、第2時価条項判決後の議論状況を紹介する。

81）　これらの判例法理が、今日の視点からどのような意味を有するかについては、本章の最後に論じる。

I　第2時価条項判決を支持する見解

　第2時価条項判決は、それ自体として相当に詳細な理由づけがされた判決であり、同判決を支持する学説[82]においても、同様の理由づけが繰り返されている。したがって、ここでは、第2時価条項判決を支持する見解を逐一紹介はしないが、後述する批判的見解との対照において、次のような理由づけがされた点が注目される。その理由づけとは、任意規定と補充的契約解釈との関係について、一般法律行為論において通常説かれているのと同様に考えることができる、というものである。ドイツ法においては、ともに契約を補充するものとして位置づけられる任意規定と補充的契約解釈との関係について、一般的に、任意規定が存在している限りそちらが優先され、補充的契約解釈は、任意規定が予定していない個別的な事情に基づいた契約補充を担うものとされている[83]。この関係が、AGBG6条の枠内、すなわち、内容規制によって約款条項が無効とされた場合にも当てはまる、という主張が展開された。

　まず、第2時価条項判決前から補充的契約解釈構成を支持していたブンテは、次のように主張して、第2時価条項判決を支持した。すなわち、内容規制の目的は、不相当な規律を相当な規律によって代替し、矯正的契約正義を作出することである。しかしながら、規律されるべき事情または両当事者によってされた規律が特殊であり、必然的に抽象的な任意制定法がそれを考慮することができず、当該事例の個別性を考慮する制定法規律が欠如している場合には、この目的を実現することができない。そこで、補充的契約解釈に基づく欠缺補充によって、相当な法律効果をもたらすことが有益である[84]。任意規定によるか補充的契約解釈によるかは、当該具体的契約が法定契約類型にどの程度合致するかによって決まり、当該契約の個性から任意規定を適用することができない場合には、補充的契約解釈が

---

82) 第2時価条項判決を支持する主要な学説としては、Bunte [1984]；Schmidt, H. [1986], 25ff, 172ff; Neumann [1988], 113ff; Mockenhaupt [1987], 163ff. (ただし、最終的に主張される価格変更権の定式は、第2時価条項判決と異なる); Beggerow [1987], 93ff. などを参照。
83) ドイツにおける補充的契約解釈論について、とりわけ任意規定と補充的契約解釈との関係については、山本敬 [1986] (3) 22頁以下、石川 [2010] 10頁以下を参照。
84) Bunte [1984], 1146.

認められる[85]。これを時価条項の事例について見ると、BGB は、売買契約を即時に履行されるものとして、原則として、契約締結時における固定的合意を前提とする。しかしながら、長期の引渡期間を有する売買契約は、そのような BGB の売買契約類型に必ずしも合致するものではない。そのような契約において無効な価格変更条項が合意された場合に、当初合意された売買代金の支払義務を伴う BGB433 条 2 項[86]を、利益衝突のために適切な法律上の規定とみなすことは、両当事者の仮定的意思に矛盾する、と[87]。

　さらに、ノイマン（Johannes Neumann）も、同様の議論を展開している。ノイマンは、「適切な任意規定がなく、代替なき無効が不相当である場合には、常に補充的契約解釈が認められる」とすれば、衡平判断に過ぎないとし[88]、他方で、補充的契約解釈が全く認められないとするならば[89]、適切な任意規定が常に提供されていることを前提としなければならず、裁判官が自ら発見した法も「任意規定」に含める必要があるとして、これを拒絶する[90]。そして、一般法律行為論との調和を図るという観点[91]から、非典型契約および立法者の表象と異なる形態の典型契約についてのみ、補充的契約解釈が認められるとした[92]。そして、時価条項の事例については、何年にもわたる引渡期間を有する自動車売買契約は、給付時期に関して、BGB の立法者が有していた売買契約の表象と著しく異なっているため、給付時期についての契約上の非典型的な合意に基づいてのみ約款に組み入れられた時価条項に代わる規律を探求すべく、補充的契約解釈が認められる、とした[93]。

---

85) Bunte［1984］, 1147f..
86) BGB433 条　売買契約における契約類型的義務
　　(1)〈略〉
　　(2) 買主は、売主に合意された売買代金を支払い、買い受けた物を引き取る義務を負う。
87) Bunte［1984］, 1148.
88) Neumann［1988］, 148ff..
89) ノイマン（Neumann［1988］, 133ff.）は、主としてトリンクナーとレーヴェの見解を念頭に置くが、既述のように、彼らは、補充的契約解釈がおよそ認められない旨を主張してはいない。
90) Neumann［1988］, 153ff..
91) Neumann［1988］, 21, 113ff..
92) Neumann［1988］, 159ff. ただし、ノイマンは、時価条項は本来有効であり、第 1 時価条項判決が誤りであると考える（Neumann［1988］, 151）。
93) Neumann［1988］, 176ff..

このように当該契約の典型性から任意規定と補充的契約解釈の領域を画する議論は、逆に、AGBG 6条の枠内で補充的契約解釈を否定する理由づけとして、BGH の裁判例にも現れた。すなわち、BGH 第6民事部 1985年9月24日判決（BGHZ 96, 18）は、ニュルブルクリンクで開催された自動車安全運転講習会における主催者側の包括的免責条項を、AGBG 11条7号に基づいて全部無効とし、補充的契約解釈も否定した。その際に、「異議を唱えられた条項の無効が、法律の規律欠缺を明らかにし、その欠缺が、両当事者の関係する利益を不相当に規律したままにする場合にのみ、……補充的契約解釈によって相当な利益解決を達成しようとする裁判所の試みが許容されるように思われる」と判示された。同判決は、このような場合を「法律を補充する」条項と呼ぶが、「法律を補充する条項ということができるのは、関係する諸利益が、それらの典型的な結合において特別な解決を要求するが、そのような解決について、法律上の規律が構想されていない場合である」とする。

　これに対して、ハリー・シュミット（Harry Schmidt）は、補充的契約解釈が要請される場合として、次のような場合を列挙している。すなわち、①非典型契約の場合、②典型契約に属するが、現実類型において、もはや任意規定が適合しないほどに、法定類型と乖離している場合、③同じく典型契約に属する場合について、法が意図的に代替規律を用意せず、当事者の合意に委ねている場合、④任意規定が原則として存在するが、今日の視点からは、適切な利益調整をもはや無制限には保証しない場合、⑤約款の欠缺が「部分的 punktuell」である場合、⑥当事者が法律上規定された形成可能性を行使して、初めて法規定が介入するものとされている場合（債権譲渡の禁止や所有権留保についての規定）などを挙げている。時価条項の事例は、任意売買法が価格変更についての規範を有していないとしても、それは法の欠缺ではないとの理由から、上記③の場合として言及されている[94]。このような H. シュミットの見解は、とりわけ③や⑥において当事者の合意に委ねられている規律について補充的契約解釈が要請されている点で、先の

---

94) Schmidt, H. [1986], 191ff..

諸説よりも広い範囲で補充的契約解釈を認めるものと読める。しかしながら、以下に紹介する第2時価条項判決に批判的な諸見解に鑑みると、これら様々な場合を単純に並べ上げることはできない。

II 無効な条項の一部維持としての補充的契約解釈

第2時価条項判決およびそれを支持する通説的見解に対する批判は、第1に、効力維持的縮減を認める論者によって展開された。以下では、補充的契約解釈もまた無効な約款条項を部分的に維持するものであるという主張から、この見解を「条項一部維持説」と呼ぶ。

1 ハーガーによる批判と補充的契約解釈の分析

まず、ハーガー（Johannes Hager）が、1985年公表の評釈において、判例の矛盾点を指摘した[95]。ハーガーは、この評釈において、賃料暴利を中心とする一般法律行為論の問題も取り上げているが、約款法の問題に限るならば、効力維持的縮減を禁止したBGH第7民事部1982年5月17日判決（BGHZ 84, 109）との対比において、第2時価条項判決の矛盾点を批判する。この判決は、請負契約における5年間の注文者の解約告知権の排除を、AGBG 11条12号a（現BGB309条9号a）違反により全部無効として、注文者の任意解除権（BGB旧649条[96]）を認めたものであるが、効力維持的縮減を認めない理由として、AGBG制定前の判例を引合いに出しながら、次の点を挙げる。すなわち、① AGBG 9条～11条の文言から、違法な条項の一部維持を導き出すことができない点、② 違法な条項が「ぎりぎりなお許容される」程度で維持されるならば、実務において使用・推奨される約款の相当な内容を達成することを目指し、顧客に約款から生じる顧客自身の権利義務についての適切な情報を得させるという、AGBGの目的が達成されない点、③ 約款使用者にできる限り有利であり、他方で、ぎりぎりなお法的に許容される約款の表現を発見することは、裁判所の任務ではない点、

---

95) Hager [1985], 264.
96) BGB649条（現648条）　注文者の解約告知権
　　注文者は、仕事の完成まで、いつでも契約を解約することができる。〈以下略〉

④補充的契約解釈によっても、両当事者が選択した期間を確定することができない点である。

この判決との対比において、次のような批判が展開された。すなわち、時価条項についても上記②を問題としないことは一貫しておらず、効力維持的縮減が「ぎりぎりなお許容される」程度への縮減であるとされる点についても、望ましい結論を言い換えているに過ぎず、要件の相違が明らかではない。BGH 第 7 民事部 1982 年 5 月 17 日判決において BGB649 条が適用されるならば、時価条項判決においても、不文の任意法として名目主義が妥当すべきではなかったか。ここで、「顧客は、引渡し時の価格が注文時の価格と一致しないことを前提としていたのだから、条項を代替規律なしに脱落させると、顧客が予期せぬ利益を受けることになり、当事者意思に合致しない」という BGH の判示は、全部無効とされる条項を補充的解釈の基礎とし、自らの任意規定優先命題に反して、任意法に立ち戻っていない、という批判である[97]。

これらの批判の裏返しとして、ハーガー自身は、無効部分の補充手段としての補充的契約解釈を、無効な契約規定を基礎に置くべきものと考える。ハーガーは、1983 年刊行の博士号取得論文において、契約規定が無効とされた場合に行われる補充的契約解釈を分析した[98]。それによると、まず、補充的契約解釈の第 1 の要件である契約欠缺の存在について、契約規定が無効とされれば、それだけで欠缺の存在が認められる。すなわち、両当事者が、法律関係を終局的に規律しようとしたが、一定の合意を要する問題について決定がされなかった場合に、欠缺が存在するものとされるところ、両当事者が、両者の関係について一定の秩序を意図したが、それが上位法違反により無効とされた場合には、既にこのことが、無効な合意の（代替なき）脱落に基づいて生じる法的状態が、両当事者の意図に合致しないことを徴表している。しかも、無効な合意の存在は、欠缺を確定するだけではない。任意法と補充的契約解釈との関係について、欠缺ある法律行為から、両当事者が任意制定法の規律を意図しなかっただろうことを導出すること

---

97) Hager [1985], 267f. 同様の批判は、その後、Medicus [1987], 93ff. によっても展開された。
98) Hager [1983], 158ff.

ができる場合には、補充的契約解釈が優先するものとされるところ、無効な合意の存在は、任意法が両当事者の意思に合致しないことまで示している、とする。もちろん、客観的な基準が考慮されないとするわけではないが、これらの点において無効な合意が補充的契約解釈の連結点となり、当事者の合意が広く保障されるものとした。かくして、ハーガーは、契約規定が無効とされた場合の補充的契約解釈を、当該規定によって排除された任意規定を依然として排除したうえで、無効な規定の趣旨に合致しつつ合法的な規律を探求する、その意味で、無効な規定を一部維持するものである、と考える。ただし、「両当事者が、条項の無効を認識していたならば、いかなる規律を選択したか」を確定することができない場合については、このような補充的契約解釈が不可能である、とする[99]。

このような第2時価条項判決以前の分析と連結するならば、ハーガーの批判の要点は、同判決が認めた補充的契約解釈が、無効な時価条項を依然として部分的に維持するものに他ならず、任意規定を依然として排除する措置であり、効力維持的縮減とも区別することができない、ということに見出される。

ところで、以上のようなハーガーの批判を受けて、シュロッサー（Peter Schlosser）は、第2時価条項判決の射程を限定し、依然として一般的に効力維持的縮減が認められるわけではない、と指摘した[100]。すなわち、実際には前掲BGH第8民事部1983年5月18日判決の所見と異なり価格留保であり、時価条項が無効とされれば、法律行為の要素の不確定を理由として契約全部無効が命じられるため、AGBGによって意図される消費者保護を捻じ曲げることになる。第2時価条項判決は、この不都合を回避するために、価格確定方法についての法の継続形成を行ったに過ぎず、それが効力維持的縮減に当たるとしても、過剰な引渡期間や免責条項といった、契約内容を補充する条項が問題である場合にまで射程が及ぶものではない、とした。このようなシュロッサーの見解は、後述する契約全部無効を回避するために契約調整を認める議論の先駆けとして、位置づけることができる。

---

99) Hager [1983], 200ff.
100) Schlosser [1984].

2 任意規定による補充を条項一部維持に含める見解

条項一部維持説の中でも、ベームケ=アルブレヒト (Burkhard Boemke-Albrecht) は、ハーガーの見解と異なり、任意規定による補充が補充的契約解釈（または、それと区別することができない効力維持的縮減）に優先すると主張した。すなわち、両者の相違は、法律によって類型的・一般的に補充がされるか、裁判官によって個別的に当該事例に応じて (maßgeschneidert) 補充がされるか、という点にあるが[101]、法律効果の確定段階でも、任意法が指導形象機能を有し、法律の基本思想が決定的な意味をもっており、裁判官がこれを尊重しなければならないことから、任意法が適切な規範を提供する場合には、それが効力維持的縮減ないし補充的契約解釈に優先すると主張した[102]。

しかしながら、この見解については、その発想源を吟味しなければならない。すなわち、ベームケ=アルブレヒトがこのような主張に至ったのは、時価条項に関する第2時価条項判決以前の議論を念頭に置いてのことである。そこでは、任意規定の適用としてBGB315条が持ち出され、補充的契約解釈によっても同様の価格変更権が承認されていた。さらに、効力維持的縮減によっても、価格変更の方法だけが無効とされ、BGB315条により補充される（ケッツの議論を念頭に置く）。このように、どの手法によってもほとんど同一の結論が導かれていることから、ベームケ=アルブレヒトは、任意法による補充も、無効な条項の相当な核心部分を維持することを目的とするものであり、その点で効力維持的縮減や補充的契約解釈と共通すると考えたのである。すなわち、任意法による補充は、条項禁止の目的および不相当な条項によって意図された目的を顧慮して、当該任意規定が利益状況を適切に規律するかという評価を介して、判断されるものである、とする[103]。

ここで、ベームケ=アルブレヒトは、時価条項が全体として無効である場合に、BGB315条の要件を充たさないという批判を、重要なものとは考えて

---

101) Boemke-Albrecht [1989], 108.
102) Boemke-Albrecht [1989], 137.
103) Boemke-Albrecht [1989], 79f., 86ff..

いない[104]。この場合の任意規定による補充は、そもそも合意が欠けていた場合に適用される任意規定の問題とは区別されている。時価条項がなかったとすれば、BGB315条が適用された、とするわけではない。むしろ、無効な条項の目的および禁止規範の目的を衡量して判断されるべきであるとする点は、ハーガーと同様に、条項一部維持を主張している。ただ、そのようにして探求される規律の具体的内容について、制定法の規定が尊重されるべきである、との主張である。もっとも、第2節において指摘したように、第1時価条項判決を前提とするならば、BGB315条を適用するというだけの解決は、規制規範の趣旨から認められないはずである。禁止目的を顧慮せよとの主張は、機械的な任意規定の適用に対する批判として正当であるが、具体的な処理に問題がある。

3　その他の見解

　第2時価条項判決に関する議論が依然として盛んな時期に、補充的契約解釈と効力維持的縮減の共通性を指摘した、その他の有力な論者として、ロート（Herbert Roth）を挙げることができる。ロートは、第2時価条項判決の処理と効力維持的縮減とはほとんど限界づけることができないとし[105]、さらに、2つの法制度は、一般的にも、目的・解釈基準・制限・法的性質において近似している、とする。すなわち、まず、補充的契約解釈の目的は、最終的に、顧客に条項無効から受益者として予期せぬ不当な利益を得させないことにあるが、この目的は、効力維持的縮減の許容性を肯定する論拠と一致する[106]。解釈基準についても、両制度とも、AGBG9条がこれを提供する[107]。ここで、ロートは、判例・支配的見解と異なり、効力維持的縮減を「ぎりぎりなお許容される」程度への縮減ではなく、相当な程度への縮減と捉えている[108]。また、効力維持的縮減と共通の制限として、明確にAGBG9条以下に違反する条項が使用された場合や最上級審判例が無視さ

---

104)　Boemke-Albrecht [1989], 83.
105)　Roth [1994], 58.
106)　Roth [1989], 419; ders. [1994], 58.
107)　Roth [1989], 418; ders. [1994], 58.
108)　Roth [1994], 35.

れた場合などには、制度的権利濫用として補充的契約解釈が認められない、とされる[109]。最後に、補充的契約解釈は、任意法の継続形成として性格づけられるが、効力維持的縮減も同様である、とされる[110]。

　もっとも、ロートは、欠缺の問題を生じさせないことで効力維持的縮減が任意規定に優先すると考える一方、補充的契約解釈については任意規定による補充に劣後する、とする[111]。それゆえ、共通項を有する2つの制度が、任意規定との関係において異なる位置を与えられていることになる。ここで、任意規定との関係の問題がどのように解決されようとしているのかは、判然としない。

III　補充的契約解釈に代わる任意法の継続形成

　判例・通説に対しては、条項一部維持説とほぼ同じ観点から、補充的契約解釈は認められず、任意規定およびその継続形成だけが問題となるとする批判も展開された。以下では、この見解を「任意法の継続形成説」と呼ぶ。

1　補充的契約解釈に対する批判

　任意法の継続形成説の中には、まず、約款の補充的契約解釈自体がそもそも許容されない、とする見解がある[112]。その主張は、論者ごとに言い回しが異なるが、次のような核心において共通している。すなわち、両当事者の意思ないし自己決定（私的自治）の実現目的から正当化される契約の補充ないし継続形成と、客観的基準によってされるそれらとは区別されなければならず[113]、一方的に設定された約款について前者は認められない。というのは、約款に反映されているのは、約款使用者の意思ないし企図だけ

---

109)　Roth [1989], 418; ders. [1994], 36ff., 61f. ただし、補充的契約解釈を拒絶すると AGBG 6 条 3 項が顧客の不利に作用する場合には、この限りでないとする。
110)　Roth [1994], 63. 同様に効力維持的縮減を法の継続形成として性格づける近時の学説として、Uffmann [2010], 365ff. を挙げることができる。
111)　Roth [1994], 35f., 53.
112)　Schmidt, E. [1987-1]; ders. [1987-2]; Esser/Schmidt [1995]; Rüßmann [1987]; Hart [1989]; AK-BGB/Hart [1987] を参照。
113)　Rüßmann [1987], 844; Hart [1989], 182ff..

であり、さらに、約款が内容規制を通過したとしても、そもそも内容規制は、顧客の重大な不利益だけを阻止するものであり、交渉を前提とする個別契約と同様に扱うことを正当化するものではないからである[114]。したがって、両当事者の自己決定の尊重という観点から正当化される補充的解釈は、約款について認められない。判例・通説において補充的契約解釈の問題として扱われているものの中には、このような趣旨での補充的契約解釈とそれ以外の客観的基準に基づく契約補充とがあるが、両者を分けたうえで、後者のみが認められる。したがって、約款にそもそも規律がない場合であれ、約款条項が無効とされた場合であれ、任意規定が妥当するか、その継続形成が問題になるだけである、とされる[115][116]。

他方で、少なくとも無効な約款条項に代わる規律の探求が問題である限りにおいて、無効な約款条項に現れる当事者意思の考慮は、条項一部維持説が指摘するように、効力維持的縮減が許されるか、という問題に関係してくる。その点を問題にするものとして、ファストリッヒ（Lorenz Fastrich）の見解が挙げられる。ファストリッヒは、補充的契約解釈を解釈とするならば、ある規定が無効とされるとしても、その基礎にある当事者意思は一義的であり、無効とされた規定をぎりぎりなお維持する解釈が、当事者意

---

[114] Schmidt, E. [1980], 404; Hart [1989], 191. このような認識の背景には、AGBG 9条1項の立法過程で、CDU/CSU 草案（BT-Drucks. 7/3200, 12）および連邦議会法律委員会報告書（BT-Drucks. 7/5422, 6）において、約款の有効性を一義的に予め評価することを可能にするという取引上の要請から、「相当な利益調整」の要請を後退させ、「著しい程度の不利益」が要求される定式へと変更された、という経緯が窺える。

[115] Rüßmann [1987], 845f.; Schmidt, E. [1987-1], 935f.; ders. [1987-2], 1507ff.; Esser/Schmidt [1995], 204ff.; Hart [1989], 189ff.

[116] この見解は、一種の約款法規説と結び付けて拒絶されることがある（例えば、Schmidt, H. [1986], 180f. を参照）。たしかに、論者の1人であるアイケ・シュミット（Eike Schmidt）は、次のように主張する。すなわち、両当事者の交渉プロセスよって正当性を保障されている個別契約だけが、BGBの契約パラダイムによって把握され、一方的に設定され内容の合意を欠いたまま服従される約款では、もはや契約自由を語ることができない（Schmidt, E. [1987-1], 930f.; Esser/Schmidt [1995], 185ff.）。むしろ、約款は、経済関係を超個別的に規制するという目的および一般的・抽象的性格から、実質的に規範的性格を有するものであり、他方で、私人たる約款使用者には、法設定権限が認められないので、「規制を留保された私的な規範設定」として理解される、と（Schmidt, E. [1987-1], 931f.; Esser/Schmidt [1995], 190f.）。しかしながら、ここでは、共通の前提、とりわけ契約メカニズムの正当性保障論に基づいて、約款の補充および法的性質の問題について議論が展開されているだけである。法的性質というレベルで約款と個別契約を区別することと、補充的解釈の可否というレベルで両者を区別することとは、論理必然的に連結されない、と考える。

思に最も合致するため、効力維持的縮減に帰着すると考える。解釈は、現実の当事者意思に拘束され、契約に含まれる規律および評価を基礎とするので、補充的契約解釈を解釈とする限り、この結論を克服することはできない。ここで、信義誠実のような客観的評価を入れるならば、それはもはや当事者意思の具体化ではなく、問題となる契約類型についての法秩序の評価の具体化である。かくして、内容規制の効果として、解釈としての補充的契約解釈は問題とならず、任意法と同一の性質を有する客観的な契約補充（法の継続形成）だけが問題になる、とする[117]。

これらの見解からは、無効な条項に代わる規律を確定する前提となる契約欠缺についても、当該条項の趣旨を考慮することなく、客観的に判断される。そこから、第2時価条項判決に対しても、やはり、時価条項の無効によって両当事者の企図に反する欠缺が生じているとしている点が、批判の対象とされた。すなわち、補充を要する欠缺の存否について、当事者の企図を基準として判断してはならず、確定価格の合意が存在する以上、客観的に見て補充を要する欠缺は存在しない[118]、と。とはいえ、この見解からも、任意法の継続形成は認められるのであるから、第2時価条項判決が実際には任意法の継続形成を行ったものと評価されれば、少なくとも結論において正当な判決である、ということになる。しかしながら、任意法の継続形成説の論者は、論理必然的にではないが、このような評価に否定的である。すなわち、第2時価条項判決の結論を任意法の継続形成として説明することに対しては、価格の確定ないし変更は、契約の要素であり、行為基礎論を除いて、そもそも任意法が規律すべき問題ではない、という批判[119]や、長期の引渡期間を伴う契約について、両当事者が固定価格を明示的に合意していないならば、名目主義を逸脱する価格調整権が通常妥当するとは、未だいうことができない、という批判[120]が展開された。その論拠として、ファストリッヒは、請負報酬変更条項が無効とされた BGH 第7民

---

117) Fastrich [1992], 339ff..
118) Rüßmann [1987], 846f..
119) Rüßmann [1987], 847.
120) Fastrich [1992], 344f..

事部 1985 年 5 月 20 日判決（BGHZ 94, 355）において、補充的契約解釈が認められなかったことを指摘している[121]。もっとも、この裁判例は、長期契約とは言い難い事案に関するものであり、説の補強材料としては疑問である[122]。

2 AGBG 6 条 3 項の枠内における契約調整

かくして、任意法の継続形成説の諸論者は、任意法の継続形成というレベルでは、第 2 時価条項判決を基礎づけることができない、と考える。しかしながら、別の法的構成によって、同判決を説明することが提案された。すなわち、ファストリッヒは、AGBG 6 条 3 項の枠内における契約調整として、第 2 時価条項判決を説明する。それによると、約款の有効性を行為基礎として観念することにより、無効の認識可能性・判例変更・給付の不均衡といった要因をも顧慮して、任意法によって修正された契約への拘束を期待することができない場合には、最終手段として契約調整が認められる。ここでは、契約維持の原則を定める AGBG 6 条 1 項が、同 3 項の規定する契約全部無効に対して優先される、とする[123]。

ファストリッヒによれば、この契約調整は、2 段階で審査される。すなわち、第 1 段階として、内容規制によって一方当事者にとって「行為基礎」が脱落したといえるために、当該約款の有効性を信頼していたか、および、当該約款の有効性を疑わしいものと認識していれば契約を締結しなかったであろうほどに当該約款が重要であったか、が審査される。そして、第 2 段階として、契約内容の変更が期待可能であるか、が審査されるとする。このとき、契約全部無効については、「期待不可能な過酷さ」が要求される

---

121) Fastirch [1992], 345.
122) 当該事案は、住宅建築請負契約において、ある一定時点までの固定報酬が合意され、その後は、報酬変更条項に基づき、請負人の価格リストに従って報酬が引き上げられるものとされていた点で、時価条項事例と類似していた。しかしながら、着工予定日が固定報酬期限とされ、着工がそれより遅れた場合に実際の着工日を変更報酬確定の基準時とする契約であったところ、実際の着工日は、予定日からわずかに 1 か月弱遅れたに過ぎなかった。判決は、このような事情を考慮して補充的契約解釈を否定しており、本件契約を長期契約とは評価しなかったのではないか、と考えられる。
123) Fastrich [1992], 356ff..

が、契約調整については、実質的に正当化されない著しい利益を相手方に得させることは内容規制の役割ではない、という考慮を加えて、①変更された契約内容への一方当事者の拘束が、信義誠実に反するだろうこと、かつ、②相手方は、元の規定の無効を知っていたならば、誠実に、契約調整の帰結として問題になる規律に応じなければならなかっただろうことで足りる、とする[124]。この評価に際しては、あらゆる個別的事情が考慮されるが、AGBG 6 条では原則として約款使用者に任意規定適用のリスクが割り当てられているため、無効の認識可能性も考慮して、このリスク割当てによる犠牲の限界を超える障害が存在しなければならない、とする[125]。

第 2 時価条項判決は、このような契約調整を行ったものとして位置づけられる。ファストリッヒは、その根拠として、同判決において、「当裁判所によって適切であるとされる解釈は、——AGBG 6 条 1 項が示すように——補充的契約解釈が行われない結果としてありうる契約の無効を回避しようとする、AGBG の意図にも合致する」[126]と述べられていることを指摘する[127]。

IV 条項一部維持説からの議論整理

以上のような議論状況を踏まえて、カナーリス（Claus-Wilhelm Canaris）が、条項一部維持説の立場から、議論を整理し、判例・通説に対する批判を展開した[128]。

カナーリスは、予防思想に基づく条項全部無効を原則とするが、私的自治への過剰な介入を避けるために、比例原則に基づく原則の修正が必要である、とする。くわえて、とりわけ AGBG 9 条に関して、その具体化がしばしば予見困難であり、展開された有効性限界の正義内容が、時として非常に問題があるものであるにもかかわらず、性急な規制が行われていることを指摘し、そのような基準の厳格さも、効果論において顧慮されなけれ

---

124) Fastrich [1992], 349f., 355.
125) Fastrich [1992], 351ff..
126) BGHZ 90, 77.
127) Fastrich [1992], 363.
128) Canaris [1990].

ばならない、と主張する。裁判所は、自己の正義確信の相対性感覚および異説への尊重を失ってはならない、とする[129]。

カナーリスは、このような一般的な考察に続き、約款条項の一部維持が要求される重要な事例群として、いくつかの場合を挙げている。その中で、次の3つが重要である。

① 無効な条項がそもそもないものと考えた場合にも補充的契約解釈が許容されるならば、同一の規律を妥当させるものとして、条項一部維持が許容される。このような一部維持ないし補充は、実際には、任意法を創出するものであるか、または、顧客も免れることができない個別的な信義誠実の要請に基づくものである。典型的か個別的かという区別は、顧客を後者から免れさせることを正当化しない。また、これらの処理は、約款使用者が条項の無効を認識していたか否かにも左右されない[130]。

② AGBG 6条3項の適用回避のためにも、条項一部維持が許容される。この場合の一部維持は、顧客にとっても相対的に最善の解決であることによって正当化される。この事例群は、無効によって生じた状況に結び付けられた処理である点で、上記①と異なる。カナーリスは、この考察を全面的に拡充するものとして、ファストリッヒの見解を評価する[131]。

③ 条項の有効性について約款使用者が善意であった場合には、条項一部維持が許容される[132]。非常に厳格な規制要件を念頭に[133]、この場合に一部維持を認めることは、約款規制のよる私的自治の危殆化を合理的な限度に留め、暴虐な規制（Tyrannei）を防止する点で、長所を有し

---

[129] Canaris [1990], 547ff..
[130] Canaris [1990], 555f.. この指摘は、その後、ハーガーによっても支持されている（Hager [1996], 177)。これに対して、ロートは、この種の補充的契約解釈をAGBG 6条2項の領域外の問題として捉えているようである（Roth [1994], 56 Fn. 176)。
[131] Canaris [1990], 556f.. ファストリッヒ論文は、1992年の刊行であるが、1988年・1989年冬学期に教授資格取得論文として提出されたものであり、カナーリス論文に先行している。
[132] Canaris [1990], 557ff..
[133] カナーリスは、建築請負契約において、遅滞日数に応じて増額される違約罰条項について、上限を欠くことを理由として全部無効とするBGH第7民事部1987年10月22日判決（ZIP 1988, 169）を挙げている。

ている。

　つづいて、カナーリスは、上記①と②・③との区別の基礎にある「条項の設定と無効によって一部維持の要請が生じたか否か」という観点から、判例・通説を批判する。すなわち、「異議を唱えられた条項の無効が、法律の規律欠缺を明らかにし、その欠缺が、両当事者の関係する利益を不相当に規律したままにする場合にのみ、……補充的契約解釈によって相当な利益解決を達成しようとする裁判所の試みが許容される」という前掲 BGH 第6民事部 1985 年 9 月 24 日判決の定式に対して、AGBG 6 条 2 項の通常の適用事例を述べるに過ぎず、①の定式に過ぎない、と指摘する[134]。同様の批判は、学説に対しても向けられ、非典型的な契約および法律上の指導形象と大きく異なる契約において補充的契約解釈が認められる、とする見解に対して、これがやはり①の定式に過ぎないことを指摘する。これに対して、「法定類型に合致する契約においても、既存の任意法が両当事者の利益を（もはや）十分には考慮しない場合には、裁判官による契約補充の余地が存在しうる」というならば、任意法がそもそも適切でない場合と、ある約款条項が契約に組み入れられたが無効とされたという理由で、任意法が両当事者の利益を考慮しない場合とが混同されている。通説においても、AGBG 9 条以下に対する明白な違反が存在した場合、または、違反が容易に予見可能であった場合には、補充的契約解釈が拒絶されるべきことが主張されるが[135]、この要求が①においては当てはまらない点で、このような混同は、誤りをもたらすとする[136]。

　カナーリスは、時価条項の事例を、この批判が当てはまる事例である、と考える。すなわち、そもそも契約において全く何も規定されていなかったならば、補充的契約解釈によって単純に価格引上げ権限が認められることは決してありえず、そのような権限は、売主が自ら用意すべきものであ

---

134) Canaris [1990], 559ff..
135) ウルマーがこのことを主張した点については、第 2 節第 3 項において紹介した。その後も、Lindacher [1983], 158; Bunte [1984], 1146f.; Schmidt, H. [1986], 204ff. などが、同様の主張を展開している。これに対して、Neumann [1988], 157f. は、約款使用者の主観的態様を考慮しない見解に立つ。
136) Canaris [1990], 561f..

ったとして、①の場合には当たらないものと考える。第2時価条項判決は、AGBG6条3項の適用回避または約款使用者が悪意ではなかったことに基づいて、正当化される。判例・通説の枠組みが①に限定されるならば、同判決を説明することができない、とする[137]。

第2時価条項判決を説明することができないという批判は、価格変更を認めなければ結論が妥当でないと考える限り、任意法の継続形成だけを認める見解にも向けることができるが、②を掲げるファストリッヒの見解には当てはまらない。しかしながら、カナーリスは、③を別個に挙げることが、極限的で定式化困難な要求（全事情を考慮した期待可能性審査）に左右されない点で、②の定式に比べて優れている、とする[138]。これにより、価格変更条項が無効とされた場合にも、AGBG6条3項の回避が問題にならないとしても、約款使用者が無効を認識していなかったことによって、条項一部維持が正当化されることになる[139]。

第3項　議論の整理

前述した第2時価条項判決の問題点——それは、同判決前の議論にも当てはまる——に対して、同判決後の議論展開は、一定の分析を示したということができる。すなわち、この時期の学説においては、効力維持的縮減および任意規定との関係を含め、判例における補充的契約解釈による処理の分析が進められた。諸見解を今一度整理すると、次のようにまとめることができる。

まず、第2時価条項判決を支持する学説においては、次のような見解が見出された。すなわち、任意規定と補充的契約解釈との関係を典型—個別の軸において捉え、補充的契約解釈は任意規定が予定していない個別事情に基づく補充を担うことから、時価条項の事例については、長期の引渡期間の存在が、BGBの売買契約類型において考慮されていない要素として、

---

[137] Canaris [1990], 562f.
[138] Canaris [1990], 558f.
[139] Canaris [1990], 562f.

補充的契約解釈を基礎づける、という見解である。

しかしながら、この見解に対しては、次のような批判がなされた。すなわち、長期の引渡期間を有する売買契約であったというだけでは売主の価格変更権が認められることはなく、第2時価条項判決は、補充的契約解釈によって、無効な時価条項において価格変更権が規定されていたという事情を基礎として、売主の価格変更権を認めたものと考えるしかない、との批判である。このような批判の背景には、ある契約規定が無効とされたことを前提として、その無効部分を補充する場合に問題となる任意規定と補充的契約解釈との関係と、そもそも当事者が何ら合意していなかった場合に問題となる両者の関係とが、無効な契約規定が合意されていたという前提事情の存在ゆえに、必然的には同一たりえない、との考慮が見出される。この点を敷衍すると、次のようにいうことができる。すなわち、補充的契約解釈の意義が、両当事者が当該契約において下した評価を尊重することにあるならば、無効部分の補充という問題状況においては、無効な契約規定に当事者の評価が現れている一方、任意規定は、無効な契約規定によって当事者がまさに排除しようとしたものとして位置づけられる。このように考えると、無効部分の補充問題に当事者の私的自治の尊重という思想が持ち込まれるならば、単に典型的か個別的かという点から、任意規定と補充的契約解釈との関係を整理することは、できないことになる。

もっとも、このような考慮をもとに、どのような判断枠組みをとるかについては、条項一部維持説と任意法の継続形成説とで見解が分かれる。

条項一部維持説は、無効部分の補充を、無効な約款条項の趣旨と当該条項を規制する法規範の趣旨とを衡量して行うべきものとする。無効な約款条項であっても、代替規律の確定に際して考慮することによって、依然として尊重されるべきものと考えられている[140]。とりわけハーガーの分析は、このような衡量を担保する法的構成を明らかにするものといえる。それに

---

140) 効力維持的縮減または補充的契約解釈を任意法の継続形成として性質決定するロートの見解は、これらの手法が単純な当事者意思の解釈ではないことを示す点ではよいとしても、上述の意味での私的自治の尊重の要請を捨象し、さらに、任意法の継続形成説との違いを曖昧にする危険性がある点で、問題がある。

よると、当事者が意図した規定が無効とされたこと自体が、契約欠缺の存在を示すとされ、さらに、このような欠缺の補充手段として、無効な規定によって排除された任意規定は、意図されなかったものと捉えられ、依然、排除される。価格変更条項が無効とされた場合には、当該条項の趣旨が、契約締結時の価格への拘束（およびその例外としての行為基礎障害による価格調整）を望まないことにあるのは明白であるため、規制規範、すなわち、具体化の要請ならびに解除権付与の要請を考慮して、どのような価格変更規律が当該条項に代わるかだけが問題となる[141]。

これに対して、任意法の継続形成説は、無効部分の補充を客観的な基準によって行われるべきものとし、それは任意規定による補充およびその継続形成に当たる、とする。もっとも、条項一部維持説においても、無効部分の補充は、規制規範の趣旨を考慮して行われなければならないのだから、その点ではやはり客観的基準が作用する。任意法の継続形成説が条項一部維持説と異なる点は、無効な約款条項をないものとし、それによって無効部分をどう補充するかという判断が左右されないと考える点、その意味で当事者の意思が考慮されないとする点に見出される。つまり、任意法の継続形成説においては、さしあたり、「そもそも無効な約款条項がなければ、任意法の規律として何が妥当したか」だけが問題とされ、第2時価条項判決は、このような評価によって基礎づけることが困難である、と批判される。

しかしながら、任意法の継続形成説の論者によっても、さらに別の観点から、第2時価条項判決を基礎づけることが提案されていた。すなわち、任意法によって修正された契約への拘束が約款使用者にとって著しく不利であるような場合に、AGBG6条3項に基づく契約全部無効の回避理由として、契約調整が認められる、という構成である。ここでは、約款使用者が、ある条項を有効であると信頼して使用したところ、実際には無効と判断されたことによって著しい不利益を被る場合が想定されている。このような事情が考慮される限りにおいて、たとえ第1次的には無効な約款条項

---

141) なお、任意規定の優先を説くペームケ＝アルブレヒトの見解においても、条項の趣旨を無視した任意規定の適用が問題とされるわけではなかった。

がないものと考えるとしても、最終的には、無効な条項が使用されたという事情を全く考慮しないわけにはいかないことが、認められている。ただし、条項一部維持説の判断枠組みと対比するならば、任意法に拘束されることによって実際に約款使用者がどの程度の不利益を受けるか、を問題にするという点で、依然として相違がある。

　以上のような諸見解の関係は、カナーリスが提示する3つの事例群の区別において、明確に現れているということができる。

第4節 / 結　論

第1項　無効部分の補充手段としての補充的契約解釈の分析

　新車販売契約における時価条項の問題をめぐる一連の判例・学説の展開、とりわけ第2時価条項判決後の議論の展開は、まずもって、無効部分の補充に際して問題となる補充的契約解釈をいくつかの場合に分けて考えるべきことを、示唆する。すなわち、そもそも無効な条項がなかったものと仮定しても補充的契約解釈が問題とされなければならない場合と、無効な条項が使用されたことを前提として補充的契約解釈が問題とされる場合（以下では、それぞれの場合を、「条項不顧慮型補充的契約解釈」と「条項顧慮型補充的契約解釈」と呼ぶ）とが区別されたうえで、さらに後者について、AGBG 6条3項による契約全部無効の回避という観点から契約内容を調整することが問題となる場合（以下では、「契約全部無効回避型補充的契約解釈」と呼ぶ）と、それを超えてもっぱら無効な約款条項の趣旨を尊重するために補充的契約解釈が問題となる場合（以下では、「条項趣旨尊重型補充的契約解釈」と呼ぶ）とが区別される。以下では、それぞれの場合について、さらに考察を加える。

I　条項不顧慮型補充的契約解釈

　そもそも無効な条項がなかったものと仮定しても補充的契約解釈が要請される場合については、補充的契約解釈が認められないとする理由は見出

されない。この場合の補充的契約解釈は、無効な条項がなかったのと同じ状態に戻すという点で、任意規定による補充と同様に評価することができるからである。もっとも、次のように、いくつか留意すべき点がある。

第1に、この場合の補充的契約解釈を考えるうえで決定的な問題として、そもそも無効条項がなかった状態として、どのような状態が想定されるか、を検討する必要がある。例えば、第2時価条項判決を字句どおりに読めば、長期間を経た引渡しに際して異なる価格が妥当することについて合意があることを基礎として、補充的契約解釈が行われている。これに対して、同判決前におけるトリンクナーとレーヴェや、同判決後における条項一部維持説や任意法の継続形成説の諸論者によって批判の前提とされていたのは、価格変更の有無について何らの合意も存在しない、という状態であろう。ここでは、価格変更それ自体としての合意と価格変更方法についての合意とを別個のものと評価することができるか、という問題が浮上している。このように、そもそも無効な条項が存在しなかった法的状態を考えるには、内容規制の対象となる条項の範囲をいかに画するかを検討しなければならない。この規制対象の画定の問題については、第1部において論じたところである。

第2に、カナーリスは、条項不顧慮型補充的契約解釈を条項一部維持が要求される場面の1つとして挙げているが、何ゆえそうなるのかは、説明を要する問題である。換言すれば、条項一部維持説が無効条項の趣旨から任意規定を排除するという考え方であるとすると、継続形成された任意規定についても、依然として排除されなければならないのではないか、という疑問が生じる。この点については、次のように考えられる。すなわち、約款使用者が明確に意図しなかったと評価することができる無効な条項なき法的状態は、当該条項設定当時の法状況に基づいて判断される。そうすると、事後的に裁判官によって継続形成された任意規定は、排除の対象とならず、むしろ、この継続形成において無効条項の趣旨が取り込まれる。このような説明によれば、条項不顧慮型補充的契約解釈も、無効条項の一部維持として評価することができる。

II 契約全部無効回避型補充的契約解釈

　契約全部無効を回避するための補充的契約解釈ないし契約調整についても、認められるべきものと考える。無効条項を無視した契約補充しか認められないとすると、例えば、当該条項が約款使用者の対価計算の基礎とされていた場合に、対価の不均衡が生じうる。これが約款使用者にとって期待不可能な程度に達したときに契約を全部無効とすることは、AGBG 6条3項が明示的に定める効果である。このとき、無効条項を顧慮した契約調整によって契約を維持することができるならば、契約相手方にとっても、その方が望ましいと考えられる[142]。もっとも、契約調整が認められるための要件は、契約全部無効が認められるための要件よりも緩和される可能性がある。この場面での契約調整の定式化を図ったファストリッヒは、「実質的に正当化されない著しい利益を契約相手方に得させることは内容規制の役割ではない」という考慮から、要件の緩和を肯定していた。このような緩和が行われるとすれば、この型の補充的契約解釈（契約調整）において決定的なのは、契約全部無効の回避についての配慮というよりも、無効な条項を使用した約款使用者を当該条項がないものと仮定した契約にどこまで拘束することができるか、その意味で、無効リスクを約款使用者にどこまで負担させてよいか、という点についての評価である、といえよう。そして、このような認識に立つならば、次に論じる条項趣旨尊重型補充的契約解釈におけるのと同様の考慮が働くことになる。

III 条項趣旨尊重型補充的契約解釈

　もっぱら無効条項の趣旨を尊重すべきとの観点から、先の2つの場合に当てはまらない場合にも補充的契約解釈が認められるべきかについては、次のような問題がある。すなわち、契約において当事者のなした自己決定（私的自治）が一般に尊重されなければならないとしても、ここでは、そのような自己決定を制約する内容規制の効果が問われているのであるから、この論拠を無制限に持ち出すことはできないはずである、という問題であ

---

142) Fastrich [1992], 347f., 356ff.

る。それゆえ、この型の補充的契約解釈の是非を論じる上では、本書で扱った議論から見出される限りで、次の諸点を考慮しなければならない。

第1に、問題対象が約款であるという点である。一方的に設定された約款を個別交渉された契約条件と同程度に尊重されるべきものと考えることはできないという、任意法の継続形成説の論者からの批判にどう応えるかである[143]。

第2に、効力維持的縮減の禁止についていわれる、「約款の相当な内容が達成されることを目指し、顧客に約款から生じる権利義務についての適切な情報を得させる」というAGBGの目的が、どのように評価されるかである。ここには、「約款使用者が自ら適正な約款の使用に努める誘引が失われてはならない」という予防思想、および、「顧客が契約締結時に自らの権利義務の内容を認識することができるようにすべきである」という透明性の要請が含まれる。これらの思想・要請から、約款使用者にどこまでリスクを負わせることが正当化されるか、が問われる。

第3に、無効基準がどの程度に設定されているものと考えるかである。任意法の継続形成説の論者は、AGBGの無効基準を約款使用者にとってなお有利なものと考えている一方[144]、条項一部維持説に立つカナーリスは、その根拠の1つとして、「暴虐」とも形容されるほどの非常に厳格な無効基準を挙げている。無効基準が緩やかに設定されるならば、既にその段階で約款使用者の契約自由が尊重されるがゆえに、そのような基準に抵触する条項を尊重する要請も低下する。逆に、無効基準が厳格であれば、それだけ約款使用者の自由が制約される度合いが高まるところ、せめて効果論の枠内において、無効な条項の趣旨を斟酌することが要請される、と考えられる[145]。

---

143) このような批判に類して、潮見［2004-2］275頁は、「約款による契約では、約款条項についての交渉も合意も予定されていないため、両契約当事者の下した評価を貫いて契約内容を確定していくという意味での裁判官による契約の『補充的契約解釈』には、おのずから限界があることは否めない」と指摘している。
144) 先に、約款の補充的契約解釈自体がそもそも許容されないという見解の論拠として、この点に言及したが、ファストリッヒもまた、同様の理解を示している。Fastrich［1992］, 298ff. を参照。
145) ところで、第2時価条項判決をはじめとする判例・通説は、効力維持的縮減と補充的契

これらの諸点を考慮すると、私見によれば、条項趣旨尊重型補充的契約解釈を一般的に認めるべきではない。むしろ、無効条項がなかったものと仮定した契約に約款使用者を拘束することができないという評価が必要であり、このような評価を定型的に下すことができる場合に限って、個別的にこの点を問うことなく、条項の趣旨を顧慮した補充的契約解釈が認められる、と考える。

　なお、仮に条項趣旨尊重型補充的契約解釈まで是認されるとしても、補充的契約解釈を場合分けすることが無意味になるわけではない。これは、結論として導かれた規律の射程が変わってくることにもよるが、約款使用者の主観的態様によって内容規制の効果が左右されるという立場をとる場合に[146]、各類型を同一に扱うことができないことによる。すなわち、カナーリスが指摘するように、約款使用者が条項無効を認識していた場合（または、認識可能であった場合）には補充的契約解釈が認められない、あるいは逆に、無効を認識していなかった場合（または、認識することができなかった場合）に限り補充的契約解釈を認めるという判断枠組みを採用したとしても、条項不顧慮型補充的契約解釈には、この枠組みが当てはまらない[147]。

Ⅳ　分析の意義

　無効部分の補充手段としての補充的契約解釈に関する以上の分析には、

解釈とは、前者が「ぎりぎりなお許容される」程度を基準とするのに対して、後者が「相当な利益調整」を追求するものであるという点で異なる、としている。しかしながら、無効基準を緩やかに設定するならば、このような区別がありうるとしても、厳格な無効基準を設定するならば、そもそもこのような基準の相違を観念することは困難になる。したがって、この問題も、どのような無効基準を想定するか、という問題に左右される。

146)　この点については、条項一部維持説の論者間においても、見解の相違が存在する。Hager [1983], 72; ders. [1996], 178; Boemke-Albrecht [1989], 145ff. は、約款使用者の主観的態様による場合分けに否定的である。

147)　このことは、「約款使用者が悪意で（または過失によって）違法な約款を使用したというだけで、当該約款がなくても認められる権利を奪われてはならない」という評価に基づく。この評価を共有しないならば、条項不顧慮型補充的契約解釈を認めない、という態度決定もありうる。しかしながら、そのような態度決定が是認されるのは、無効な約款条項がなければ妥当したという点で同等である任意規定に基づく約款使用者の権利についても奪われてよい、と評価することができる場合に限られるはずである。そして、約款使用者の主観的態様がよほど悪質である場合はともかく、単に条項の無効を認識していた（または、認識可能であった）というだけで、そこまでの評価を下すことは、困難である。

次のような意義を認めることができる。第1に、当事者がそもそも合意していなかった事項についての補充的契約解釈と内容規制の効果論における補充的契約解釈とが、「無効条項の趣旨をどのように、どこまで考慮すべきか」という課題において異なることが示されたことに、ここでの分析の意義がある[148]。第2に、「第1に任意規定によって、第2に補充的契約解釈によって無効部分が補充される」、「効力維持的縮減と補充的契約解釈とでは、基準が異なる」という通説的な判断枠組みよりも精確に、任意規定による補充と補充的契約解釈との関係、さらにそれらと効力維持的縮減との関係を整序することができる。第3に、通説的な判断枠組みよりも精確に、補充的契約解釈の是非を決する考慮要因を捉えることができる。特に、既述のように、効力維持的縮減または補充的契約解釈においてしばしば語られる約款使用者の主観的態様の考慮について、これが考慮される場合とされない場合があることが明確になる。

　これらの分析の意義を踏まえると、第2時価条項判決の示した補充的契約解釈の定式は、理論的に見て、不十分なものであったということができる。そして、第2時価条項判決の不十分さは、第2項に述べるように、今日の視点から同判決を眺めたとき、より一層鮮明となる。

第2項　第2時価条項判決の今日的意義

　最後に、第2時価条項判決が、今日の視点から見て、判例としてどのような意義を有しているかについて論じる。既述のように、同判決は、無効部分の補充に際しての補充的契約解釈の一般的定式を確立したものとされている。また、長期の契約における価格変更条項の規制という文脈でいうと、そのような条項が無効とされた場合においても、補充的契約解釈によってなお価格変更権が認められうることを明らかにした判例である、ということができる。しかしながら、これらいずれの点についても、第2章に

---

148)　この意義との関係では、時価条項問題に関する議論においてしばしば見られた一般法律行為論と約款法の対比という図式が、問題を捉える上で不的確であったことも、指摘されなければならないだろう。

おいて詳しく取り扱う今日までのドイツ裁判例の状況からは、第2時価条項判決の意義を過大視することはできない。

まず、補充的契約解釈の一般論として、第2時価条項判決は、既述のように、「具体的な実体法上の規律という意味での任意制定法が提供されておらず、かつ、条項の無効によって生じた欠缺が補充されなければ、約款使用者と顧客の典型的利益を顧慮する相当な解決が提供されない場合には、補充的契約解釈によって、両当事者が、条項の無効を知っていたならば、両者の利益を適切に衡量して、信義誠実に従い誠実に合意したであろう規律が認められる」との定式を示している。任意規定によって相当な解決が提供されるかという要件部分に着目すると、この定式は、「相当性基準」と呼ぶことができる。これに対して、近時の最上級審裁判例においては、条項無効の効果に約款使用者を拘束することが期待可能かを問題とする、いわば「期待可能性基準」をとるものが現れている[149]。そのような裁判例の新展開をどのように受け止めるべきかが1つの問題となっており、少なくとも第2時価条項判決の定式を漫然と所与とすることが許される状況ではない。

次に、価格変更条項が無効とされた場合の処理については、それほど長期でない契約において同様の処理がされるのか否かが、第2時価条項判決からは明確でないことを、指摘することができる。すなわち、第2時価条項判決の事案においては、引渡期間が2年半程度の契約が問題とされていた[150]。これに対して、下級審裁判例の動向において述べたように、時価条項の効力が問題となった事案には、引渡期間が1年に満たないものもあり、その場合には契約締結時の価格に拘束されるとする裁判例が多かった。また、第2時価条項判決の翌年に登場した請負報酬変更条項に関する前掲BGH第7民事部1985年5月20日判決は、長期とはいえない契約において変更規律の補充を否定していた。これらのことを勘案すると、第2時価条

---

[149] この新基準は、第2章において詳述するように、とりわけガス供給契約における価格変更条項に関する裁判例において採用された。その嚆矢となった裁判例として、BGHカルテル部2008年4月29日判決（BGHZ 176, 244）を挙げることができる。
[150] なお、同日判決および補足判決においては、いずれも4年半程度の期間であった。

項判決においては、より短い期間の契約においても補充的契約解釈により変更規律が補充されるべきかについて、態度決定されていない、と考えるべきである。そして、このような契約期間の長短を考慮したとき、無効な価格変更条項に代えてどのような規律が妥当すべきか、という問題についてのドイツ判例の考え方は、第2章で取り上げるように、近年の裁判例の展開を追うことで、ある程度見えてくる。

第2章
補充的契約解釈に関する
その後の裁判例の展開

第1節 / 序　論

　第1章で扱った第2時価条項判決は、決してドイツ実務において無効部分を補充するための補充的契約解釈の問題を終息させたわけではなく、むしろ近年においても、補充的契約解釈の是非が争われた最上級審裁判例が登場している。そこで、本章では、第1章の検討から得られた知見をもとに、この問題に関する1990年代以降の裁判例がどのように説明されうるかを、主たる検討の課題とする。その結論として、第1章において提示した補充的契約解釈の分析が基本的に有用であることが、例証されるだろう。もっとも、無効部分の補充は、規制対象の画定を前提としており、後者の問題における処理が、前者の問題の範囲を画することになる。そのような関係から、各事例の検討に当たっては、しばしば規制対象の画定を先行して論じる[1]。その点で、本章は、規制対象の画定についても、本書の理論を実証するものとなる。もっとも、本章の目的は、このような形でここまでの検討に裏付けを与えることに留まらない。これまで扱ってこなかった裁判例の検討から新たな知見を引き出すことも、本章の目的である。

　これに対して、本章は、第2時価条項判決に関する議論から後の学説の展開を、仔細な検討の対象とはしない。というのは、1990年頃まで華々し

---

[1]　さらに、規制対象の画定は具体的な規制規範を基準とする、という私見によれば、規制対象の画定を論じるために、判例が規制規範を具体的にどのように形成しているかを確認する限りにおいて、内容規制の要件論にも立ち入らなければならない。そこで確認される判例法理に対しては、当然、異説もありうるが、それらを含めた要件論の批判的な検討は、本章の目的とするところではない。

い展開を繰り広げた学説における内容規制効果論は、その後、低調になったと言わざるを得ないからである。その理由として、議論が複雑化し見通すことが困難になったということもあるかもしれないが[2]、当時の議論の1つの到達点として、中心的な争点であった効力維持的縮減の是非について、その禁止を主張する支配的見解とこれを許容する学説との間で歩み寄りが見られたことを、指摘することができよう。すなわち、一方で、不当条項を「ぎりぎりなお許容される gerade noch zulässig」程度に縮減する効力維持的縮減は許容されないとする支配的見解においても、第1章において述べたように、無効部分補充の方法として補充的契約解釈が認められており、それによってもたらされる代替規律は、無効条項がそもそもなかったとしても認められるものに尽きない可能性がある。他方で、効力維持的縮減を許容する学説においても、そこでいわれている効力維持的縮減の内実は、支配的見解にいうところの補充的契約解釈に寄ったものとなっている。まず、効力維持的縮減の基準は、「ぎりぎりなお許容される」程度ではなく、「相当な」程度であるとされている。この基準は、第2時価条項判決において示された、支配的見解の支持する補充的契約解釈の要件[3]と区別されない[4]。そして、このような基準設定と歩調を合わせて、これらの学説において、効力維持的縮減は、不当条項がどの範囲で無効なのかという無効範囲の問題というよりも、補充的契約解釈と同様に、無効の効果における代替規律の形成の問題として位置づけられてきている[5]。このような形で論争が

---

[2] 例えば、Uffmann [2010], 11 は、効力維持的縮減の議論について、「最初の概観を得ようとする者は、誰でも非常に複雑な議論領域にぶつかる」と述べる。また、Walter F. Lindacher/Wolfgang Hau in: Wolf/Lindacher/Pfeiffer [2013], § 306 Rn. 28 も、議論状況の見通しがきわめて悪いとしている。

[3] 第1章で紹介したように、第2時価条項判決は、「具体的な実体法上の規律という意味での任意制定法が提供されておらず、かつ、条項の無効によって生じた欠缺が補充されなければ、約款使用者と顧客の典型的利益を顧慮する相当な解決が提供されない場合」には、補充的契約解釈が認められるとした。

[4] 支配的見解の基準設定に対する批判としては、Boemke-Albrecht [1989], 131ff.; Canaris [1990], 549ff.; Roth [1994], 35; Uffmann [2010], 230ff. などを参照。これら2つの基準は、日本法の用語でいえば、無効基準と適正基準に対応する。これらの用語については、北川 [1982] 61頁以下およびシンポ「約款」討論 [1982] 96頁以下〔北川善太郎発言〕を参照。

[5] 例えば、比較的古い学説として、既に Witte [1983], 203 が、効力維持的縮減を無効の効果の問題として位置づけている。また、効力維持的縮減や補充的契約解釈といった法概念的な区別を批判し、裁判官による予備的規律 (Vorregelung) の形成という観点から統一的な判断枠組みを

収斂し、どの見解においても、各論的な評価を度外視すれば、同一の結論にたどり着くことができる（と考えられる）ようになったことが、議論の実益を低下させ（少なくとも、そう思わせ）、その後の学説展開を低調にした一因ではないか、と考えられる。しかしながら、筆者は、補充的契約解釈であれ効力維持的縮減であれ、さらなる分析が欠如しているという点において、この種の議論総括に満足するものではない。このことは、既に第 1 章において示した補充的契約解釈の分析が含意するところであり、また、本章の出発点でもある。そして、本章で取り扱う 1990 年代以降の裁判例の分析からは、この点について各論のレベルに留まらない知見を引き出すことができる。

さて、ドイツにおける約款内容規制の効果論に関する最上級審裁判例の展開について、中心的な役割を果たしてきたのは、BGH である。本章では、まず、BGH の裁判例の中から、担保目的表示（第 2 節）、請求即払保証（第 3 節）、価格変更条項・利率変更条項（第 4 節）、美観修復条項（第 5 節）の各主題を、個別の節において取り上げる。これらの主題は、多数の裁判例を抱えるものであり、また、効果論に関する学説においても一定の注目を集めている。次に、これらの個別主題の検討を終えた後に、補充的契約解釈が肯定されたその他の BGH 裁判例を概観する（第 6 節）。本論の末尾においては、BAG の裁判例を取り上げる（第 7 節）。ドイツにおいては、2002 年の債務法現代化に際して、労働契約にも約款規制が及ぶものとされた。それ以後、BAG においても、内容規制の効果論に関する裁判例（以下、本文中に紹介するもののみ、【　】を付した全節通しの番号のみで表記する）が出されている。最後に、本論において整理した裁判例から窺われるドイツ判例における補充的契約解釈の判断枠組みを整理・分析したうえで、ドイツ法から日本法に対してどのような示唆が得られるかを論じる（第 8 節）。

構築することを試みたハーガー（Johannes Hager）の議論も、予備的規律という用語に照らせば、代替規律の探求に焦点を合わせているといえる（Hager [1983] を参照。ハーガーの見解のうち効力維持的縮減と補充的契約解釈との関係に関連する部分については、第 1 章でまとめた）。さらに、その後の学説として、Boemke-Albrecht [1989], 39 Fn. 46（無効範囲の問題としての位置づけよりも、無効の効果の問題としての位置づけの方が優れているとする）、Uffmann [2010], 254ff.（裁判官による代替規律の形成という形で、効力維持的縮減の問いを設定する）などを挙げることができる。

第 2 節 ／ 担保目的表示

第 1 項　問題の概要

　1990年代中頃から登場した担保目的表示（Sicherungszweckerklärung）に関する一連の裁判例は、1980年代に確立された判例の判断枠組みに対して、学説による疑義を生じさせた。問題となったのは、債権者たる金融機関が使用していた保証契約の書式に含まれていた「債権者が主たる債務者との銀行取引から取得する現在および将来の全ての債権を保証する」旨の包括的な担保目的表示の効力である。BGH は、【3】によって、保証引受けの原因（Anlass）となった債権を超える保証責任の拡張を AGBG 9 条（現 BGB307 条 1 項・2 項）違反とする旨の法理によって、このような担保目的表示を規制すべきとする立場を表明した。そこで、担保目的表示がそのような内容規制に服する場合に、担保目的表示はどの範囲で無効になるのか、また、仮に全体として無効になるとするならば、保証範囲の合意を補充することにより、保証契約は維持されるのか、が問題とされた。

　この問題については、第 1 部第 1 章において若干の分析を行っている[6]。しかしながら、そこでの分析は、規制対象の画定についての観点からのものであり、本章が検討の目的とする補充的契約解釈の観点からの分析は不十分であった。そこで、本章において、この問題を再び取り上げることにする。

第 2 項　裁判例の展開

I　前史——土地債務に関する不意打ち条項規制

　BGH のかつての判例は、銀行取引から生じる現在および将来の全ての債

---

[6]　また、ドイツの包括保証条項規制に関する我が国における先行業績として、川地［2005］とりわけ 165 頁以下、遠藤［2009］とりわけ 467 頁以下が挙げられる。いずれも保証人保護の観点からの研究であり、不当条項規制効果論の視点に立つ本書とは、問題関心が異なっている。

権を保証する旨の担保目的表示を、不意打ち性を有するものではなく[7]、また内容規制にも抵触せず[8]、有効なものとしていた。これに対して、第三者の債務の担保のために設定された土地債務の責任範囲については、1980年代から、不意打ち条項規制（AGBG 施行前は BGB242 条、同法施行後は AGBG 3 条〔現 BGB305c 条 1 項〕に基づく）を用いて、担保設定の原因となった債権を超える範囲への書式による責任拡張合意の成立または効力を否定する判例法理が、展開された[9]。

　それらの裁判例の中で、本書の関心事である効果論の観点から注目すべきは、【1】BGH 第 5 民事部 1988 年 11 月 18 日判決（BGHZ 106, 19）である。事案は、AGBG 施行前のものであるが、次のような事実関係があった。すなわち、Y とその夫 A は、彼らへの建築貸付の担保を原因として、Y および A が共有する土地に X のための土地債務を設定した。その書式による設定証書には、Y および A に対する現在および将来の全ての債権を担保する旨の目的表示が含まれていた。その後も、A は、X に対して債務を重ねた。また、その間に、A は、Y に対して、土地債務の設定された共有持分を譲渡した。このような事情の下、X が Y に対して土地債務に基づく強制執行の忍容を請求したというのが、本件訴訟であった。このような事案において、BGH は、前述の判例法理を適用して、夫婦の各自は自己の共有持分上

---

[7]　主たる債務者の将来の債務をも保証することが BGB の想定する保証の通常事例である、という点を第 1 の理由とする。BGH 第 9 民事部 1984 年 12 月 6 日判決（NJW 1985, 848）、同 1985 年 11 月 7 日判決（NJW 1986, 928）、同 1987 年 6 月 4 日判決（NJW-RR 1988, 115）、同 1992 年 1 月 16 日判決（NJW 1992, 896. もっとも、銀行取引を超える責任範囲の拡張については、無効としている）、同 1994 年 3 月 17 日判決（WM 1994, 784. ただし、同判決は、保証人が証書へ署名する前に債権者に対して特定の債務のみを保証する意思を表示し、債権者がこれに対して異議を唱えなかったときは、銀行取引から生じる全ての債権に保証を拡張する旨の条項が不意打ち性を有するとした）を参照。

[8]　将来債務の保証も、法規定（BGB765 条 2 項）を逸脱しておらず、AGBG 8 条によれば、内容規制に服さない、という理由による。前掲注 7）・BGH 第 9 民事部 1984 年 12 月 6 日判決、同 1985 年 11 月 7 日判決、同 1987 年 6 月 4 日判決を参照。
　BGB765 条　保証における契約類型的な義務
　　(1)　〈略〉
　　(2)　保証は、将来の債務または条件付きの債務についても引き受けることができる。

[9]　本文に紹介する【1】の他に、BGH 第 5 民事部 1982 年 1 月 29 日判決（BGHZ 83, 56）、同 1987 年 10 月 30 日判決（BGHZ 102, 152）、同 1988 年 1 月 15 日判決（BGHZ 103, 72）、同 1989 年 11 月 10 日判決（BGHZ 109, 197）、BGH 第 11 民事部 1992 年 2 月 18 日判決（NJW 1992, 1822）などを参照。

の土地債務が他方配偶者の将来の全ての債務をも担保することを考慮しなくてよいとの理由で、担保目的表示の不意打ち性を肯定した。そこで、さらに、担保合意がどの範囲で無効になるのか、が問題とされたが、Yの持分に設定された土地債務の担保範囲が原因となった貸付債務を超えてAの将来債務に及ぶ限度で、担保合意が無効になるとされた。その理由として、BGHは、約款が一部無効の場合にもその他の部分は有効であるとするAGBG 6条1項の法理が、同法施行前の判例によっても妥当するとしたうえで、「個別の約款条項または書式条項（ここでは、目的表示）が、その文言によればそれ自体から理解可能かつ有意味な形で、内容的に許容される規律部分と許容されない規律部分とに分けられる場合には、許容される部分の維持は法的に問題な〔く〕」、また、このことは効力維持的縮減の禁止と区別されなければならない、と述べた。既に判例において確立されつつあった規制対象の画定法理が、ここで適用されたのである[10]。

　土地債務に関する不意打ち条項の法理は、【2】BGH第11民事部1994年6月1日判決（BGHZ 126, 174）によって、初めて保証契約の規制にも拡張された。そこで問題とされた事案は、次のようなものであった。すなわち、夫Aへの分割弁済貸付（Tilgungsdarlehen）を原因として、Yは、Xの前主に対して、連帯保証（selbstschuldnerische Bürgschaft）を引き受けたが、その際の書式において、Aに対する現在および将来の全ての債権を担保する旨が規定されていた。この規定に基づき、Xは、その後にXがAに対して取得した債権（損害担保の履行による費用賠償請求権）について、Yに保証債務の履行を求めた。このような事案において、BGHは、土地債務に関する判例法理が分割弁済貸付を原因として保証が引き受けられた場合にも適用されるとし、前記の保証目的の規定は、原因となった分割弁済貸付から生じる債権以外の債権に関する限度で、AGBG 3条に基づき契約構成要素にならないとした[11]。

---

10) 【1】は、この法理が判例として確立される上で重要な裁判例であるBGH第8民事部1981年10月7日判決（NJW 1982, 178）やBGH第3民事部1984年5月28日判決（NJW 1984, 2816）を参照している。これらの裁判例については、第1部第1章を参照。
11) その際、それ以前の判例（前掲注7）を参照）との抵触については、従来の裁判例が当座勘定信用に関するものであり、本件事案と異なることを理由に、問題にならないとされた。

II BGH 第 9 民事部 1995 年 5 月 18 日判決

　以上のような状況において、担保目的表示に関する従来の判例を転換したのが、【3】BGH 第 9 民事部 1995 年 5 月 18 日判決（BGHZ 130, 19）である。【3】は、【2】に引き続いて、包括的な担保目的表示が不意打ち性を有しうることを肯定するとともに、そのような目的表示が AGBG 9 条に違反し無効となることを宣言した。そして、本書の関心事である効果論においては、この目的表示がどの範囲で無効となるか、について判断を示した。

　【3】の事案は、次のようなものであった。すなわち、貯蓄銀行 X が有限合資会社 A に当座勘定信用（Kontokorrentkredit）を与え、その際に、A の有限責任社員 Y が連帯保証人になったところ、保証約款において、X の A に対する現在および将来の全ての債権を保証する旨の規定が存在した。その後、Y は A を退社したが、X は、A に供与した当座勘定信用の額を引き上げ、それと並んで A に対するさらなる貸付も行った。それらの債務についても、Y による保証の範囲に含まれるのか、が問題とされた。

　このような事案について、【3】は、第 1 に、保証が当座勘定信用の供与を原因として引き受けられた場合についても、前記のような書式による担保目的表示は、不意打ち条項たりうるとした。その理由として、特に、BGB767 条 1 項 3 文[12]によれば、保証人の義務は、主たる債務者が保証の引受け後に行った法律行為によって拡張されないところ、包括的な担保目的表示は、この任意制定法を逸脱するものとして、不意打ち性を有しうることを指摘した。もっとも、次に示す AGBG 9 条違反の評価が可能であることから、本件担保目的表示が不意打ち条項に当たるか否かは、最終的に判断を要しないものとした。

　そこで、第 2 に、本件担保目的表示の AGBG 9 条違反が論じられた。ここでは、まず、AGBG 8 条（現 BGB307 条 3 項）に基づき、担保目的表示が

---

12) BGB767 条　保証債務の範囲
　　(1) 保証人の義務については、主たる債務のそのつどの現状が決定的である。とりわけ、主たる債務が主たる債務者の過失または遅滞によって変更される場合も、同様である。主たる債務者が保証の引受け後に行った法律行為によって、保証人の義務は拡張されない。
　　(2) 〈略〉

内容規制に服するか否か、が問題とされた。【3】は、従来の判例を変更し、他人の将来の債務について無制限に保証する場合には、BGB767条1項3文という法規定を逸脱する条項として、内容規制の対象になるとした。その際、【3】は、担保目的表示がどの範囲で法規定を逸脱するかにつき、次のように述べた。すなわち、保証義務を受け入れる原因となった債権についての保証の引受けは、保証人の主たる給付義務の合意であるが、保証が現在および将来の他の債務に及ぶ旨の合意は、保証人の主たる義務を拡張する付随的合意である。主たる義務と付随的義務とが契約においてまとめて規定されているか分離して規定されているかは、偶然であり、内容規制の許容性を左右しない、とした。そのうえで、規制対象とされた保証責任拡張の合意は、①BGB767条1項3文の指導形象に合致せず（AGBG9条2項1号）、また、②契約の本性から生じる保証人の本質的権利を、契約目的の達成を危殆化するほどに制限する（AGBG9条2項2号）[13]との理由で、不相当なものとした。なお、以上のような内容規制の枠内において、何が保証の原因であったかは、客観的に決まるものであり、当座勘定信用が保証された場合には、保証引受けの時点での与信限度がこれに当たる、とした。

　以上のような理由で、保証責任の拡張合意は不相当とされたが、このことは、契約全体の無効をもたらさず、担保目的表示は、むしろ、保証の引受けに際して存在した限度の信用関係から生じる現在および将来の全ての債権を保証するという形で、維持することができる、とされた。もっとも、このような形で担保目的表示を分割することは、AGBG8条に関して述べられたように、内容的・対象的に容易に可能であっても、文言上は完全には不可能であった（例えば、「将来の（債権）」という文言の削除によっては達成できない）。そのため、このような分割が、許容されない効力維持的縮減に当たるのではないか、が問題とされた[14]。しかしながら、【3】は、次のような理由で、このような分割を正当化した。すなわち、第1に、ここでの条項

---

13) 保証においては、BGB767条1項3文ゆえに、他人による処分の禁止が契約上本質的である、とする。
14) このような問題が生じたのは、規制対象の画定法理に関する先例の1つである前掲注10)・BGH第3民事部1984年5月28日判決において、同法理の適用に際して約款の文言を変更してはならない、という準則が示されていたからである。この点については、**第1部第1章**を参照。

の書き換えは、保証人の観念に合致する給付内容を維持することに資するものであり、保証人の正当な利益を完全に顧慮しており、効力維持的縮減の禁止目的に抵触しない。保証の全部無効は、むしろ過大な法律効果である、との理由である。第2に、AGBG 8条を排除し、内容規制を可能とするのに、条項の対象による可分性が十分であるならば、このような可分性をAGBG 6条1項の適用にあたっても十分条件であるとすることが首尾一貫している、という理由である。

かくして、包括的な担保目的表示に対する約款規制（不意打ち条項規制および内容規制）が肯定された当初において、BGHは、土地債務に関する事案と同様に[15]、規制対象の画定法理によって、保証引受けの原因となった債権の限度での保証契約の存続を図っていた[16]。

III BGH第9民事部1995年5月18日判決に対する学説の反応

【3】による保証契約の存続の処理は、結論については、学説においてほぼ一致して支持された[17]。しかしながら、規制対象の画定法理を用いたその方法論に対しては、批判がなされた[18]。同時期の代表的な学説として、次の諸見解を挙げることができる[19]。

まず、ライヒ（Dietmar O. Reich）とシュミッツ（Peter Schmitz）は、次のように述べて、【3】の処理を効力維持的縮減に当たるものと見た[20]。すなわ

---

15) 【3】自身も、【1】等において、既に同様の処理がされてきたことを指摘している。
16) 同様の処理をした裁判例として、BGH第9民事部1996年1月18日判決（BGHZ 132, 6）、同1996年3月7日判決（NJW 1996, 1470）、同1996年6月13日判決（NJW 1996, 2369）、同1997年4月15日判決（NJW 1997, 3230）などを参照。
17) もっとも、保証契約の全部無効を主張する反対説も存在した。Schmitz-Herscheidt [1997], 1140; ders. [1998], 1218は、担保目的表示の可分性に異議を唱えるだけでなく、例外的な効力維持的縮減としても【3】の処理は正当化されないとする。さらに、補充的契約解釈についても、それによって、効力維持的縮減の禁止に反する解決がもたらされてはならず、また、そもそも保証の全部無効の結果、補充的契約解釈の前提となる有効な契約が存在しないとする。
18) これに対して、方法論のレベルでも【3】を支持する学説として、Reinicke/Tiedtke [1995], 2305; Harry Schmidt in: Ulmer/Brandner/Hensen [2016], § 306 BGB Rn. 13a などがある。
19) 本文において紹介した見解の他に、Keim [1996], 285f.; Altvater [1996], 375f.; Pfeiffer [1998], 156 などを参照。さらに、同様の見解として、Lindacher/Hau in: Wolf/Lindacher/Pfeiffer [2013], § 306 Rn. 37f.; Uffmann [2010], 136ff. などがある。
20) Reich/Schmitz [1995], 2533.

ち、広範な担保目的表示は、文言的にも内容的にも包括的に規律されており、有効性審査の分離を可能にする細分化を、条項自体に含んでいない。AGBG 8条の適用に際しての内容的な可分性の指摘も、偶然の文言表現は、約款の審査可能性を左右しないということであり、これに対して、約款の使用と形成のリスクは、約款使用者が負担すべきものである、とする。そのうえで、ライヒとシュミッツは、本件において効力維持的縮減が正当化されるために、縮減禁止の基礎にある AGBG の趣旨が及ばないことが決定的である、と指摘した。つまり、この禁止は、約款使用者が自己に最も有利な解決を達成しないようにするためのものであるが、本件における文言修正は、相当な解決を目指すものであり、保証人が契約締結時に観念していた内容に合致する、とする。また、AGBG が契約の維持を志向していることも、顧慮されなければならない、とする。

　他に、ハーガー（Johannes Hager）も、【3】を、効力維持的縮減の禁止からの離脱をもたらすものであると見ている[21]。もっとも、ハーガーは、そもそも規制対象の画定と効力維持的縮減との区別を否定し、裁判官が適法な規律を見出すことができるかという観点から、統一的に問題を処理することを提案する立場にある[22]。このような立場を前提として、【3】についても、効力維持的縮減に帰着するものとして位置づけている。

IV　判例の転換——補充的契約解釈による処理

　規制対象の画定法理を用いた【3】に対する前述のような批判を受けて、BGH は、原因となった債権を担保する限度で保証契約を維持する結論は維持したまま、異なる理由づけによってこの結論を正当化するようになった。その嚆矢となったのが、【4】BGH 第9民事部1997年11月13日判決

---

21)　Hager [1996], 175.
22)　規制対象の画定に対するハーガーの見解については、第1部第1章で紹介した。Hager [1996], 177f. においても、同様の見解が示されている。そこでは、条項全部無効論を批判するために、【3】との関連において、約款使用者が自ら担保目的表示を複数に分けていた場合（例えば、1つを原因となった債権の限度での保証、もう1つを将来の別の債権の保証としている場合）、条項全部無効とはどの範囲での無効なのか、という問題が指摘されている。

(BGHZ 137, 153) である[23]。そこでは、補充的契約解釈によって、制限的な担保目的表示を補充する方法が示された。

　【4】の事案は、次のようなものであった。すなわち、X 銀行は、Y の当時の夫 A に、最高限度額の定めのない当座勘定信用を提供しており、Y は、X の求めに応じて、A の連帯保証人となった。その際に、保証の範囲は、金額による制限なしに、X と A との間の取引関係から生じる現在および将来の全ての債務とされた。その後、A が破産したため、X が Y に対して、保証債務の履行を請求した。このような事案においても、BGH は、【3】と同様の理由で担保目的表示の AGBG 9 条違反を認めたが、保証義務が完全に消滅するわけではない、とした。

　【4】において、BGH は、前述の学説の批判に応答して、次のように述べた。すなわち、担保目的表示の代替なき削除は、既に別の理由から考えられないので、条項の可分性は問題にならない。無効条項の脱落によって生じる欠缺が任意制定法によって補充することができず、かつ、このことが両当事者の利益を正当と認めることができる方法で考慮しない結論をもたらす場合に、判例は、補充的契約解釈を行っている。というのは、契約構造を完全に一方的に有利にする利益を顧客に与えることは、不衡平であるし、また、AGBG の目的設定に矛盾するであろうからである。このように述べたうえで、【4】は、保証契約を維持する結論が AGBG 6 条の趣旨と目的にも合致することを指摘する。それによれば、許容されない条項の使用者の契約相手方にとっては、多くの場合、契約を維持し単に不衡平な合意を脱落させることが重要である。AGBG 6 条および 9 条の一般的なルールの適用は、当該契約が双務契約であるか片務契約であるか、に左右されない。これらの理由から、補充的契約解釈により、保証責任を保証引受けの原因に従って限定する合意が、無効な担保目的表示を代替する、とされた。そして、本件のような当座勘定信用においては、具体的には、保証の意思表示がされた日の差引残高の額に限定される、とした。

　この【4】以降、BGH は、補充的契約解釈に依拠して、原因となった債権

---

23) もっとも、土地債務の事案については、これより先に BGH 第 11 民事部 1995 年 10 月 4 日判決 (BGHZ 131, 55) が、補充的契約解釈による処理を行っている。

に限定して保証契約を維持する処理を行っている[24]。

第3項　検　　討

I　規制対象の画定法理による処理の正当性

　ここまで見てきたように、包括的な担保目的表示の事例においては、保証引受けの原因となった債権を保証する限度で保証契約を維持するとの結論にほぼ異論はなく、この結論をどのような法律構成によって導くか、という点が主たる争点となっている。一方で、【3】が採用した規制対象の画定法理による法律構成があり、他方で、その後の学説および【4】以降のBGH判例は、効力維持的縮減または補充的契約解釈による構成をとっている（ただし、注意すべきことに、【4】は、担保目的表示の可分性を否定したとしても、補充的契約解釈によって同じ結論を導くことができると述べているのであり、規制対象の画定法理による処理を否定したわけではない）。もっとも、いずれの法律構成であっても結論に全く違いが出ないかというと、留保が必要である。なぜなら、効力維持的縮減や補充的契約解釈については、約款使用者が当該条項の違法性を認識していた場合などに、これらを認めるべきでない、との見解が存在するのに対して、規制対象の画定においては、そのような区別が考えられていないからである。効力維持的縮減構成を支持する論者の中には、明示的に、【3】による判例変更の前の事案に限って、保証責任の限定を認めようとする者もいる[25]（もっとも、判例自体がこのような限定をしているわけではない[26]）。

　この問題についての私見は、第1部において表明したが、【3】の処理を支持するものである。すなわち、規制対象の画定に当たっては、具体的な規制規範が何を個別の規制対象として把握するか、が決定的な意味を有しており、これに対して、約款の文言が約款使用者の手で細分化されていたか

24）　BGH第9民事部1999年10月28日判決（BGHZ 143, 95）、同2000年4月6日判決（NJW 2000, 2580）などを参照。
25）　Lindacher/Hau in: Wolf/Lindacher/Pfeiffer [2013], § 306 BGB Rn. 37f.
26）　Uffmann [2010], 138 は、このことを指摘している。

否かは、基準性を有しない、と考える。このような基準によると、担保目的表示の事例においては、AGBG 8 条のレベルにおいて、原因となった債権についての保証部分は、そもそも規制対象にならないものとされている。さらに、このことと表裏一体といってよいが[27]、担保目的表示の不当性を基礎づけているのは、BGB767 条 1 項 3 文の基礎にある思想、すなわち、「保証人の意思によらずに保証範囲を拡張してはならない」という考え方であり、このような規範によって把握されるのは、原因となった債権を超える保証の部分に限定される。

これに対して、前述のように、ライヒとシュミッツは、AGBG 8 条の問題と効果論上の条項の可分性の問題とを区別している。しかしながら、筆者は、不相当との評価が下されていない契約内容を効果論上の処理に引き入れ、無効とする余地を残すこと(前述のように、効力維持的縮減や補充的契約解釈には、約款使用者の主観的態様等による禁止がありうる)には、不当な契約内容へと介入する内容規制の体系に鑑みて問題があるのではないか、と考える[28]。

II 補充的契約解釈の問題としての分析

かくして、私見によれば、担保目的表示の事例を効力維持的縮減または

---

[27] ドイツ判例の採用する判断枠組みによれば、AGBG 8 条(現 BGB307 条 3 項)による規制対象性の審査と、AGBG 9 条(現 BGB307 条 1 項・2 項)に基づく相当性審査とは、一部重複する。すなわち、前者においては、ある条項が法規定(任意規定)を逸脱または補充するものであるか、が問題となるが、後者においても、まずは、任意規定との比較において、契約相手方に不利益を課す条項であるか、が問題とされる。この 2 つの判断過程は、ほとんど一体のものと捉えられている。この点については、Andreas Fuchs in: Ulmer/Brandner/Hensen [2016], § 307 BGB Rn. 40ff.; Fastrich [1992], 280ff.; Stoffels [2015], Rn. 466ff. などを参照。

[28] ライヒとシュミッツの説は、次のように一般化することができる。すなわち、個別に不相当性評価の対象となるのが、ある条項表現の一部要素であるとしても、無効範囲は条項表現を基準として決められる、と。このような処理は、表現責任の論理によって、つまり、約款使用者がある条項表現を採用した以上、その表現に縛られ、裁判所はその表現を約款使用者のために修正しない、換言するならば、条項を分割しておかなかったことは、約款使用者の負うべきリスクであるという論理によって、正当化される可能性がある。しかしながら、このような論理においては、要件論において問題とされていない責任原理が、なぜ効果論において突如として意味を有するのか、不明である。この疑問は、支配的見解によれば、逆に累積効果により要件論レベルでの評価対象が約款の文法的単位以上に拡大している場合に、条項表現を基準とした無効範囲の画定が拒絶されているだけに、より一層大きなものとなる。文言上の可分性に着目することの、その他の問題性については、第 1 部第 2 章を参照。

補充的契約解釈の問題として扱うことは、適切でない。しかしながら、この事例を仮に補充的契約解釈の問題として位置づけるならば、補充的契約解釈による処理を正当化する事情として、次の2点を指摘することができる。

第1に、担保目的表示の事案においては、契約全体の効力が問題とされていた、ということである。つまり、仮に担保目的表示が全部無効となれば、約款使用者は、保証契約から得られる利益を完全に喪失するという点で、著しい不利益を受ける事案であった。このような事案における補充的契約解釈は、第1章においてまとめた補充的契約解釈の分析に照らし合わせると、契約全部無効回避型補充的契約解釈が問題となる場面とつなげることができる。もっとも、この場面における補充的契約解釈を独自に析出するもととなった見解が想定していたのは、AGBG 6条3項に基づいて契約の拘束力が否定される場面であった。同項は、条項規制後の契約への拘束が当事者の一方にとって期待不可能な過酷さをもたらす場合に、契約全体が無効になる、とするものである。そこで、効力維持的縮減を原則として禁止するとしても、同条1項の定める契約維持の原則も考慮して、この規定による最終解決を回避するために、契約内容を調整することができる、との見解が示されていた[29]。これに対して、担保目的表示の事案では、そもそも条項全部無効として担保目的表示全体の無効が想定される結果、契約が全部無効となる、という違いがある。しかしながら、いずれの場面においても、条項規制の効果（条項全部無効）によってもたらされる不利益が、約款使用者にとって期待可能な限度を超える場合に、契約内容を調整することが正当化されている、ということができる。このように考えると、担保目的表示の事案における補充的契約解釈による処理は、判例における効力維持的縮減禁止の原則を根底から掘り崩すようなものではなかった。というのは、この原則は、内容規制の典型的な場面、すなわち、条項全部無効の処理をしても契約そのものの効力は維持しうる場面において、なお維持される、と考えることができるからである。

第2に、判例変更のかかわる事案であったという点も、重要である。【3】

---

29) Fastrich [1992], 356ff.; Canaris [1990], 556f.

に至るまで、判例において、包括的な担保目的表示は、有効とされていた。そのような状況においては、約款使用者に条項の有効性に対する正当な信頼があり、判例を変更するに際して、そのような信頼を保護する必要があった、と考えられる。このことは、前述の契約全部無効を回避するための契約調整を可能とする学説においても、約款使用者が条項の有効性について善意であったことが、そのような調整の要件とされていたことと、結び付けることができる[30]。担保目的表示の事例における補充的契約解釈は、この点においても、それ以前の学説において提示されていた枠組みに連なるものとして、位置づけることができる。

第3節 / 請求即払保証

第1項　問題の概要

I　請求即払保証の基本構造と機能

　第2節で取り上げた担保目的表示に関する裁判例にやや遅れて、多くの最上級審裁判例を生んだのが、請求即払保証[31]の事案である。それらの紹介に入る前に、問題となる保証の基本的な構造と機能[32]について、本節で取り上げる裁判例を理解する上で必要な最小限度の説明をしておくことにする[33]。請求即払保証（Bürgschaft auf erstes Anfordern）とは、保証証書に定められた形式的な支払条件が充足された場合、すなわち、形式的保証事故（formeller Sicherungsfall）が生じた場合に、保証人が直ちに債権者の支払請求に応じなければならない仕組みの保証である。実質的保証事故（materieller Sicherungsfall）が存在するか、すなわち、保証された債権が実際に発生

---

30) 第1章を参照。
31) 請求即払保証をめぐる2000年代初頭までのドイツの法状況については、潮見［2004-1］が整理・紹介するところである。本節において取り上げる裁判例の一部は、既に同論文において紹介されているものである。また、本節が試みる不当条項規制効果論の観点からの分析についても、既に同論文において、その有用性が指摘されている（235頁注25を参照）。本節の検討は、この潮見論文の指摘する問題に対する、1つの解答の試みということになる。
32) 請求即払保証の基本的な説明については、主としてArnold [2008], 4ff. を参考にした。
33) より詳細な説明は、潮見［2004-1］を参照。

しているかは、この当初の支払請求においては問題にならず、返還請求の場面において、初めて問題となってくる。その結果、債権者は、迅速かつ確実な方法で流動資金を得ることが可能となる。本節で取り上げる裁判例において問題とされたのは、主として建築請負における請負人の債務を保証するための請求即払保証であるが、そこでは、注文者と請負人との間の担保設定合意に基づいて、担保設定義務を負う請負人が、保証人（銀行）に対して保証委託を行うことで、請求即払保証が設定されている。

　この請求即払保証においては、次のような支払いの連鎖が生じる。すなわち、形式的保証事故があれば、保証人から債権者へと資金が移動する。つづいて、支払いをした保証人は、主たる債務者に対して求償することになる。ここでも実質的保証事故の有無は問題とならず、形式的保証事故の存在と債権者への支払いのみを証明すれば、保証人は、償還を受けられる。したがって、実質的保証事故が存在しない場合には、最終的に返還請求を行う主たる債務者が、債権者の支払いリスクおよび訴訟リスクを負担することになる。

　こうした構造を有する請求即払保証には、様々な機能があることが指摘されている。まずは、当然のことながら、担保としての機能が認められる。ドイツ判例によれば、請求即払保証もまた、付従性を有する BGB 上の保証の特殊形態として性質決定される[34]。しかしながら、請求即払保証の機能は、担保に留まるものではなく、債権者に迅速・確実に流動資金を得させる機能や前述のようなリスク配分の機能も、独自のものとして指摘されている[35]。

Ⅱ　問題となった事案

　請求即払保証を定めた条項（または、それに類する条項）の効力が問題となった事案は、いくつかの類型に分けられる。第 1 に、建築請負（下請負）契約における契約履行保証の事例が挙げられる。ここでは、契約の履行自

---

34) BGH 第 8 民事部 1979 年 5 月 2 日判決（BGHZ 74, 244）。
35) Arnold [2008], 20f. は、さらに主たる債務者に対する履行圧力としての機能や金融としての機能を指摘している。

体を保証するために、請求即払方式での保証人を立てるべきものとする条項が問題とされた。第2に、同じく建築請負契約において、瑕疵担保に基づく請求権の担保を目的とする、請求即払保証を含む担保条項の効力が問題となった。第3に、損害担保契約における請求即払条項の効力に関する裁判例が、同時期に現れている。第4に、請求即払保証に関する裁判例に遅れて、やはり建築請負契約について、抗弁放棄条項を伴う単純な連帯保証の効力が問題とされた。これらの事案類型は、それぞれ条項・契約の構造を異にするものであり、個別にその内容を追っていく必要がある。

第2項　裁判例の展開

I　請求即払保証による契約履行保証

　第1の、建築請負（下請負）契約における契約履行保証に関する事案においては、注文者（元請負人）の使用した約款により、請負人（下請負人）は、契約の履行を担保するために、一定額または注文額の一定割合で、請求即払方式での保証人を立てるべきものとされていた。この条項が無効とされた場合の処理に関して、BGHは、次のように裁判例を展開していった。

　まず、約款における上記の条項が無効であるとの立場を明らかにした裁判例として、【5】BGH第7民事部2002年4月18日判決（BGHZ 150, 299）を挙げることができる。【5】の事案は、保証人Xが、注文者Y（債権者）と請負人A（主債務者）との間の契約における担保合意の無効を理由に、Yに対して保証証書の返還を請求したというものである。BGHは、AGBG 9条1項に基づいて、注文者が流動資金を得る一方で、注文者に請求権がない場合にも請負人が求償の負担を課され、注文者の支払いリスクを負担する点で、請負人の不相当な不利益が存するとの理由で、A・Y間の契約における請求即払保証による担保合意を無効とした。これにより、Yは、保証証書の返還義務を負うものとされた。【5】では、補充的契約解釈による無効な担保合意に代わる規律の補充などは、論じられていない。

　つづいて、契約履行保証の条項が無効とされた場合に補充的契約解釈が認められることを表明した裁判例として、【6】BGH第7民事部2002年7月

4日判決（BGHZ 151, 229）が登場した。【6】の事案は、【5】と類似しているが、下請負人 X が元請負人 Y に対して、保証人への保証証書の返還を請求したというものであった。BGH は、【5】と同様に請求即払保証による契約履行保証の条項を無効としたが、補充的契約解釈により[36]、X は請求即払によらない無期限の連帯保証を設定する義務を負う、とした。その理由づけにおいて、BGH は、無効な条項に代わる補充的契約解釈についての一般論を述べたうえで（その際、担保目的表示に関する【4】を参照している）、保証義務の代替なき削除は、両当事者の意思・利益に合致しない結論をもたらすとした。ただし、条項に含まれる規律が客観的に見て約款使用者により意図的に終局的に選択されたものとみなされるべき場合には、補充的契約解釈は不可能とされ、【6】の周知後に締結された契約においても請求即払保証条項が使用され続けた場合が、そのような場合に当たる、とされた。

この補充的契約解釈が認められる期間について、【7】BGH 第 7 民事部 2004 年 3 月 25 日判決（NJW-RR 2004, 880）は、2003 年 1 月 1 日までとした。また、【7】は、補充的契約解釈が認められる根拠として、約款使用者の条項の有効性に対する信頼を挙げている。

さらに、無効な契約履行保証の合意に基づいて設定された請求即払保証が実際に履行された場合について、保証額の返還請求の成否も問題とされた。そのような事案[37]に係る【8】BGH 第 7 民事部 2003 年 1 月 23 日判決（BGHZ 153, 311）は、【6】に従い、請求即払保証による旨の担保合意が無効であっても、無期限の連帯保証を合意したものと補充的契約解釈がされることから、信義則違反を理由に、求償に応じた主たる債務者は、債権者に対して、即払いされた保証額の返還を請求することもできないとした。

---

36) その際、保証設定の規定と請求即払に関する規定とが可分であるかについては、解決を要しないとされた。
37) より具体的には、次のような事案であった。Y・A 間で締結された建築請負契約において、A が Y のために B 銀行による請求即払の契約履行保証を設定した。Y が B に保証債務の履行を請求したので、求償保証人に求償した A の親会社 X が、保証の不当性を主張して、Y に対して、保証額の返還等を請求した。

Ⅱ 瑕疵担保責任の担保における請求即払保証

　補充的契約解釈により単純保証をもって請求即払保証に代えるという処理は、請求即払保証に係る全ての事案で行われたわけではなかった。BGHは、契約履行保証についての裁判例が展開されたのと同時期に、注文者の瑕疵担保に基づく請求権の担保に係る事案について、補充的契約解釈を否定する判例法理を打ち立てた。ここで問題とされた約款上の瑕疵担保責任の担保の仕組みは、先の契約履行保証と異なるものであった。すなわち、建築請負契約において、①注文者の瑕疵担保請求権を担保するために、注文額の一定割合を注文者が瑕疵担保責任の存続期間につき留保するとともに、②請負人は、銀行による請求即払保証を設定することで、この留保を解消することができる旨が定められていた。このような担保合意の有効性が問題とされた。

　まず、【9】BGH 第7民事部 1997年6月5日判決（BGHZ 136, 27）が、この担保合意を AGBG 9条1項による審査に耐えないものとした。【9】の事案は、このような担保合意（注文額の5％を5年間留保）に基づき請求即払保証を設定した請負人が、注文者に対して保証証書の返還を請求したものであった。BGHは、担保合意の無効を、次のように理由づけた。すなわち、まず上記①の留保については、相当な保証についての注文者Yの利益は保護に値するが、注文額の5％を5年間も留保することは、この利益の濫用的な行使に当たる、とした。というのは、BGBの請負契約法は、仕事の引取時における報酬の完全な支払いを規定し、疑わしい場合には、この時点から利息が生じるとしており（BGB 旧641条[38]）、担保としての一部留保を定めていないところ、これとの比較において、①の規定は、比較的長期にわたり請負人XがYの信用リスクを負担することになる点、また、法律の定める利息を受領する利益が顧慮されていない点で、Xの正当な利益を十

---

38) BGB 旧641条［報酬の支払時期］（1964年1月1日～2000年4月30日）
　　(1) 報酬は、仕事の引取りと同時に支払われなければならない。仕事が分割して引き取られるべき場合において、一部についての報酬が定められているときは、当該部分についての報酬を、その部分の引取りと同時に支払わなければならない。
　　(2) 金銭によって定められた報酬については、注文者は、支払いが猶予されていない限りにおいて、仕事の引取りの時から利息を付さなければならない。

分に保護していないからである。つづけて、②の規定は、①の規定に対する相当な補償[39]（Kompensation）ではない、とした。その理由として、請求即払保証は、契約履行保証に関する裁判例においても指摘されるように、債権者に即時に流動資金を得させる一方で、請負人は、場合によっては訴訟に要する長期間、注文者の支払いリスクを負担することになる点で、正当性を有していないことが挙げられた。これらの理由から、担保合意は、全体として無効とされた[40]。

さらに、同種の担保合意に基づく請負人の保証人Ｙに対して、注文者Ｘが保証債務の履行を請求することができるか、が争われた。この問題について、【10】BGH 第9民事部2001年3月8日判決（BGHZ 147, 99）では、担保合意が無効の場合には、債権者による保証債務の履行請求が権利濫用になる、とされた。その際に、BGH は、請負人は単純保証の提供によって担保留保を解消することができるという条件で、担保合意を維持することはできない、とした。その理由として、第1に、担保留保についての条項とその解消についての条項とが、不可分一体であることが挙げられている。すなわち、解消権それ自体は請負人に負担を課すものではなく、AGBG 9条違反は統一的な規律の全体内容ならびにそこにまとめられた合意の協働作用から生じることから、担保合意は、不可分とされた。第2の理由として、AGBG 6条2項に基づき請負契約に関する任意規定が適用されること、また、単純保証の他にも担保留保の縮減などの選択肢があり、当事者がいかなる合意をしたかが不明であることから、補充的契約解釈も問題にならない、とされた。

その後も、いくつかの裁判例において、【10】と同様の判断が繰り返された。【11】BGH 第7民事部2001年11月22日判決（NJW 2002, 894）は、当該担保合意は統一的な構想を有しており、個別要素を個々に考察することができないとの理由で、解消権の可分性を問題とせず、さらに、当事者が

---

39) 「ある約款の内容がもたらす契約相手方の不利益が、別の内容がもたらす利益によって埋め合わされ、全体として正当化される」という補償法理については、野田 [1997] を参照。
40) 同様の判断は、さらに BGH 第7民事部2000年3月2日判決（NJW 2000, 1863）、同2000年4月20日判決（NJW-RR 2000, 1331）などにおいても下された。

いかなる規律をなしたかは確定不能であることなどを理由に、請求即払保証を単純な保証に代える形での補充的契約解釈も否定した[41]。また、【12】BGH 第 7 民事部 2004 年 12 月 9 日判決（NJW-RR 2005, 458）は、当事者が条項無効を知っていた場合にどのような合意をしたか、が不明であるとした他、【6】を引合いに出して、【9】の周知後に締結された契約については、補充的契約解釈が問題にならない、とした[42]。

III 損害担保契約における請求即払条項

　建築請負契約における契約履行保証や瑕疵担保責任の担保に関する裁判例と同時期に、損害担保契約における請求即払条項の効力についての最上級審裁判例として、【13】BGH 第 11 民事部 2002 年 9 月 10 日判決（NJW 2002, 3627）が登場した。【13】の判断は、契約履行保証や瑕疵担保責任の担保に関する裁判例と異なり、損害担保とその請求即払の規定とが可分であるとされた点で、注目される。

　【13】の事案は、次のようなものであった。すなわち、銀行 X は、建築資材販売会社 A との間で、将来の売掛金債権についてファクタリング契約を締結したが、その際に、A の業務執行者 Y との間でも、譲渡債権の存在について損害担保契約を締結した。この損害担保契約において使用された X の書式には、X の請求があれば Y は即払いすべき旨が規定されていた。その後、譲渡債権の債務者がその存在を争い、さらに A が無資力となったため、X は、Y に対して損害担保を請求した、というものであった。したがって、独立した損害担保契約における請求即払条項の効力が問題となった点において、契約の一部をなす担保合意の効力が問われた契約履行保証や瑕疵担保責任の担保の事案とは、違いが存在した。

　このような事案において、BGH は、請求即払条項を、不意打ち的であり（AGBG 3 条）、また、請求即払保証についてと同様の理由により、AGBG 9 条 1 項にも違反するものとした。もっとも、請求即払条項が無効であると

41）　なお、【11】は、救済条項の一種である代替条項に関する判断も下している。この点については、第 **3** 部を参照。
42）　BGH 第 7 民事部 2005 年 4 月 14 日判決（NJW-RR 2005, 1040）も同旨。

しても、AGBG 6 条 1 項に基づき、独立した損害担保契約それ自体は有効であり（補充的契約解釈も必要ない）、Y が損害担保義務を免れるわけではない、とした。ここでは、担保合意本体と請求即払規定とが分離して捉えられ、後者の不相当性が、担保合意全体の効力否定へとつながらなかった。

IV 連帯保証における抗弁放棄条項

　ここまで紹介してきたような BGH 裁判例の展開により、約款における請求即払保証の効力は否定されることが明らかとなった。それでは、単純な連帯保証であるが、保証人の抗弁を排除する旨の規定がある場合はどうか。この問題に関する裁判例においても、建築請負契約について、契約履行保証と瑕疵担保責任の担保とを分けた判断がされている。

　まず、【14】BGH 第 7 民事部 2009 年 2 月 12 日判決（BGHZ 179, 374）では、請負人が連帯保証による契約履行保証を設定する義務を負い、当該保証においては、主たる債務の存在または時効に関係するのでない限りにおいて BGB768 条[43]に基づく保証人の抗弁、ならびに BGB771 条[44]の抗弁を放棄すべき旨の条項が問題とされた。BGH は、このような条項のうち、連帯保証の設定に係る部分と抗弁放棄に係る部分とを、可分なものとして処理した。すなわち、当該事案においては、かかる担保合意の無効を理由に、保証人 Y が注文者 X による保証債務の履行請求を拒絶することができるか、が争われたが、BGH は、連帯保証の部分が疑義をはさまないものとしたうえで、抗弁放棄の部分が無効であるとしても（実際に無効であるかは、審査されていない）、前者の存続に影響せず、Y は X の請求を拒絶することができない、としたのである。両者が可分な理由として、次の 2 つが挙げられて

---

43)　BGB768 条　保証人の抗弁
　　　(1)　保証人は、主たる債務者に認められる抗弁を主張することができる。主たる債務者が死亡した場合には、保証人は、相続人が義務について制限的にのみ責任を負うことを、援用することができない。
　　　(2)　保証人は、主たる債務者が抗弁を放棄したことによって、その抗弁を失わない。
44)　BGB771 条　先訴の抗弁
　　　債権者が、主たる債務者に対する強制執行を試みたが、成功しなかったのでない限りにおいて、保証人は、債権者の満足を拒絶することができる（先訴の抗弁）。保証人が先訴の抗弁を提出した場合には、債権者が主たる債務者に対する強制執行を試みたが、成功しなかった時まで、債権者のその保証人に対する請求権の時効は、阻止される。

いる。第1に、連帯保証の設定義務を定める担保合意が、抗弁放棄条項と内容的かつ文言的に分離して定式化されていたことである。第2に、抗弁一部放棄の義務の脱落は、従来のものと全く異なる契約形成と言わざるを得ないほどに、決定的な意味を有するわけではないことである。この第2の理由に関して、瑕疵担保責任の担保におけるのと異なり、連帯保証設定義務と抗弁放棄条項との間に、構想上の統一性はない、とされた。そのうえ、担保合意の全部無効をもたらす統一性の承認は、履行請求権の担保について定めた当事者の利益に反すること、そして、同様の考慮は、契約履行保証における請求即払保証の事例で補充的契約解釈による処理をした【6】にも影響していることも、指摘された。

これに対して、【15】BGH第11民事部2009年6月16日判決（BGHZ 181, 278）は、注文者が注文額の5％の支払いを留保する規定と、BGB768条に基づく全ての抗弁を放棄した保証によってこの留保を解消することができる旨の規定とが組み合わされた瑕疵担保責任の担保条項について、従前の瑕疵担保責任の担保の事例と同じく、AGBG9条1項に基づき全部無効とすべきものとした。【15】でも、保証設定による解消権が報酬支払留保に対する相当な補償であるか、が問題とされたが、BGHは、かかる解消権の規定を、相当な補償とは認めなかった。そのうえで、担保合意が統一体を構成しており、解消権の部分のみを分離することはできないこと、また、当事者がいかなる合意をしたか確定できないことから、補充的契約解釈も認められないことを指摘した。

第3項　検　討

I　判例の整理

以上の裁判例の展開によって示された判例法理を、効果の重大さに応じて改めて整理すると、次のようになる。

①解消権付きの報酬支払留保による瑕疵担保責任の担保については、解消権の規定が相当な補償と評価されない以上、担保合意が全部無効となる。このことは、解消の条件が請求即払保証の設定である場合でも、

抗弁放棄を伴う保証の設定である場合でも、異ならない。また、補充的契約解釈による担保規律の補充も認められない。

②請求即払保証による契約履行保証については、やはり担保合意全体が無効とされるが、補充的契約解釈により、請求即払によらない連帯保証の設定義務が認められる。ただし、このような補充的契約解釈は、請求即払保証による契約履行保証を無効とした【6】が周知される以前の契約に限って、認められる。

③抗弁放棄を伴う保証による契約履行保証については、そもそも担保合意の無効範囲が限定される。すなわち、連帯保証の設定義務を定める部分とその際の抗弁放棄を定める部分とが可分とされ、後者のみが無効とされる。

④独立した損害担保契約に請求即払条項が含まれている場合には、この条項だけが無効とされる。

このような判例において、補充的契約解釈が認められる場合とそうでない場合の違いがどこにあるのかを検討する上では、前提として、担保合意の可分性が肯定される場合とそうでない場合の違いを、明らかにする必要がある。

II 担保合意の可分性が肯定される場合とそうでない場合の違い

学説においては、判例が保証または損害担保の本体と請求即払規定との可分性を承認したりしなかったりしていることに、矛盾を指摘する見解が存在する。例えば、ウフマン（Katharina Uffmann）[45]は、【13】に対して好意的な評価を示しつつ[46]、請求即払保証による契約履行保証の処理につき、判例からは担保合意が全部無効となる結論を引き出しうるが、そのような結論は【13】と矛盾する、と述べる。さらに、瑕疵担保責任の担保における可分性の否定についても、ほとんど理解することができない、と評している。他に、シュロッサー（Peter Schlosser）[47]も、損害担保の事例と契約履

---

45) Uffmann [2010], 169ff..
46)「利益適合的な解決である」とする。
47) Staudinger/Schlosser [2013], § 306 Rn. 20a.

行保証の事例を引いて、請求即払部分のみを削除することが可能であることを指摘している。

　これら学説の指摘するように、判例における可分性の処理には、矛盾があるのだろうか。筆者は、次のように、処理の違いを理由づけることが可能である、と考える。すなわち、上記のような学説は、保証または損害担保の本体と請求即払部分とが文言的または内容的に可分であるかを、抽象的に問題にしている。そのような問いを立てる限り、両者を分離するか否か、いずれかの処理を一貫させるべきということになろう。しかしながら、約款の可分性において問われているのは、そのような抽象的な事物の分別ではない。むしろ、具体的な規制の文脈において、何が一体的な不当性評価の対象として捉えられるか、が問題である。そして、不当性評価の対象を画定するためには、具体的な規制規範を考慮しなければならない。このような視座に立つと、ここで取り上げた諸裁判例においては、事案類型ごとに異なる規範が作用していることを、指摘することができる。

　まず、瑕疵担保責任の担保の事案においては、担保合意の全体としての作用が問題とされている。そこでは、「報酬支払留保は不相当であるが、この不相当性を解消権の規定によって補うことができるか」という形で、規制規範が立てられている。このような規範による限り、無効とされるのは、不相当である報酬支払留保ということになる。それゆえ、報酬支払留保の部分は存続し、解消権の部分（または、さらにその一部である請求即払の部分や抗弁権放棄の部分）だけが無効になるという効果は、少なくとも可分性の帰結としては出てこない。【10】が担保合意の協働作用に注目し、【11】が統一的な構想と述べるのも、このような趣旨で理解することができる[48]。

　次に、損害担保の事案については、他の事案と異なり、独立した担保契約の効力が問題とされている点を、指摘しなければならない[49]。既述のように、【13】は、AGBG 6条1項に基づき、契約そのものの効力は失われな

---

[48] かくして、第1部第1章でも述べたように、私見によれば、具体的規制規範として補償法理が問題となる場合には、あくまでも契約相手方に不利益な内容が不当性評価の対象となり、相当な補償がされていないのであれば、その内容が無効となる。
[49] Uffmann [2010], 169 は、ファクタリング契約が請求即払式の損害担保約束を含んでいたとしているが、【9】の事案を見誤っている。

いとしている。この説示の背景には、さらに、「契約の中心部分、すなわち、損害担保約束そのものについては、内容規制の対象でない」との考慮を見出すことができる。担保目的表示のところで述べたように、AGBG 8 条（BGB307 条 3 項）によれば、透明性の要請が問題となる場合を除き、契約の中心部分は内容規制の対象とならない。この法理に基づいて、損害担保の本体部分は、そもそも不当性評価の対象から外れている、といえる[50]。この点において、損害担保の事案は、請負契約中の担保合意が問題となった他の事案類型と決定的に異なっており、このことが処理の相違をもたらしたものと見ることができる。

　残るは、契約履行保証の 2 類型における処理の違いを、どのように説明するかである。たしかに、請求即払式の保証については、補充的契約解釈の余地があるとはいえ、不可分のものとして全体が無効となるのに対して、抗弁放棄式の場合には抗弁放棄の部分だけが無効になるというのは、一見したところ、権衡を失しているようにも感じられる。しかしながら、ここでも、両者における規制の視座が異なっていることを、指摘することができる。まず、請求即払保証については、既述のように、担保としての機能があることはさりながら、債権者に流動資金を獲得させる機能や支払いリスクの転嫁機能をも有するシステムであること——その意味で、単なる保証の修正型ではないこと——が、指摘されている。BGH も、単に BGB における保証契約と比較するのではなく、これらの機能を考慮に入れて、請求即払保証というシステムが約款使用者の契約相手方にとって不相当な不利益をもたらすものであるか、を検討している。このような検討においては、請求即払保証の全体が不当性評価の対象になると見ることができる[51]。これに対して、抗弁放棄式の保証については、保証契約に関する BGB の規定からの逸脱の問題として、AGBG 9 条（現 BGB307 条）2 項 1 号の下での規制が考えられる。【14】は、実際には不相当性審査を行っていないので、こ

---

[50] 損害担保は、保証と異なり、BGB に規定された契約類型ではないが、「法規定を逸脱しまたはこれを補充する」約款規定か否かについては、同様に考えてよいだろう。
[51] Graf von Westphalen [2004], 1437 も、請求即払保証を統一的な構造として把握すべきことを指摘する。

の点の態度決定は不明であるが、【10】は、BGB768条に由来する抗弁を排除する条項を、AGBG9条2項1号および2号[52]に基づいて、不相当としている。このような視座に基づいて規制を行うならば、法規定を逸脱している抗弁放棄部分だけが、規制対象として把握される。

このようにして、判例において可分性の処理が区々であることは、不当性審査において立脚している視座の違い、すなわち、具体的な規制規範の違いによって、説明することができる。

Ⅲ 補充的契約解釈が認められる場合とそうでない場合の違い

それでは、請求即払保証による契約履行保証については、時間的な制限付きであれ、補充的契約解釈により、担保合意の全部無効の影響が緩和されているのに対して、瑕疵担保責任の担保についてはそのような措置が否定されている点は、どのように考えるべきであろうか。

この点について、BGHの説示には、当事者の仮定的意思に依拠した論証が見出される。すなわち、契約履行保証については、保証義務の代替なき削除が両当事者の意思に合致しない結論であるとされ、また、【6】の周知後に締結された契約については、当事者の意図から補充的契約解釈が排除される、と述べられている。瑕疵担保責任の担保についても、当事者がいかなる規律をしたかを確定できないことを理由に、補充的契約解釈が拒絶されている。

しかしながら、これらの仮定的当事者意思に依拠した論拠は、判例の処理を正当化するのに不十分なのではないか。なぜなら、契約履行保証についていうと、当事者が無効を知りつつ請求即払保証に合意したとしても、その合意の効力に争いが生じた場合、第2次的に単純保証でも構わないという意思を有していたと考えても、おかしくはない。また、保証義務の代替なき脱落が当事者の意思に反するということは、瑕疵担保責任の担保の場合においても、同様にいいうるはずである。さらに、代替規律の確定不

---

[52] 【10】は、AGBG9条2項2号も引合いに出して、契約の本性から生じる保証人の権利の不相当な制限を指摘する。

可能性についても、後述する利率変更条項に関する裁判例などを見る限り[53)]、BGH はこの論拠を貫徹しているわけではない。

　このように考えると、BGH が２つの事案類型において異なる処理をした背景には、さらなる実質的な考慮があったのではないか、と窺われる。それは、条項の有効性に対する信頼を一定の限度で保護すべきという点にある。この点については、既述のように、【7】も言及しているところである。たしかに、効力維持的縮減の禁止の考え方からすれば、担保を失うことによる不利益は、条項無効についての知・不知を問わず、約款使用者が負担すべきことになりそうである。しかしながら、そのような不利益は、どこまでも負わせられるというものではなく、一定限度を超える場合には、補充的契約解釈という形で、条項全部無効の効果を緩和する必要が出てくる。契約履行保証の場合においては、担保合意の全部無効により、注文者は履行請求権についての担保を失い、契約が全く実現されない状況すら甘受せざるを得なくなるところ、そのような不利益は、条項無効が認識されていたわけではない以上、約款使用者に課しうる限界を超えたものと評価されたのではないか。これに対して、瑕疵担保責任の担保の場合には、少なくとも契約が部分的に履行された段階での担保が問題となっている。そのような段階での担保を失うことによる注文者の不利益は、契約履行保証を失う場合よりも小さいといえる[54)]。筆者は、この担保の重大性の差こそ、瑕疵担保責任の担保の事案において補充的契約解釈が否定された実質的な根拠ではないか、と考える[55)]。

---

53)　例えば、利率変更条項に関する【24】は、無効な利率変更条項に代わる利率算定方法を、裁判所が自ら補充的契約解釈によって確定しなければならないとするが、そこで確定された算定方法が、当事者がいかなる規律をしたかという観点から実際に確定可能なものであるかは不明である。また、既に第２時価条項判決において、補充的契約解釈は、全ての個別事項について当事者の意思または意思表示に手掛かりが存することを要しない、とされていた。この点については、第１章を参照。

54)　契約履行保証と瑕疵担保責任の担保の重大性の差は、実際に問題になった条項にも窺うことができる。すなわち、前者の条項においては、しばしば、注文額の10％の保証が求められているのに対して（【5】・【6】などを参照）、後者の条項においては、注文額の５％留保が目につく（【9】などを参照）。もっとも、契約履行保証の方が瑕疵担保保証よりも常に保証の規模が大きいというわけではなく、例えば、【7】の事案においては、両者ともに注文額の３％とする約款が見られる。

55)　請求即時払保証に関する判例の信頼保護の思想による正当化に対しては、学説上、賛否両論が

以上のように分析すると、請求即払保証に関する裁判例も、第1章において検討した担保目的表示の事案と同様に、約款使用者の信頼保護を顧慮したうえで、条項無効による不利益が約款使用者にとって期待可能なものであるかという観点から、補充的契約解釈の可否が判断されたものとして、位置づけられる。それゆえ、請求即払保証の事案におけるBGHの処理も、従来の学説において示されていた判断枠組み（契約全部無効回避型補充的契約解釈）に連結することができる。もっとも、ここでの事案は、（もちろん、ファクタリング契約の例は別として）担保目的表示の事案と異なり、条項規制の効果として契約の全部無効が想定されたものではなかった。したがって、担保目的表示の事案と整合的に判例を理解するならば、請求即払保証に関する裁判例においては、契約全部無効を帰結することが、補充的契約解釈の必要条件ではないことが示された、といえよう[56]。

第4節 ／ 価格変更条項および利率変更条項

第1項　問題の概要

　第1章において扱ったように、内容規制の効果論における補充的契約解釈についてリーディングケースとなったのは、価格変更条項の一種である時価条項に関する裁判例（第2時価条項判決）であった。そこにおいて、

存在する。一方では、効力維持的縮減の禁止との抵触に疑義を呈しつつも、事業者間の取引における請求即払保証の有効性について、BGHが従来、原則として有効との立場を示してきたことを指摘し、この方向を修正する際に約款使用者の信頼を保護する措置をとったものと見て、契約履行保証の事例における補充的契約解釈による処理に、好意的な評価を示す学説もある。Graf von Westphalen [2004], 1437 を参照。他方で、信頼の基礎がなく、また、過剰な条項形成に対する全部無効のリスクが失われるとして、契約履行保証の事例についても補充的契約解釈をすべきでなかった、とする見解もある。Hubert Schmidt in: Wolf/Lindacher/Pfeiffer [2013], Klausel B 367 を参照。

56) AGBG 6条3項に基づく契約全部無効を回避するための契約調整を主張する学説においても、契約全部無効の要件と契約調整の要件は、全く同一には考えられていなかった。すなわち、前者の要件としては「期待不可能な過酷さ」が挙げられているが、後者については、規制後の契約内容への拘束が信義誠実の要請に反すること、および、相手方としても、条項無効を知っていたならば、誠実にも調整後の規律に同意しなければならなかったであろうことで、足りるとされていた。この点については、第1章を参照。

BGHは、無効とされた時価条項に代えて、補充的契約解釈により、売主の価格変更権を認めた。このような処理は、判例として定着したかのようにも見えるが、2000年代後半に入り、同様の問題が、再び最上級審裁判例に現れ、学説においても議論を呼ぶようになった。具体的には、次の2種の契約における変更条項が問題とされた。

第1の問題は、ガス供給契約における価格変更条項である[57)58)]。一定期間継続してガスを供給する旨の契約において、供給業者が価格を変更する権限を有する、あるいは、何らかの基準により価格が変更される旨の条項が用いられた。これらの条項が無効とされた場合に、どのような法律効果が生じるのか、とりわけ、当初価格が拘束力を有するのか、それとも、第2時価条項判決と同様に補充的契約解釈が認められるのか、が問題とされた。

第2の問題は、貯蓄契約における利率変更条項である[59)]。長期の預入期間を伴う貯蓄契約において、金融機関の約款により、一定の基準で金利が変動する旨の条項が用いられていた。このような条項が無効とされた場合に、当初金利が全契約期間について妥当するのか、それとも、何らかの基準により金利が変動するのか、が問題とされた。

---

57) ここで問題となったのは、いわゆる特別契約（Sondervertrag）における価格変更条項である。ドイツにおけるエネルギー供給は、基本供給（Grundversorgung）と特別契約による供給とに分けられる。前者において、供給事業者は、一定の地域で、普通約款および普通価格に基づいて、家庭顧客（Haushaltskunde）に対して供給義務を負う（電気およびガスの供給に関する法律 EnWG36条1項）。その普通約款は、命令によって定められており（2006年まではAVBGasV、それ以降はGasGVV）、その中に供給事業者の価格変更権が規定されている（AVBGasV 4条1項・2項、GasGVV 5条2項）。これらの規定は、法令の性質を有するものであり、BGB307条以下による内容規制には服さない。これに対して、特別契約は、EnWG36条の枠組みによらない契約である。その中で使用された価格変更条項は、法令の性質を有しておらず、約款規制に服することになる。以上の点についての簡潔な説明として、Büdenbender [2009], 3125を参照。

58) ドイツにおける価格変更条項規制（ガス供給契約に留まらない）に関する先行研究として、石原 [2010-1]・[2010-2]、中村 [2012] を参照。いずれも、効果論を主題とする本書とは異なり、内容規制の要件論に主眼を置いたものである。

59) ドイツにおける利率変更条項規制に関する先行研究として、中村 [2012] 683頁以下・[2015] を参照。いずれも、要件論に焦点を合わせたものである。

第2項　ガス供給契約における価格変更条項に関する裁判例の展開

I　値上げ無効確認請求に関する裁判例

　ガス供給契約における価格変更条項を無効とする BGH の裁判例は、2005年以降、まず差止訴訟において現れたが[60]、その後 2008 年になって、個別訴訟に関する裁判例が登場するようになった。その嚆矢となったのが、【16】BGH カルテル部 2008 年 4 月 29 日一部判決（BGHZ 176, 244）である。【16】の事案は、天然ガス供給契約の顧客 X らが、ガス会社 Y に対して、価格変更条項に基づく数度の値上げの無効確認を求めた、というものであった。問題となった条項は、「Y の供給元によって価格変更がされた場合に、Y は、ガス価格を変更する権限を有する」という文言であったが、BGH は、ガス原価の上昇を顧客に転嫁する Y の権利のみを規定し、原価が下がった場合に値下げする義務を含んでいないとの理由で[61]、BGB307 条 1 項に基づき、この条項を無効とした。そのうえで、Y には、補充的契約解釈によって価格変更権を認めることもできない、とした。その理由として、BGH は、Y が早期に契約を解消しうることを指摘した。すなわち、X・Y 間の契約によれば、Y は、2 年の契約期間の後に、3 か月の告知期間をもって契約を解消することができた。Y がこの時点まで契約上合意された価格に拘束され続けたとしても、直ちに期待不可能な結論には至らない、とした。さらに、【17】BGH 第 8 民事部 2008 年 12 月 17 日判決（BGHZ 179, 186）も、同様の値上げ無効確認訴訟において、普通料金表が改定された場合に

---

60) BGH 第 8 民事部 2005 年 9 月 21 日判決（NJW-RR 2005, 1717）および同 2006 年 12 月 13 日判決（NJW 2007, 1054）を参照。いずれの裁判例も、液化ガス供給契約中の価格変更条項を無効としたものである。なお、後者の裁判例は、UKlaG に基づく差止訴訟において補充的契約解釈（個別契約の補充）は問題にならない、としている。

61) このような条項解釈に際して、BGH は、顧客に不利な解釈を行っている。判例によれば、そのような解釈が条項無効をもたらす場合には、不明確準則（BGB305c 条 2 項）の適用として、個別訴訟においても顧客に不利な解釈がされる。BGH 第 11 民事部 1992 年 2 月 11 日判決（NJW 1992, 1097）、同 1994 年 5 月 10 日判決（NJW 1994, 1798）などを参照。

価格が変更される旨の条項を無効としたうえで[62]、【16】と同じ理由で[63]、補充的契約解釈に基づくガス会社の価格変更権を否定した。

その後も、BGH 第 8 民事部において、同様の判断を示す裁判例が続いた[64] [65]。その中で、【18】BGH 第 8 民事部 2009 年 10 月 28 日判決（NJW 2010, 993）[66] および【19】BGH 第 8 民事部 2010 年 7 月 14 日判決（BGHZ 186, 180）が、効果論上の問題について比較的詳しく論じており、注目される。

【18】は、先行する裁判例と同様に補充的契約解釈を否定する他、価格変更条項が無効でも変動価格制が維持されるか、という問題を論じている。後述のように、貯蓄契約に関する裁判例において、BGH は、利率変更条項が無効とされても、変動利率制そのものは維持されるとする。これと同じことがガス供給契約にも当てはまらないか、という問題である。【18】は、ガス供給契約において、このような処理を否定した。その理由として、両当事者ははじめから変動価格に合意したのではなく、価格変更条項は、従来合意された固定価格を事後的に変更するガス会社の権限であり、全範囲において内容規制に服するものである、と指摘した。【19】も、この問題について、同様の判断を示している。

さらに、【19】は、後述するその後の判例の展開につながる指摘をしている点でも、注目に値する。【19】の事案においては、【16】の事案よりもさらに短く、1 か月の告知期間で 6 か月の最短契約期間の経過（その後は、1 か月ごとに延長される契約期間の経過）をもって解約することが可能であり、やは

---

62) 普通料金表の改定と当該特別契約における価格変更とがどのような関係になるかという点など、価格変更の方法が不明確である、との理由による。
63) 【16】と同様、ガス会社は、契約上、2 年の契約期間の後、3 か月の告知期間をもって、解約することができた。
64) 本文に挙げる【18】・【19】の他に、BGH 第 8 民事部 2009 年 7 月 15 日判決（BGHZ 182, 59. 1 か月の告知期間をもって、18 か月の最短契約期間または 12 か月の延長期間の満了により、解約可能な契約の事案）、同 2010 年 1 月 13 日判決（NJW-RR 2010, 1202. 3 か月の告知期間をもって、2 年の最短契約期間またはそのつど 1 年延長された契約期間の満了により、解約可能な契約の事案）、同 2011 年 2 月 9 日判決（NJW 2011, 1342. 1 か月の告知期間をもって解約可能な契約の事案）、同 2011 年 9 月 7 日決定（ZMR 2012, 88. 3 か月の告知期間をもって、そのつどの決算年の年末に解約可能な契約の事案）を参照。
65) さらに、BVerfG 第 1 部第 2 部会 2010 年 9 月 7 日決定（NJW 2011, 1339）において、BGH による補充的契約解釈の否定は、憲法上も疑義のないものとされた。
66) 当該契約における解約ルールは、前掲注 64）・BGH 第 8 民事部 2010 年 1 月 13 日判決と同様であった。

り、変更前価格の維持はガス会社にとって期待不可能な結論ではないとされたのであるが、【19】は、長期のガス供給関係が問題となる場合はどうかについても、言及している。すなわち、より長期の契約において、顧客が、長期間値上げに異議を唱えず、後になって相当過去の期間についても値上げの無効を主張した場合にも、補充的契約解釈を否定する同様の評価が当てはまるか、という問題である。【19】は、この問題について最終的な判断をしていないが、そのような場合において、ガスの原価が著しく上昇し、当該期間について著しい給付の不均衡が生じるときには、いずれにせよ、かなり過去の期間について、もはや利益適合的でない結論が想定されることは、解約可能性があるからとの理由で、直ちに否定されるわけではない、と指摘した[67]。

II　不当利得返還請求に関する裁判例

　【19】が言及した、この問題については、【20】BGH 第8民事部 2012 年 3 月 14 日判決（BGHZ 192, 372）において、判例の立場が示されることになった。【20】では、値上げの有効性自体が争われた従来の裁判例とは異なり、顧客による値上げ分の不当利得返還請求が問題とされた。【20】の事案は、次のようなものであった。すなわち、X は、ガス供給企業 Y との間で、1981 年に、ガス供給契約を締結した。当該契約には、【17】におけるのと同様の価格変更条項が含まれており、また、【16】の事案と同様に、2 年の契約期間後の解約ルールが設けられていた。Y は、変更条項に基づいて再三にわたり価格を変更したが、X は、これに異議を唱えたことはなかった。ところが、X は、2008 年に Y との契約を解除した後、2009 年になって、Y の値上げに異議を唱え、契約締結当初に合意された価格を基礎に、2006 年以降の値上げ分の返還を請求した。

　【20】の事案について、BGH は、次のように判示した。すなわち、価格変更条項が無効であるから、X は、原則として無効な値上げ分の返還請求権

---

[67]　さらに、【19】においては、補充的契約解釈が認められないと大量の不当利得返還請求により企業の存続を脅かすほどの損失が生じるとの主張もガス会社によってされたようだが、BGHは、事実審において十分な申述がされていないとの理由で、この点については判断していない。

を有するが、契約締結当初の価格を基礎とすることはできない。このことは、補充的契約解釈から導かれる、と。ここで、【20】は、【19】が保留していた問題に回答し、長期の契約における相当過去に遡った無効主張の事案においては、将来的な解約告知の可能性をもって、両当事者に期待可能な処理ということはできない、とした。他方で、効力維持的縮減の禁止に反することなどから、無効な価格変更条項に代えて、補充的契約解釈により有効な規定を設けることもできない。そこで、「両当事者が、使用された価格変更条項の有効性がいずれにせよ不確実であることを考慮していたならば、両者の利益の相当な客観的・一般的衡量において、信義に基づき誠実に、何を合意したであろうか」が探求されなければならない。このような探求により、顧客は、値上げが初めて顧慮された、そのつどの年間決算書の到達後3年以内に値上げに対して異議を唱えなければ、値上げの無効を主張することができない、とした。その理由として、BGHは、①長期の契約関係において時間的制限なしに遡及的に値上げの無効を主張することができるとなると、通常、重大な給付の不均衡が生じるであろうこと、②ガス供給契約においては、双方の請求権が時間的に近接して主張されること、遅れた主張により累積されないことに、特別な必要性があること、③多数の顧客を相手とし、多数の決算処理を伴う債務関係が問題であり、値上げの有無を長期にわたって不確実にしてはならないこと、などを述べている。このような補充的契約解釈の結果、Xは、契約締結当初の価格を基礎として、不当利得の返還を請求することはできない、とした。

　【20】の後も、顧客の不当利得返還請求に関する複数の裁判例において、同様の処理がされている[68]。また、BGB305条2項に基づく価格変更条項の組入れが否定された場合にも、同様の補充的契約解釈が認められている[69]。

---

[68] BGH第8民事部2012年3月14日判決（ZMR 2012, 611）、同2013年1月23日判決（NJW 2013, 991）、同2013年7月31日判決（BGHZ 198, 111）、同2014年1月15日判決（NJW 2014, 1877. 電力供給契約の事案）、同2014年9月24日判決（NJW 2014, 3639. 遠隔暖房供給契約の事案）、同2015年4月15日判決（BGHZ 205, 43）を参照。

[69] BGH第8民事部2014年12月3日判決（NJW 2015, 1167）、前掲注68）・BGH第8民事部2015年4月15日判決を参照。

第3項　利率変更条項に関する裁判例の展開

　利率変更条項は、貯蓄契約だけでなく、与信契約においても使用される。利率変更条項の規制に際しては、当然、両者の違いが考慮されるべきであるが、ドイツ判例は、いずれの契約類型においても類似の規制規範を設定している[70]。そして、BGH は、与信契約に関する【21】BGH 第3民事部 1986 年3月6日判決（BGHZ 97, 212）[71]以来、2000 年頃まで、利率変更条項を制限的に解釈しつつ、有効と判断してきた[72]。

　しかしながら、利率変更条項に対する判例の寛大な態度は、2000 年代の裁判例を通じて転換されることになった。その際に、まず問題とされたのが、貯蓄契約における利率変更条項の効力である。その最初の裁判例として、【22】BGH 第11民事部 2004 年2月17日判決（BGHZ 158, 149）が挙げられる。【22】は差止訴訟の事案であり、積立型の貯蓄契約における「貯蓄

---

70) 利率変更条項の規制規範に関する判例・学説ついては、Andreas Fuchs in: Ulmer/Brandner/Hensen [2016], Teil 2 (65) Rn. 13ff. の整理を参照。

71) 【21】の事案は、次のようなものであった。すなわち、建設事業者 X が銀行 Y との間で締結した複数の与信契約において、Y が使用した約款に、利率に関する条項が含まれていた。それらは、そのつど Y が確定した利率が妥当するものと定める条項（以下、「条項Ⅰ」と呼ぶ）、または、「Y は、（例えば、金融市場または資本市場の展開ゆえに）必要と考える場合に、利率を変更する権限を有する」と規定する条項であった（以下、「条項Ⅱ」と呼ぶ）。これらの条項に基づき Y が行った利率設定について、X が、高率過ぎて不衡平であると異議を唱え、判決による利率の確定を求めた（BGB315条3項）。このような事案において、BGH は、AGBG 9条の下で、与信契約における利率変更条項である条項Ⅰおよび Ⅱを有効とした。その理由について、主として次のように判示した。すなわち、①契約締結時にほとんど見通すことのできない将来のリファイナンス可能性に利率を適合させる必要性がある点において、本件のような利率変更条項には実質的な理由が存在する。②銀行は、利率を引き上げる権限を有するだけでなく、利率の引下げ義務も負わなければならない。疑わしい場合には、条項をこの意味で解釈しなければならず、条項Ⅰおよび Ⅱもそのように解釈される。③条項Ⅰにおいて、銀行に留保された利率確定の要件および限度が明示的に書かれていないことも、同条項の効力を妨げない。同条項は、その認識可能な意味によれば、Y に対して、資本市場の状況変化およびそれによって生じたリファイナンス条件の変化に変動利率を適合させる可能性を与えるだけである。以上のように、【21】では、先のガス供給契約における価格変更条項に関する判例との比較でいえば、銀行の利率引下げ義務が規定されていなくてもよいとされた点、また、要件・限度が具体化されてなくともよいとされた点において、緩やかな有効要件が示されていたことになる。

72) BGH 第11民事部 1990 年12月4日判決（NJW 1991, 832）、同 1992 年4月14日判決（BGHZ 118, 126）、同 1993 年10月12日判決（NJW 1993, 3257）、BGH 第9民事部 2000 年4月6日判決（NJW 2000, 2580）などを参照。

銀行は、暦年の末に、その年に掲示によって公表された……利息を支払う」と書かれた条項の差止めが問題とされた。BGH は、この条項の効力を、2つの部分に分けて判断した。まず、当該条項には、固定利率ではなく変動利率とする旨の合意が含まれているが、この合意については、契約当事者の自由な決定によるものであり、約款規制に服するものではない、とした。これに対して、同じく条項に含まれる Y の給付確定権については、問題の貯蓄契約の長期性に鑑みて、完全に無制限の利率変更権限は、顧客にとって期待不可能なものであるとの理由で、BGB308 条 4 号に違反するものとした。その際、顧客に最も不利な解釈を基礎とする差止訴訟における不明確準則（BGB305c 条 2 項）の適用を理由に、制限解釈も否定した。

　その後、個別訴訟においても、貯蓄契約中の利率変更条項を無効とする裁判例が現れた。その最初のものとして、【23】BGH 第 11 民事部 2008 年 6 月 10 日判決（NJW 2008, 3422）が挙げられる。【23】の事案は、次のようなものであった。すなわち、X は、1991 年に、貯蓄銀行 Y との間で、積立型の貯蓄契約を締結した。その際の契約条項において、利息については、「Y は、そのつど掲示によって公表されるこの種の貯蓄預金についての利息、さしあたり 4％とともに、貯蓄契約の終了に際して、……一回的かつ無利子のプレミアを支払う」とされていた。Y は、この条項に基づき、そのつど市場において通常の利率に合わせて、利率を引き下げた。これに対して、X は、利率変更条項の無効を主張し、全契約期間（25 年）について 4％の利率が妥当することの確認を求めた。【23】も、【22】と同様に、変動利率の合意は内容規制に服さないとしたうえで、問題の利率変更条項については、Y の権限が詳細に限定されておらず、ありうる利率変更について必要最低限の計算可能性を示さないとの理由で、BGB308 条 4 号に基づき無効とした。そのうえで、条項が無効だとしても、当初利率が全契約期間について妥当することにはならない、とした。その理由について、BGH は、次のように述べる。すなわち、問題の条項は、規制に服さない有効な変動利率の合意（ob）と内容規制に服し無効な利率変更の方法の規定（wie）とに分割される。効力維持的縮減の禁止を考慮しても、変動利率の採用と固定利率の不採用が、明示された当事者意思に反して逆転されてはならない。利率変更条項

だけが無効となる結果生じる欠缺は、補充的契約解釈によって補充されなければならないが、当事者が条項無効を認識していたとしても、固定利率を合意したとはいえない。このような理由により、BGHは、Xの請求を退けた。

　【23】は、補充的契約解釈の可能性を肯定したものの、実際にどのような規律が補充されるかについては、明らかにしなかった。この点についてさらに判断を下したのが、【24】BGH第11民事部2010年4月13日判決（BGHZ 185, 166）である。【24】の事案は、貯蓄銀行Yとの間で20年間の貯蓄契約を締結していたXが、契約終了後にYの利息計算に異議を唱え、より高額の利息の支払い等を請求した、というものであった。この契約において使用されたYの書式には、利息について、そのつど有効な率の利息を支払う旨が規定されていた。BGHは、【22】および【23】と同様に、必要最低限の計算可能性のない利率変更の方法を定めている限りにおいて、この規定を無効とした。そのうえで、利息の計算方法につき、裁判所は、補充的契約解釈によって、決定的なパラメータを自ら確定しなければならないとした。具体的には、ドイツ連邦銀行の月報において公表された同種の金融商品についての利率が参照利率となり[73]、また、問題の条項を含む当該契約の内容に鑑みて、閾値なしに参照利率の変動と契約利率の変動を連動させ、さらに、契約締結当初における両利率の間の相対的な差が保たれるようにしなければならない、とした[74]。

第4項　検　　討

I　判例の整理

　以上の裁判例の展開によって示された判例法理は、次のように整理することができる。
　①ガス供給契約における価格変更条項については、価格変更の有無（ob）を含めて内容規制の対象となる。同条項が不相当とされる場合には、

73）　さらなる確定は、事実審に委ねられた。
74）　BGH第11民事部2010年12月21日判決（NJW-RR 2011, 625）も、同様の判断をしている。

obの合意を含めて無効となる。それゆえ、ガス事業者は、契約締結時に合意された価格に拘束される。この結論は、契約期間の長さ・解約告知権の存在に鑑みて、期待不可能なものではない。

②補充的契約解釈により、ガス会社の顧客は、無効な価格変更条項に基づく値上げの無効を、決算書の到達から3年以内にしか主張することができない。過去の値上げに対して無効主張がされた場合には、解約告知の可能性をもって、期待可能な処理ということはできない。

③貯蓄契約における利率変更条項については、変動利率の合意と利率変更方法の合意とが区別され、後者のみが内容規制の対象となる。その結果、利率変更方法の定めが無効となっても、変動利率の合意は存続し、契約締結当初の利率による固定利率になるわけではない。無効な変更条項に代わる利率変更方法は、補充的契約解釈によって裁判所が定める。

II 学説の反応

このような判例法理に対しては、とりわけガス供給契約の処理に対して、次のような異論がある。

第1に、補充的契約解釈の可否を決する上で期待可能性が基準とされている点について、異議が唱えられている。この基準は、従来の判例における補充的契約解釈の要件と合致しない、と指摘された。すなわち、第2時価条項判決以来の判例は、無効な条項が代替されることなく脱落した場合に、相当な解決がもたらされないのであれば、補充的契約解釈が要請されるとしていた[75]。ガス供給契約に関する前述I①の判例法理は、これよりも厳しい基準を導入したものと理解された[76]。このような理解を前提に、(i)期待不可能性は補充的契約解釈の十分条件ではあるが必要条件ではない[77]、(ii)無効部分を補充する任意規定が存在しない場合には補充的契約解

---

75) 前掲注3)を参照。
76) 後掲注77)〜79)の文献の他に、このような理解を示すものとして、Graf von Westphalen [2013], Rn. 67.
77) Thomas [2009], 124ff.; Uffmann [2011], 1314; Schmidt in: Ulmer/Brandner/Hensen [2016], § 306 BGB Rn. 37a.

釈を認めるのが BGB306 条の体系であり、任意規定による補充については期待可能性を問題とせず、補充的契約解釈についてのみこれを要件とするのは、体系不整合である[78]、(iii)顧客は従来の相当性基準によって十分に保護されている一方、約款使用者は精確な判例を計算に入れることができない[79]、などといった批判がされた。また、利率変更条項に関する判例は期待可能性基準をとっておらず、2つの判例の間に明らかな不一致がある、とも指摘された[80]。

第2に、利率変更条項においてのみ ob と wie とを区別し、ガス供給契約においては、当初確定的に合意された価格が価格変更条項に基づいて事後的に変更されるものとしている点についても、人為的な処理である、との批判がある。すなわち、当初合意された利率についても名目的に確定されたものということができ、そうであるならば、価格変更条項においても変動制を認めることができるはずである、との批判である[81]。

第3に、ガス値上げの無効を主張することができる期間を制限した処理についても、批判がある。それによれば、利率変更条項の例など従来の裁判例を考慮すれば、補充的契約解釈によって有効な価格変更条項を設定することも考えられた。そのような解決がされなかった結果、代替規律が、給付の均衡を確保するという価格変更条項の正当な規律関心に方向づけられなくなっている。また、値上げは、給付の均衡を維持するためだけでなく、ガス会社が不当に利ザヤを稼ぐためにも行われうるところ、そのような値上げについて、情報を与えられていない消費者が無効を主張する義務を負い、仮に主張したとしても、事業者としては解約すればよいというのでは、消費者に不利な結果になる。それゆえ、この期間制限の処理は、結論的にも正当化されない、とする[82]。

---

78) Uffmann [2011], 1315f.; ders. [2012], 2228.
79) Staudinger/Schlosser [2013], § 306 BGB Rn. 13a.
80) Graf von Westphalen [2010], 2257; Uffmann [2011], 1314.
81) Graf von Westphalen [2011], 2099; Staudinger/Schlosser [2013], § 306 BGB Rn. 14.
82) Uffmann [2012], 2226f.. これに対して、Höch/Kalwa [2012], Rn. 93 は、顧客に無制限の異議を認めれば、著しい給付の不均衡が生じうること、顧客は事業者に無効であることを気付かせる義務を負うことになるわけではないことなどを理由に、この批判を支持しないとしている。

Ⅲ 考　察
1　期待可能性基準の位置づけ

　期待可能性基準を採用したガス供給契約に関する判例は、担保目的表示および請求即払保証に関する判例に連なるものとして、理解することができる。すなわち、それらの事案においては、補充的契約解釈の可否を判断するに際して、条項無効によって約款使用者が被る不利益の重大さが考慮されていた。第3節では、この考慮要素を、条項無効の効果への拘束の期待可能性の問題として位置づけたが、ガス供給契約に関する判例においては、まさに、この基準が表現された、ということができる。それゆえ、学説の第1の異論に反して、ここでの判例は、従来の判例における補充的契約解釈の枠組みを逸脱するものであったとは、直ちにはいえない。

　さらに、価格変更条項の処理という各論的なレベルで見ても、ガス供給契約に関する判例は、従来の判例を逸脱しているとはいえず、また、利率変更条項に関する判例と整合しないものであるともいえない。その理由は、次のとおりである。

　まず、利率変更条項の事案との違いでいえば、とりわけ契約期間の長さが全く異なるという点において、問題とされた契約内容の違いを指摘することができる。すなわち、ガス供給契約の事案において問題となったのは、最長でも2年程度の拘束期間しかなく、当初価格に不満があれば、供給業者側から終了させることができる契約であった。これに対して、利率変更条項に関して問題となった貯蓄契約は、20～25年という相当に長期のものであった。この点を見るだけでも、両者の事案には、大きな違いがあり、処理を異にする判例は、このことを重視したものということができる。すなわち、判例の基礎には、「2年程度の短期の供給契約においては、当初価格への拘束をもって、なお相当な解決ということができる」との考慮があったのではないか、と考えられる[83]。

---

[83]　ところで、契約全部無効を定めるBGB306条3項の期待不可能性についても、解約告知の可能性や契約期間の長さがその考慮要素となることが説かれている（Schmidt in: Ulmer/Brandner/Hensen [2016], § 306 BGB Rn. 44, 47; Lindacher/Hau in: Wolf/Lindacher/Pfeiffer [2013], § 306 BGB Rn. 63）。ガス供給契約における判例の処理は、このような見解とも通じるところがある。

次に、この観点から従来の裁判例とも比較すると、第2時価条項判決において問題とされたのは、引渡までに2年半程度を要した新車売買契約であったが、同種の事案においては引渡しまでの期間が4～5年に及ぶ例も珍しくなかった[84]。また、第2時価条項判決の直後に、長期とはいえない請負契約における報酬変更条項が無効とされた場合について、同判決と異なり補充的契約解釈の処理をしなかった裁判例が存在する一方[85]、最短期間10年の通信機器賃貸借契約における賃料変更条項が無効とされた事案について、補充的契約解釈により代替的な変更規律を認めた裁判例もある[86]。このように判例は、従来から、とりわけ契約期間の長短を考慮して、価格変更条項が無効とされた場合の処理を分けており、ガス供給契約に関する裁判例が新奇の傾向にあるわけではない、ということができる。

　もっとも、ガス供給契約に関する裁判例が他の裁判例と傾向的に整合するとしても、その正当性に関してなお異論を唱える余地は残る。1つには、「2年程度の供給契約においても価格変更を原則とするのが相当である」との反論が考えられる。しかしながら、このような反論が可能であるとしても、それは、各論的な批判であり、本書の関心事である一般的な効果論を左右するものではない。これに対して、学説の第2の批判は、なお検討される余地がある。というのは、判例も、ガス供給契約において価格変更条項を用いること自体を不相当としているわけではない。むしろ、値下げ義務が規定されていない、条項の定式が不明確であるなど、wieのレベルでの問題から条項が不相当とされているに過ぎない。そうであるならば、利率変更条項の処理と同様に、価格変更それ自体の合意は維持されるべきではないか、と考えられるからである[87]。

---

84) 第1章の〔下級審裁判例一覧表〕を参照。
85) BGH第7民事部1985年5月20日判決（BGHZ 94, 355）。
86) BGH第8民事部1989年7月12日判決（NJW 1990, 115）。
87) 「価格変更それ自体は正当であり、この点についての当事者の規律関心を補充的契約解釈によって実現すべきである」というのが、判例を批判する学説の基本的評価といえる。例えば、Uffmann [2012], 2229は、価格変更のob は条項の正当な核心部分であり、条項が破棄されたのは単にwie の問題によるものに過ぎず、このような場合に、条項の代替なき脱落は、不相当な結論をもたらすとする。

しかしながら、価格変更それ自体の合意は許容されるとの評価から、当然に ob と wie とを区別し、前者を存続させる処理は、判例が禁止する効力維持的縮減に帰着せざるを得ない[88]。むしろ、判例は、規制の出発点となる法規範・原則を定め、そこから逸脱する部分を一体的に規制対象としているものと考えられる。その結果、20年を超す貯蓄契約においては、利率の変動・固定が完全に当事者に委ねられた問題として、規制対象から除外される一方、2年程度のガス供給契約においては、当初価格の拘束力がなお法律上の原則であるとして、これを逸脱する価格変更条項が、ob の部分まで含めて一体的に評価されることになる。後者の枠組みにおいて、価格変更それ自体の正当性は、変更条項がおよそ不相当とされるわけではない、という限りで考慮されることになる。これに対して、利率変更条項の処理は、担保目的表示に関する【3】や損害担保契約における請求即払条項に関する【13】と同様のものということができる。

以上のように考えると、ガス供給契約に関する判例の期待可能性基準は、次のように説明することができる。すなわち、効力維持的縮減禁止の原則によれば、ob 部分まで含めて一体的に不相当と評価される価格変更条項は全部無効となり、当事者は契約締結時の価格に拘束されることになる。しかしながら、BGH は、この意味での無効リスクを約款使用者＝供給業者がどこまでも負うべきである、とは考えなかった。そこで、期待可能性基準により、約款使用者が負うべき無効リスクの限界を定めようとした。ガス供給契約に関する判例の展開は、このように捉えることができる。

これに対して、利率変更条項の事案で行われたのは、そもそも規制対象とならない変動利率性が維持されることを前提とした補充的契約解釈である。このような補充的契約解釈は、利率変動方法を補充する任意規定がないために行われたものと、見ることができる。ここでは、約款使用者がどこまで無効リスクを負うべきか、という考慮が働かず、ゆえに、期待可能性基準が登場することもなかった、といえる。このように考えると、利率

---

[88] むろん、効力維持的縮減の禁止自体を問題にするのであれば、このような区別を正当化することは可能であると考えられる。現に、判例を批判する論者の中には、効力維持的縮減の禁止を批判するものが含まれている。Uffmann [2011], 1316f.; ders. [2012], 2229f. を参照。

変更条項の事案における補充的契約解釈は、第1章で述べた補充的契約解釈の分析のうち、条項不顧慮型補充的契約解釈に該当するものということができる。そうすると、利率変更条項を有効としてきた前世紀における判例との関係では、信頼保護の観点が考慮されなければならないようにも見えるが、それ以前の処理として位置づけられるべきである。

2　補充的契約解釈の可否における履行段階の顧慮

　ガス供給契約において、値上げ無効の確認請求事件と不当利得返還請求事件とで、補充的契約解釈の可否について異なる判断が示されたことは、判例の新たな展開として注目される。このことを一般化すると、補充的契約解釈の可否に係る前述の期待可能性を判断する上で、履行の前か後か、さらにその後の時間経過が顧慮された、ということになる。この点は、第2時価条項判決およびそれにかかわる議論をもとにした第1章において、見出されなかった観点である[89]。

　もっとも、従来、価格変更条項が無効とされた場合の補充的契約解釈は、無効な条項の代わりにどのような規律が妥当するかという、代替規律の問題として論じられてきたのに対して、不当利得返還請求事件におけるそれは、顧客による無効主張の期間制限を導くものである。これは、無効な価格変更条項の代わりにどのような変更ルールが妥当するか、という問題ではない。このことは、判例自体が自覚しているところであり、既述のように、【20】が、「両当事者が、条項の無効を知っていたならば、両者の利益を適切に衡量して、信義誠実に従い誠実に合意したであろう」規律を探求すべきとする第2時価条項判決以来の補充的契約解釈の定式[90]ではなく、

---

89)　時価条項事例の紛争形態は、もっぱら買主による不当利得返還請求であった。第2時価条項判決がまさにそのような請求に係る事案であり（第1章第3節第1項を参照）、また、同判決以前に登場した多数の下級審裁判例も同様であった（第1章の〔**下級審判例一覧表**〕を参照）。しかしながら、時価条項事例において、ガス供給契約の事例に見られるような履行の前か後かを区別する判断（不当利得返還請求の制限に特化した判断）は、困難であっただろう。というのは、売主が契約から離脱する可能性を有していた事案ではなく、また、人気車種について買主が何年も順番待ちを強いられていたという事実関係であり、当初価格に不満のある売主に契約離脱の可能性を認める補充的契約解釈は、事態に適合するものとはいえなかったからである。

90)　第1章第3節第1項を参照。

「両当事者が、使用された価格変更条項の有効性がいずれにせよ不確実であることを考慮していたならば、両者の利益の相当な客観的・一般的衡量において、信義に基づき誠実に、何を合意したであろうか」という定式を用いている点に現れている。このような定式の下で、履行後の無効リスク（または組入れ否定リスク）の配分の問題が、代替規律の形成とは切り離して処理されている。

　このような無効主張の期間制限をもたらす補充的契約解釈についても、従来の代替規律の形成をもたらす補充的契約解釈と同様に、約款使用者の信頼保護という観点が考慮されるのか、を問題とすることができる。法律関係の早期確定の要請を重視するならば、ここでの補充的契約解釈は、約款使用者の信頼保護を目的とするものではなく、約款使用者が悪意で不相当な条項を使用し、または不相当な値上げを行った場合にも、同様の期間制限が妥当する、と考えられる。しかしながら、この期間制限も、約款使用者の信頼保護を考慮したものであり、供給業者が条項無効を知っていた場合など、不当な値上げを悪意で行った場合にまで妥当するものではない、と考える余地がある。というのは、供給業者が条項無効を認識していた等の事情がある場合には、値上げの有効性に関して除去すべき不確実性が存在しない、と考えられるからである。「価格変更条項の有効性がいずれにせよ不確実であることを考慮していたならば」という補充的契約解釈の定式も、このような考慮を正当化する一助となる。この考え方によれば、Ⅱで紹介した学説の第3の批判が提起する問題について、一定の対処が可能となる。

第5節　／　美観修復条項

第1項　問題の概要

　2000年代に入って数多くの最上級審裁判例を生んだ問題として、住宅の使用賃貸借契約における美観修復条項（Schönheitsreparaturklausel）の規制がある。この条項は、民法によれば賃貸人が負うべき賃借物の保存義務

(BGB535条1項2文[91][92])) のうち、室内の塗装等の作業またはその費用を、賃借人に転嫁するものである。代表的な条項は、契約期間中の美観修復義務を賃借人に転嫁するもの（以下、「契約期間中の美観修復条項」と呼ぶ）であるが、契約終了時に改装作業を義務づける条項（終了時改装条項 Endrenovierungsklausel）や、修復義務の履行期が到来する前に契約が終了した場合に修復費用の一部を負担させる旨の条項（代償条項 Abgeltungsklausel）が使用されることもある。

　美観修復条項の規制については、一連のBGH裁判例を通じて、その相当性評価基準について詳細な判例法理が示されており、1つには、その是非が問題となる。それとともに、この条項の規制は、効果論の観点からも、議論を喚起した。その議論の中心となったのは、しばしば複合的な規律から成る美観修復条項が、どの範囲で無効とされるのか、という無効範囲の問題である。しかしながら、効果論上の注目点はそれだけではなく、本章の主たる関心事である補充的契約解釈の可否も問題となっている。そしてBGHは、美観修復条項が無効とされる場合には、補充的契約解釈を認めない立場を示している。ここでは、この補充的契約解釈の否定がどのように基礎づけられるか、ということを第1の関心事とするが、補充的契約解釈を適切に論じるための前提として、美観修復条項に対する規制規範を整理し、そこから導かれる規制対象の画定法理を明らかにすることで、無効範囲の問題についても論じる。

---

91) BGB535条　使用賃貸借契約の内容と主たる義務
　　⑴　使用賃貸借契約によって、賃貸人は、賃借人に賃借物を賃貸借期間の間使用させる義務を負う。賃貸人は、賃借物を、賃借人に契約で定められた使用に適した状態で委ね、賃貸借期間中この状態で保存しなければならない。賃貸人は、賃借物から生じる負担を負わなければならない。
　　⑵　賃借人は、賃貸人に対して合意された賃料を支払う義務を負う。
92) さらに、BGB538条も、次のように定めている。
　　BGB538条　契約適合的な使用による賃借物の損耗
　　　契約適合的な使用によって生じた賃借物の変更または劣化について、賃借人は責めを負わない。

第2項　裁判例の展開

I　美観修復条項に対する相当性評価
1　契約期間中の美観修復条項に関する裁判例

　美観修復条項に対する内容規制は、前世紀のいくつかの裁判例を出発点とする。美観修復条項は、BGB535条1項2文の法規定を逸脱するものであるから、BGB307条2項1号（AGBG9条2項1号）に該当し、不相当と評価されるのではないか、という問題を生じる[93]。この問題に関して、【25】BGH第8民事部1984年10月30日決定（BGHZ 92, 363）および【26】BGH第8民事部1987年7月1日決定（BGHZ 101, 253）は、AGBG9条2項1号にもかかわらず、美観修復条項を原則として有効とした。その第1の理由は、賃借人への美観修復の転嫁は、法的かつ経済的に見て住宅使用の対価の一部であることから、通常、賃料計算において顧慮されており、賃借人を不利に扱うものではない、ということである（価格論拠 Preisargument）[94]。さらに、第2の理由として、美観修復の転嫁が取引慣行になっていることも指摘した[95]。

　もっとも、BGHは、美観修復条項を無制限に有効としたわけではない。【26】は、「通常かつ相当の範囲」でのみ、義務の転嫁が正当化されるとした。具体的な範囲については、第2計算令II.BV 28条4項[96]ならびに1987

---

[93] 他に、賃貸人の瑕疵担保責任との関係も問題となる。BGB536条4項によれば、住宅の使用賃貸借関係において、瑕疵担保責任に関する同条の規律を、賃借人の不利に逸脱する合意は、無効とされる。この点、判例は、「修復対象が、通常、賃借物の使用可能性を左右しない」との理由で、美観修復条項はこの規定に反するものではない、としている。BGH第8民事部1992年5月6日判決（BGHZ 118, 194）を参照。

[94] 丸山［2015］403頁以下（初出2013）は、主として価格論拠の観点から、ドイツにおける美観修復条項の規制に関する法状況を検討している。

[95] 合意がなくとも任意規定に優先して妥当する慣習という意味ではない。この点については、Hans Langenberg in: Schmidt-Futterer [2015], §538 BGB Rn. 112を参照。

[96] 社会的住宅（Sozialwohnung）における費用賃料（Kostenmiete）を算定するための規定である。

　　第2計算令II.BV 28条　保存費用（1984年8月1日〜1988年6月30日）
　　　(4)〈前略〉賃人がこの美観修復を負担する場合には、年間・居住面積平方メートルあたり最高で8.30ドイツマルクを見積もることができる。この基準額は、大部分に壁紙が貼られていない住宅について、0.80ドイツマルクだけ引き下げられる。基準額は、

年に連邦司法省によって作成されたモデル契約[97]が、手掛かりを与えるとした。また、【26】は、住宅が修復されていない状態で賃貸された場合についても、作業実施期間が使用賃貸借関係の開始より起算されるならば、すなわち、前賃借人の使用分についてまで義務を負うのでなければ、美観修復条項は有効であるとした。【25】および【26】において、BGH は、実際に問題とされた条項を、いずれも有効とした。

　その後、今世紀に入り、美観修復条項のより具体的な有効性判断基準について、最上級審裁判例が続出した[98]。

　第1に、美観修復の実施期間、すなわち、作業を実施すべき時間間隔の定めが固定的であることを捉えて、美観修復条項を無効とする裁判例が登場した。その嚆矢となった【27】BGH 第8民事部 2004 年 6 月 23 日判決（NJW 2004, 2586）においては、少なくとも、水回りについては 2 年、その他の部屋については 5 年の間隔で修復を行わなければならない旨の条項が問題とされた。BGH は、このような条項を、実際の必要性にかかわらず賃借人に義務を負わせているとの理由で、BGB307 条 1 項 1 文・2 項 1 号もしくは AGBG 9 条 1 項・2 項 1 号に基づいて無効とした。条項がない場合に賃貸人が負うべき保存義務は、実際の必要性に応じて修復を行うものに過ぎない。賃貸人の保存義務よりも高度の義務を賃借人に課すことは、法律上の

　　　暖房器付き住宅につき 0.65 ドイツマルク、大部分に二重窓または結合窓を備えている住宅につき 0.70 ドイツマルクだけ、引き上げられる。美観修復は、壁紙張り、壁および天井の塗装または漆喰塗、床、暖房用パイプを含む暖房器、内部扉ならびに窓および外部扉の内側の塗装だけを含む。
97)　モデル使用賃貸借契約 1976（BAnz. Nr. 22 vom 3. 2. 1976, Beil. 2/76）
　　　7 条　美観修復
　　　　（2）　美観修復には次のことが含まれる：
　　　　　　壁紙張り、壁および天井の塗装または漆喰塗、床、暖房用パイプを含む暖房器、内部扉ならびに窓および外部扉の内側の塗装。
　　　7 条脚注
　　　　1)　一般に、賃貸住宅における美観修復は、以下の時間間隔で必要となる。
　　　　　　台所、浴室、シャワー　3 年ごと
　　　　　　居室、寝室、玄関、トイレ　5 年ごと
　　　　　　その他の部屋　7 年ごと
98)　このことの背景として、2002 年の民事訴訟法改正によって賃貸借事件の上告可能性が広がったこと、また、2001 年の賃貸借法改正に際して美観修復条項の問題が立法化されなかったことが指摘されている。Beyer, D. [2006], 4f. を参照。

規律に合致しない、とした[99][100]。

　第2に、美観修復の実施方法を指定する条項を問題とする裁判例がある。まず、【28】BGH第8民事部2007年3月28日判決（NJW 2007, 1743）は、従来の実施方法を変更する場合に賃貸人の同意を要する旨の条項を無効とした。このような条項は、賃借人が住宅を自らの嗜好に応じて調整する可能性を不相当に制限するものであり、BGB307条1項1文に基づく規制に耐えない、とされた。同様の考慮に基づく不相当評価は、塗料や壁紙の色調選択を制限する条項についても見出される。例えば、【29】BGH第8民事部2008年6月18日判決（NJW 2008, 2499）は、不透明・中立色の塗料および壁紙の使用を義務づける条項を、賃貸人の承認に値する利益なしに、賃借人の個人的生活領域の形成を制限するとの理由で、不相当とした[101]。また、【30】BGH第8民事部2010年6月9日判決（NJW 2010, 2877）は、専門業者による実施を義務づける条項を、次のような理由で無効とした。すなわち、自ら作業を実施しうることで、義務内容が賃借人にとって見通しが利き、その経済的結果が予測可能なものとなる結果、賃借人は、積立てによる対処や自己作業による費用節約が可能となる。したがって、自ら作業を行う可能性が奪われているならば、美観修復義務の転嫁は、BGB307条2項1号の基準に照らして正当性を失う。そのうえ、美観修復は、その性質上、必然的に専門業者による実施を条件とするわけではなく、賃貸人も、美観修復を第三者に委託して実施させる義務を負わない、との理由である。

---

99)　その他、固定期間の定めを理由に美観修復条項を無効とした裁判例として、BGH第8民事部2004年9月22日判決（NJW 2004, 3775）、同2006年4月5日判決（NJW 2006, 1728）、同2006年4月5日判決（NJW 2006, 2113）、【33】、BGH第8民事部2009年1月14日判決（NJW 2009, 1075）などがある。これに対して、期間の定めを柔軟なものあるいは拘束力のないものと解釈し、条項を有効とした裁判例として、BGH第8民事部2004年10月20日判決（NJW 2005, 425）、同2005年2月16日判決（NJW 2005, 1188）、同2005年3月9日判決（NJW 2005, 1426）、同2005年7月13日判決（NJW 2005, 3416）、同2008年10月22日判決（NJW 2009, 62）などがある。

100)　学説には、柔軟な期間だからといって直ちに有効とされるべきではなく、柔軟であっても短過ぎる期間は不相当である、とする見解も存在する。というのは、そのような期間の定めは、賃貸人に、通常の基準によれば必要のない改装作業を請求する手段を与え、賃借人に改装が必要ないことの証明負担を課すからである。Langenberg [2011], 62f; Heinrichs [2005], 207を参照。

101)　その他の裁判例として、BGH第8民事部2009年2月18日判決（NJW-RR 2009, 656）、同2009年9月23日判決（NJW 2009, 3716）、同2009年12月16日決定（WuM 2010, 184）、同2010年1月20日判決（NJW-RR 2010, 666）などを参照。

第 3 に、美観修復の実施範囲についても、問題が生じた。美観修復条項は、通常、室内の塗装等の作業を義務づけるものである。それでは、屋外の作業（窓や扉の外側の塗装等）までも義務づける条項は、有効であるか。【31】BGH 第 8 民事部 2009 年 2 月 18 日判決（NJW 2009, 1408）は、「賃借人による美観修復の負担は、典型的に賃借人によって惹起された賃貸住宅内部の装飾外観の損耗を除去する作業に関してのみ、正当化することができる」との考慮に基づき、第 2 計算令 II. BV 28 条 4 項が賃借人に転嫁しうる作業の限界を画するとし、屋外作業まで義務づける条項を、BGB307 条 1 項 1 文および 2 項 1 号に基づいて無効とした[102]。

　第 4 に、近時の裁判例では、住宅が修復されない状態または修復を要する状態で引き渡された場合について、契約期間中の美観修復条項が無効とされている。すなわち、【32】BGH 第 8 民事部 2015 年 3 月 18 日判決（BGHZ 204, 302）[103]は、そのような場合には、賃借人に相当な補償が与えられない限り、美観修復実施義務の転嫁は、BGB307 条 1 項 1 文・2 項 1 号に耐えないとした。【32】は、【26】と同様、賃借人は自己の契約期間に生じた損耗についてのみ修復義務を負いうるとしたうえで、具体的な条項について、いずれにせよ、顧客に最も不利な解釈によれば、前賃借人の使用痕跡の除去も義務づけるものであるとした。そのうえで、【26】と異なり、契約開始後に実施期間が起算されるとしても、この点での賃借人の不利益を妨げるのに適していない、とした。そのような条項も、賃借人と前賃借人のいずれが損耗を惹起したかにかかわらず、装飾の状態が要求すれば即座に修復義務を課す、との理由による。

2　終了時改装条項

　終了時改装条項は、絶対的終了時改装条項と相対的終了時改装条項とに区別することができる[104]。前者は、契約期間中の実施期間の定めにかかわ

---

102)　その他の裁判例として、BGH 第 8 民事部 2010 年 1 月 13 日判決（NJW 2010, 674）、同 2010 年 2 月 10 日判決（WuM 2010, 231）などがある。前者によれば、少なくとも相当な補償規律がない場合には、条項が無効とされる。
103)　【40】も同様の判断をしている。
104)　絶対的・相対的の区別については、Langenberg [2011], 83ff. を参照。

らず住宅を改装された状態で返還すべき旨の条項である。これに対して、後者は、契約期間中に履行期の到来した美観修復作業につき、最終的に契約終了時における実施を求める条項である。判例は、いずれの条項についても、契約期間中の美観修復条項における固定期間の定めと同様の観点から、その相当性を審査している。絶対的終了時改装条項について、【33】BGH 第 8 民事部 2006 年 4 月 5 日判決（NJW 2006, 2115）は、「実際の必要性を超える修復義務を賃借人に課す条項は、法律上の規律の本質的基本思想に合致しない」との理由で、BGB307 条 2 項 1 号に基づき無効判断を下している[105]。また、【34】BGH 第 8 民事部 2006 年 6 月 28 日判決（NJW 2006, 2915）は、契約期間中の実施期間の定めを固定期間として無効としたうえ、相対的終了時改装条項についても、同様の理由で無効とした[106]。

また、終了時改装についても、実施方法（色調選択）の制限が問題とされた。ここでは、賃貸人の再賃貸利益が考慮されるため、契約期間中の制限条項とは異なる評価が見られる。【35】BGH 第 8 民事部 2008 年 10 月 22 日判決（NJW 2009, 62）は、白または明るい色調という幅のある形で色調を制限した条項を、次のような理由で有効としている。すなわち、経済的に合理的な賃借人は、契約終了後の返還態様を考慮して室内を装飾するため、この規定によって、賃借人の形成自由が、当該規定がない場合の契約違反によって限界づけられる裁量の余地よりも狭く限定されるが、一定の色調選択の余地を与えているため、賃借人を不相当に不利に扱うものではない、との理由である[107]。これに対して、【36】BGH 第 8 民事部 2010 年 12 月 14 日決定（NJW 2011, 514）は、白 1 色しか認めない条項を、「白以外の控えめな色でも再賃貸は困難にならない一方、賃借人は、賃貸借期間中の色調決定に影響することから、返還時についても色調決定につき一定の裁量の余地があることに、軽微ではない利益を有している」との理由で無効とした。

---

105) 絶対的終了時改装条項に関する他の裁判例として、【41】、BGH 第 8 民事部 2003 年 6 月 25 日判決（NJW 2003, 3192）、同 2006 年 4 月 5 日判決（WuM 2006, 310）、同 2007 年 9 月 12 日判決（NJW 2007, 3776）などを参照。
106) 相対的終了時改装条項に関する他の裁判例として、【42】を参照。
107) 【35】においては、他に、ラッカーの塗られた木材部分について契約開始時と同じ色調で返還すべき旨の条項が、問題とされた。BGH は、ラッカー塗りの部分については色調の回復が困難であるとの理由で、賃借人の形成自由の広範な制限を是とした。

3 代償条項

代償条項の有効性については、【37】BGH 第 8 民事部 1988 年 7 月 6 日決定（BGHZ 105, 71）が、出発点となる[108]。【37】は、代償条項の有効要件として、①費用見積もりが拘束力あるものとされていないこと、②通常の実施期間と関連づけられていること、③賃借人が自ら作業に当たることで支払義務を免れられること、④基準となる期間が契約関係の開始前から進行するものでないこと、という 4 つを提示した。また、基準とされる修復費用は、賃借人が自ら作業に当たった場合の金額ではなく、専門業者の見積もりでよいとした（賃借人の自己作業の価値を基準とするのは、非現実的であるなどの理由による）。これらの有効要件の理由について、【37】は、価格論拠の他、(i)義務の内容が賃借人にとって見通しの利くものであり、その経済的効果において予測可能なものであること、(ii)賃借人は、積立てによって負担に備えることができること、(iii)賃借人は、自ら作業することで費用を節約しうることを、考慮すべきとした。つまり、負担の程度を賃借人の側である程度コントロールできることを、義務転嫁の正当化根拠の 1 つとした。

今世紀の当初の裁判例は、個別的な有効要件への抵触を問題とした。【38】BGH 第 8 民事部 2006 年 10 月 18 日判決（NJW 2006, 3778）などは、固定的な実施期間を不相当とするのと同様の考慮から、賃借人の金銭的負担の算定方法が固定的な代償条項、すなわち、実際の損耗の程度を考慮せず、最後の修復作業より後の使用期間に応じて修復費用の一定割合を負担させる条項を、BGB307 条 1 項 1 文・2 項 1 号に基づいて無効とした[109]。また、【39】BGH 第 8 民事部 2013 年 5 月 29 日判決（NJW 2013, 2505）は、賃貸人

---

108) 当該事案で問題となったのは、次のように書かれた条項である。
「賃貸借関係が美観修復実施義務の発生前に終了する場合には、賃借人は、美観修復費用の負担割合を、賃貸人によって選ばれた塗装業者の費用見積もりに基づいて、賃貸人に、以下の基準で支払わなければならない。すなわち、水回りについて、賃貸借期間中の最終の美観修復が 1 年より前のことである場合には、賃借人が 33％ を支払い、2 年より前のことである場合には、66％ を支払う。その他の部屋について、賃貸借期間中の最終の美観修復が 1 年より前のことである場合には、賃借人は、この費用見積もりに基づく費用の 20％ を賃貸人に支払い、2 年よりも前である場合には 40％ を、3 年より前である場合には 60％ を、4 年より前である場合には 80％ を支払う。」
109) 他に、BGH 第 8 民事部 2007 年 3 月 7 日判決（WuM 2007, 260）を参照。

によって選ばれた塗装業者の費用見積もりを算定基礎とする代償条項を、その見積もりが拘束力あるものとされていることを理由に無効とした。【39】において実際に問題となった条項は、この点について、「賃貸人によって選ばれた塗装業者の費用見積もりを、算定基礎とする」とだけ記載しており、【37】において問題とされた条項と大差なかった。しかしながら、BGHは、不明確準則に基づいて見積もりに拘束力があるものと解釈し（条項無効をもたらす顧客に最も不利な解釈）、無効判断を下した。その他に、負担割合の算定方法が不明確な条項についても、BGB307条1項2文に基づいて無効とした[110]。

しかしながら、代償条項の規制は、最終的に同条項を全面的に不相当とする方向へと移行した。【40】BGH第8民事部2015年3月18日判決（BGHZ 204, 316）は、そもそも代償条項が有効に合意されない、とした。というのは、代償条項に基づく契約終了時の費用負担が、賃借人にとって契約締結時に評価困難なものだからである。すなわち、負担見積もりのためには、賃貸借関係終了時の実際の損耗状態を判断するだけでなく、同様の方法および強度で使用した場合に、どの時点で修復の必要が生じるかを予測しなければならないが、これら複数の変数に基づく仮定的な評価を要求することは、賃借人を不相当に不利に扱うものであるとした（BGB307条1項1文）[111]。

4　美観修復条項の規制規範

以上の裁判例において示された判例法理における美観修復条項の規制規範は、次のように整理することができる。

①美観修復条項は、BGB535条1項2文をはじめとする法律上の規定を逸脱するものであるが、直ちに不相当とはされていない。その理由として、(i)価格論拠および取引慣行となっていること、(ii)賃借人が負担の

---

110)　BGH第8民事部2007年9月26日判決（NJW 2007, 3632）、同2008年3月5日判決（NJW 2008, 1438）を参照。
111)　【40】より先に、BGH第8民事部2014年1月22日決定（WuM 2014, 135）も、同様の考慮から代償条項に対する原則的な疑義を述べている。

程度を制御しうることが考慮されている[112]。
② とりわけ、上記(ii)の観点から、美観修復条項の正当化範囲が具体的に画されている、と見ることができる。すなわち、実施期間の定めと終了時改装条項について固定性が問題とされるのは、賃借人は住宅をきれいに使用することで損耗を遅らせ、修復義務の負担を緩和しうる点が、重視されたものと見ることができる。屋外の修復義務が不相当とされるのも、賃借人が損耗の程度を制御しうるのは室内に限られるから、ということができる。また、専門業者による実施を義務づける条項に関して、賃借人の自己作業の可能性が要求されるのも、負担の程度の制御可能性を具体化したものといえる。さらに、前賃借人による損耗について義務を負わせてはならないという点も、現在の賃借人が制御しえない負担を課しえない、とするものである。代償条項に対する当初の規制も、これらの考え方を基礎にしていた。
③ 上記②の基準による相当性審査は、BGB307条2項1号（AGBG9条2

---

[112] 美観修復条項における価格論拠に対しては、丸山［2015］403頁以下（初出2013）にも述べられているように、学説において批判が存在する。その批判的見解を展開した代表的論者として、ゾンネンシャイン（Jürgen Sonnenschein）を挙げることができる（Sonnenschein［1980］, 1713; ders.［1985］, 430; ders.［1988］, 100; ders.［1989］, 196を参照）。ゾンネンシャインは、美観修復義務の分だけ実際に賃料が引き下げられているならば、美観修復条項の不相当性を否定することができるが、市場経済において価格は第1次的に需要と供給の関係によって決定されるところ、賃料（価格）と美観修復（費用）とを事後的に関連づけることは、事実上困難であるとする（同様の批判として、Emmerich［1990］, 240f.; ders.［1986］, 17も参照）。

上記のような価格論拠の証明不可能性という批判は、美観修復条項の問題に限って見られるものではない。むしろ、責任制限条項ないし免責条項を典型として論じられる価格論拠一般に対する有力な批判の1つである。この批判は、既に1960年代にクリーゲ（Helmut Kliege）によって、経済学的分析を交えて詳細に論じられている（Kliege［1966］, 48ff.）。クリーゲは、価格と販売量の関係・リスク負担に伴う費用と製造量の関係・企業の行為態様（利益最大化または費用の充足）などについて複数のモデルを設定して、免責条項が価格引下げをもたらすか否かを検証し、その可能性を肯定するが、約款が価格に与える影響には様々なものがありうることから、実際の影響を確実に探究することは、実際上困難であるとした。そのうえ、約款の影響は、その他の要素によって隠蔽されているので、免責条項と価格引下げとの因果関係を証明することはできず、例外的に、開かれた料金選択が存在し、両者の因果関係が明らかである場合にのみ、価格論拠が認められるとした。このクリーゲの分析については、既に廣瀬［1985］が、補足を交えて紹介しているところである。

このような価格論拠に対する批判を考慮すると、美観修復条項の規制において賃借人の負担能力が問題とされていることは、改めて、無視しえない重大な事柄であるといえる。つまり、価格論拠が根拠の薄いものであるとしても、したがって、美観修復条項が対価性を有しない典型的な付随的条項またはそれに近いものであるとしても、負担能力を考慮したうえで美観修復の負担を賃借人に配分することは、直ちに不相当とまでいえない可能性がある。

項1号)の枠内で、すなわち、法規定の基本思想に基づくものとして行われている。ここでは、美観修復義務が賃借人も制御可能な範囲のものであること、そして、その範囲に留まらなければならないことが、賃貸人の保存義務が実際の必要に応じた義務であることを介して、法律上の規定に読み込まれている。

④上記②と異質な観点から相当性評価がされているのが、色調選択を制限する条項である。そこでは、賃借人の個人的生活領域における形成自由が問題とされている。そして、この観点からの規制においては、BGB307条2項1号が持ち出されず、端的に、BGB307条1項1文に依拠している。つまり、任意規定からの逸脱の程度が問題とされていない。

⑤代償条項を一般的に不当条項とする新たな判例も、上記②とは異質な観点に基づくものである。すなわち、そこでは、賃借人が契約締結時に自らの費用負担を適切に評価しうるか否か、が問題とされていた。このような観点に基づく規制においても、BGB307条2項1号は挙げられていない。

Ⅱ　美観修復条項に対する規制の効果
1　美観修復条項の無効範囲

以上のような規制規範に基づいて美観修復にかかわる規律が不相当とされた場合に、美観修復条項は、どの範囲で無効となるか。この問題について、BGHは、次のように判断している。

第1に、契約期間中の美観修復条項における実施期間の定め・実施方法の定め・実施範囲の定めが不相当とされる場合には、いずれも美観修復条項の全体が無効になる、としている。固定期間の定めを不相当とした【27】は、①条項を、それ自体から理解可能であり、かつ有意味な形で、許容される部分とそうでない部分とに分離することができないこと、②実施期間は、義務の範囲を具体化することによって義務の転嫁と一体を成すものであり、実施期間の脱落は、条項内容の変更、すなわち効力維持的縮減に帰着することを理由に、実施期間の無効は、美観修復義務自体の無効をもた

らす、とした[113]。実施方法の定めが不相当とされた場合についても、【28】や【29】などが、効力維持的縮減の禁止を理由に、美観修復義務の転嫁それ自体が無効になる、としている。また、屋外の修復まで義務づけることが不相当とされた場合について、【31】は、屋内を含む美観修復条項全体を無効とした。その理由として、賃借人に課される美観修復義務は、統一的な法的義務であり、個別の措置や側面に分割されるものではなく、その形態が賃貸借契約全体を通して評価されなければならない、と述べている[114]。

第2に、終了時改装条項については、前述の絶対的・相対的の区別が、ここで意味をもたされている。まず、前者について、【41】BGH 第8民事部 2003 年 5 月 14 日判決（NJW 2003, 2234）は、累積効果[115]（Summierungseffekt）により、契約期間中の美観修復条項についても無効になる、とした[116]。これに対して、【42】BGH 第8民事部 2006 年 10 月 18 日判決（NJW 2006, 3778）は、固定的と評価された相対的終了時改装条項を無効としたが、この条項が独立した履行期の規定であるとの理由で[117]、契約期間中の美観修復条項の無効までもたらすものではない、とした。

第3に、代償条項については、【29】などが、「代償条項の目的は、履行期が到来していないために終了時改装を請求することができない賃貸人に、少なくとも費用の一部を補償することにあり、したがって、代償条項は、賃借人の美観修復実施義務を補充するものである」との理由で、代償条項の無効は美観修復義務の転嫁それ自体の無効をもたらさない、としている[118] [119]。

---

113) 前掲注 99)・BGH 第 8 民事部 2004 年 9 月 22 日判決も同旨。
114) 前掲注 102)・BGH 第 8 民事部 2010 年 1 月 13 日判決も同旨。
115) 野田 [1997] 87 頁は、この効果を「増幅作用」と呼ぶ。
116) さらに、BGH 第 8 民事部 2006 年 4 月 5 日判決（NJW 2006, 2116）は、それ自体としては固定期間を定めたものではない契約期間中の美観修復条項を、個別合意とされた退去時の改装規定との累積効果を理由に、無効としている。
117) 【34】も参照。
118) 他の裁判例として、BGH 第 8 民事部 2008 年 11 月 18 日決定（WuM 2009, 36）がある。
119) 以上のような判例法理の基礎には、美観修復条項を本体部分と補充部分とに分ける発想があるものと考えられる（Langenberg [2011], 92f. を参照）。すなわち、代償条項については、直近に述べたように、判例が明示的に補充的な規律であるとしている。また、相対的終了時改装条項について独立した履行期の規定であるとするのも、美観修復義務そのものに関する規定ではな

2　補充的契約解釈による賃借人の美観修復義務の補充の可否

BGHによれば、美観修復条項が無効とされた場合には、任意規定としてBGB535条1項2文が適用され、賃貸人が美観修復義務を負うことになる。【34】は、この規定が存在することから、補充的契約解釈によって賃借人の美観修復義務を補充することを否定した。また、【43】BGH第8民事部2008年3月5日（NJW 2008, 1438）は、従来有効とされていた代償条項が不相当と評価された場合について、約款使用者の信頼保護を理由に当該条項を有効とすることはできない、とした。その際、担保目的表示や請求即払保証による契約履行保証に関する判例は、美観修復条項に転用することができない、とした[120]。

3　美観修復条項が無効とされた場合の賃料増額請求の可否

美観修復条項に対価性があるとする判例に従うならば、条項無効の場合に、賃貸人は対価の一部を失うことになる。そこで、賃貸人は、この場合に美観修復義務の負担分を賃料増額により補うことができないか、が問題とされた。その中において、賃貸借法の枠組みによる賃料増額請求の可否の他に、約款規制の効果論における補充的契約解釈等の活用も論じられた。

この問題に関する最初の最上級審裁判例である【44】BGH第8民事部2008年7月9日判決（BGHZ 177, 186）は、価格拘束のない住宅（賃料を市場で自由に決めることのできる住宅）について、美観修復費用分の賃料割増請求を認めない判断を下した[121] [122]。価格拘束のない住宅においては、まず、

いという趣旨に、解することができる。これに対して、絶対的終了時改装条項については、賃借人の修復義務そのものを規律する条項であるから、美観修復条項の本体部分となる。さらに、実施期間・実施方法・実施範囲の定めも、賃借人に課される実施義務の内容を具体化するものであることから、義務の転嫁それ自体と一体的に扱われる。BGHは、このような形で美観修復条項の内容を整序し、無効範囲に反映させているものと窺われる。

120)　【32】も、改装されていないまたは改装を要する状態で住宅が引き渡された場合に美観修復条項が無効とされた事案について、【43】を参照し、信頼保護の観点から条項を有効とすることを否定している。

121)　当該事案においては、固定期間の定めを理由に、契約期間中の美観修復条項が無効とされた。

122)　【44】と同旨の裁判例として、BGH第8民事部2008年7月9日判決（WuM 2008, 487）、同2009年2月11日判決（NJW 2009, 1410）がある。

BGB558条[123]に基づく賃料増額請求の可否が問題となる。すなわち、同条によれば、賃貸人は、地域に通常の比較賃料（ortsübliche Vergleichsmiete）までの賃料増額への同意を求めることができるが、その際に、賃貸人の美観修復負担分だけ割増された賃料を求めることができるか、という問題である。この問題について、BGHは、比較賃料体系の枠内で地域市場に方向づけられた相当な賃料の獲得を可能にするというBGB558条の趣旨に反すると指摘して、割増金の請求を否定した。その際に、美観修復義務の対価性は、条項の有効性評価にとって意味のある事情に過ぎず、そこから抽象的に賃料割増を正当化することはできない、とも述べている。さらに、【44】は、BGB535条1項2文に規定された賃貸人の美観修復義務は、契約当事者の典型的利益に反する不相当な規律ではないとの理由で、補充的契約解釈に基づく賃料増額請求も否定した。また、BGB306条は約款使用者に無効リスクを割り当てており、BGB535条1項2文に基づいて賃貸人が保存義務を全部負担しなければならないとの理由で、行為基礎障害を理由とする割増請求も認められない、とした。

他方で、価格拘束のある社会的住宅（費用をもとに一定の方法で算定された賃料のみを認められた住宅）については、異なる結論が示されている。すなわち、【45】BGH第8民事部2010年3月24日判決（NJW 2010, 1590）は、賃貸人が負担する美観修復費用分の割増金を第2計算令Ⅱ. BV 28条4項が明示的に認めており、美観修復条項が無効とされる結果、任意制定法としてこの規定が適用されるとの理由で、賃貸人の賃料増額請求権を認めた。もっとも、その後の裁判例[124]によれば、賃貸人は、賃借人の意思に反して

---

123) BGB558条　地域に通常の比較賃料までの賃料増額
　(1) 賃貸人は、増額が生じるべき時点において賃料が15か月間変更されていない場合に、地域に通常の比較賃料までの賃料増額への同意を、請求することができる。賃料増額請求は、最も早い場合で、最終の賃料増額の1年後から行うことができる。559条ないし560条による増額は、顧慮されない。
　(2) 地域に通常の比較賃料は、その市町村または比較可能な市町村において比較可能な種類、規模、設備、性状および場所の住宅について過去4年間に合意されまたは変更された通常の対価から構成される。法律によってまたは援助約束との関係で賃料額が拘束されている住宅は、除かれる。
　(3)〜(6)　〈略〉
124) BGH第8民事部2010年8月31日決定（WuM 2010, 750）。

条項無効を援用することができるわけではなく（信義則違反）、事前に条項の一部維持を申し込んだが、賃借人がこれに承諾しなかった場合に初めて、賃料増額請求が認められる、とされている。

かくして、判例は、美観修復条項が無効とされた場合に、賃貸借法の枠内で賃料改訂を認めているだけであり、それ以上に、約款規制の効果論において、補充的契約解釈等による賃貸人の不利益軽減のための措置をとっていない。

第3項　検　討

I　無効範囲の画定

美観修復条項の無効範囲に関する判例に対しては、学説上、異論が見られる。その1つは、無効範囲を判例よりも限定すべきである、とする見解である[125]。例えば、ウフマン[126]は、実施期間の定めが不相当とされる場合に美観修復条項全体が無効とされていることに対して、敷金の履行期の規定がBGB551条4項に基づき違法とされる場合に敷金支払義務を維持する判例[127]を挙げ、同じ履行期の規定に関する判例の不整合を指摘する。ウフマンの見解によれば、美観修復条項においても、義務転嫁それ自体と実

---

125) 本文に紹介したウフマンの見解の他に、判例の処理を批判するモノグラフィとして、Schulz [2012] を挙げることができる。同書は、①美観修復条項の全部無効が不衡平な結果をもたらすこと、②賃貸人が条項の使用に際して悪意でないこと、③条項が無効部分の削除によって有効な残部に還元されうること、④条項の残部が文言的かつ内容的に意味のある規律をなさない限りにおいて、文言の変更または補充によって意味のある規律が形成されうることを要件に、不相当とされた美観修復条項の効力維持的縮減が認められるべきである、とする。また、その際に、縮減された規律は、⑤従来意図された規律にできる限り近くなければならず、⑥異なる規律対象を有し、または完全に従来の規律を逸脱してはならず、かつ⑦両当事者にとって相当な解決でなければならない、とする（S. 133ff.）。この見解は、効力維持的縮減を一定の要件下で例外的に許容しようとする立場（Canaris [1990]）をもとにしたものである（S. 111f., 132）。

このような見解に対しては、効力維持的縮減の是非に関する態度決定にかかわらず、無効範囲の画定に関して、次の問題点が指摘されなければならない。すなわち、この見解は、賃貸人が悪意であった場合など、条項全部無効が少なくとも理論的にありうることを認めているが、その全部無効の範囲を決めるための基準を明らかにしていない。例えば、悪意で不相当な代償条項が使用された場合、美観修復条項の本体まで無効範囲に含まれるのか。このような疑問が生じるのは、この見解が、上記③の要件において顕著なように、効力維持的縮減と規制対象の画定の問題区分を意識していないからである。

126) Uffmann [2010], 165ff.
127) BGH第8民事部2003年6月25日判決（NJW 2003, 2899）等を参照。

施期間（履行期）とは、それぞれ独立の規律である。また、美観修復義務の維持が内容変更をもたらすという【27】の論旨は、敷金の事例にも当てはまるうえ、契約内容の変更は内容規制の効果に過ぎないとして、判例を批判している[128]。

他方において、判例よりも無効範囲を拡大する方向での異説も存在する。例えば、ランゲンベルク（Hans Langenberg）[129]は、次のように述べて、代償条項や相対的終了時改装条項に関する判例に対して、疑義を呈している。すなわち、彼の見るところ、実施期間の定めが不相当とされる場合等に美観修復条項の全部無効を命じる判例の基礎には、個々の規定が美観修復という統一的な対象を規律しており、その不相当性評価においては全体が過剰性の禁止に違反するか否かが決定的である、との考慮、すなわち、累積効果の発想がある。具体的には、BGB535条1項2文の指導形象から導かれる許容限界を超える場合には、賃借人に不相当な負担を課すものとされる。このような評価基準によるならば、代償条項や終了時改装条項についても、累積的な評価がされなければならないのではないか。ランゲンベルクは、このように判例を批判している。

無効範囲の画定に際して、まずは具体的な規制規範が何を一体的な評価対象として把握するかを画定しなければならない、という私見からは、ランゲンベルクの見解に親近感を覚える。というのは、この見解において、具体的な規制規範に注目して無効範囲を画定する理論が、示されているからである。既述のように、そうではない場合があるものの、判例は、多くの場合に、BGB307条2項1号に基づいて美観修復条項の不相当性を審査している。その審査基準は、ランゲンベルクが述べるように、BGB535条1項2文を起点として、そこからの逸脱がどこまで許されるかというものである、と見ることができる。このような審査基準の下では、美観修復条項を一体的に評価する必要があり、全体として賃借人が過剰な負担を強いられ

---

128) 判例に対して同様の疑義を呈するものとして、MüKoBGB/Martin Häublein [2016], §535 Rn. 122 などがある他、Staudinger/Schlosser [2013], §306 Rn. 20; Schmidt in: Ulmer/Brandner/Hensen [2016], §306 BGB Rn. 12 Fn. 69 なども、【27】を不当としている。
129) Langenberg [2011], 88ff., 93.

ていれば、全体として不相当なものと評価されることになる。

　これに対して、義務転嫁それ自体と履行期の定め等の区別を主張する見解には、次のような問題がある。すなわち、たしかに、抽象的に見て、義務それ自体と履行期とを区別することは可能である。しかしながら、その区別が区分された内容規制を要請するものであるかは、また別の問題である。美観修復の実施期間は、単に履行期を定めているだけでなく、作業実施の頻度に関係するものである。したがって、実施期間の定めを含めて全体的な賃借人の義務の重さを量るという審査方法は、正当なものということができる。これに対して、BGB551条4項により敷金の履行期が違法とされた例というのは、まさしく履行期の規定のみが評価対象とされたものといえる。このような規制規範の相違を考慮するならば、ウフマンの批判は、当たっていない。

　もっとも、規制規範に照らして規制対象を画定するという考え方に立つと、先に整理したドイツ判例における美観修復条項の規制規範を前提とする限り、美観修復条項は、常に全体無効とされるべきものではない。というのは、BGB307条2項1号に基づかない規制も、行われているからである。既述のように、色調選択を制限する条項については、根拠規定としては端的にBGB307条1項に基づいて、賃借人の個人的生活領域の形成自由や賃貸人の再賃貸利益を考慮要因として、不相当性が審査されている。ここでの規制規範は、BGB307条2項1号に基づく過剰性審査と別ものであり、規制対象としては色調選択の規定のみを捉えるものと考えられる。

　また、代償条項の無効が美観修復義務の転嫁条項を無効としないとされていることについては、次のように説明することができる[130]。すなわち、代償条項に対して一定の有効要件を課す旧判例については、代償条項に基づく金銭的負担が、賃借人の作業実施義務を金銭に換算したものではないことを、指摘することができる。旧判例は、賃貸人の依頼した業者による

---

[130] 既述のように、判例は、代償条項の補充的な性質を理由に、代償条項のみを無効としている。しかしながら、規制規範が何を個別に規制対象として把握するかを画定基準とするならば、この理由だけでは、美観修復条項本体の維持を正当化することができない。美観修復の作業実施義務と代償条項とが別個の評価対象となるか否かという点が、決定的である。

費用見積もりを基礎とすることを認めていた。そうすると、美観修復義務転嫁条項と代償条項とは、単純に足し算的に義務の過大さを評価すべきものではなく、別個にその適正さを評価されるべきものとなる。また、代償条項を一般的に無効とする新判例は、賃借人が費用負担を適切に評価しうるかを問題とするものであり、BGB307条2項1号に依拠したものではない。この規制規範も、代償条項だけに焦点を当てたものということができる。かくして、代償条項については、それを独立に評価対象とする規制規範が形成されていることから、無効範囲が限定されている、といえる。

　最後に、相対的終了時改装条項について無効範囲を限定する判例については、もとになる【42】の条項解釈に問題がある。【42】においては、契約期間中の美観修復条項における実施期間の定めが柔軟なものとされる一方で、終了時条項が固定期間を定めるものと解釈された。しかしながら、相対的終了時改装条項は、契約期間中に履行期の到来した修復義務について、最終的に終了時の履行を求めるものである。そうであれば、契約期間中の定めと異なる解釈をするのは不自然であり、全体として固定期間の定めはないと解釈すべきであった。契約期間中の定めと異なる解釈がされないのであれば、相対的終了時改装条項のみが無効になるという事態は、問題にならない。

II　補充的契約解釈

　以上の検討によると、代償条項が規制される場合等を除いて、全体として不相当と評価される美観修復条項は、効力維持的縮減の禁止原則に立つ限り、さしあたり全部無効とするのが正当ということになる。それでは、美観修復条項が全部無効とされた場合に、補充的契約解釈によって、不相当でない美観修復条項が補充されない、あるいは、賃料増額が認められない点については、どのように考えられるか。これまで検討してきた諸判例と比較すると、ここでの判例の処理は、次のように説明することができる。

　まず、美観修復条項については、そもそも適合する任意制定法の規定が存在しない事例ではない。【44】が述べるように、BGB535条1項2文が、依然として適正な規定と考えられているからである。たしかに、判例は、

同規定からの一定程度の逸脱を許容している。しかしながら、このことは、賃貸人の保存義務の原則性を否定するものではない（BGHは、美観修復義務の対価性から、いずれの当事者がその義務を負担するかは完全に任意である、とは考えていない）。この状況は、第4節で取り上げた変動利率制の問題などと、大きく異なる。

次に、担保目的表示や請求即払保証に関する裁判例あるいはガス供給契約における価格変更条項に関する裁判例と比較すると、美観修復条項が全部無効になったとしても、賃貸人の被る不利益は限定的であることを、指摘することができる。つまり、判例に従い、美観修復義務に一定の対価性が認められるとしても、その義務負担は、賃貸借における対価の全てではない。賃料は別に存在しており、賃貸人の契約利益は、その限りで確保されている。それゆえ、賃貸人が負う不利益の重大さという観点から、無効効果を緩和するために、補充的契約解釈の措置をとる必要がなかった、ということができる。美観修復条項に関する裁判例は、期待可能性基準を掲げていないが、その処理には、ガス供給契約における値上げ無効確認請求についての裁判例との共通性を見出すことができる。

第4節で取り上げた過大な不当利得返還義務という観点については、時効の面で一定の手当てがされていることを、指摘することができる。すなわち、判例[131]によれば、無効な条項に基づき美観修復作業を行った賃借人の不当利得返還請求権は、BGB195条・199条[132]に基づく一般の時効（それによれば、債権者が請求権を基礎づける事情について知り、または重大な過失がなければ知っていたはずの年の終了から3年）ではなく、BGB548条2項[133]

---

131) BGH第8民事部2011年5月4日判決（NJW 2011, 1866）、同2012年6月20日判決（NJW 2012, 3031）を参照。
132) BGB195条　一般時効期間
　　　一般の時効期間は、3年とする。
　　　BGB199条　一般時効期間の始期および最長時効期間
　　　(1)　一般時効期間は、異なる時効の起算点が定められているのでない限りにおいて、次の各号を充たす年の終了とともに、進行を開始する。
　　　　1.　請求権が発生しており、かつ、
　　　　2.　債権者が、その請求権を基礎づける事情および債務者を知り、または重大な過失がなければ知らなければならなかったはずの年
133) BGB548条　賠償請求権および収去権の時効
　　　(1)　〈略〉

の類推により、賃貸借関係終了後6か月で時効にかかる。このことにより、美観修復条項が全体として無効とされた場合でも、賃貸人が過去の契約に遡って多大な不当利得返還に応じなければならない危険性は、軽減されている。

　さらに、美観修復条項については、条項の有効性に対する信頼保護の要請が小さかったのではないか、と考えられる。というのは、判例は、【26】をはじめとして、既に1980年代から、美観修復条項の有効性に一定の限界があることを、示唆していたからである。それゆえ、約款使用者は、自己が使用する美観修復条項の有効性を、無批判に信頼してよい状況ではなかった。もっとも、前世紀の裁判例においては、実際には条項有効の判断がされていたことも考慮すれば、約款使用者の正当な信頼がおよそ認められないという状況ではなかった、といえよう。また、一部の判断準則について判例変更がされていることも、約款使用者の信頼保護の余地を残すものである。とはいえ、前述のように、約款使用者の不利益の重大性を考慮するならば、それらの信頼保護の要請だけでは、無効効果の緩和に至らなかったであろう。

　かくして、美観修復条項が全部無効とされる場面については、その他の判例の水準と対比して、補充的契約解釈が必要とされる場面ではなかった、ということができる。

第6節 ／ ドイツ連邦通常裁判所のその他の裁判例

　ここまで取り上げてきた諸問題の他に、約款条項が無効とされた場合に補充的契約解釈を認めたBGHの裁判例として、次のようなものが挙げられる[134]。それらの裁判例は、非典型契約に関するものなど、補充のための制

---

(2) 賃借人の費用賠償請求権または設備の収去許可請求権は、使用賃貸借関係の終了後6月で時効にかかる。

134) 以下では、主要なコンメンタールである Harry Schmidt in: Ulmer/Brandner/Hensen [2016], §306 BGB; Lindacher/Hau in: Wolf/Lindacher/Pfeiffer [2013], §306 BGB; Staudinger/Schlosser [2013], §306 において参照されている裁判例の中で、注目すべきと思われるものを取り上げる。したがって、ここでの紹介は、ドイツ裁判例の網羅的な整理を企図したものではなく、また、筆者の問題関心に基づく一定の選別を得たものである。

定法規定がそもそも見出されない事例に関するものとして、位置づけることができる。

第1に、在学契約における解約制限条項に関する裁判例を挙げることができる。【46】BGH 第9民事部 1985 年 2 月 28 日判決（NJW 1985, 2585）においては、寮制学校の在学・入寮契約における解約制限条項の効力が問われた。学校経営者と生徒の両親との間で締結された当該契約においては、毎学年末の解約告知が認められていたものの、入寮契約のみの解約は禁止され、また、寮側の責めに帰すことのできない事由により早期退寮した場合であっても、退寮翌月から 10 分の 1 の割引はあるものの、当該学年末までの寮費を支払わなければならない、とされていた。当該生徒は、寮環境に適応することができず、1週間で退寮したため、年間寮費の支払いが問題となった。BGH は、AGBG 9 条に基づき、この解約告知権の制限を無効とした。その際、いかなる基準によって契約相手方の不利益の有無を判断するかについて、BGH は、制定法上の規定を基準とすることを否定し[135]、BGB242 条および 157 条に基づく補充的契約解釈により、基準を定立した。それによれば、相当な試行期間を合意しておくことで、子（生徒）の適応能力に関する予測を誤るリスクに対応することができるが、そのような契約上の定めがない場合には、補充的契約解釈により、契約の 1 年目においては、第 1 セメスターの終了時点で、親の側に通常解約告知権が認められる。このような在学・入寮契約の内容および本質上相当な規律を逸脱するとの理由で、解約告知権の制限は、AGBG 9 条 1 項に反するとされた。さらに、代替規律の問題についても、BGH は、制定法上の任意規定が欠如しているとし、契約の本質に基づいて（補充的契約解釈により[136]）、先のような解約告知ルールが妥当するとした[137]。【46】は、そもそも制定法規定が適合し

---

135) BGB621 条 3 項を基準とすることは、期間の定めのある契約であることを理由に否定された（BGB620 条 2 項を参照）。また、通信教育受講者保護法および職業教育法の援用も否定された。この点については、BGH 第 9 民事部 1984 年 3 月 8 日判決（BGHZ 90, 280）も参照。
136) ここで、BGH は、条項無効の場合の補充的契約解釈に関するリーディングケースである第2時価条項判決などを参照している。
137) 同様の判断は、ダンス・ミュージカル専門学校の在学契約における解約告知権の制限が問題となった BGH 第 8 民事部 1992 年 11 月 4 日判決（BGHZ 120, 108）においても繰り返された。同裁判例においては、2 年の就学期間のうち最初の 3 か月のみ契約解除が可能とする旨の条項が

ない事例であり、AGBG 9条の審査における基準からして、補充的契約解釈[138]によって定立されているのが特徴である。このような補充的契約解釈は、無効条項がなかった状態に戻すという点で、任意規定による補充と同質のものといえる[139][140]。

　第2に、譲渡担保における過剰担保の解放条項[141]に関する判例も、解約制限条項に関する裁判例と同様の位置づけをすることができる。そこでは、包括債権譲渡担保や流動動産譲渡担保に関して、過剰担保が生じた際に担保を解放する旨の条項が存在しない場合あるいは不相当な解放条項が規定されている場合に、担保契約の効力が維持されるか、が問題となった。この問題について、現在の判例となる【47】BGH民事大法廷1997年11月27日決定（BGHZ 137, 212）は、次のような処理をしている。すなわち、担保契約が解放条項を含まず、または（担保権者の裁量に依拠する）不相当な解放条項が定められている場合であっても、担保提供者には、過剰担保のときに、担保権者の裁量に左右されない解放請求権が認められる。その理由として、判例は、これらの担保契約は信託の性質を有しており、そこから、契約終了前であっても、終局的に必要なくなった場合には、その限度で担保を返還する義務が担保権者に生じる、とする。この契約上の請求権を制

　問題とされた。BGHは、契約の性質上、役務の受け手側に通常解約告知権が認められるとし、告知権の制限として条項の相当性を問うた。結論として、3か月の試行期間後21か月の告知権排除は不相当・全部無効とされ、補充的契約解釈によって、告知権の行使時期の規律が補充されるべきであるとされた。もっとも、本件では、契約相手方（被告）が実際に行った第1学年末での解約告知が認められるかのみが問題とされ（肯定）、より一般的な代替規律は確定されなかった。
138) ただし、当該契約の個別事情に依拠した補充的契約解釈ではなく、在学契約の本質から導かれる類型的な規律形成が行われたにすぎない。
139) Canaris [1990], 555f. は、このような補充的契約解釈の典型例として、【46】を挙げている。
140) ところで、近時のドイツ学説においては、【46】や前掲注137）BGH第8民事部1992年11月4日判決における補充的契約解釈を、不相当性評価基準の厳格さとの関係で正当化する見解が見られる（Schlosser [2012], 511f.）。この見解は、【46】について、問題の告知権制限条項を「濫用的」とまでいうことはできず、判決自体も信義則違反の存在を指摘するのみであり、このことが補充的契約解釈を正当化する、としている。しかしながら、【46】は、「原告の約款は、在学契約と入寮契約の内容および本質によれば相当な規律を著しく逸脱する」（傍点は、筆者による）としており、また、BGH第8民事部1992年11月4日判決も、約款使用者が濫用的に契約相手方の負担で自己の利益を実現しようとする場合という基準の下で、条項の不相当性を審査している。ゆえに、裁判例そのものの論理としては、濫用性の有無によって補充的契約解釈の可否を区別しているわけではない、といえる。
141) この問題に関するドイツの法状況については、野田 [1996]・[1999]、ゼンガー [2001] を参照。

限する約款条項は、AGBG9条2項2号に基づき不相当とされる。この規制の効果としては、担保契約の全部無効ではなく、無効な解放条項に代わり、相当な解放請求権が担保提供者に認められる。【47】は、この法律効果を、AGBG6条2項に基づく任意規定の適用と同視している[142]。さらに、【47】は、過剰担保を確定するための限度、すなわち捕捉限度（Deckungsgrenze）が規定されていない、あるいは不相当な規定しかない担保契約においても、この限度を被担保債権の110％に定めることができる、とした。ここでも、担保契約の信託的性質から、契約目的と契約相手方の保護に値する利益を顧慮して、明示的な契約上の規律がなくとも、捕捉限度を探求することができる、とされた。以上の処理を、【47】自体は、補充的契約解釈によるものとは述べていない。しかしながら、他の裁判例[143]や学説[144]においては、同様の処理が補充的契約解釈によるものとして位置づけられている。いずれにせよ、この解放条項に関する判例においては、明示的に、そもそも条項が存在しなかった場合と不相当な条項が存在した場合とが、等しく処理されている[145]。

　第3に、保険契約に関するいくつかの裁判例も、同様の傾向を有すると考えられる。【48】BGH第4a民事部1983年7月6日判決（BGHZ 88, 78）は、疾病日当保険契約に関して、保険者が毎保険年末に解約告知権を有する旨の条項を、継続的かつ無制限の保険保護という契約の性質からもたらされる本質的な権利を、契約目的の達成を危殆化するほどに制限するとの理由で、無効とした（AGBG9条2項2号）。そのうえで、無効な条項は、両当事者の利益を相当に顧慮する規律によって代替されるべきであるとした[146]。

---

142) 【47】は、ここで次のように述べている。すなわち、「この行き過ぎた条項に代えて、当該契約について決定的な制定法が妥当する。まさにこの法律効果が、本件においても実現される。……解放請求権の顧慮は、無効な条項がなければ存在したであろう法律状態を作出する」と。
143) BGH第11民事部1996年1月23日決定（NJW 1996, 1213）、同1996年5月14日判決（BGHZ 133, 25）、BGH第9民事部1996年7月11日決定（NJW 1996, 2786）、同1996年7月11日決定（NJW 1996, 2790）。
144) Harry Schmidt in: Ulmer/Brandner/Hensen [2016], § 306 BGB Rn. 11a; Staudinger/Schlosser [2013], § 306 Rn. 12.
145) BGH第7民事部2015年3月26日判決（BGHZ 204, 346）は、建築請負契約に付随する瑕疵担保保証の解放条項が無効とされた事案において、【47】を参照したうえで、補充的契約解釈により、注文者は、通常、合意された期間の経過後、この時点で実現可能な瑕疵担保請求権が存在しない限りにおいて、保証を解放しなければならないとした。

第 2 章　補充的契約解釈に関するその後の裁判例の展開　　263

　同じく疾病日当保険に関する【49】BGH 第 4 民事部 1992 年 1 月 22 日判決（BGHZ 117, 92）は、被保険者が年金受給権を得た場合に契約関係が終了する旨の条項を、契約目的に合致せず無効（AGBG 9 条 2 項 2 号）としたうえで、補充的契約解釈により、被保険者が年金を受給した場合について、保険者の給付拒絶権・返還請求権を認めた[147]。生命保険契約における解約返戻金の算定に際しての契約締結費用の控除に関する条項が問題とされた【50】BGH 第 4 民事部 2005 年 10 月 12 日判決（BGHZ 164, 297）は、契約締結費用の清算について制定法規定がなく、また、不当条項の代替なき脱落（保険者のみによる費用負担）も不適切であるとし、補充的契約解釈により自ら清算方式を確定した[148]。

　第 4 に、リース契約に関する裁判例を挙げることができる。【51】BGH 第 8 民事部 1981 年 10 月 28 日判決（BGHZ 82, 121）は、毎月のリース料の他に、解約時に契約期間に応じた一定額の支払いをユーザーに義務づける条項を無効とした。そのうえで、ユーザーのためにリース業者に生じた費用をリース料だけで償還するのではないことで、両当事者は一致していたとして、ユーザーが解約した場合のリース料以外の負担について補充的契約解釈が必要である、とした[149]。また、【52】BGH 第 8 民事部 1982 年 3 月 31 日判決（NJW 1982, 1747）は、【51】と同様の条項が無効とされた事例において、調達費用の 90％がリース料によって償還される前に契約が終了した場合のリスク分配について、原則として合意があるとし、補充的契約解釈によりその分配方法を確定する必要がある、とした。

　最後に、【53】BGH 第 8 民事部 1984 年 2 月 29 日判決（NJW 1985, 53）は、自動機器設置契約において、決算間隔が設置者に委ねられる旨の条項の無効としたうえで、補充的契約解釈により、毎月決算の通常の合意が妥当する、とした。

---

146)　具体的にどのような代替規律が妥当するかは、述べられていない。
147)　補充的契約解釈の前提として、【49】は、保険契約法においては任意制定法が提供されていないのが典型的であるとしている。
148)　【50】を含む解約返戻金算定条項の問題については、武田［2018］(1) 119 頁以下において、無効な約款条項の変更権に関連して詳しく扱った。
149)　ただし、具体的な補充方法は示していない。

第7節 / ドイツ連邦労働裁判所の裁判例

第1項　本節の概要

　AGBG 23条1項[150]は労働契約を適用範囲から除外していたが、2002年の債務法現代化に伴い、労働契約についても、労働法の特殊性を顧慮したうえで、約款規制が適用されるようになった（BGB310条4項2文）。それゆえ、その後においては、BAGにおいても、約款の内容規制に関する裁判例が登場している。本節においては、内容規制の効果論に関するBAGの裁判例を追っていく。もっとも、労働契約に関する裁判例には、債務法現代化前の契約についてのもの[151]と、その後の契約についてのものとがある。前者には、法改正に関する特別な考慮が必要である[152]ところ、本書では、後者のみを検討の対象とする。

第2項　裁判例の展開

I　職業教育費用の返還条項に関する裁判例

　労働契約に関する最上級審裁判例としては、まず、職業教育費用の返還条項に関するものが、一群を成している。そこでは、仕事上必要な知識や技能を習得するために労働者が受ける教育の費用を使用者が支出したが、教育終了後、所定の期間を経ずに労働関係が終了した場合に、労働者は当該費用を返還しなければならない旨の条項の効力が、問題とされた。

150）　AGBG 23条　物的適用範囲
　　　（1）この法律は、労働法、相続法、親族法および会社法の領域の契約に適用されない。
151）　2001年以前に成立していた労働契約に対しても、2003年1月1日以降は新法が適用される。EGBGB229条§5
　　　2002年1月1日より前に成立していた債務関係には、別段の定めがない限り、同日まで妥当している民法典、約款規制法……が適用されなければならない。第1文は継続的債務関係についても適用するが、2003年1月1日からは、第1文に掲げられた諸法律に代えて、同日に効力を有する民法典が適用されなければならない。
152）　この点については、武田［2018］(3) 111頁以下を参照。

このような条項が無効とされた場合について、多くのBAG裁判例は、補充的契約解釈によって労働者に返還義務を課すことを否定している[153]。いくつかの裁判例は、期待可能性基準の下で、補充的契約解釈を不要なものとしている。例えば、【54】BAG第9部2007年1月23日判決（NZA 2007, 748）においては、次のような条項が問題とされた。すなわち、使用者は、貸し付けたものとして労働者の教育費用を支弁し、労働者は、教育終了後、1か月勤務するごとに貸付総額の36分の1を免除されるものとするが、早期に労働関係が終了した場合には、労働者が残額を返還する義務を負う、という旨の条項である。使用者である反訴原告Yは、この条項に基づいて労働者・反訴被告Xに対して、貸付金の返還を請求した。BAGは、このような返還条項を、使用者によって労働関係の終了が惹起された場合にも返還義務を課すものであり、それによって労働者は不相当な不利益を被る、との理由で無効とした（BGB307条1項1文）。そのうえで、補充的契約解釈によって有効な返還規律をもたらすことも否定された。補充的契約解釈は、契約への拘束が約款使用者にとってBGB306条3項にいう期待不可能な過酷さを意味する場合にのみ問題となるが、使用された条項の無効は、そのような極端な均衡障害をもたらさない、とされた[154]。

他方で、期待可能性基準に立ち入ることなく、「少なくとも」という必要条件の形ではあるが、「無効条項の代替なき削除が相当な解決を提供するか」という第2時価条項判決以来の定式の下で、補充的契約解釈の可否を判断している裁判例も存在する[155]。もっとも、結論的には、補充的契約解釈が否定されており、これらの裁判例が、期待可能性基準よりも緩やかな基準を支持する趣旨であるとまでは、いえないだろう。

---

153) その前提として、効力維持的縮減または条項画定を理由に、有効な返還条項を維持することもできないとされる。この点については、【54】などを参照。
154) 期待可能性基準をとる他の裁判例として、【57】、後掲注160）・BAG第3部2009年9月15日判決、【56】、BAG第9部2016年5月10日判決（ArbR 2016, 530）が挙げられる。
155) 【55】、BAG第3部2012年8月21日判決（BAGE 143, 30)、後掲注156）・BAG第3部2013年5月28日判決、BAG第3部2013年8月6日判決（NZA 2013, 1361）を挙げることができる。このうち、2012年判決と2013年8月判決は、返還条項が透明性の要請に反するとされた事案において、使用者は条項設定時に透明性を有する条項を定式化することができたという理由で、補充的契約解釈を否定している。

いずれの基準によるかにかかわりなく、職業教育費用の返還条項に関するBAG裁判例においては、約款使用者の信頼保護に焦点を合わせて補充的契約解釈の可否を判断しているものが、多く見られる。例えば、【55】BAG第3部2011年12月13日判決（NZA 2012, 738）[156]は、労働者の解約告知によって労働関係が終了した場合に例外なく返還義務を負わせる条項が無効とされた事案において、次のように述べ、補充的契約解釈の要件を充たしていない、とした。すなわち、当該使用者は、条項の維持について保護に値する利益を有していない。2006年1月末の条項の使用時点で、その原因を使用者の責任領域に帰せしめることができる終了事実に返還義務を結び付ける返還条項が無効であることは、既に知られていた、と述べた。条項無効が明らかであった根拠として、【55】は、1998年のBAG裁判例を挙げている[157]。これに対して、【56】BAG第9部2014年3月18日判決（NZA 2014, 957）からは、信頼保護の異なる基準点が窺われる。すなわち、【56】は、同様に労働関係の終了事由を細分化していない返還条項が無効とされた事案において、このような条項の無効は、従来から判例において承認されており、2008年11月の契約締結に際して、条項の有効性に対する約款使用者の保護に値する信頼は、存在しえなかった、と指摘したが、その際に、2006年および2004年の諸判決を参照している[158]。

　ここまで紹介してきた補充的契約解釈を否定する裁判例に対して、一定の場合に補充的契約解釈が認められるとするものとして、【57】BAG第3部2009年1月14日判決（BAGE 129, 121）が注目される。【57】においては、教育終了後、1か月勤務するごとに返還総額の60分の1が免除される旨の規定を伴う返還条項が、5年という長期の拘束期間を生じさせることを理由に無効とされた（BGB307条1項1文）。債務法現代化前からの判例によれば、返還義務によって労働者を拘束することができる期間の上限は、教育期間

---

156)　【55】と同旨の裁判例として、BAG第3部2013年5月28日判決（NZA 2013, 1419）も参照。これらの裁判例は、救済条項（代替条項）の効力を否定している点でも注目される。
157)　BAG第5部1998年5月6日判決（BAGE 88, 340）が参照されている。同判決は、個別契約上の返還条項につき、解約告知の理由がもっぱら使用者の領域にある場合には、BGB138条1項および242条に基づき、その有効性が否定される、としたものである。
158)　BAG第9部2006年4月11日判決（BAGE 118, 36）およびBAG第6部2004年6月24日判決（BAGE 111, 157）を参照している。

に応じて、原則として定型的に決まっており、当該事案で問題となった教育期間は3か月に相当するところ、これに対応する拘束期間は、2年までしか許容されなかった[159]。もっとも、この定型的な基準は、例えば、教育が労働者に非常に大きな利益をもたらし、または、使用者がきわめて著しい支出をした場合に、個別的な逸脱を許すものとされていた。BAG 第3部は、このことから、補充的契約解釈によって、許容される拘束期間を伴う条項を維持する余地がある、と指摘する。すなわち、個別事情が考慮される場合には、使用者としては、いかなる拘束期間が相当であるか、常に予見することができるわけではない。この予測リスクが個別事例において実現した場合には、その限りにおいて、教育費用を負担しなければならず、かつ、労働者を相当に拘束することができないことは、使用者にとって期待不可能な過酷さである、とする。もっとも、当該事案においては、このような個別事情が問題とならないことから、補充的契約解釈は否定された[160]。

II　その他の裁判例

その他の単発的な裁判例[161]として、【58】BAG 第8部 2008 年 12 月 18 日判決（NZA-RR 2009, 519）では、違約罰条項が問題とされた。その条項は、労働者が労働関係を契約に反して解消し、または、全く勤務に就かなかった場合に、月給の3倍の違約罰を支払わなければならない、というものであった。労働者 Y が契約上の告知期間を遵守せずに解約告知をし、勤務を停止したので、使用者 X が違約罰の支払いを請求した。【58】の事案におい

---

159)　判例の定型的な基準については、【57】を参照。【57】は、債務法現代化前においても、BGB138 条・242 条・315 条に基づいて、拘束期間の制限がされてきたことを指摘する。
160)　同様の判断が下された裁判例として、BAG 第3部 2009 年9月 15 日判決（NZA 2010, 342）がある。
161)　本文に取り上げる裁判例の他に、特殊なものとして、BAG 第6部 2012 年6月 28 日判決（BAGE 142, 247）は、教会労働契約における動的参照条項（教会組織の定めた労働契約の指針の変更が、そのつど合意なしに妥当する旨の条項）について、当該条項が BGB308 条4号の類推適用により無効であるとしても、教会労働法の特殊性（BGB310 条4項2文）から、補充的契約解釈が認められる、とした。すなわち、教会の労働契約規律の動性は、直接的・強行的に作用する労働協約の拘束力によってもたらしえないこと、基本法上保障されている教会および教会施設の自己決定権を有効なものとするためであることなどを理由に、補充的契約解釈が要請される、とした。

て、BAG は、不相当に高額であることを理由に、BGB307 条 1 項 1 文に基づいて違約罰条項を無効とし[162]、違約罰合意の無効は極端な均衡障害をもたらさないなどの理由から、補充的契約解釈も認められない、とした。

【59】BAG 第 9 部 2010 年 4 月 13 日判決（NZA-RR 2010, 457）では、私用も許された公用車の提供について、使用者が留保していた撤回権の効力が問題とされた。【59】は、この撤回権留保を、一方的な給付変更留保として性質決定し、BGB308 条 4 号に基づき、条項の定式上、実質的な理由がなくても撤回が可能であることから、労働者にとって期待不可能であるとの理由で、無効とした。そのうえで、補充的契約解釈によって、具体的に挙げられた承認に値する事由を伴う撤回条項をもたらすことも、問題にならない、とした。その際に、【59】は、BGB306 条 3 項にいう期待不可能な過酷さが明らかでないことなどを、指摘している。

【60】BAG 第 8 部 2013 年 12 月 12 日判決（NJW 2014, 2138）では、使用者 X の労働者 Y に対する貸付について、Y からの契約解除による労働関係終了後に、X が消費貸借契約を解除して残金の返還を請求したという事案において、完済前に労働関係が終了した場合には、X は解約告知権を有する旨の条項の効力が問題とされた。BAG は、労働関係の終了が X の領域にある事由によって惹起された場合にも解約が可能となる点で、広く表現され過ぎており、Y を信義誠実の要請に反して不相当に不利に扱う（BGB307 条 1 項 1 文）という理由で、この条項を無効とした。さらに、補充的契約解釈によって、許容される内容の条項を維持することもできない、とした。すなわち、X の利益はその他の解約告知権によって十分に考慮されているなどとして、無効条項を代替なしに削除しても、X に期待不可能な過酷さは生じない、とした。

第 3 項　検　討

以上のように裁判例を整理すると、BAG にも、BGH と同様の傾向を見出

---

[162]　BGB309 条 6 号は、BGB310 条 4 項 2 文に基づき、適用することができないとされた。

すことができる。

　まず、BAG の裁判例においてもまた、ガス供給契約における価格変更条項に関する BGH 裁判例と同様に、補充的契約解釈の可否を期待可能性基準によって判断する傾向が確認される。職業教育費用の返還条項に関する裁判例の一部に加え[163]、【59】および【60】にも、この基準を見出すことができる。極端な均衡障害に言及する【58】も、同趣旨のものと見てよいだろう。これらの裁判例においては、やはり、条項無効によって約款使用者が被る不利益の重大性が、補充的契約解釈の要件として考慮されている、といえよう。また、期待可能性基準に踏み込んでいない裁判例も、この点を考慮していないというわけではなかろう。

　次に、【55】および【56】などにおいて、条項の有効性に対する約款使用者の信頼保護が考慮されていることに、請求即払保証に関するものなど BGH の裁判例と同様の傾向を見出すことができる。また、【57】における予測リスクの指摘も、条項の有効性に関する主観的要素を問題にしているという点で、信頼保護の問題と通じるものといえる。そして、この【57】においては、同じ返還条項の問題について、もっぱら主観的要素に着目した補充的契約解釈の緩和が説かれていることが、注目される。つまり、期待可能性基準には客観的要素と主観的要素とが含まれるとして、返還規律が認められなかった場合に使用者が被る客観的不利益が等しいものであるとしても、主観的要素の差によって補充的契約解釈の可否が分かれることになる。このような推論が成り立つとすれば、【57】においては、両要素が相関的に考慮されている、といえる。

163）　いかなる基準を採用するかにかかわらず、職業教育費用の返還条項が無効とされた場合について補充的契約解釈が否定されている背景には、教育費用の支出も使用者による事業上の投資であり、それが無駄となったことによる損失は、原則として、つまり、適正な返還条項がなければ、使用者が負担すべきである、との考慮が読み取れる。この点については、【55】および前掲注 156）・BAG 第 3 部 2013 年 5 月 28 日判決を参照。

第8節 / 結　論

第1項　ドイツ法のまとめ

I　ドイツ判例における補充的契約解釈の判断枠組み

　第7節までの検討をまとめると、現在までのところBGHおよびBAGの判例においてとられている、約款の内容規制による無効部分を補充するための補充的契約解釈の判断枠組みは、基本線において、次のようなものとしてまとめることができる。

　第1に、補充的契約解釈による処理を肯定した裁判例の中には、適用可能な任意規定がそもそも存在しなかった場合と見ることのできるものがあった。そのような例として、第6節において取り上げたBGHの諸裁判例、および、利率変更条項が無効とされた場合に補充的契約解釈により利率算定規律を補充する判例の処理を、挙げることができる。この種の補充的契約解釈は、第1章においても述べたように、無効な条項がなかったのと同じ状態に戻すという点で、任意規定による補充と同様に、原状回復的な処理ということができるものである（条項不顧慮型補充的契約解釈）。したがって、効力維持的縮減の禁止を採用した場合においても、それと背理することなく認められうる。

　第2に、ドイツ判例における無効部分を補充するための補充的契約解釈は、第1の場合に尽きるものではないことが、明らかになった。すなわち、当該補充的契約解釈がされなかった場合に、条項規制の効果により約款使用者が負うことになる不利益の重大性を考慮して、補充的契約解釈が肯定される場合もあることが認められる。そのような例として、担保目的表示の事案において補充的契約解釈を用いた裁判例（もっとも、繰返しになるが、私見によれば、規制対象の画定のレベルで処理すべき事案である）、契約履行保証における請求即払保証に関する判例、職業教育費用の返還条項に関する【57】を挙げることができる。また、同様の観点から、逆に補充的契約解釈を否定した例として、瑕疵担保責任の担保における請求即払保証に関する

判例、ガス供給契約における価格変更条項につき将来の値上げ無効確認の事例、美観修復条項が無効とされた場合の判例、BAG のいくつかの裁判例を、指摘することができる。これらの裁判例において示された不利益の重大性の考慮は、とりわけガス供給契約に関する裁判例の展開において示された期待可能性基準として、表現することができる。

　このような第2の補充的契約解釈に当たっては、不利益の客観的な重大性だけでなく、条項の有効性に対する約款使用者の信頼保護の必要性も、しばしば問題にされていた。この観点は、既に担保目的表示の問題において現れていたが、請求即払保証の事案において補充的契約解釈が認められる期間が制限されたことで、判例法理に採用された、ということができる。また、BAG の裁判例においても、約款使用者の信頼保護への言及が見出された。

　かくして、期待可能性基準の下での補充的契約解釈が、約款使用者の信頼保護をも考慮したものであるとすると、このような補充的契約解釈は、第1章において示した補充的契約解釈の分析との関係では、契約全部無効回避型補充的契約解釈とつながるものとして、位置づけることができる。そこでは、条項の有効性に関する約款使用者の主観的態様をも考慮して、補充的契約解釈ないし契約調整の可否が判断されていた。ドイツ判例は、契約全部無効の回避という観点を前面に出しているわけではないが、約款使用者に生じる不利益が一定程度を超える場合に、第1の場合を超えて補充的契約解釈を肯定しているという点において、共通の判断枠組みを示している、といえる。

　これに対して、第1章で取り上げた学説の議論に現れていたような、第2の場合の補充的契約解釈をもっぱら約款使用者の主観的態様のみにかからしめる見解（条項趣旨尊重型補充的契約解釈）は、判例において採用されていないことを、確認することができる。例えば、請求即払保証に関して、契約履行保証の事案と瑕疵担保責任の担保の事案との処理の違いは、約款使用者の信頼保護の観点よりも、当該担保を喪失することの重大性の観点から説明することができた。また、美観修復条項が無効とされた場合に補充的契約解釈が否定されていることは、たとえ美観修復条項の有効性につい

て一定の信頼保護の余地を認めるとしても、条項無効によって賃貸人が被る不利益の大きさから、基礎づけることができた。さらに、ガス供給契約に関する裁判例なども、もっぱら客観的な期待可能性を問題としていた。これらのことから、ドイツ判例は、約款使用者の主観的態様だけを問題にはしていない、と結論づけることができる。

　以上をまとめると、本章における最上級審裁判例の検討からは、第2時価条項判決後の学説の議論から示唆を得た第1章における私見の枠組みが、現在までのドイツ判例にも基本的に当てはまる、ということができる。そして、第2時価条項判決において示された、「具体的な実体法上の規律という意味での任意制定法が提供されておらず、かつ、条項の無効によって生じた欠缺が補充されなければ、約款使用者と顧客の典型的利益を顧慮する相当な解決が提供されない場合」という補充的契約解釈の定式との関係では、判例の判断枠組みは、より精確化されたということができるだろう。第2時価条項判決が相当性基準をとっていたのに対して、近時の裁判例が期待可能性基準をとっているということから、判例の基準が厳格化されたと直ちに見るべきではないことは、とりわけ第4節において検討したとおりである。すなわち、抽象的な基準定式の変更によって、具体的な事案の処理に大きな変化が生じているわけではない。

Ⅱ　期待可能性の具体的判断

　第2の場合の補充的契約解釈において、条項規制の効果が約款使用者にとって期待不可能なものであるか否かは、より具体的には、どのように判断されるのか。裁判例の検討からは、この点についても示唆を得ることができる。

　まず、BGHおよびBAGの諸裁判例から、約款の内容規制に一般的に妥当する一義的な具体的基準を見出すことは、困難であろう。一般的な命題としていえることがあるとすれば、既述のように、補充的契約解釈を行わなければ契約全部無効が招来される程度の不利益が存することまでは要求されていないこと、約款使用者の主観的態様も考慮されうること、といった程度である。また、約款使用者に生じる客観的な不利益の程度の評価と、

信頼保護に関する事情・評価[164]とがどのような関係にあるのかについても、一般的な定式は立て難い。例えば、既述のように、職業教育費用の返還条項に関する裁判例においては、従来の判例から条項無効が明確な場面で、期待不可能な過酷さが否定されている一方、条項の有効性の評価が困難な場合には、期待不可能性が肯定されていることから（【57】）、これら２つの考慮要素の相関的な関係が、導き出されるかもしれない。しかしながら、この関係がドイツ判例において一般的に承認されたものであるとまでは、断言することができない。

　むしろ、期待可能性の判断は、事案類型ごとに行われていると見るのが、判例の理解としてより精確であろう。ここで類型的というのは、個々の裁判例ごとに事例判断が積み重ねられているというのではなく、例えば、担保目的表示の事案類型、請求即払保証の各事案類型、価格変更条項の各事案類型といった形で、それぞれの事案類型についてカテゴリカルな処理がされている、ということである。このような類型的考察は、前述の第２時価条項判決の定式において両当事者の典型的利益に焦点が合わせられていたことにも、表現されていたものである。

　もっとも、事案類型ごとの判断がされるうえで、一般化の余地を含みうる、一定の示唆や傾向を見出すことができる。

　第１に、利益衡量に際しては、履行の前か後かが考慮されうるということである。すなわち、ガス供給契約に関する判例においては、履行の前後における利益状況の相違から、値上げ無効確認の事案と不当利得返還請求の事案とが、分けて処理されていた。ここには、不当条項に従って現に契約が履行された状態を尊重すべきであるという意味での、ある種の現状尊重の考え方が見出される。そして、履行の前後を分けて判断する場合には、履行後に問題となる不当利得返還請求の過大さの評価に際して、期間制限が顧慮されるべきことも、本章の検討から示唆されることである。ガス供

164）　約款使用者の信頼保護と一口にいっても、そこには様々なレベルが考えられる。すなわち、条項の効力にかかわる法令が改正され、新法が既存の契約にも適用される場合、判例変更があった場合、判例が存在しなかったなど規制規範が不明確であった場合、不確定法概念を伴う規制規範においてあてはめが困難であった場合などが考えられるが、これら全ての場合において、約款使用者の信頼を保護すべき要請は、一様であるとはいえないだろう。

給契約の判例は、まさに期間制限の観点からの処理をしたものであり、また、美観修復条項が無効とされた場合の補充的契約解釈の可否の判断にも、短期消滅時効の存在を結び付けることができた。もっとも、より一般的に履行の前か後かを考慮してどのような効果論の枠組みが作られるべきかについては、本章で検討した限りでのドイツ法の状況からは、直ちに引き出すことができるものではない。

　第2に、期待不可能性基準による補充的契約解釈が問題とされた事案類型において無効とされた条項には、一定の傾向が存在する。すなわち、それらの条項は、多くの場合、契約の中心に近い条項（給付関連条項）であるか、または、担保に関する条項であったと見ることができる。前者に当たるものとしては、担保目的表示および価格変更条項が、まず挙げられる。また、価格論拠を正当とした場合には、美観修復条項も給付関連条項として位置づけられる。さらに、BAGにおいて問題とされた職業教育費用の負担についても、労働者に対する給付と見ることができる[165]。後者（担保条項）に当たるものとしては、請求即払保証が挙げられる。

　このうち、中心に近い条項については、そのような条項が無効とされた場合には、当事者間の給付の均衡に重大な障害が発生しやすい、あるいは、契約目的の実現が危うくなるというのが、補充的契約解釈が問題とされる理由といえよう[166]。もっとも、さらに次の事柄が、指摘されなければならない。すなわち、まず、担保目的表示の事案に関する私見として既に述べたように、中心条項を予め不当条項規制の対象から除外する（BGB307条3項1文）スキームをとる限り、規制規範を基準に規制対象を画定するという判断枠組みの下では、契約の中心部分の効力は、既に補充的契約解釈の段

---

165) 実際、BAGは、労働者に対する教育費用の融資を、使用者による給付として位置づけている。すなわち、BGB307条3項1文の下で返還条項が内容規制の対象となるかという問題について、「約款使用者によってなされた主たる給付約束の周辺事情を形成する」条項は規制対象になるとの考え方を示し、ここではまさにそのような条項が問題であるとしている。【55】～【57】などを参照。
166) このような理由づけは、BGB306条3項に基づいて契約全部無効が承認されうる場面として、条項無効によって給付の不均衡が生じる場面が挙げられていることとも、平仄が合う。Fastrich [1992], 354f.; Stoffels [2015], Rn. 634; Schmidt in: Ulmer/Brandner/Hensen [2016], §306 BGB Rn. 52などを参照。

階以前に守られていることになる[167)]。また、中心条項を規制対象から外すという枠組みをとらない場合にも、中心部分を評価対象に含まない形で規制規範が構成されるならば、同様である[168)]。次に、ドイツ判例においては、中心部分に近い条項が無効とされたからといって、必ずしも緩やかに補充的契約解釈が認められているわけではない。ガス供給契約の事案などを見る限り、価格変更条項の無効は、直ちにそれに代わる価格変更規律の補充をもたらすわけではない。また、美観修復条項の例からは、対価性を有するとされる条項が無効とされた場合にも、主要な対価とはいえないときは（賃料が別に存在する）、期待可能性の閾値を超えていないとの評価が、見て取れる。さらに、美観修復条項の規制規範において、具体的な有効性基準としては賃借人による負担の制御可能性が決定的な意味を有していることから、実際には美観修復条項の対価性は希薄であり、この条項は典型的な付随的条項に近いものであると考えるならば[169)]、中心部分とのつながりが微弱な条項についても、補充的契約解釈は認められにくい、という傾向を見出すことができる。同様の評価や傾向は、BAG において、職業教育費用の返還条項が無効とされた場合について補充的契約解釈に対して冷淡な対応が支配的であったことや、公用車の提供に関する【59】にも、当てはまるだろう。

　担保条項については、それが契約の規範構造的には付随的なものであるとしても、契約利益の実現にかかわることから、補充的契約解釈が要請される場合がある、といえよう。請求即払保証の問題の分析からは、そのような推論が成り立つ。つまり、担保の効力について紛争が生じる場合には、既に被担保債権の実現が見込めなくなっていることが多いと考えられるところ、被担保債権が契約上の主要な給付を構成する場合には、約款使用者に期待不可能な不利益が発生している、と見ることができる。このことが、補充的契約解釈を基礎づけると考えられる。他方で、給付関連条項につい

---

167)　【3】を参照。
168)　例えば、担保目的表示の事案において、BGB767 条 1 項 3 文をもとに、保証引受けの原因となった債権を超える保証責任の拡張を問題視する規制規範を立てる限り、規制の効果は、原因債権についての保証に及ばない、と考えられる。
169)　前掲注 112) を参照。

てと同様、問題とされている給付（担保の目的）が中心的なものとはいえない場合（例えば、瑕疵担保責任のみが担保されている場合）には、補充的契約解釈に消極的な対応がとられている、といえる。

さて、契約の中心に近い条項と担保条項とを別に論じたここまでの記述は、契約の規範構造に照らして中心部分と付随部分とを区別する発想に依拠している。これに対して、近時の我が国の消費者法学説においては、「消費者にとって対価的に重視されるか」という側面から、すなわち、条項の顕著性の観点から、中心性・付随性（周縁性）を論じる見解がある[170]。この見解は、担保について、この観点から周縁とは言い難いとし、その問題性を、むしろ将来の不確実性の影響の大きさに見る。本章は消費者契約に焦点を合わせたものではないが、このような分析を手掛かりにすると、本章において期待可能性基準による補充的契約解釈の可否が特に問題とされる事案類型として指摘した2つには、共通の性格を見出しうる。つまり、一方で、給付関連条項も担保条項も、契約相手方にとって不顕著な条項であるとは、必ずしもいえない。他方で、前者については、価格変更条項の例が特にそうであるように、給付負担が増大するかもしれないという将来的に生じうる不利益が問題となっている。また、担保は、まさに将来の不確実なリスクにかかわるものである[171]。このように両事案類型の性格を共通に捉えることができるならば、次のような推論が成り立つであろうか。すなわち、「顕著性の高さが、条項無効によって約款使用者が被る不利益と相対的に、契約相手方の保護を切り下げることを正当化する」という推論である。このような推論からは、さらに、同じく将来の不確実なリスクにかかわる免責条項が無効とされた場合については、顕著性の低さという側

---

170) 西内［2016］225頁以下を参照。このような考え方は、ドイツ約款法の文脈でいえば、BGB307条3項1文において内容規制の対象とならない中心条項をどのように画定するかという問題に関する、いわゆる市場関連アプローチと共通する。これに対して、契約の規範構造に照らして中心条項と付随条項を画定する考え方は、契約関連アプローチと呼ぶことができる。ドイツ判例は、このアプローチを採用しているとされる。これらの用語および法状況については、Andreas Fuchs in: Ulmer/Brandner/Hensen [2016]、§307 BGB Rn. 37ff. を参照。また、この問題に関するドイツの議論については、山本豊［1999］103頁以下、桑岡［2002-2003］を参照。

171) 以上のように考える場合には、第2節において取り上げた包括的な担保目的表示の本質的な問題は、不意打ち性とは別のところに求められることになろう。

面から、期待可能性基準による補充的契約解釈に消極的な態度がとられうる、との推論が導出されることになろうか[172]。もちろん、以上のような推論がドイツ裁判例の傾向としてそういえるかについては、さらなる検証を必要とする[173]。しかしながら、仮にこのような推論が成立するとすれば、契約相手方の側からも、期待可能性基準による補充的契約解釈を正当化することができる。

どのような形で正当化が図られるにせよ、問題とされた条項の内容・種類の面で期待可能性の判断に一定の傾向が見出されることは、この判断が決して無軌道な個別判断ではないことを示す[174]。また、この傾向は、期待可能性基準による補充的契約解釈、すなわち、条項顧慮型のそれが、条項不顧慮型補充的契約解釈と区別されるべきことにつながる。つまり、前者が中心的な契約利益と関連の薄い付随的条項において問題となりにくいのに対して、後者は、典型的な付随的条項が無効とされた場合においても、問題となりうるものである。このような対象領域の違いは、第1章において指摘した約款使用者の主観的態様の顧慮とともに[175]、両者を区別して論じることの1つの根拠となろう。

III 補充的契約解釈の判断枠組みの意味

ここまで検討してきたドイツ判例における無効部分補充の枠組みには、次のような意味を見出すことができる。

第1に、期待可能性基準による補充的契約解釈により、効力維持的縮減

---

172) 免責条項が無効とされた場合について補充的契約解釈を否定した裁判例の一例として、第1章においても紹介したBGH第6民事部1985年9月24日判決（BGHZ 96, 18）を参照。
173) その際には、ドイツ判例が、市場関連アプローチを採用していないとされることも、考慮しなければならないだろう。
174) ドイツ学説上、判例における期待可能性基準と通じる契約全部無効回避型補充的契約解釈という考え方に対しては、極限的で定式化困難な要求を課すことになるとして、もっぱら約款使用者の主観的態様に焦点を合わせるべきである、との批判が見られた（Canaris [1990], 558f.. 第1章を参照）。期待可能性の判断に一定の傾向があることは、このような批判に対する有力な反論となるだろう。
175) なお、主観的態様の顧慮により、期待可能性基準による補充的契約解釈は、経過措置的な処理として機能しうるという点でも、両者の差異が明らかになる。これに対して、条項不顧慮型補充的契約解釈においては、それによって見出された代替規律が、任意規定と同様の地位にあるものとして固定される。

の禁止、すなわち、条項規制の効果として、当該条項がそもそも用いられていなかった場合と等しく扱うという原則が、限定的に緩和されていることである。しかしながら、この緩和によって、禁止原則が掘り崩されているわけではない。この原則は、次の2つの理由から、原則性を維持している、と考えられる。すなわち、①かなり厳格な期待可能性基準が設定されることにより、補充的契約解釈が認められる事案類型が、量的にわずかである、という理由である。そして、②前述のように、中心的な契約利益とのかかわりが強い条項が無効とされた場合について、そのような補充的契約解釈が認められるとしても、伝統的に内容規制の典型的な場面として想定されてきた、そのような関連性の薄い付随的条項については、効力維持的縮減の禁止が依然として妥当しうる、という理由である。典型的な場面で妥当するという意味でも、この禁止は、原則性を保持しうる。

　第2に、このような緩和は、規制対象の画定における限界事例がもたらす障害を和らげることに資する、といえる。つまり、「具体的な規制規範に照らして個別に違法性評価の対象になるのは何か」という基準によって個別に規制対象となる条項の範囲を画するとしても、この基準の適用には、限界事例もありうる[176]。例えば、第4節で取り上げたような価格変更条項を規制する際に、価格変動制それ自体と変動方法とを分別するか否かの判断は、時として微妙なものとならざるを得ないだろう。期待可能性基準による補充的契約解釈は、このような分別を肯定したときと否定したときの最終的な効果の差異を小さくすることで、限界事例の処理の困難さを和らげる。

　第3に、このような枠組みによって、当事者がなぜその代替規律に拘束されなければならないのか、という問題に説明が与えられる。すなわち、任意規定と補充的契約解釈というドイツの通説的な枠組みの整序は、制定法と裁判官との関係、あるいは、典型的な規律による補充とより個別的な規律による補充との関係という問題に対する解答であると考えられるが、当事者がなぜそれらの代替規律に拘束されなければならないのか、という

---

176) むろん、一般に限界事例の存在が法理論を無意味化しないように、限界事例がありうることは、規制対象の画定という判断過程を無意味なものとはしないだろう。

問題については、解答していない。この問題に対する解答は、通説的な判断枠組みにおいては、もっぱら、無効範囲の問題として位置づけられている効力維持的縮減に関する議論が担っている、と考えられる。しかしながら、補充的契約解釈においても効力維持的縮減と共通する要素が含まれている以上、任意規定と補充的契約解釈の段階化という整理だけでは、問題があると言わざるを得ない。これに対して、本章の示す枠組みであれば、第1次的な原状回復（当該条項がなかった場合と等しく扱うこと）という形で、当事者の代替規律への拘束を説明することができる。このことは、とりわけ救済条項の規制を念頭に置くと、重要な意味を有する。すなわち、ドイツにおける判例および支配的見解は、条項が無効とされた場合に備えて約款使用者が約款中に第2次的な規律を設けていた場合でも、そのような救済条項は、BGB306条2項（任意規定または補充的契約解釈に基づく代替規律）を逸脱することができない、とする[177]。ここで現れる同項の枠組みの拘束力は、裁判官の制定法拘束性や典型的規律の優先といった形で、説明することができない。救済条項の効力がこのように制限されるのは、条項規制のサンクションとして原状回復が命じられているからである、と説明する他ない[178]。

第4に、条項使用者に対する行為統制という側面（予防思想によって基礎づけられる枠組みには、そのような側面があるといえる）から見た場合、原状回復的なサンクションに対する例外を限定的にしか認めない枠組みは、規制規範が不明確な状況においても、条項使用者に対して抑制的な行動を求めるものである、といえる。もっとも、このような行為統制が成功するためには、そのような状況においても、条項使用者が誠実な条項形成に努め

---

177) この点に関するドイツの議論については、第3部を参照。
178) ドイツ法においてさらに考慮すべきは、VVG164条の規定である。同条は、生命保険約款の条項が最上級審判例などによって無効とされた場合について、保険者（約款使用者）に代替規律を定める権限を認めている。同様の規定は、疾病保険（203条4項）および就業不能保険（176条）についても存在する。この規定により保険者が定めることができる代替規律についても、BGB306条2項の枠組みによって制約されるとするのが、判例かつ支配的見解である（詳細については、武田［2018］(1) 119頁以下を参照）。救済条項や保険者の無効条項代替権のこの制約を考慮すると、BGB306条2項の規定は、単に無効部分補充に際しての裁判官の権限ないし能力を定めたものと理解すべきではない。

ていれば、簡単には規制に抵触しない、ということが前提となるべきではないか、と考えられる。この意味で厳格に過ぎない規制基準がドイツ法において達成されているか否かについては、本章の検討からだけでは回答できないところである。

第2項　日本法への示唆

I　補充的契約解釈の分析からの示唆

　ドイツにおける不当条項規制の効果としての補充的契約解釈の分析から得られる日本法に対するまずもっての示唆は、ここでの補充的契約解釈の中に異質な処理が混在しうることを、日本法の議論をする際にも注意しなければならない、ということにある。繰り返しになるが、ドイツ裁判例において補充的契約解釈の名の下に行われている処理には、そもそも適切な任意規定が存在しない場合の代替規律を定めるもの（条項不顧慮型補充的契約解釈）と、規制の効果として任意規定に拘束することの過酷さを緩和するもの（条項顧慮型補充的契約解釈）とが含まれている。そのうえで、後者をどこまで認めるべきか、が問題となっている。このような分析に基づくならば、とりわけドイツ法の通説的な整理を念頭に、単純に任意規定と補充的契約解釈を並べるような効果論を展開することは[179]、日本法の議論としても躊躇われるべきである。というのは、このような議論においては、ドイツにおいて生じた諸問題、すなわち、効力維持的縮減（条項一部無効）と補充的契約解釈との関係いかん、または、補充的契約解釈がどこまで認められるのかといった問題に、十分な解答が与えられないからである[180]。

---

179)　山本敬［1999］27頁以下、基本方針【3.1.1.38】および【1.5.48】などを参照。
180)　従来の我が国の学説には、任意規定が当事者間の妥当な利益調整を具現していないと判断される場合には、条項一部無効論が力を得るとする指摘するものがある（山本豊［1997］142頁）。また、近時、山下友［2018］157頁注111も、「保険契約に関する任意規定が置かれている事項は基本的事項に限られるので、現代の保険約款において約款条項が全部無効となった後を任意規定で合理的に補充することは困難である」とし、従来の保険約款に関する判例が実質的に条項一部無効を認めるのが通例であったことに、合理的な理由がある、と指摘する。本書の分析をもとにすると、このような指摘は、条項不顧慮型補充的契約解釈（に対応する条項一部無効）に対応するものであるが、それを超えた補充的契約解釈ないし条項一部無効の可能性については、答えていないといえる。

Ⅱ　期待可能性基準による補充的契約解釈論からの示唆
1　不利益の重大性と主観的態様の考慮

　次の示唆は、期待可能性基準による補充的契約解釈の分析からのものである。すなわち、条項一部無効・全部無効の問題を含む代替規律の確定の問題について[181]、条項を無効とした場合に条項使用者が受ける不利益の重大性および条項使用者の主観的態様（信頼保護）を考慮する必要はないのか、ということである。

　これらの要素は、従来の条項全部無効・一部無効論において、ほとんど考慮されてこなかったといってよい。一方で、条項全部無効論を支持する諸見解においては、条項全部無効に対する例外が認められてこなかった[182]。しかしながら、この種の例外なき条項全部無効ルールに対しては、法制審

---

[181]　条項一部無効・全部無効の問題、すなわち、無効範囲の問題を代替規律の確定論に含める上で、日独の規定構造の違いに留意する必要がある。
　　本章で検討したドイツ裁判例は、補充的契約解釈にかかわるものであった。そこに効力維持的縮減についての学説の議論を連結させるとしても、第1節において述べたように、効力維持的縮減は無効範囲の問題ではなく、無効とは区別された代替規律の確定の問題として位置づけられてきている。このような一連の判断枠組みの中で「無効」という概念あるいは語が有している意義・機能は、それ自体として法的判断を方向づける――そのような意義として認められるは、せいぜいのところ、「当該条項は、当事者が決めたとおりの効力を生じない」ことを明らかにする、という程度であろう――というよりも、2つの判断段階をつなぐ中継点としてのものでしかない。ドイツ法の条文構造に即していえば、BGB307条～309条（AGBG 9条～11条）に規定された「無効」を効果とする各規制規範の構成要件と、BGB306条（AGBG 6条）に「無効」を要件として定められた法律効果とをつないでいるのが、「無効」である（さらに、UKlaG 1条が無効を差止・撤回請求権の要件としていることに鑑みれば、「無効」によって、複数の要件規定と複数の効果規定が中継されていることになる）。
　　これに対して、日本法においては、従来から無効範囲の問題として条項一部無効・全部無効論が論じられてきた。また、消費者契約法9条のように、条項一部無効を効果とする明文の規定が存在する（他方で、私見によれば、消費者契約法12条3項・4項は、UklaG 1条と異なり、「無効」を差止めの要件とはしていない。第1部補論を参照）。
　　このような彼我の規定構造の差に鑑みると、ドイツ法の理論を現行日本法の解釈論に引き写す際には、ドイツ法における条項無効の位置に、規制規範の構成要件該当性を示す概念として「条項の不当性」といったものを置き、それを中継点とする形で、無効範囲の確定を含む代替規律の問題を把握する必要がある（また、差止請求についても、この不当性の効果として捉えることになる）。
　　以上のような概念操作は、本書において検討したようなドイツ法の理論を日本法においても参考にする上で、実質的な妨げにはならないだろう。しかしながら、このような日独の相違は、「無効」という概念または語の意義や機能を考える上で、なお重要な問題を投げ掛けている可能性がある。この部分については、依然として考えがまとまっておらず、今後の検討課題とする。

[182]　河上［1988］374頁以下、山本敬［1999］20頁以下、基本方針【1.5.47】および【3.1.1.37】などを参照。

議会における議論において、「全部無効しかあり得ないとすると、効果としても柔軟性を欠くことになって、過大な結果を生むおそれがある」との批判が向けられている[183]。他方で、条項一部無効を支持する学説においては、約款使用者の主観的態様を考慮するドイツ法の議論についても言及がされているが、日本法の文脈では、そのような観点からの場合分けが、積極的には支持されてこなかった[184]。しかしながら、少なくとも条項使用者がそれと知りつつ不当条項を使用した場合には、条項全部無効のサンクションを認めるべきではないのか、また、条項使用者の主観面に基づいて原則・例外ルールを立てるとしても、客観面として、条項無効によって生じる不利益の程度を考慮しなくてよいのか、といった疑問が生じる[185]。従来の条項一部無効論は、条項全部無効論と同様に、柔軟な処理を可能にする法的枠組みを十分に提供してこなかったのではないか。

このような従来の議論状況に鑑みて、今後の我が国における議論の展開としては、より多くの考慮要素を取り込んだ、柔軟な効果論の枠組みを構築することが、目指されるべきではないか、と考える。不利益の重大性と主観的態様という、ドイツ法の分析から得られた2つの考慮要素は、そのような作業を進める上で有用である。

---

183) 第20回会議議事録44頁〔岡本雅弘発言〕。また、山下友[2018] 157頁注111も、「具体的な不当条項の態様を無視して画一的な答えが出されるべきではない」と指摘している。

184) 山本豊[1997] 132頁以下は、一部無効を原則とするが、約款使用者が約款条項の法律との部分的抵触を知っていたあるいは知らなかったとの嫌疑が生じる場合には全部無効とすべきとする、ケッツの見解を紹介している。しかしながら、同141頁以下は、日本法の解釈論として、「具体的な禁止条項のカタログもないから、明確な法的ルールに抵触する条項を意識的に使用したとの非難を約款使用者に向けることは、多くの場合、困難である」、また、「約款の内容的規制に関する判例が乏しく、無効基準が充分に明らかになっていないわが国においては、なおさら、そのように〔一部無効が原則であると〕解すべきであろう」と述べている（消費者契約法制定前の議論）。また、同じ論者は、後に消費者契約法の解釈においても、同法8条1項2号・4号違反の条項を全部無効とすることに消極の姿勢を示している（山本豊[2000](3) 64頁）。

もっとも、条項使用者の主観的態様を考慮して一般予防の観点と当事者間の利益調整の調和を図るべきであるとする見解も、従来およそ存在しなかったわけではない。中川[2001-2002](2) 24頁以下を参照。

185) 従来の学説においても、平田[2004] 2頁は、一部無効論全般に関してだが、「現実には、裁判官の思考過程においては、全部無効・一部無効それぞれの結果と、それらが原告・被告にどう利益不利益となるかを対比検討した上で判断されているはずである」と指摘している（新版注民(4)[2015] 405頁〔奥田昌道＝平田健治〕も参照）。このような思考過程を、法的枠組みとして担保する必要がある。

次に、不利益の重大性という考慮要素を組み込むことの最大の意義として、規制される条項の内容・種類がどのようなものであるかを、効果論上の判断に取り込みうる点を、挙げることができる。しかも、ドイツ裁判例の分析からは、ここでの考慮が全くのカズイスティクではなく、中心的な契約利益との距離という観点において、一定の傾向性をもつことが示唆された。この示唆は、日本法にとっても、次のような理由から重要である、と考えられる。すなわち、我が国の議論においても、不当条項規制の対象となる条項が典型的な付随的条項に限られるものではないことは、従来から指摘されてきているからである[186]。そして、消費者契約法に基づく不当条項規制については、後述する更新料条項の問題に代表されるように[187]、現に、対価性を帯びる条項の効力が争われてきている[188]。このように、我が国においても不当条項規制の対象となる条項の性格が一様でないとするならば、中心に近い条項とそうでない条項とで規制の効果が同一でよいのかについては、検討を要する問題である[189]。

　とはいえ、例えば中間条項と典型的な付随条項というカテゴリを設けて、各々、効果論上の判断枠組みを構築すべきかについては、また別の問題で

---

[186]　廣瀬［1992］43頁以下は、「どれだけの割合の顧客がその条項を比較選択して購入しているか」という観点から、①中心的な契約条項と②周辺的条項、さらに③それらの中間に位置する条項を区別し、①については開示規制に重点を置き、②については直接的な内容規制を積極的に認めてよいこと、③については、開示規制を強めるべき場合と、直接的内容規制がより緩やかに認められるべき場合がありうることを指摘した。このような中間条項論は、その後の学説においても、その重要性が認められている（山本豊［2011-2］21頁）。

[187]　山本豊［2011-2］21頁は、更新料条項と同時期に問題となった敷引条項についても、対価条項と密接な関連を有する中間条項としての性質を有している、と指摘する。

[188]　更新料条項は、後掲注202）・最判平成23年7月15日によれば、賃貸借の冒頭規定である民法601条との対比において、消費者契約法10条前段に該当するものとされる。このような判断によるならば、契約類型を規定する主たる給付以外の付随的給付については、後段要件の充足はひとまず置くとして、広く不当条項規制の対象となりうるものと考えられる。そうすると、対価性を帯びる条項の問題は、今後もたびたび浮上するのではないか、と見込まれる。

[189]　さらに、この条項の内容・種類を考慮するということからは、従来の条項一部無効・全部無効論の問い、すなわち、「条項の一部が無効となるか、全部を無効とすべきか」という問いが、反省を迫られる。なぜなら、条項の一部または全部と一口にいっても、その具体的な内容は条項に応じて異なるはずであるが、このような問いにおいては、この差異が捨象されてしまうからである。従来の学説には、条項一部無効論に対して、「一部無効（残部有効）というときに、何が無効な一部であり、何が有効な残部かということが必ずしも明らかにされていない」と批判するものがあるが（山本敬三［1990］(2)10頁）、さらに問われるべきは、具体的な条項内容を捨象して条項の全部または一部を論じることに、どこまでの意味があるのか、ということである。

ある。条項の種類に応じて複数の判断枠組みが設けられるとすると、入り口において、どの種の条項であるかを判断する必要が出てくる。しかしながら、中間条項と付随条項との截然とした峻別には、困難が伴うだろう[190]。ここでは、「不利益の重大性」という、より抽象的な考慮要素を掲げることによって、条項の内容・種類を効果論上の衡量に取り込む途が開かれることを指摘するに留めたい。

最後に、ドイツ判例における期待可能性基準をそのまま日本法に導入すべきかという点については、不利益の重大性や主観的態様といった考慮要素の採用とは別の問題として、留保が必要である。ドイツにおけるこの基準を一般的な定式でもって具体化することは、既述のように困難であるが、判例は、「期待不可能」という言葉からも窺われるように、補充的契約解釈の可能性をかなり制限的に考えている、といってよいだろう。このことを日本法においても同じようにすべきかについては、どのような考慮要素を取り上げるのかと、また別に考えることが可能である。例えば、効力維持的縮減の禁止が原則として確立しているドイツ判例に対して、我が国においては、消費者契約法9条が、明文で条項一部無効の効果を定めている。このような彼我の差異は、ドイツ法の基準をそのまま日本法にも当てはめることに対して、不利に働く。

2 履行段階の考慮

ドイツ裁判例において履行の前後を考慮する処理が見出された点については、日本法の従来の議論に照らすと、取締規定違反行為の効力に関する履行段階論が想起される。そこでの代表的な見解の1つは、取締法規と強行法規（効力規定）という分類が有用であるかという問いとともに、契約を有効か無効かという基準で処理すること自体に限界がありはしないかという問題意識に基づいて、物資統制法規違反の契約について、履行上の諸段

---

[190] そもそも規制対象とならない中心条項と規制対象となる付随条項との峻別についても、従来から困難さが指摘されている（潮見［2004-2］260頁以下（初出1999）、潮見編著［2001］85頁〔松岡久和〕を参照）。規制対象となる条項の中にさらなる下位のカテゴリを設けて、それらを入り口において分けるという処理には、この二者の峻別以上に、困難が伴うだろう。

階に着目して当事者の利益がいかに救済されるべきかを、直接的に検討する[191]。そして、物の引渡債務が履行される前については、法の目的により履行請求が制限される[192]が、履行がされた後については、法規違反であっても当事者の履行についていかなる請求権も発生せず（双方履行済みの場合)[193]、または、代金請求は妨げられない（物の引渡し後、代金未払いの場合）とする[194] [195]。また、この見解に先立つ学説でも、無効主張の時間的制限として、履行前にのみ主張しうる抗弁権的無効と履行後においても主張しうる請求権的無効の区別[196]、くわえて、法律行為の成立後、長年月を経過し、今さら無効の主張を許すことがかえって既に確立している事実状態を不当に破壊し、当事者相互の公正を乱すおそれがある場合について、無効の時効が提起されている[197]。これらの見解において問題視されているのは、契約が履行された後に公法上の規定違反を理由に原状回復を求めることが、当事者間の公平や取引の安全に反するのではないかということであり、私法上の規制の効果に関する本論とは、主題に差がある。しかしながら、履行にかかわる時の経過により当事者間の利益状況が変化すること、そのことを法律行為の効力論において考慮すべきことといった点において、ドイツ法からの示唆は、履行段階論と共通する要素を有している。ドイツ法の展開は、履行段階論において提起された問題意識や道具立てを、不当条項規制の効果論においても考慮する余地はないか、という問いを提起する[198]。

---

191) 川井 [1979]。
192) 川井 [1979] 70頁以下・75頁以下。
193) 川井 [1979] 62頁以下。
194) 川井 [1979] 73頁以下。
195) 川井説は、私法上の請求に影響しない取締法規とこれを制限する履行請求制限法規とを区別する（川井 [1979] 80頁以下）。これに対して、磯村 [1986] は、履行前については、法秩序における価値矛盾の回避という要請から、取締規定に違反する行為の履行請求は一律に認められないが、履行後については、当事者間の不公平や取引の安全性も考慮して、私法上の効果を考えるべきであるとする。
196) 川島 [1941]、沢井 [1962] 47頁以下。
197) 末弘 [1935]、沢井 [1962] 48頁を参照。無効の時効に対しては、多くの場合には無効の時効を構成する必要はなく、無効に基づく請求権の時効で解決されうるであろう、との指摘がある（川島 [1965] 417頁）。
198) このような問題提起は、山本敬 [1990] (2) 18頁以下において述べられている無効制限論と一部無効問題との関係についての指摘と重なる。

さらに、不当条項規制効果論と取締規定違反行為の効力論とを、より立ち入って比較すると、類似の道具立てが指摘されるだけでなく、両者における考慮要因の共通性を見出すことができる。すなわち、前者においては、予防・制裁が条項全部無効を基礎づける要因として、当事者間の信義・公平が条項一部無効を基礎づける要因として挙げられてきた、ということができる。これに対して、後者においては、伝統的に、①立法の趣旨、②違反行為に対する倫理的非難の程度、③取引の安全、④当事者間の信義・公平の4つが、効力規定であるか否かの考慮要因として挙げられてきた[199]。そして、公法上の禁止を理由に取引の私法上の効力を否定することが当事者間の公平に反するのではないかという懸念から、とりわけ、①と④の要因の対立が意識されていた、ということができる。しかしながら、①と同じく私法上の効力否定に有利に働く②に焦点を合わせると、その中において予防・威嚇効果や制裁効果も考慮されるべきことが指摘されていることが、注目される[200]。ここに、共通の考慮要因を見出すことができる。また、文字どおりの違反行為に対する非難の程度についても、不当条項規制の効果論においても考慮される余地がある。第1章において指摘したように、無効部分を補充するための補充的契約解釈の是非については、無効基準の高低も考慮要因となりうる。無効基準に抵触する条項の悪性がより強いものと考えられる場合には、それだけ強い効果を与えてよい、といえる。このような考慮からは、②のレベルにおける2つの議論の共通性が、さらに明確になる。

伝統的な取締規定違反行為の効力論における考慮要因①と④の対立関係という図式が不当条項規制効果論において出てこないことは、以上のような共通性の指摘を妨げないだろう。既に指摘がされているように、①と④が対立するものと考えられたのは、取引とは直接に関係しない価値の実現を目的とする法令（「警察法令」）が問題となっていたことによる。これに対して、取引と密接な関係を有する法令（「経済法令」）の中でも、個々の取引

---

199) 我妻［1965］263頁以下などを参照。また、伝統的通説の基礎を成した学説として、末弘［1929］を参照。
200) 山本敬［2000-1］257頁（初出1996）、米倉［1985］30頁以下を参照。

における当事者の利益を保護することを目的の1つとする法令（「取引利益保護法令」）が問題となる場合には、違反行為を無効とすることが、規制目的にも当事者間の信義・公平にも適う、とされる[201]。不当条項規制規範も、個別当事者の保護を目的とするものであるといえ、それゆえに、①と④の対立が問題とされていない、といえる。このように考えるならば、①と④がどのような関係にあるかは、問題となる規範の趣旨次第ということであり、いずれにせよ各要因が考慮されるべきことに変わりはないことになる。

　このようにして2つの議論における考慮要因に共通性があるのは、両者とも、ある禁止規範に違反した取引がある場合に、その私法上の効力否定に関する効果をどのように定めるか、という共通の問題を扱っていることに帰着しよう。取締規定違反論において提示された考慮要因は、そのような問題を判断する上での一般的な理論を反映したものと考えられる。

Ⅲ　具体例への応用

　最後に、①更新料条項が不当とされる場合の処理、②生命保険契約における無催告失効条項の処理、③消費者契約法9条違反の効果という、3つの具体的な問題を取り上げて、ここまで述べてきた一般論をどのように具体化することができるか、について論じる。①と②は、条項の内容・種類に応じた評価にかかわる。③は、条項一部無効の効果が法定されている場面と本章で示した理論をどのように整合させるか、という問題についてのものである。

1　更新料条項が不当とされる場合の処理

　居住用建物賃貸借契約における更新料条項に関する周知の最高裁判例[202]によれば、「賃貸借契約書に一義的かつ具体的に記載された更新料条項は、更新料の額が賃料の額、賃貸借契約が更新される期間等に照らし高額に過ぎるなどの特段の事情がない限り」、消費者契約法10条後段に該当しない、とされる。それでは、更新料の額がこの基準に照らして高額に過ぎると評

---

201)　大村［1999］170頁以下・201頁を参照。
202)　最判平成23年7月15日民集65巻5号2269頁。

価される場合、更新料は、減額調整されるのだろうか。それとも、更新料条項は、全部無効とすべきなのだろうか[203)][204)]。上記の最高裁判決の後に出された、いくつかの下級審裁判例においては、減額調整に留めたものが見出される[205)]。

本章で展開してきた議論からは、更新料を部分的に維持することに有利な事情とそのことに不利な事情とを、それぞれ挙示することができる。

一方で、更新料の減額調整に有利な事情として、まず、更新料に対価性が認められていること自体が、挙げられる。判例によれば、更新料は、一般に、賃料の補充ないし前払い、賃貸借契約を継続するための対価などの趣旨を含むとされる[206)]。更新料条項が無効とされるならば、賃貸人は対価を失うことになるから、重大な不利益を被るものと評価しやすい。次に、判例において情報・交渉力の差に関する事情として述べられていた、「従前、裁判上の和解手続等においても、更新料条項は公序良俗に反するなどとし

---

203) 最高裁は、敷引条項についても、その額が「高額に過ぎる」ものであるかに着目した判断基準を立てている（最判平成 23 年 3 月 24 日民集 65 巻 2 号 903 頁、最判平成 23 年 7 月 12 日判時 2128 号 43 頁）。仮に敷引にも対価性を見出すならば（前掲注 187）を参照）、敷引条項規制の効果についても、以下に述べるのと類似の推論を展開する余地がある。ただし、更新料条項と全く同じには考えられないことについては、後掲注 211）を参照。

204) この問題を考える上でも、何が個別に規制対象となっているのかを明らかにしておくことが、前提となる。この規制対象の画定については、消費者契約法 10 条前段に関する判断から明らかになるだろう。すなわち、前掲注 202）・最判平成 23 年 7 月 15 日が、「更新料条項は、一般的には賃貸借契約の要素を構成しない債務を特約により賃借人に負わせるという意味において、任意規定の適用による場合に比し、消費者である賃借人の義務を加重するものに当たる」と述べていることからすると、更新料条項は、それがない場合との対比において、全体として 1 つの評価対象を構成するものと捉えられている、といえる。更新料の授受に関する合意とその額に関する合意が分けられているわけではなく、仮に更新料条項を全部無効とする場合には、前者も無効であり、更新料の授受に一切の法律上の原因がなくなると考えられる。

205) 京都地判平成 24 年 2 月 29 日消費者法ニュース 92 号 257 頁は、更新料の額を 15 万円（賃料の 3.125 か月分）とし、更新される期間を 1 年間とする条項が消費者契約法 10 条後段に該当するものと認め、信義則に反する部分につき無効であり、これに反しない程度まで、その更新料の額を減額しなければならない、とした。具体的には、年額賃料の 2 割を上限とし、それを超える部分を無効とした（もっとも、同事件については、控訴審において条項有効の判断が示されているようである。幡野［2013］275 頁を参照）。また、敷引条項についても、西宮簡判平成 23 年 8 月 2 日消費者法ニュース 90 号 186 頁は、敷金 50 万円から無条件で 40 万円（月額賃料の約 4.3 倍）を控除する条項を高額に過ぎるものと評価したが、相当な敷引金の範囲（月額賃料 3 か月分 27 万 9,000 円）を超える分のみを無効としている。これに対して、大阪簡判平成 26 年 10 月 24 日消費者法ニュース 102 号 336 頁は、月額賃料の約 4.3 倍に相当する保証金全額を控除する旨の敷引条項について、範囲を限定することなく、消費者契約法 10 条により無効としている。

206) 前掲注 202）・最判平成 23 年 7 月 15 日を参照。

て、これを当然に無効とする取扱いがされてこなかった」という事情を、条項の有効性に対する賃貸人の信頼を基礎づける事情として、ここで考慮することができる。その他に、「高額に過ぎる」という判断基準自体の不確定性も、「高額過ぎない」という賃貸人の信頼に関連づけることができるだろう。

　他方で、更新料条項の全部無効に有利に働く事情として、次のものを指摘することができる。まず、更新料が賃料自体とは区別されていることが[207]、更新料を維持する必要性を減じさせる。つまり、主要な対価ではない更新料を失うことの不利益は、賃貸人にとってなお甘受すべき範囲と見ることができる。また、学説において疑問視されているように[208]、更新料の対価性がそもそも希薄であると見るならば、そのことも更新料の維持に不利に働きうる。さらに、当該条項に対する非難の程度に関連して、高額性の度合いが考慮されるべきだろう。すなわち、より高額で非難の程度が強い条項については、より重大なサンクションを課すことを正当化しやすい。最後に、ドイツ裁判例において問題となっていた不当利得返還義務の過大性という観点については、基本的に考慮を要しないだろう。というのは、更新料条項に関する事件は少額のものが多く[209]、また、判例の基準による限り、更新料条項に対する不当判断は、個別的かつ例外的なものとならざるを得ないところ、多数の返還債務の積算的な過大性も問題にならない、と考えられるからである。

　さらに、これらの事情に加えて、契約期間の長期性が賃貸人に重大な不利益をもたらす可能性を、考慮しなければならない。この可能性は、次のような推論によってもたらされる。すなわち、継続中の契約において賃借人が更新料条項の無効を主張する場合には、更新料条項の全部無効を理由とする更新拒絶が認められないとすると、賃貸人には、更新料をおよそ得

---

207)　更新料が一般に賃料の補充ないし前払いの性質を含むものであるとしても、賃料自体とは区別されて規制対象となっている、といってよいだろう。判例が更新料と賃料とを全く同じには見ていないことについては、桑岡［2012］100頁以下、幡野［2013］263頁などを参照。
208)　さしあたり、前掲注202)・最判平成23年7月15日の評釈のうち、後藤［2012］4頁以下を参照。
209)　森富［2014］550頁を参照。

られない契約に、長期間拘束される危険性がある。そうかといって、賃貸人に更新拒絶が認められるならば[210]、契約の継続を望む賃借人にとって、いわば藪蛇にしかならない。更新料条項について条項全部無効のサンクションが実効的に機能するには、賃貸人の更新拒絶を否定する必要がある。そうすると、契約継続中に更新料条項の効力が争われる場合に、条項全部無効による賃貸人の不利益は、重大なものと評価されうる。

　筆者は、この最後に述べた考慮から、判例に従い更新料の対価性を肯定する限り、更新料条項が高額に過ぎるものと評価される場合には、賃貸人が当該条項の違法性を認識していたなど、信頼保護の必要性を否定する事情がない限り、減額調整に留めるべきではないか、と考える[211]。契約期間中において一部無効しか主張しえない条項について、契約終了後に全部無効を主張しうるというのも問題であるから、契約終了後の不当利得返還請求においてのみ、賃貸人の信頼要素にかかわらず条項全部無効を認めることも、適切ではない。

2　生命保険契約における無催告失効条項の処理

　第1部第2章において、生命保険契約における無催告失効条項の規制に関して、判例[212]のもとになった事案と異なり、一般的な督促実務はなかったが、たまたま当該事案において督促がされたという場合には、判例を前提とする限り、失効条項は不当条項と評価されざるを得ず、条項全部無効の考え方を採用するならば、顧客が現に督促を受けていても失効が否定される、と述べた。この条項全部無効の効果は、本章で得られた知見を手掛かりに、次のように正当化することができるだろう。

---

210)　借地借家法28条における正当事由の規定の下で、更新料の授受も「建物の賃貸借に関する従前の経過」として正当事由の判断要素に含まれうる。稲本＝澤野編［2010］219頁〔本田純一〕などを参照。もっとも、同221頁は、借家に関して、権利金や更新料の授受は、正当事由の有無を決定するファクターとしてあまり考慮されていない、と指摘する。
211)　契約期間の長期性が決定的な意味をもつという点において、更新料条項と敷引条項とでは、事情が異なる。更新が繰り返されることで賃貸人の不利益が増大しうるという事情は、敷引条項には当てはまらない。このことは、更新料条項よりも敷引条項の方が、条項全部無効のサンクションを課しやすい、ということを示す。
212)　最判平成24年3月16日民集66巻5号2216頁。

まず、無催告失効条項については、更新料条項と異なり、給付や対価の一部を構成する条項とはいえない。むしろ、契約不履行の効果を主題とする典型的な付随的条項といってよい。このような条項が無効とされたとしても、保険会社は、契約から得られる利益を直ちに失うわけではない。また、失効条項が全部無効とされる場合には、なお、任意規定として、法定の催告解除の適否が問題となりうるところであり、督促が法定解除の要件を充たしている限りにおいて、保険会社による契約解消は達成される。このように考えると、失効条項が全部無効とされた場合に保険会社が被る不利益は、この効果を回避すべきほど、重大なものとはいえない。このことが、条項全部無効の効果を正当化する、と考えられる。

3　消費者契約法9条違反の効果

法文上は条項一部無効の効果を明定する消費者契約法9条についても、本章で示した枠組みに近づけた形で、効果論を形成する余地がある。すなわち、信頼保護の要素を考慮して、条項使用者が消費者契約法9条各号の基準を超過する条項を悪意で使用した場合には条項全部無効を命じるとの準則を、解釈論によって導入する可能性である。少なくとも消費者契約法9条1号については、平均的損害の額を超えるか否かの評価に困難を伴うこと、それにもかかわらず、この額をわずかでも超過すれば違法とされることを理由として、条項の適法性に対する条項使用者の信頼の保護にも依拠した規定として、理解する余地がある。消費者契約法9条1号の効果をこのような趣旨で理解するならば、平均的損害額を超えることを認識しつつ条項を使用した事業者に対しては、条項全部無効のサンクションを課してもよい、と考えられる。

これに対して、年14.6%という明確な基準が定められている消費者契約法9条2号については、信頼保護の要素を読み込むことに困難がある。しかしながら、このような明確な無効基準をあえて超えてきた条項使用者に上限の枠内で条項の効力を保障することは、やはり適切ではない、と考える。したがって、悪意の事業者との関係では、消費者契約法9条2号の文言にかかわらず条項全部無効のサンクションを課し、文言どおり、条項一

部無効に留めるのは、何らかの理由で事業者がこの規定の適用を見誤った場合等に限定すべきである。

/// 補　論 ///

条項不顧慮型補充的契約解釈からの示唆

　第 2 章は、主として期待可能性基準の下での条項顧慮型補充的契約解釈に焦点を合わせており、条項不顧慮型補充的契約解釈については、ここまで立ち入った検討を加えてこなかった。そこで、第 2 部の最後に、この型の補充的契約解釈に関するドイツ法の知見から日本法の議論にどのような示唆が得られるかについて、若干、論を補う。

　まず、第 1 章において述べたように、条項不顧慮型補充的契約解釈は、効力維持的縮減を支持する論者によっても、それと同様に条項一部維持をもたらすものとして肯定的に評価されている。そのような評価がされる理由としては、約款使用者が明確に意図しなかったと評価することができる無効な条項なき状態は、条項設定当時の法状況に基づいて判断されるため、事後的に任意規定が継続形成される場合には、そこに無効条項の趣旨も取り込まれている、と見ることができるからである、と考えられる[1]。

　このことは、さらに、次のように分析することができる。すなわち、まず、この種の補充的契約解釈についても、条項の一部維持または全部無効が語られていることから、いずれにせよ一定の法的な参照点からの偏差として、条項が把握されている、といえる。しかしながら、補充的契約解釈を条項の一部維持として評価する場合と、条項全部無効の帰結として位置づける場合とでは、異なる参照点が措定されることになる。前者の場合には、当事者（約款使用者）が現実に条項を設定する際に、当該条項を用いなければ適用されるものと想定した（であろう）法的ルールが、条項を把握

---

[1] 第 1 章第 4 節第 1 項を参照。また、Andreas Fuchs/Marcus Bieder in: Ulmer/Brandner/Hensen [2016], Anh. § 310 BGB Rn. 121 は、労働法において、任意制定法と同視しうべき裁判官法の多くが、効力維持的縮減についての判断から生じていることを指摘している。

する上での参照点となる。これに対して、後者の場合には、当事者がそれを想定しえたか否かにかかわらず、当該条項が取り扱う問題について妥当すべき任意法のルールが、参照点になっているといえる。このような観点の違いが、同一の結論（補充的契約解釈によって導かれる代替規律）を、条項内容を一部維持するものとして、または、条項全部無効の結果として、異なる評価を与える原因となる。

　このような参照点の違いは、当事者と法適用者（裁判官）のいずれの視点に立脚するか、という視点の違いとして、整理することができる。そして、この2つの視点の区別は、典型契約の機能論に接合することができるだろう。我が国における従来の議論において、典型契約には、①内容形成機能（契約の解釈および空白部分の補充に際しての内容補充機能、ならびに、一定の正義内容を有する典型契約規定が有する内容調整機能）、②分析基準機能（契約類型が法的カテゴリとして存在することで、個別の契約を分析する際の作業の構造化と情報処理の効率化が実現される機能）、③創造補助機能（典型契約類型が存在することにより、標準的な契約内容の形成がより容易に実現される一方、そのような契約実践の蓄積によって既存の類型の修正や新たな類型の創造が行われ、諸個人の創発に由来した社会秩序の再生産が実現される機能）といった諸機能があることが、指摘されている[2]。ここで注目すべきは、②と③との区別である。この区別は、法適用者の観点と契約当事者の観点を分けることに基づいている[3]。前述したように、両者にとって可能な参照点が異なることは、②と③とで、機能条件が異なることを意味する。すなわち、ある典型契約

---

[2]　以上の機能整理については、石川［2007］を参照。その他に、大村［1997］352頁は、分析基準機能・内容調整機能・創造補助機能の3つを挙げている。また、潮見［2002］10頁以下は、準拠枠設定機能・内容形成機能・創造補助機能の3つを挙げている。

　　これらの3機能の分類に対して、山本敬［1998］7頁以下は、準拠枠設定機能と内容形成機能の2つを述べている。このような2分類と3分類の違いは、創造補助機能を分析基準機能ないし準拠枠設定機能と区別するか否かに見出される。2分類においては、創造補助機能も、準拠枠設定機能に含めて考えられている（同9頁は、準拠枠設定機能に関して、「〔典型契約を〕法典に定めておくことは、法律家にとってはもちろん、当事者にとっても、その活動を可能にし、支援するためのインフラ・ストラクチャーを整備するという性格をもつ」（傍点は、筆者による）とする）。本文において述べるように、法適用者の視点と契約当事者の視点が異なることを意識するならば、このような2分類よりも、創造補助機能を独自の機能として名付ける3分類の方が、望ましいといえよう。

[3]　石川［2007］237頁を参照。

規範が後者の機能を果たしうるには、その規範が契約形成時に契約当事者に知られていなければならない、といえる。

さらに、条項の趣旨を取り込んで任意規定が形成されるという見方からは、契約規範の自律的な基礎づけについて、1つの示唆を得ることができる。近時の我が国の議論においては、それ自体として他律的な契約規範をどのように当事者の自律的決定と結び付けるかという問題について、自律的な契約制度の利用や契約類型の選択によって説明する見解が提出されている。この見解によれば、契約は契約制度の存在を前提とした行為であるところ、契約制度を構成する規範やある一定の契約類型について妥当する規範も、それ自体として他律的なものであるとしても、契約をするという自律的決定に基づいて妥当することになる[4]。条項が部分的に維持される形で任意規定が形成されるという論は、このような制度利用とは別の観点として、当事者が任意規定の形成に参画するという点に、契約規範の自律性を見出す可能性を示す。

当事者の契約実践を通じて契約類型が生成され、また、変化することについては、典型契約類型の「可変性・開放性」としてこれまでも指摘されてきたことである。それによれば、「人々が日々繰り返す契約という営みの中から、新たな類型が生成しそれが契約秩序に変化をもたらす」とされる[5]。筆者が、ここで述べていることも、このような契約類型の性質の現れと見ることができる。もっとも、従来の議論においては、直前の引用部分が示すように、どちらかというと、諸個人の契約実践の総体に焦点が合わせられているという意味で、マクロな議論がされているのに対して、本補論の指摘するところは、ある不当条項に関する個別的な紛争処理に焦点を合わせているという意味において、ミクロな観点ということができる。当事者（約款使用者）が、その時に認識されている任意規定との比較において、一定の条項を作成・使用し、その条項について紛争が生じ、最終的に裁判所によってその条項が不当条項とされるが、当該条項の趣旨を一部維持する

---

[4]「融合論」と呼ばれるこのような考え方については、山本敬［2006］356 頁以下、石川［2010］505 頁以下を参照。
[5] 大村［1997］352 頁。

代替規律が形成され、それに任意規定としての性質が認められるという一連の経過を通じて、当事者も参画した形で契約類型の生成・変容が行われるという着想を示すことに、単なる従来の議論の確認に留まらない若干の意味があるといえよう[6]。

---

[6] なお、第1部において論じたように、具体的な規制規範に即して規制対象を画定するという判断枠組みを採用し、かつ、任意規定の指導形象機能をもとにした規制規範によって規制対象の画定が行われる場合には、既にこの第1の段階において、条項の趣旨が任意法に取り込まれることになる、と考えられる。その限りで、規制対象の画定に対して当事者が影響を与えうることになる。もちろん、このことは、この判断段階において規制規範が決定的な意味を有することを、掘り崩すものではない。

第3部
救済条項の法的処理

第 1 章
序　論

I　問題の所在

　不当条項規制において、効力を制限すれば不当とはいえない条項についても、全部無効の処理が行われるとすると、このリスクが条項使用者に圧し掛かる。このような条項全部無効のリスクに対して、条項使用者がとりうる対策として、1つには、無効となる範囲の限定や無効部分の補充について、予め契約に規定しておくことが考えられる。さらに、例えば法律を参照するなどして、具体的な規律を行わず、条項の内容を外部に委ねてしまうことも考えられる。これらの方法により条項全部無効のリスクを回避する目的で使用される契約条項は、「救済条項」（サルベージ条項[1] salvatorische Klausel）と呼ばれる。第3部では、このような救済条項に対する法的規制のあり方を検討する。

　救済条項は、本書全体の主題である不当条項規制の効果論に対して、次のような問題を投げ掛けるものである。すなわち、第2部において論じた代替規律確定の判断構造において、期待可能な範囲で条項全部無効のリスクが条項使用者に課されるとすると、当事者（条項使用者）は契約条項によってこれと異なるリスク分配をすることができるか、という問題である。

　このような救済条項の問題は、不当条項規制効果論の中で重要な位置を占めるものでありながら、我が国の従来の学説においては、条項一部無効・全部無効論に関連して若干の記述を見出すに留まる。そこでは、たいてい、

---

1)　このような条項は、消費者契約法に関する議論などにおいて、「サルベージ条項」と呼ばれている（後述する消費者契約法専門調査会の議論の他、不当条項研究会［2009］176頁以下〔河上正二〕を参照）。しかしながら、本書においては、初出論文における「救済条項」の呼称を維持する。

「法律上許容される限りにおいて効力を有する」といった表現の条項例とともに問題が提示され、または、簡単に態度決定が示されるだけである[2][3]。そこで、第3部では、不当条項規制における救済条項の処理について、理論的検討を加えることにする。検討の方法としては、ドイツ約款法において展開されている救済条項に関する議論を素材として取り上げ、分析を行う。ドイツにおいては、不当条項規制効果論が最も盛んに論じられた1980年代を中心に[4]、救済条項に関する学説の蓄積があるだけでなく、実務上も救済条項がしばしば使用され、この問題を扱った裁判例も登場している。第3部では、ドイツ法の状況を整理した（第2章および第3章）うえで、救済条項の法的処理のあり方および救済条項論が不当条項規制効果論にとって有する意味について、私見を論じる（第4章）。まず、本論に入る前に、救済条項の種類について、分類を行う。

II 救済条項の種類

ドイツ法の議論状況によれば、救済条項は、大きく2つの方式に分類することができる。

第1に、無効な条項に代わる規律の確定方法あるいは具体的内容を規定する条項である。このような条項は、「代替条項」（Ersetzungsklausel）と呼ばれる。代替方法の観点から区別すると、①約款使用者が代替規律確定権を留保する旨の条項、②第三者にそのような権限を与える条項、③一定の代替規律に合意する義務を両当事者に課す条項[5]、④予め具体的な内容の代替規律を定めておく条項、⑤無効な条項は有効な範囲に縮減される旨の条

---

2) 高橋［1981］141頁、河上［1988］376頁、潮見［2004-2］272頁などを参照。
3) もっとも、近年の消費者契約法専門調査会における議論においては、救済条項（サルベージ条項）が検討課題として取り上げられている。報告書［2017/8/8］12頁は、救済条項（サルベージ条項）を、「ある条項が強行法規に反し全部無効となる場合に、その条項の効力を強行法規によって無効とされない範囲に限定する趣旨の条項」と定義したうえで、条項の有効範囲が明示されず消費者が不利益を受けるおそれがあるとの問題を指摘し、今後の検討課題としている。
4) このドイツにおける議論の時期ゆえに、第3部では、AGBGの条文を優先的に参照する。
5) 両当事者の代替義務を規定する条項の性質決定については、次のように争いがある。すなわち、これを予約として性質決定する見解がある一方で（Kasselmann［1986］, 62ff.; Michalski/Römermann［1994］, 887; Michalski［1998］, 9f.; Michalski/Boxberger［2008］, 466）、実質的に約款使用者の確定権を規定するものである、とする見解もある（Baumann［1978］, 1954; Garrn［1981］, 154f.; Witte［1983］, 283ff.）。

項(または、無効な条項にできるだけ近い有効な規律が妥当する旨の条項)などが、ここに含まれる[6]。④・⑤は、①〜③との対比でいえば、自動的な代替を規定する条項ということができる。また、①〜④においては、当事者または当事者の指定する第三者が、第1次的に代替規律を定めることが予定されているに対して、⑤においては、代替規律の確定が、はじめから法および裁判官に委ねられている。また、代替条項は、それによってもたらされんとする代替規律の水準によって、2種に区別されている。すなわち、第1に、無効な条項にできるだけ近い有効な規律を基準とするものなど、AGBG 9 条以下（BGB307 条以下）の無効基準を代替基準とする条項である。第2に、両当事者の利益に合致する相当な規律を基準とするものなど、AGBG 6 条 2 項（BGB306 条 2 項。任意規定または補充的契約解釈）によるのと同等の代替規律をもたらさんとする条項である。代替基準の観点における両者の区別は、**第2章**で述べるように、AGBG 6 条 2 項からの逸脱の可否を論じる上で、意味を有する。なお、約款法以外の分野においては[7]、このような代替条項と併せて、一部の条項の無効が契約全体の無効につながらないことを定める条項（維持条項 Erhaltungsklausel[8]）が用いられることがある。しかしながら、約款法においては、既に AGBG 6 条 1 項（BGB306 条 1 項）が、このことを明示的に規定しているため、このような条項は、特に問題となっていない[9]。

　第2に、「法律上許容される限りにおいて」(soweit gesetzlich zulässig)、「法律上許容される範囲内で」、「約款規制法に合致する限りにおいて」といった表現による「救済的条項付記」(salvatorischer Klauselzusatz) を用いる

---

6) 代替条項に属する救済条項として、Garrn [1981], 151f.; Witte [1983], 277f. は、①・③〜⑤の4種を挙げている。Kasselmann [1986], 51 は、①〜⑤を全て列挙している。また、Michalski [1998], 8ff. は、代替に関する権限の所在から、自動的な代替を定める条項・両当事者の代替義務を定める条項・一方当事者の代替権限を定める条項・第三者の代替権限を定める条項を区別している。

7) 約款法以外における救済条項については、Westermann [1975] ; Beyer, J. [1988] ; Baur [1995] などを参照。

8) 「一部無効条項」(Teilnichtigkeitsklausel) と呼ばれることもある。Westermann [1975], 139; Kasselmann [1986], 46; Michalski/Römermann [1994], 887 などを参照。

9) Kasselmann [1986], 46f.; Michalski/Römermann [1994], 887; Baur [1995], 40 などを参照。

方式である[10]。典型的な例として挙げられるのは、「法律上許容される限りにおいて、責任を排除する」などと書かれた免責条項である。このような付記のねらいとするところは、AGBG 9条以下の無効基準を代替基準とする代替条項と大きく変わらない。すなわち、AGBG 6条2項の適用を回避し、約款使用者に有利な契約内容を確保することが、目的とされているということができる。それゆえ、代替条項と同様の観点から、このような付記の有効性が問題となる。もっとも、救済的条項付記においては、この目的を達成するために、そもそも条項が無効と判断されないようにする手法が用いられている。そして、その結果として、契約相手方の権利義務が、約款条項それ自体において明確にされない。いわば、第1次的な条項内容（裁判所による有効・無効の判断がされる以前の条項内容）が、法律上許容される範囲を知らない相手方にとって不明確・不確定である、ということになる。そのため、救済的条項付記については、付記を含む条項自体の透明性も問題とされている。そして、**第3章**で述べるように、ドイツ学説においては、既にこの観点から付記を含む条項の効力を否定する見解が有力である。

以上の2つの方式の救済条項は、その目的・機能において大きく異なるものではなく、多くの場合に互換性を有するものである。しかしながら、その有効性を判断するにあたっては、ドイツ法において別個に議論がされている。したがって、本書では、ドイツ法における学説・裁判例を紹介するにあたり、この区別に従うこととする[11]。

---

10) このような付記を伴う条項は、「法律参照条項」（Gesetzesverweisende Klausel）と呼ばれることもある。Kasselmann [1986], 52を参照。
11) 初出論文においては、救済的条項付記・代替条項の順序で検討したのに対して、本書においては、逆の順序をとっている。これは、初出論文では、そもそも条項無効を回避する手法が、条項無効の場合について代替規律の確定方法または具体的内容を定める手法に、論理的に優先する、と考えたためである。これに対して、本書において代替条項を先に検討したのは、AGBG 6条2項の適用回避こそが救済条項の問題の中核であり、この問題を典型的に示しているのは、代替条項である、と考えたからである。これに対して、救済的条項付記は、透明性の問題が絡む点で、より応用性の高い問題として位置づけられる。

第2章

代替条項に関する法的状況

第1節 / 学説の状況

I 緒論

　代替条項の有効性を論じるにあたっては、第1章で述べたように、AGBG 6条2項（任意規定による補充および補充的契約解釈）との関係が中心的な問題となっている。しかしながら、それだけに留まらず、契約への組入れ段階での規制に抵触する可能性、その他の観点から内容規制に抵触する可能性、AGBG 7条（BGB306a条）にいう回避禁止に抵触する可能性なども問題とされている。また、代替条項は、必ずしも約款条項であるとは限らず、個別契約において合意されることもある。個別契約上の代替条項については、AGBGの適用範囲に鑑み、別個の検討が必要である。

　以下では、代替条項の有効性に関して、契約への組入れ段階での規制→内容規制→回避禁止による規制→個別契約上の代替条項の規制という順序で、ドイツ学説の議論状況を整理する。

II 契約への組入れ段階での規制

　契約への組入れ段階においては、AGBG 2条1項2号（BGB305条2項2号）におけるわかりやすさの要請と、同法3条（BGB305c条1項）にいう不意打ち条項の組入れ否定とが、問題となりうる。

1 わかりやすさの要請

　AGBG 2条1項2号は、約款使用者が、契約締結に際して、契約相手方が

期待可能な方法で約款の内容を認識できるようにした場合にのみ、約款が契約構成要素になることを規定する。この規定の要件を充たすためには、約款の文言が法律についての専門知識がない平均的な顧客にとってわかりやすい（verständlich）なものでなくてはならない、とされる。代替条項のうち、具体的代替規律を明らかにしないものについては、具体的権利義務を明らかにしない点で、このいわゆる「わかりやすさの要請」に反する可能性がある。この問題については、内容規制段階での透明性の要請についてと同様の評価が妥当するので、代替条項の内容規制について触れるⅢでまとめて扱うことにする。なお、多くの論者は、あらゆる不測の事態に備えて具体的代替規律を規定しておくことは、約款使用者に期待不可能であるとして、具体的代替規律を予め規定する必要はない、と考えている[1]。

これに対して、具体的代替規律が予め定められている場合には、それも組入れ規制の対象となる。このとき、契約相手方が代替規律と第1次的な条項との関係を理解できず、そのような条項の内容を認識することを期待できない場合がありうる[2]。例えば、標準約款が代替規律として指定されている場合などが考えられる。そのような場合には、代替条項は、AGBG2条1項2号に違反しうるとされている[3]。

2 不意打ち性

代替条項の不意打ち性は、その使用頻度に鑑みて、一般的には否定されている[4]。代替条項は、実際に様々な契約において使用されており、その点で契約相手方が不意打ちを受けることはない、と考えられるからである。また、代替条項の内容についても、AGBGにより許容される範囲を利用し

---

1) Garrn [1981], 154; Witte [1983], 292f., 297f.; Kasselmann [1986], 70ff.; Schmidt, H. [1986], 228 (結論的に); Michalski/Römermann [1994], 889f. を参照。反対の見解として、Hager [1983], 202 が挙げられる。
2) もっとも、Witte [1983], 288 は、見通しの利く配置によって容易に透明性を達成することができ、AGBG2条1項2号に抵触することは希である、とする。
3) Fell [1987], 692; Michalski/Römermann [1994], 890.
4) Kasselmann [1986], 84f.; Witte [1983], 288, 293, 298; Lindacher [1983], 159; Michalski/Römermann [1994], 890. これに対して、Schlosser [1980], §6 Rn. 11 は、代替条項を不意打ち条項としている。もっとも、シュロッサー（Peter Schlosser）は、現在ではこの見解を改めている。Staudinger/Peter Schlosser [2013], §306 BGB Rn. 18 を参照。

尽くそうという約款使用者の意図は、約款による取引では典型的に見られるものであるし、無効な規定を有効な規定によって代替することはしばしば行われる方法であるとして、その不意打ち性が否定されている[5]。

Ⅲ 内容規制
1 透明性の要請

ハーガー（Johannes Hager）[6]は、無効な条項の一部維持を図るためには、透明性の要請の下、法律または法律行為自体から、代わりとなる予備的規律を認識できなくてはならない、とする。というのは、ぎりぎりなお法律に合致する形式を発見することは、裁判所の任務ではなく、むしろ、約款使用者の使命だからである。そして、代替条項もまた、透明性の要請の下で審査されなければならない。それゆえ、約款における代替条項として許容されるのは、具体的な代替規律を精確に規定する条項だけである、とする。これに対して、無効な約款条項の経済的効果にできるだけ近い代替規律を規定する権限を約款使用者に与える代替条項は、個別事例においてどのような規律が妥当すべきか明白ではないことから、無効である。このように見たときには、たしかに、約款使用者は、無効の可能性がある全ての条項について、具体的な代替規律を用意することを強いられる。しかし、これは、約款条項が無効とされるリスクは約款使用者が負うべきものであるがゆえに、当然の帰結である、とする。ここにおいて、ハーガーは、一般的な見解と異なり、透明性の要請を裁判官による代替規律[7]の発見の問題として捉えている。

これに対して、一般的な見解と同様に、契約相手方にとっての約款内容の透明性を問題とする論者においては、Ⅱにおいて述べたように、透明性の観点から代替条項が規制されることはないとする見解が、多数を占めている[8]。ここでは、このうち2つの見解を紹介する。

---

5) Witte [1983], 293; Kasselmann [1986], 85f..
6) Hager [1983], 201ff..
7) ハーガーは、「予備的規律」（Vorregelung）と呼ぶ。
8) 前掲注1）の諸文献を参照。もっとも、Michalski/Boxberger [2008], 485ff. は、誰が代替権限を有するかを明らかにしない代替条項については、透明性の要請違反があるとする。また、無効

まず、ガルン（Heino Garrn）[9]は、原則的に、約款自体から契約相手方の権利義務を引き出すことができなくてはならない、という要請を認めるが、代替条項に関しては、事後的に生じる状況特殊的な視点を考慮するという約款使用者側の要請との衡量から、前者の要請を後退させる。そのため、具体的な代替規律が予め規定されている必要性を認めない。

次に、カッセルマン（Rolf Kasselmann）[10]も、約款規定の確定性の原則（透明性の要請の一部）から、代替条項を問題とする。具体的代替規律が予め規定されている場合を除いて、契約相手方にとって、いかなる代替規律が妥当するかは不明であり、不確定性が存在する可能性があるからである。しかしながら、カッセルマンもまた、考えうる全ての紛争事例について、予め具体的代替規律を契約に組み入れておくことは、約款使用者に期待することができない、とする。代替条項は、形態・範囲を精確には予見できない将来の紛争に対処するものであり、しばしば、きわめて一般的に表現することが、実務上要求されるからである。その一方で、その他の契約内容および無効な規定の機能から、代替権限を有する者の裁量が客観的に制限される点に注目することで、具体的な基準が規定されていなくても、任意規定の適用や補充的契約解釈による場合に比べて、不確定性は大きくない、とする。

2　AGBG 6条2項を逸脱することの可否

既述のように、代替条項においては、代替基準の面で、AGBG 6条2項（任意規定または補充的契約解釈）を逸脱する約款条項を定めることが許されるかという問題が、議論の中核を成している。この問題については、同規定の理解に応じて、次のように見解が分かれている。

(1)　AGBG 6条2項を逸脱する条項を有効とする見解

幾人かの論者は、AGBG 6条2項は任意規定を強行規定に転換するもので

な条項の「経済的効果」を基準とする条項についても、BGB 307条1項2文違反を指摘する。さらに、縮減条項についても、契約相手方の権利を明らかにしないものとして、透明性を欠くとする。
9)　Garrn [1981], 154.
10)　Kasselmann [1986], 102ff.

はないことから、この規定によるのと異なる代替規律をもたらす代替条項も有効とする。以下では、このような考え方に立つ3つの見解を紹介する[11]。

まず、救済条項に関する議論の最初期に、バウマン（Hans Baumann）[12]が、無効な条項の経済的効果にできる限り合致する代替規律を確定する権限を約款使用者に与える代替条項を念頭に置いて、AGBG6条2項に関連した検討を加えている。バウマンによれば、AGBG6条2項に基づいて妥当する任意規定は、任意規定として妥当するだけであり、異なる合意によって欠缺を補充することは制限されない。この場面で、任意規定が強行規定に転換されるならば、当事者の契約自由が完全に奪われることになる。しかし、それは、任意規定と異なる合意が約款使用者の契約相手方にとっても好ましい場合がありうることを考えるならば、適切でない。このことから、バウマンは、任意規定と異なる合意をすることが可能であるならば、約款使用者の給付確定権を定める代替条項もまた、同様に可能でなければならない、とする。このような条項は、AGBG6条2項と相容れないようにも見えるが、同規定が欠缺補充を当事者の契約自由に委ねることを妨げないならば、当事者は、契約による形成能力に関しても自由を有しているはずであり、給付確定権の合意も認められなくてはならない、とする。

次に、カッセルマンもまた、AGBG6条2項を、同条1項によって契約そのものが維持される結果として生じる欠缺補充の問題に対応するための規律に過ぎないとし[13]、法秩序の限界内で異なる当事者の合意も許容されるとする[14]。そして、AGBG6条2項は、基本的価値判断を含まない純粋に合目的的な規定であることから、AGBG9条2項1号の枠内で意義を有するものではない、とする[15]。

最後に、ミヒャルスキとレーマーマン（Lutz Michalski/Volker Römermann）[16]

---

11) 本書では詳しく紹介しないが、近時における同様の見解として、Staudinger/Schlosser [2013], §306 BGB Rn. 17f. も参照。
12) Baumann [1978].
13) Kasselmann [1986], 92ff..
14) Kasselmann [1986], 100f..
15) Kasselmann [1986], 96ff..
16) Michalski/Römermann [1994], 888ff. の他、Michalski/Boxberger [2008], 477ff. も参照。もっ

も、任意規定と異なる規律が具体的事情により適合的でありうることから、AGBG 6 条 2 項を、任意規定を任意規定として妥当させるだけのものであり、排除可能であると考える。また、彼らは、約款使用者が代替条項を用いて自らに課せられた条項無効のリスクを逃れようと試みるのが不相当であるとして代替条項の無効を導く主張に対し、疑義を呈する。すなわち、約款使用者が経済的・情報的優位性を不相当に利用することが常であるわけではなく、むしろ個別条項の不相当性は、約款使用者にとって、しばしば不確実である。したがって、無効な条項を用いたことを理由として、約款使用者に対し一般的にサンクションを課すことはできない。また、約款使用者は、条項の無効によって自己の不利に損なわれた契約の均衡を、代替条項に基づいて回復することができる。他方、契約相手方もまた、これによって自己に有利な条件を形成し、場合によっては、契約全体の無効のリスクから逃れることができる。さらに、補充的契約解釈が許されるのであれば、代替条項も補充的契約解釈と同様に認められるべきである[17]。また、代替条項は、当事者相互の権利義務のバランスを回復するものなので、それによって顧客に対する威嚇機能も存在しない、とする。

これらの見解によれば、AGBG 9 条以下における無効基準を代替基準とする代替条項であっても、問題とされないことになる。このとき、AGBG 6 条 2 項は、裁判官を拘束する代替規律確定の判断枠組みを提供するとしても、当事者は、その他の観点から有効な救済条項を定めておく限り、そのような枠組みに拘束されないことになる[18]。

とも、Michalski/Boxberger [2008], 483 は、後述のヴィッテ（Peter Josef Witte）の見解に従い、無効条項の縮減を定める条項については、効力維持的縮減の禁止に反するとの理由で、BGB307 条 2 項 1 号に抵触するとしている。

[17] ここで、ミヒャルスキとレーマーマンは、第 2 時価条項判決における相当性基準に基づく補充的契約解釈を念頭に置いている。これに対して、近年の最上級審裁判例において明らかになってきた期待可能性基準の存在を前提とするとき、補充的契約解釈との関係で代替条項がどのように位置づけられるのかは、不明である。

[18] このことに関連して、Staudinger/Schlosser [2013], § 306 BGB Rn. 17f. は、次のように論じている。すなわち、効力維持的縮減の禁止は、裁判所は「ぎりぎりなお許容される」内容の代替規律を発見する任務を負わないとするものであるが、約款使用者が法律上残された自由領域を自らの利益において最大限利用することを妨げるものではない、と。

(2) **AGBG 6 条 2 項を逸脱する条項を無効とする見解**

以上のような AGBG 6 条 2 項の拘束性を否定する見解に対しては、この規定が当事者に対する拘束性を有するとし、代替基準の面でこれを逸脱する条項を無効とする見解が存在する。ここでも、代表的な論者の議論を紹介する。

まず、この見解の先駆的な論者といえるガルン[19]は、AGBG 9 条～11 条の有効性基準が最低限の水準に過ぎないことに鑑み、それらの基準を充たす代替規律が全て許容されるわけではない、とする。そして、任意規定と同等の方法で両当事者の利益を調整する場合にのみ、AGBG 6 条 2 項からの逸脱が許される、とする。したがって、許容されるのは、当該契約にとって相当であり、かつ、両当事者の利益を顧慮した正当な規律を基準とする代替条項だけとされる。これに対して、無効な約款条項の経済的効果にできるだけ近い規律を基準とする代替条項は、AGBG 6 条 2 項からの許されない逸脱である、とされる。もっとも、ガルンは、後者の基準による代替条項であっても、効力維持的縮減によって、前者の基準による代替条項と同じ効果を与える。

次に、ハリー・シュミット（Harry Schmidt）[20]は、AGBG 6 条 2 項（任意規定の適用[21]）および補充的契約解釈が当事者間の相当な利益調整を基準とするものであるという立場から、相当な規律による代替を規定する代替条項は、代替基準の面で問題にしない。これに対して、「元の約款条項の代わりに、それにできるだけ近い規律を規定すること」を意図する条項については、次のような問題があるとする。すなわち、H. シュミットによれば、このような代替条項は、AGBG 6 条 2 項に見出される同法の本質的基本思想と相容れない。つまり、約款の濫用を防止するだけでなく、約款の使用に際しての相当な利益調整を実現することが AGBG の目的であるところ、この目的は、不相当な条項を、両当事者の利益に合致する規律によって代替

---

19) Garrn [1981], 152ff..
20) Schmidt, H. [1986], 225ff.; ders. in: Ulmer/Brandner/Hensen [2016], § 306 BGB Rn. 39f..
21) ここでは、AGBG 6 条 2 項にいう「法律上の規定」を実質的内容の規定に限定する H. シュミットの見解（Schmidt, H. [1986], 159f.; ders. in: Ulmer/Brandner/Hensen [2016], § 306 BGB Rn. 26）に従って、主張内容を整理する。

する場合にのみ、実現することができる。AGBG 6 条 2 項は、こうした AGBG の本質的基本思想を体現するものである。このとき、「元の約款条項の代わりに、それにできるだけ近い規律を規定すること」を意図する代替条項は、このような本質的基本思想と相容れないものであり、AGBG 9 条 2 項 1 号により無効である。また、補充的契約解釈との関係で見ても、このような代替条項は、契約欠缺を両当事者の利益に合致する規律によって補充するという補充的契約解釈の目的を逸脱するものであって、AGBG 9 条 1 項にいう不相当な不利益扱いを構成し、無効である、とする。

最後に、ヴィッテ（Peter Josef Witte）は、効力維持的縮減の禁止に関する彼の見解[22]とパラレルに、相当な程度での縮減をもたらす条項またはそのような水準での確定権を定める条項のみが許容され、AGBG 9 条以下に抵触しない限りでの代替規律をもたらさんとする条項は認められない、とする[23]。ここでは、濫用の防止（縮減を期待して積極的に不当条項を使用することの防止）や、約款使用者が裁判官と同様に事後的に法律効果を確定する場面であることが、理由として考慮されている。もっとも、ヴィッテは、この制限が具体的代替規律には当てはまらない、とする[24]。その理由として、具体的代替規律では、無効基準が不明な状況で無効リスクを冒すことになる点で、確定権の行使とは事情が異なることを指摘する。また、有効な規律を作成するための第 2 次的な試みを承認しなければならず、さらに、第 1 次的な条項の無効可能性を自ら知らせることになるため、濫用の危険は少ない、とする。

以上のような見解においては、無効な条項にできるだけ近い代替規律をもたらさんとする代替条項などは、AGBG 6 条 2 項を逸脱するものとして、無効とされることになる。

(3) **約款使用者の主観的態様を問題とする見解**

一部の論者は、約款使用者の主観的態様によって、代替条項の使用が許される場合とそうでない場合とを区別している。

---

22) 第 1 部第 1 章を参照。
23) Witte [1983], 295f., 299ff..
24) Witte [1983], 289ff.. Neumann [1988], 106f. も、結論として同旨である。

まず、ガルン[25]は、任意規定と同等の利益調整を基準とする代替条項であっても、約款使用者が約款条項の無効を明確に認識することができた場合には、AGBG 6 条 2 項の適用を排除することができない、とする。そのような条項が許容されるのは、約款使用者が関連する AGBG の規定の文言または判例によっても約款条項の無効を容易には認識できなかった場合に限られる、とされる[26]。

これに対して、リンダッハー（Walter F. Lindacher）[27]は、無効な条項をその経済的効果にできる限り適合する規律によって代替する確定権を約款使用者に与える代替条項（無効基準を代替基準とする条項と考えられる）について、約款使用者の主観的態様または法的状況の不確定性によって、効力判断を分けることを説く。まず、故意に過剰な規律による禁止法違反が行われた場合、もしくは、契約相手方がそのような違反を認識しつつ甘受せざるを得なかった場合には、制裁として全部無効が要求される。したがって、許容されない条項を悪意で使用する者は、過剰な規律をぎりぎりなお AGBG に合致する規律によって代替することを可能にする確定権を留保できない、とされる。リンダッハーによれば、BGB138 条と AGBG 9 条～11 条が、ともに予防機能を有することから、このことは、個別契約による代替条項についても、約款中に規定された代替条項についても、同様に当てはまる。これに対して、リンダッハーは、約款条項が無効とされるかもしれないという不確実な事情の展開を考慮するには、そうした代替条項を設ける以外に方法がなく、かつ、契約の目的によれば、それまで使用されていた約款条項が無効となることが約款使用者の負担すべきリスクに属さない場合には、一方的な確定権を相当なものとする。したがって、これまで異議が唱えられてこなかった条項が万が一にも無効とされるかもしれないという抽象的リスクを除去する場合に限り、確定権の留保が認められる、とする。

さらに、このリンダッハーの見解は、近時において、次のように発展さ

---

25) Garrn [1981], 152.
26) 同様の見解をとるものとして、Witte [1983], 295, 299; Roth [1994], 66f. が挙げられる。
27) Lindacher [1983], 158ff.

せられている[28]。すなわち、抽象的な無効リスクがあるに過ぎない場合と、条項の有効性について具体的な疑いがある場合とが、区別される。約款使用の時点での認識状況によれば約款全体について具体的な疑義が存在しない場合には、一般的に定式化された代替条項が許容される。これに対して、判例・学説の状況によれば有効性を疑う具体的な契機が存在した場合には、当該条項に関連づけた代替条項のみが認められる、とされる。その理由として、具体的な条項の法的な脆弱性を一義的に示さない条項形成は、透明性の要請に違反し、有効たりえないとする。

また、一部の学説は、具体的代替規律についてのみ、法的状況が予見不可能であった場合の許容性を肯定する[29]。ここでも、特定の条項と代替条項の関連づけが重視されている。

3 その他の観点からの内容規制

カッセルマンは、さらに2つの観点から代替条項が内容規制に抵触しないかを検討している。

第1に、約款使用者が一方的な契約形成権限を二重に行使することの可否が、問題とされている[30]。約款使用者は、約款を使用することによって、契約形成の自由を一方的に利用することができるが、約款条項が無効な場合に、AGBG 6条2項に基づいて法律上の規律が妥当するならば、一方的な契約形成を一度しか行えないことになる。それに対して、代替条項を用いるならば、二重に一方的な契約形成の自由を利用することになる。このような二重利用が AGBG 9条1項に抵触するのではないか、が問われる。この問題に関して、カッセルマンは、次のような理由で AGBG 9条1項違反を否定する。すなわち、約款使用者の契約自由を一度しか認めないとするのは一種の制裁であるところ、そのような制裁については法律上の根拠がない。契約の特殊性または当事者にとっての特別な必要性から AGBG 6条2

---

28) Walter F. Lindacher/Wolfgang Hau in: Wolf/Lindacher/Pfeiffer [2013], § 306 BGB Rn. 48ff.; Hau [2003], 402f..
29) Stoffels [2015], Rn. 627; Schmidt in: Ulmer/Brandner/Hensen [2016], § 306 BGB Rn. 40.
30) Kasselmann [1986], 111ff..

項と異なる欠缺補充が要求されるときに、これを認めることは、両当事者の利益に適う。また、代替条項の有効性を認めたところで、代替規律もAGBGの要求を充たさなくてはならないのであるから、約款使用者は、はじめから契約に組み入れることができた規律のみを用いうるに留まり、契約相手方にとっての不利益は存在しない。契約相手方が欠缺を特定の方法で補充することを要求できないのに対して、約款使用者には、欠缺を特定の方法で補充する点に重大な利益が存在する。

　第2に、カッセルマンは、契約相手方の地位が広く約款使用者側の決定に左右されることが、AGBG 9条1項違反を導くか否かについて、検討する[31]。ここで特に問題とされるのは、約款使用者または彼に近しい第三者に代替規律確定権を与える条項である。この問題について、カッセルマンは、約款使用者自身に代替規律確定権を与える条項につき、約款使用者の給付確定権を認めるBGB315条の規定があるため、約款使用者の給付確定権が一般的に無効とされることはない、とする。給付確定権が約款の内容であったとしても、給付確定自体はそうではなく、後者にはAGBGによる内容規制が及ばない。また、約款使用者は無効の有無をはじめから認識できるわけではないため、考えられる全ての場合に備えて具体的代替規律を用意することは期待できないので、約款使用者自身に確定権を与える条項には、実際上の必要性が存在する。これに対し、第三者に代替規律確定権を与える条項について、契約相手方は、BGB319条1項1文[32]により、明白に不衡平である場合を除いて、第三者による給付確定を受忍しなければならない。そのため、約款使用者自身の給付確定権の場合よりも不利益を被る。したがって、この場合には、AGBG 9条1項にいう契約相手方の不相当な不利益扱いが認められる、とする。

---

31) Kasselmann [1986], 113ff..
32) BGB319条　確定の無効、代替
　　(1) 第三者が衡平な裁量に従って給付を確定するものとされるとき、なされた確定が明らかに不衡平であるならば、契約当事者はそれに拘束されない。〈第2文以下略〉

Ⅳ　法律回避禁止の観点からのアプローチ

　初期の学説には、約款使用者に課される条項無効・組入れ否定のリスクをできる限り広く排除することを目的とするものであるとして、代替条項がAGBG7条（BGB306a条）にいう回避禁止に抵触する可能性を指摘するものがある[33]。しかしながら、この指摘に対しては、AGBG6条2項の回避が問題とされる場合、同項が強行規定であるならば直接の違反が存在するだけであり、それが任意規定であるならば排除されるだけである（または、既述のように、AGBG9条2項1号の枠内で同項からの逸脱が考慮されることになる）、との批判がされている[34]。それでも、代替条項が個別的に回避の基礎となる可能性が、なお指摘される。例えば、不意打ち条項が同内容の規律によって代替されるような場合である[35]。とはいえ、それは、代替条項が一般的に法律を回避するものであるかということとは、また別の問題である。また、AGBG7条は、同法の規定について類推適用が可能であることを宣言したものに過ぎないとの見解をもとに、同条が独自の規制手段となることはなく、AGBGのそれぞれの規定の枠内で判断されれば足りる、との指摘もある[36]。

Ⅴ　個別契約上の代替条項に対する規制

　ここまで整理してきた代替条項の規制に関する議論は、代替条項が約款条項である場合を念頭に置いたものであった。これに対して、代替条項が個別契約上の合意によるものである場合には、AGBGが適用されない点で問題状況が異なる。

　一方で、AGBGの適用がないことから、個別契約上の代替条項を一般に許容する見解が存在する[37]。そのような見解からは、無効な条項を個別合意によって代替できるならば、個別契約上の代替条項の合意も、許容され

---

33)　Peter Ulmer in: Ulmer/Brandner/Hensen [1977], § 6 Rn. 24.
34)　Baumann [1978], 1955; Schmidt, H. [1986], 229; Michalski/Römermann [1994], 890.
35)　Baumann [1978], 1955.
36)　Kasselmann [1986], 120ff..
37)　Garrn [1981], 152; Roth [1994], 67; Michalski/Römermann [1994], 887f.; Michalski/Boxberger [2008], 475.

るべきである、とされる[38]。もっとも、このような発想を出発点とするヴィッテは、無効条項が縮減される旨の条項については、契約内容の新規形成の禁止という限界にかかるとする（このことによって、全ての条項をカバーする縮減条項は、阻止されるとする）[39]。また、約款使用者の確定権を定める条項については、AGBGに合致する代替規律を発見するという当該条項の趣旨から、同法9条以下の無効基準を超過することができない、との制約が働くとする[40]。

　他方で、個別契約上の代替条項であっても、特定の約款条項に関連するものであるか、それとも約款条項一般に関連するものであるか、によって区別する見解も主張されている[41]。H. シュミットは、条項一般に関連する代替条項は、個別契約上のものであっても、相手方が約款条項であるのと同等のリスクを負うことになるため、許容されないとする。また、カッセルマンは、約款使用者は代替条項の作用をより的確に評価できる一方、契約相手方は、約款中の代替条項と同様に、その射程を測りかねることから、条項一般に関連する代替条項は、たとえ個別契約上のものであっても、約款条項と同様に評価されるべきである、とする。これに対して、特定の約款条項に関連する代替条項については、以上のような考察が当てはまらず、契約相手方はその作用を容易に理解できるから、このような代替条項は、約款について妥当する疑義の対象とはならない、とする。

第2節 ／ 裁判例の状況

I　裁判例の紹介

【1】BGH第8民事部　1982年10月6日判決（NJW 1983, 159）[42]
　レストラン兼旅館を経営するYは、自動機器の設置を業とするXと、自

---

38) Garrn [1981], 152.
39) Witte [1983], 281f..
40) Witte [1983], 285f..
41) Lindacher [1983], 159; Schmidt, H. [1986], 230f.; Kasselmann [1986], 137ff..
42) 【1】（以下、裁判例は、番号のみで表記する）は、AGBG施行前の事件に関するものである。しかし、代替条項に関する最上級審判決が久しく現れなかったこともあり、AGBG施行後の文献においても、しばしば【1】が参照されてきた。それゆえ、ここでも【1】を取り上げることにする。

動機器設置契約を締結し、ジュークボックス等の機器を設置した。この契約には、「仮に、この契約の個別の規定が無効な場合でも、その他の規定の法的有効性は影響を受けない。その場合には、法律上許容される限りにおいて、無効な規定にできるだけ近い規定が、合意されたものとみなす」との条項が含まれていた。

　Yはレストラン兼旅館の土地を売却した。契約では、レストラン兼旅館を閉店する場合に、Yは、新所有者に文書でこの契約への加入を義務づけ、または、Yがこの契約を新たに賃貸したレストラン兼旅館または食堂において同条件で継続する場合にのみ、契約上の義務から解放されうるとされていたが、土地の買主は、この契約から生じる義務を引き継がなかった。そこで、XはYに対して損害賠償を請求したが、原審は請求を棄却し、Xの上告も棄却された。

　【1】は、本契約は多数の個別規定が無効であり、契約全体が無効であるとした。そして、上記の代替条項については、この条項が、個別の契約上の規定の無効に際して無効な規定にできるだけ近い規律を発見することを定めるならば、書式契約の使用者は、自らに課された有効性に係るリスクを不相当な方法で相手方および裁判所に転嫁し、裁判所はその時々で「ぎりぎりなお許容される」条項内容を発見しなくてはならないことになるとして、その効力を否定した。

【2】BGH 第8民事部 1989年11月29日判決（NJW 1990, 716）

　Aは、B社との家畜売買契約に基づき、1982年6月1日より後に供給された家畜についての売買代金債務を負っていた。Xは、1982年9月1日に、Bから、Aに対する債権を含む包括債権譲渡を、書面により受けた。一方、Yは、Bとの売買契約に由来する残債権のために担保契約を締結した。Bは、この担保契約により、「1982年6月1日以降の自己の供給に由来する全ての債権」をYに譲渡した。上記の包括債権譲渡契約書式には、第8号として、「当事者間で合意された包括債権譲渡が何らかの理由で無効である場合には、銀行と担保提供者は、第3号に従い提出されなくてはならない証明書類によって把握される債権が……譲渡されたことについて合意する」

との規定があり、また、第13号として、「銀行は、担保提供者の要求により、この契約に由来する銀行の権利を、適切な裁量により、銀行が今後もはやこれを必要としない限りにおいて解放する」との規定があった。これらの条項の効力が問題とされた。

【2】は、BからXへの債権譲渡は無効であり、Xは債権を取得していない、とした。すなわち、包括債権譲渡契約書式の第13号のような客観的指針を欠く解放条項は、信用を供与した銀行の過剰担保からの十分な保護を欠くため、AGBG9条1項に反して担保提供者を不相当に不利に扱う。また、Xは、同書式の第8号によっても債権を取得していない。たしかに、同号は、AGBGに基づく他の条項の無効を除去するのに原則として適さない、「法的に許容される限りにおいて」といった一般的救済条項を含んでいない。しかしながら【2】は、同号のように、対応する主たる条項が無効の場合に妥当するものとされる、事前に定式化された具体的代替条項の有効性にも、重大な疑義が存在する、とした。もっとも、本件においては、そのような具体的代替条項の有効性について判断する前に、本条項自体によっても過剰担保の危険が存在する、とされた。

【3】BGH第4民事部1999年3月17日判決（BGHZ 141, 153）

法的保護保険における、いわゆる約款変更条項（Bedingungsanpassungsklausel）の差止めが問題となった事案である[43]。当該条項は、約款条項が無効である場合およびその他の場合につき、「保険者は、……個別条項を既存契約についての効力を伴って補充し、または、代替する権限を有する。新たな条項は、代替された条項に法的かつ経済的にできるだけ合致するものとする。新たな条項は、被保険者を、従来の解釈を顧慮したとしても、法的かつ経済的な観点において期待不可能な程度に不利に扱ってはならない」としていた[44]。

---

43) 【3】は、約款変更条項の規制に関する代表的な最上級審裁判例として位置づけられているものであり、武田［2018］(2) 33頁以下においても取り上げた。
44) さらに、当該条項においては、保険者の約款変更通知に対して保険契約者が書面によって異議を唱えなかった場合に、変更に同意したものとみなす旨が定められていた。それゆえ、この条項は、約款変更の同意を擬制する条項として性質決定する余地があった。しかしながら、【3】は、

このような条項に対して、【3】は、規律欠缺も約款の変更または補充によってのみ除去されうる契約実行に際しての困難を生じさせうるが、制定法が代替規律を用意している場合には、保険者による約款変更は必要ない、とした。この場合において、約款条項の無効が変更の必要性をもたらすのであれば、AGBG 6 条 2 項が介入する。この規定を逸脱する契機は存在せず、逸脱すれば、AGBG 9 条 2 項 1 号違反に当たる。ゆえに、制定法規定による変更が功を奏さない限りにおいて、約款変更条項の余地がある、とした。

【4】BGH 第 7 民事部 2001 年 11 月 22 日判決（NJW 2002, 894）[45]

　X は、A 社の破産管財人である。Y は、A に住宅団地の建設を注文し、VOB/B が合意された。そこには、以下の条項が含まれていた。
　「13.2. 瑕疵担保保証
　　13.2.1. 注文者は、税込み包括固定価格から、瑕疵担保のために、5 % に当たる 663,191 マルクの担保を、合意された瑕疵担保期間、留保する権利を有する。
　　13.2.2. 請負人は、封鎖預金口座に振り込むことができない留保分を、無期限の連帯保証人による瑕疵担保保証によって代えることができる。その瑕疵担保保証は、その他の点では、VOB/B 17 条の規定に適合しなくてはならない。保証人は取消可能性の抗弁、相殺の抗弁、および供託を放棄しなくてはならない。保証人は、書面による請求により即払いで支払う義務を負わなくてはならない。」
　「15.2. 個別の契約規定が無効であり、または契約に欠缺が存在する場合、当事者は、意図された規定の意味に最も近い補充的合意をなす義務を負う。」
　A は、365,000 マルクについて、請求即払方式による瑕疵担保保証を設定した。X は Y に、保証人に支払いを請求することを控えるよう請求し、

　　本文に掲げた部分だけをまずは取り上げ、保険者の一方的な変更権を定める条項として審査した。もっとも、同意擬制を定める部分についても、異議期間の短さ（1 か月）や、異議を述べた場合に無効条項も継続するように読め、透明性の要請に違反するとの理由で、無効としている。
45）【4】を含む請求即払保証の問題については、第 2 部第 2 章を参照。

併せて保証証書の引渡しを請求した。原審は、Xの請求の一部を棄却した。Xが上告したが、破棄・差戻しとなった。

【4】は、13.2号は、AGBG 9条に鑑みて、全体として無効であり、単純保証による代替は認められない、とした。また、15.2号も、AGBG 9条違反によって無効である、とした。その理由は、同号は、約款が無効である場合についてAGBG 6条2項に規定された任意法の妥当を排除することを目的とするので、約款使用者の契約相手方を不相当に不利に扱うからである、とした[46]。

【5】BGH第12民事部2005年4月6日判決（NJW 2005, 2225）

ショッピングセンターの賃貸人Xが、前賃借人から契約上の権利義務を譲り受けたYに対して、通常解約告知を表示した後、明渡しを請求した事案である。本件使用賃貸借契約には、「この契約の個別の規定の全部または一部が強行法に違反し、または、その他の理由から無効である場合に、その他の規定の効力は影響を受けない。無効な規定は、経済的に意図されたところに許容される方法で最も近い規定によって、代替される」という救済条項が存在した。

原審は、この条項が約款である場合について、AGBG 6条2項・9条1項に鑑みて、後段の代替条項の有効性に対して疑義があるとしたが、その場合でも前段の維持条項は有効であるとした。【5】は、原審の判断を正当と認めた。

【6】BAG第5部2005年5月25日判決（BAGE 115, 19）

Xは、2002年1月から同年4月末まで、弁護士Yのもとで専門職員として雇用されていた。両当事者間の書式による雇用契約においては、雇用関係から生じる全ての請求権につき、履行期から6週間以内に書面によって行使し、相手方によって拒絶された場合には、4週間以内に提訴しなければならない旨の除籍期間条項が、設けられていた。また、「両契約当事者は、

---

[46] BGHカルテル部2007年5月8日判決（NJW 2007, 3568）は、【4】を参照し、代替条項が無効であるとしても、約款使用者は自らその無効を援用することができない、とする。

期待可能な枠内で、信義誠実に従い、無効な規定をその経済的効果にできるだけ近い有効な規律によって代替する義務を負う」との代替条項が存在した。Xは、2002年4月9日から同月30日まで病気により労働することができなかったが、同年5月の書面によって、この期間の報酬をYに請求した。Yが支払いを拒絶したが、Xは、2003年8月になって初めて提訴し、除籍期間条項の無効を主張した。第1審および原審がXの請求を認容したため、Yが上告した。

【6】は、除籍期間条項が約款であるならば、4週間の出訴期間は、不相当に短く（最短でも3か月を必要とする）、BGB307条1項1文に基づき無効であるとし、出訴期間が脱落した後には、BGB195条以下の時効規律が妥当する、とした。その際、上記の代替条項は、異なる結論をもたらさない、とした。判決理由によれば、BGB306条2項は、書式条項によって排除することができず、そのような条項は、それ自体としてBGB307条1項1文・2項1号に基づき無効である。そのうえ、契約相手方の権利義務ができる限り明確かつ見通しよく表現されていないので、必要な透明性を欠いている（BGB307条1項2文）、とする。なお、【6】は、約款が存在するか（またはBGB310条3項2号が適用されるか）について十分な事実確認がされていないとして、本件を原審に差し戻した。

【7】BAG第3部2011年12月13日判決（NZA 2012, 738）[47]

Yは、2003年8月から鉄道会社Xで働いており、2005年10月から2006年3月まで、Xの費用で機関車運転士としての教育を受けたが、2006年4月の事故により運転免許を剥奪された。Yは、同年12月末に自ら労働関係の解約を告知したため、Xは、Yに対して、教育費用の返還を請求した。両当事者が締結した教育費用支払いについての合意には、Yが教育終了前もしくは終了後2年を経過する前に解約告知した場合、または、XがYに対して、Yの人柄もしくは行為に存する理由から解約告知をした場合には、Yが所定の割合・金額で教育費用を返還する義務を負う旨が規定されてい

---

[47] 【7】を含む職業教育費用の返還条項に関する裁判例の展開については、第2部第2章を参照。

た。また、同合意には、「無効な契約規定の代わりに、または、欠缺を補充するために、法的に可能な限りにおいて、両契約当事者がこの点を顧慮していたならば合意したであろうものに最も近い相当な規律が妥当するものとする」との代替条項が含まれていた。第 1 審は X の請求を棄却、原審は認容したのに対して、Y が上告した。

【7】は、上記の費用返還規定を、BGB307 条 1 項 1 文に基づき無効とした。というのは、この規定が、Y が解約告知した場合について、労働関係終了の理由が X の領域にあるか Y の領域にあるかで区別しておらず、例外なく返還義務を課すからである。さらに、【7】は、労働者による解約告知に関する部分につき当該条項は全部無効であり（補充的契約解釈も問題にならないとされた）、第 1 審判決が回復されるべきものとした。その際に、上記の代替条項も、異なる結論をもたらさないとした。判決理由によれば、この代替条項により任意法の妥当が排除されることで、約款法による無効の法律効果が、BGB306 条に規律された法律効果体系を逸脱して形成されるだけでなく、契約相手方の権利義務が、BGB307 条 1 項 2 文に反して、明確かつ見通しよく表現されない。このことは、相手方を不相当に不利に扱うものであって（BGB307 条 1 項）、許容されない、とする。

【8】BAG 第 3 部 2013 年 5 月 28 日判決（NZA 2013, 1419）

　Y は、2007 年 8 月に、航空会社 X との間で、パイロットとして雇用契約を締結した。この契約を締結した当時、Y は、某機種についての操縦資格を有していなかったので、2 か月の教育を受け、同年 10 月に資格を取得した。この教育費用は、X が負担した。ところが、同年 11 月に、Y が X に対して解約を告知したため、X は Y に対して、この費用の返還を請求した。両当事者間の契約には、資格取得後 24 か月を経過する前に Y が労働関係を解約し、または、X の側から重大な事由に基づき解約を告知された場合に、Y は教育費用を全額返還する義務を負う旨が、定められていた。また、代替条項として、「無効な規定は、それによって意図された、とりわけ経済的な目的が、法律上許容される限りにおいて、できるだけ達成されるように解釈され、または、転換されなければならない」との規定が存在した。第 1

審・原審ともに請求を棄却したので、Xが上告した。

【8】は、上記の費用返還条項を、【7】と同様の理由により、BGB307条1項1文に基づき無効とし、さらに、補充的契約解釈も問題にならないとし、契約に基づくXの請求権を否定した。そして、前述の代替条項も、【7】と同じ理由で、異なる結論をもたらさないとした。

【9】BGH第7民事部2015年3月26日判決（BGHZ 204, 346）

　X（の被承継人）は、2000年の請負契約に基づき、Y（の被承継人）のために物流センターを建設した。当該契約において、請負人は、最終決算額の5％を瑕疵担保保証として提供すること、この保証は、瑕疵担保期間（5年）に服する全ての瑕疵担保請求権が行使不可能になった時に、解放されなければならないことが、定められていた。この規定に基づき、A銀行が、900,000ユーロを超える瑕疵担保保証を引き受けた。また、「両当事者は、無効な規定を、経済的結果においてそれに匹敵する有効な規定によって代替する義務を負う」との条項が存在した。建物の引渡し後、瑕疵に基づき、Yには約100,000ユーロの請求権が認められた。Yは、2012年12月にXに保証証書を返還した。しかしXは、Yが保証を適時に解放しなかったとして、上記の額のYの請求権を超える保証額に対応する限りにおいて、解放義務が存在したとする2007年9月から保証証書の返還までに支出した保証手数料を、損害賠償としてYに請求した。原審がXの請求を一部認容したのに対して、Yが上告。

　【9】は、瑕疵担保期間の経過後も、この時点で被保証請求権がどれだけあるかにかかわらず、保証が留保されることになり、契約相手方を不相当に不利に扱うとの理由で、上記の解放条項をAGBG9条1項に基づき無効とした。そして、このような条項は、それ自体としてAGBG6条2項違反により同9条に基づき無効であるから、上記の代替条項からYの解放義務を導くこともできない、とした。もっとも、【9】は、補充的契約解釈により、注文者は、通常、合意された瑕疵担保期間の経過後に、この時点で実現可能な瑕疵担保請求権が存在しない限りにおいて、保証を解放しなければならないとした。

Ⅱ　裁判例の分析

　以上に取り上げた最上級審裁判例を総合すると、まず、概ね AGBG 6 条 2 項（BGB306 条 2 項）からの逸脱が許されないことを理由に、約款条項たる代替条項の効力が否定されていることを、見て取ることができる。このことは、【3】以下において明白であるが、【1】における評価もこれと大きく異なるものではなく、また、【2】において示された疑義も、同趣旨のものと推察する余地がある。このような代替条項に対する否定的評価は、BGH にも BAG にも共通している。また、代替条項の方式の差異を問わず、すなわち、確定権条項（【3】）、代替義務条項（【4】・【6】・【9】）、自動的代替条項（【1】・【5】・【7】・【8】）の違いを問わず、同様の判断がされている[48]。このことから、ドイツ判例は、学説における異論にもかかわらず、AGBG 6 条 2 項を、単なる合目的的規定とは捉えておらず、むしろ、異なる代替規律をもたらす代替条項の効力を否定するという形で、当事者をも拘束するものであると考えている、ということができる。

　もっとも、代替条項の効力を否定する根拠条文については、若干の揺れが存在する。すなわち、【3】・【6】が、AGBG 9 条 2 項 1 号（BGB307 条 2 項 1 号）を経由して AGBG 6 条 2 項（BGB306 条 2 項）からの逸脱を問題とする一方、【4】・【5】・【7】～【9】は、端的に AGBG 9 条（BGB307 条）または同条 1 項に依拠している。形式的な適用条文については、判例法理に不透明な部分が残る。

　学説において論じられていた約款使用者の主観的態様の考慮については、本書に取り上げた裁判例を見る限り、判断されていない。このことは、多分に、そもそも問題とされた代替条項において約款使用者の主観的態様による場合分けがされていなかったことに、起因するのではないか、と考えられる。

　最後に、透明性の要請に関する判断について、BGH の裁判例と BAG の裁判例とで、差異が見受けられる。BGH の裁判例においては、透明性の要請違反を理由とする代替条項の無効判断が見られない（【3】～【5】・【9】）。

---

48) 【2】も同趣旨とするならば、具体的代替規律についても、同様の疑義が示されたことになる。

これに対して、BAG の裁判例においては、BGB306 条 2 項違反と並べて、透明性の要請違反が指摘されている（【6】〜【8】）。BGH は、具体的代替規律を不要とする学説の多数と同傾向にある一方、BAG は、これと相反する立場を示している、ということができる。

第 3 章
救済的条項付記に関する法的状況

第 1 節 / 学説の状況

I 緒　論

　救済的条項付記の規制に関しては、主として透明性の要請が問題とされている。それは、内容規制においてだけでなく、既に契約への組入れ段階での規制に現れる。そして、いずれの段階の規制においても、救済的条項付記が例外的に許容される場合の有無が焦点となっている。さらに、それらの議論とは別に、条項解釈の観点からアプローチする見解も存在する。以下では、契約への組入れ段階での規制、内容規制、例外の有無についての議論、条項解釈の観点からの議論の順に紹介していく。

II 契約への組入れ段階での規制——わかりやすさの要請

　支配的見解によれば、少なくとも消費者契約において、「法律上許容される限りにおいて」というような救済的付記を用いた条項は、一般に、その内容が不明確であるため、AGBG 2 条 1 項 2 号（BGB305 条 2 項 2 号）に基づくわかりやすさの要請を充たさないとされる[1]。というのは、顧客の立場からすれば、決め手となるような法律上の規定を見つけ出すことができないだけでなく、見つけ出した規定を、その法技術的性質ゆえに、問題の条項

---

1) Witte [1983], 305ff.; Kasselmann [1986], 75ff.; Neumann [1988], 110f.; Roth [1994], 47; Thomas Pfeiffer in: Wolf/Lindacher/Pfeiffer [2013], § 305 BGB Rn. 88; Peter Ulmer/Mathias Habersack in: Ulmer/Brandner/Hensen [2016], § 305 BGB Rn. 153; MüKoBGB/Jürgen Basedow [2016], § 305 BGB Rn. 75 などを参照。

にとっての実際の射程に関して評価できないからである[2]。もっとも、組入れ段階での規制には、AGBG の構造上の限界が存在する。すなわち、AGBG 2 条（BGB305 条 2 項・3 項）は、差止訴訟において問題にならず、また、約款が事業者に対して用いられた場合には適用されない（AGBG 24 条、BGB310 条 1 項）。それゆえ、救済的条項付記を AGBG 2 条 1 項 2 号に基づいて規制する場合においても、さらに内容規制を考慮する必要がある。

このような支配的見解に対して、ハーガー（Johannes Hager）は、法律が精確に規律されているならば、救済的付記を用いた条項はわかりやすさを欠くものではない、とする[3]。それによれば、一部が違法な条項は、一部を維持するための基準を法律から直接に引き出すことができるならば、そのような一部維持が可能である。このことは、救済的条項付記を用いる条項についても妥当しなくてはならず、このような条項は、わかりやすさの観点において、文言上、約款使用者を過剰に優遇する条項と何ら異ならないものと評価される。既述のように、ハーガーは、透明性の要請を裁判官による規律発見の問題として位置づけており、それゆえ、条項の文言にかかわらず、法律に照らして一義的な合法的規律が発見できるのであれば、不透明ではない、とする[4]。

Ⅲ 内容規制

救済的条項付記を用いる条項は、その不透明さのゆえに、AGBG 9 条（BGB307 条 1 項 2 文）による内容規制によっても、効力を否定されている[5]。その際、約款使用者は、契約形成の自由を一方的に行使することの裏返しとして、法的に許容される約款形成の限界を知らなくてはならず、任意規定を逸脱する程度を直接に条項自体から明らかにする義務を負わなければ

---

[2] MüKoBGB/Basedow [2016], § 305 BGB Rn. 75.
[3] Hager [1983], 204f..
[4] 救済的条項付記を伴う条項の一般的な AGBG 2 条 1 項 2 号違反を否定するもう 1 つの学説として、Thümmel/Oldenburg [1979] があるが、後述する。
[5] Garrn [1981], 156（ただし、無効とする根拠条文は明らかにしていない）; Lindacher [1983], 157; Schmidt, H. [1986], 98ff.; Michalski/Boxberger [2008], 487f.; Lindacher/Hau in: Wolf/Lindacher/Pfeiffer [2013], § 306 BGB Rn. 45 などを参照。

ならない、とも説かれている[6]。

　このような条項の不明確性と並んで、顧客への一方的なリスクの転嫁ゆえに、AGBG 9条1項に抵触する、と述べる見解も存在する[7]。この見解によれば、約款使用者は、救済的条項付記を用いることによって、法律に適合するか否かが際どい条項であっても、その無効のリスクを負わずに済む。さらに、規律内容が不相当であっても、顧客がそれを甘受することを期待でき、そうでなくとも「ぎりぎりなお許容される」条項内容を主張できるので、顧客に対して過剰な条項を突き付けることが容易になる。それに対して、顧客の側は、法律による条項の制限を自ら判断しなくてはならず、その判断を誤るリスクを負うことになる。したがって、このようなリスク配分の不相当性ゆえに、救済的条項付記を用いた条項は、AGBG 9条1項に違反するとされる。

　法律が精確に規律されているならば、救済的付記を伴う条項は不透明ではないとするハーガーも、約款使用者が約款内容を精確に表現する義務を免れることから、そのような付記はAGBG 9条に違反すると考える[8]。所論によれば、約款使用者は、救済的条項付記を用いることにより、極論すると、顧客の排除可能な全ての権利を包括的に排除できることになってしまう。したがって、顧客が権利の実現を妨げられる危険性は、このような付記を有しない条項と同様に大きい。それにもかかわらず、救済的条項付記のために、条項が審査不可能となる。とりわけ、AGBG 13条以下の差止訴訟において、そうである。このような審査不可能性のために、救済的条項付記を用いる条項は、AGBG 9条1項の意味で、契約相手方の不相当な不利益扱いをもたらすものとされる。

　最後に、代替条項の一種である自動的な縮減条項と同様の観点から、救済的条項付記を無効とする見解もある。すなわち、ヴィッテ（Peter Josef Witte）は、救済的付記を、外見的には第1次的に設定された条項内容の制限であるが、実質的には法律効果の規定であるとし、縮減条項によるのと

---

6)　Lindacher [1983], 157.
7)　Schmidt, H. [1986], 98ff.; Kasselmann [1986], 107ff.; Michalski/Boxberger [2008], 483.
8)　Hager [1983], 204f..

同様、AGBG 9 条以下の無効基準の枠を利用し尽くすことは許されない、とする[9]。

Ⅳ　救済的条項付記の例外的許容性

　かくして、救済的条項付記は、原則として、AGBG 2 条 1 項 2 号または 9 条 1 項に基づき許容されないと考えられている。しかしながら、例外的にその使用が許される場合があるのではないか、という点について、さらに議論が存在する。

　まず、法的状況が不明確な場合には、救済的条項を用いることが許される、とする見解がある[10]。例えば、リンダッハー（Walter F. Lindacher）は、「契約締結に際して、具体的規律がなお容認されるべきなのか、それとも既に過剰判断を課されるべきなのかが、判例および学説の状況によれば、客観的に全く不確実である場合」について、救済的条項付記の効果を認める[11]。というのは、このような場合には、約款使用者が条項をより精確に表現することが全く不可能である以上、救済的付記を伴う条項の有する不明確性は、彼が責任を負うべきものではないからである、とする。また、救済的条項付記の使用は、たしかに約款使用者にとってより有利な効果をもたらすが、顧客にとっても、それが用いられない場合よりも好ましいものである、とする。というのは、条項内容を「法律上許容される限りで」という付記によって相対化することは、その条項が無制限に妥当することが法的に疑わしいという事情を透明化することであり、条項の脆弱性を顧客に知らせることになるからである。救済的条項付記の有するこの意義は、訴訟前の約款の作用として、過小評価されるべきではない。リスクを恐れない約款使用者が、明確に許容される条項構成と明確に許容されない条項構成との間のグレーゾーンにおいて、問題の余地のある条項を、「法律上許

---

9) Witte [1983], 310f.. 他に、Michalski/Römermann [1994], 890; Michalski/Boxberger [2008], 483 も同旨。
10) 以下に紹介するリンダッハーの見解の他に、Bunte [1981], 41f.; MüKoBGB/Hein Kötz [1993], § 2 AGBG Rn. 14a, § 6 AGBG Rn. 11; Roth [1994], 47; Pfeiffer in: Wolf/Lindacher/Pfeiffer [2013], § 305 BGB Rn. 88 などを参照。
11) Lindacher [1983], 157.

容される限りにおいて」という付記なしに、依然として使用するであろうことを考えると、救済的条項付記は、法的状況が不明確な例外的場合について、顧客にとっても一定程度有益であるといえる、と述べる。

　以上のような見解に対しては、法的状況が不明確な場合であっても、その不明確性が契約相手方の負担となってはならないから、救済的条項付記は例外的にも許容されない、とする異論がある[12]。この見解によれば、法的状況が不明確であっても、顧客の側からすれば、依然として、どのような条項内容が AGBG により許容されるのかという問題について、判断を誤るリスクを一方的に負担している。リンダッハーが指摘するような、救済的条項付記の訴訟外での利点は、このリスク負担をほとんど改善しない。むしろ、このようなリスクは、常に約款使用者が負担すべきものである。というのは、約款使用者は、任意規定を排除し、自分に有利な条項を形成する可能性を有しているのだから、その反対に、限界事例における無効リスクも引き受けなくてはならないからである。

　なお、以上のような、法的状況が不明確である場合の例外的許容の問題とは別に、シュロッサー（Peter Schlosser）は、条項の細分化によって見通しのよさが損なわれることを回避することのみを目的とするのであれば、「法律上許容される限りにおいて」という付記を用いることは許容される、とする[13]。しかしながら、このような見解に対しては、例外状況における不適用については条項の解釈で対処可能であるとの理由で、このために救済的条項付記を使用する意義について、疑問が投げ掛けられている[14]。また、問題が生じた場合に顧客がいかなる規律が妥当するかを調べられるようにするためには、約款を詳細に記載した方がよい、との指摘もある[15]。

---

12) Garrn [1981], 156; Witte [1983], 305ff.; Schmidt, H. [1986], 99f.; Kasselmann [1986], 109f.; Neumann [1988], 111f.; Michalski/Boxberger [2008], 488; Ulmer/Habersack in: Ulmer/Brandner/Hensen [2016], § 305 BGB Rn. 153; MüKoBGB/Basedow [2016], § 305 BGB Rn. 75 などを参照。カッセルマン（Rolf Kasselmann）は、このような理由づけと並んで、救済的条項付記の使用により、契約制度が有する法創造と紛争規律についての意義が阻害されることを指摘する。すなわち、このような条項は、何ら具体的内容を伴わないため、新たな法の創造に役立たず、紛争規律の手段としても意味をもたない、とする。
13) Schlosser [1980], Einl. zu §§ 8-11, Rn. 15; § 11 Nr. 7, Rn. 28f..
14) Ulmer/Habersack in: Ulmer/Brandner/Hensen [2016], § 305 BGB Rn. 153 などを参照。
15) Witte [1983], 307f..

V 条項解釈の観点からのアプローチ

　以上のように、救済的条項付記の問題は、主として契約への組入れ段階および内容規制における透明性の要請の問題として捉えられている。しかしながら、初期の議論には、AGBG 5 条（BGB305c 条 2 項）を中心とした条項解釈の問題として、救済的条項付記を論じるものがある。

　まず挙げられるのは、テュンメル（Hans Thümmel）とオルデンブルク（Werner Oldenburg）の見解である[16]。彼らは、救済的条項付記を用いた条項は、契約への組入れ段階において、一般的に AGBG に抵触するものではない、と考える[17]。そのうえで、そのような条項に対して生じる不明確性の疑義を、AGBG 5 条にいう不明確準則との関連で考察する。その際に、彼らは、具体的事情の包摂の問題を解釈とは厳密に区別する。その結果、「法律上許容される限りにおいて」という条項は、一義的に、規律対象に関して法律が黙認する限りで任意規定を逸脱する、と解釈される。これがどの限度なのかを発見することは、個別事例において困難であるかもしれないが、それは解釈の問題ではない。したがって、テュンメルとオルデンブルクによれば、個別具体的な事情について、約款における任意規定からの逸脱が法律上どの程度許容されるのか、したがってその具体的事情について、いかなる法律効果が妥当するのか、契約相手方が判断できないとの理由で、「法律上許容される限りにおいて」との条項は、AGBG 5 条にいう不明確な条項ではなく、不明確準則の適用対象にはならない[18]。

　このような見方は、ヴィレンブルッフ（K. Willenbruch）の見解に引き継がれている[19]。氏もまた、救済的条項付記を用いる条項について、法律は一般に公開されているのだから、それによって AGBG 2 条に基づき契約への組入れが妨げられることはないとし、かつ、「法律上許容される限りにお

---

16) Thümmel/Oldenburg [1979].
17) 約款使用者が契約相手方にその条項を含む約款を提示したか、契約相手方が期待可能な方法で約款の内容を知ることができるようにしたか、契約相手方がその約款条項の妥当に同意しなかったかといったことは全て、条項一般についての問題ではなく、個別に問題になるに過ぎない、とする。
18) Witte [1983], 310 も、結論として、AGBG 5 条に基づいて救済的付記を用いる条項の効力を否定することはできないとする。
19) Willenbruch [1981].

いて」という条項は、たしかに異例であるが、いずれにせよ許容される法律排除の範囲を限界まで利用することは通例であるとして、不意打ち性はない、とする[20]。そのうえで、ヴィレンブルッフは、「法律上許容される限りにおいて」という条項がどのような効果を展開するか、が決定的な問題であるとして、その条項の解釈を論じる。その際、「法律上許容される限りにおいて」という部分だけを取り出して、その効果を検討することはできず、そのような付記が用いられている条項全体との関連で検討されなくてはならない、と説く。彼の所論によれば、問題の条項が明確性を有するか否かを審査するにあたり、3つの類型が区別される。

第1に、AGBG 11条（BGB309条）にいう評価の余地のない禁止条項との関連で、救済的条項付記が用いられている類型である。この場合には、法律に明確な条件・規律が存在するので、「法律上許容される限りにおいて」という付記を用いる条項は、法律上の規律と同じ内容として評価される。したがって、この場合には、そのような条項を用いる必要性が存在しない。

第2に、AGBG 10条（BGB308条）のような不確定法概念と評価の余地を含む法規定に関連する条項において、救済的条項付記が用いられている類型である。ヴィレンブルッフは、この場合にも、法律上の不確定な概念を約款に転用すればよいのだから、「法律上許容される限りにおいて」という付記は必要ない、とする。「法律上許容される限りにおいて」という表現は、「相当な」、「期待可能な」といった法律上の表現と同じ意味に解釈される。

これら2つの類型において、「法律上許容される限りにおいて」という付記は、内容的に法律上の要件を反復することと異ならない。それゆえに、法律が不明確である場合にのみ、AGBG 5条が適用されることになる。しかしながら、不確定な法律上の概念であっても、補充可能であり、個別事例において十分に具体化可能なので、AGBG 5条が適用される余地はない、とする。

これに対して、第3の類型として、救済的条項付記が法体系全体に関連付けられている場合には、この要件の充足が否定される。例えば、「瑕疵担

---

20) Witte [1983], 308f. も同旨。

保責任は、法律上許容される限りにおいて排除される」、「責任は、法律上許容される限りにおいて排除される」といった条項である。このような条項からは、どのように責任が制限されるのか、一義的にはわからない。このことは、「BGBは、法律上許容される限りにおいて妥当しない」という条項を考えれば、より一層明らかになる。結局、このような条項は、多様な規律可能性を有しており、自動的に一義的な内容を確定できないので、不明確準則に服する。その結果、唯一明確に認識できる内容が包括的な責任排除という違法な内容となり、そのような条項は効果を有しないことになる、とされる。

以上の検討の結果、ヴィレンブルフは、救済的付記は、いずれにせよ不必要であるか、または効力を有しないものであり、約款使用者にとって条項の無効に等しいリスクを伴うものである、とする。

第2節 ／ 裁判例の状況

I　裁判例の紹介[21)][22)]

【1】BGH第3民事部1983年6月9日判決（NJW 1983, 2701）

　Xは、幾度かにわたって、Y銀行からタクシー事業用の借入れを受け、

---

21)　事実関係が不明なため本文で紹介しなかった裁判例として、BGH第8民事部2012年11月20日決定（VIII ZR 137/12, Juris）および同2013年3月5日決定（NJW 2013, 1668）がある。これらの裁判例は、住宅賃貸借における美観修復条項に関する同一事件についてのものであるが、救済的条項付記によって当該条項の無効効果を除去することはできないとした。その理由は、そのような救済条項は、わかりやすさの要請に違反することから、それ自体として無効であるから、とする。

22)　学説の議論においてしばしば参照され、初出論文では本文で取り上げた初期の下級審裁判例を、以下に紹介する。

　(1)　OLG Stuttgart 1980年12月19日判決（NJW 1981, 1105）

　　窓・扉の製造および設置に関する契約約款および供給約款についての差止訴訟の中で、「遅滞または不履行による損害賠償請求権は、法律上許容される限りにおいて、排除される」との条項が問題とされた。

　　本判決は、この免責条項を、救済条項を含むために、AGBG2条1項2号のわかりやすさの要請に違反し、無効であるとして、次のように述べた。

　　「救済条項を伴う広く表現された条項が許容されるのは、AGBGが顧客の権利の制限をどの程度許容するかが法的に疑わしく、したがって精確な表現の条項が期待不可能である場合に限られる。本件では、そのような事情は存在しない。たしかに、軽過失の場合に履行遅滞または履行不能による顧客の損害賠償請求権を一般的に排除する規定の有効性については、

当該事業のための乗用車の所有権および預金を担保に供した。この取引には、Yの「行内において閲覧に供されている普通取引約款」が、補充的に妥当するものとされていた。そこには、「何らかの方法でその所有権または処分権限の及ぶ顧客の物および権利は、当行に対する顧客の請求権も含めて、（法律上許容される限りにおいて）当行にとって、顧客に対する現在および将来の全ての請求権についての担保となる」との担保条項が、規定されていた（括弧内の付記は、旧版の約款にのみ存した）。その後、Xが当初に見積もった年間売上げを大幅に下回ったため、Yは、貸借対照表の提示を要求した。Xがこれを拒絶したので、Yは乗用車の所有権を返還したうえで、預金口座を封鎖して同口座から債権を回収し、残額をXに返還した。Xは、過剰担保分の返還を請求し、それに関連して、上記の約款は、十分に注意を促されず、かつ、旧版のものが提示されたために、契約構成要素にならない、と主張した。原審は、Xの請求を棄却した。Xが上告。

【1】（以下、裁判所は、番号のみで表記する）は、Yは常に当該約款の当時の版を提示し、それが行内において閲覧可能であることを指摘しており、この約款が契約構成要素になっているとの理由で、上告を棄却した。その際、旧版の同じ条項に付されていた「法律上許容される限りにおいて」という付記は、自明のことを明示するだけであり、それが削除されても、法的に意味はない、と述べた。

争いがある。BGB287条2文による無過失責任が一般的に排除されうるのかについても、議論がある。しかしながら、顧客に厳しい見解に従ったとしても、軽過失の場合であれ無過失責任の場合であれ、責任制限は、総額制限または特定の損害の排除の方法で行うことができるだけである。その際、制限された損害賠償義務は、損害額との関係で正当化できるものでなければならない。しかし、問題の条項から、そのような制限を読み取ることはできない。被告が約款において明文で、履行遅滞または履行不能による損害賠償請求権が軽過失またはBGB287条2文の場合に排除されることを表明したとしても、被告の負担するリスクの程度が上がることはない。」

(2) OLG Hamm 1983年2月18日判決（BB 1983, 1304）
家具販売約款についての団体訴訟において、「管轄は、両当事者について、強行法に反しない限りにおいて、Dとする」との条項が問題とされた。
この条項では、明示的に、強行法に反しない限りにおいてのみ妥当するとされているので、無効な管轄合意はされていない。それにもかかわらず、本判決は、この管轄条項を無効であるとした。Dから遠い所に居住する買主は、法律上の規定を知らない場合に、外観上有効な管轄合意であることから、自らの権利の追求を控える危険が存在する。それゆえ、この条項は、契約相手方に不相当な不利益をもたらす、とされた。

【2】BGH 第8民事部 1984年11月26日判決（BGHZ 93, 29）

　自動車製造業者の販売店契約についての差止訴訟において、「製造業者は、引き受けた瑕疵担保および保証を、それが競争上の理由または経済的理由から合目的的であると思われる限りにおいて、いつでも変更できる。製造業者は、製品に関して、それ以上の義務およびそれ以上の責任を引き受けない。……法律が異なることを強行的に規定しない限りにおいて、顧客に対する印刷された保証ならびに添付された『顧客サービスの指針』に記された瑕疵担保が、自動車ならびに部品および付属品について製造業者が引き受ける唯一の責任である。その他のあらゆる瑕疵担保ならびにあらゆる種類の損害についての過失責任、危険責任、その他の責任は、いかなる根拠によるものであるかに関係なく、排除される」との条項が問題とされた。

　【2】は、次のような判断を示した。すなわち、本条項の第1文は、Yの変更権が具体的要件に結び付けられていないために無効である。第3文における「顧客サービスの指針」に記された瑕疵担保が唯一の責任であるという叙述も、Yがその瑕疵担保責任を第1文の変更権限に依拠して制限する場合には、適切ではない。「法律が異なることを強行的に規定しない限りにおいて」という付記は、この結論に何ら影響を与えない。条項使用者が、そのような制限によって、あらゆる許容されない条項について差止請求から保護されるならば、AGBG 13条以下による手続きは、意味をなくすだろう。このことは、商人でない者との取引におけるのと同様、商人との取引においても妥当する、とした。

【3】BGH 第4a民事部 1987年3月4日判決（NJW 1987, 1815）

　Xは、貯蓄銀行Yを介して、あるファンドに出資した。その後、このファンドが破綻し、Xの出資が無価値となったため、Xは、Yがこれにより発生した損害の賠償義務を負うことの確認を請求した。当時の貯蓄銀行約款には、「法的に許容される限りにおいて」という付記を伴った免責条項（詳細は不明）が規定されていた。原審は、Xの請求を認容し、Yが上告したが棄却された。その際、この免責条項による免責は、商人でない者との取引において、AGBG 11条7項違反により全部無効である、とされた。そ

して、「法的に許容される限りにおいて」という救済条項によって、この免責は、合法的なものとならない、とされた。

【4】BGH 第 8 民事部 1991 年 6 月 26 日判決（NJW 1991, 2630）
　X と Y は、X が Y にレストラン兼旅館用ビール醸造設備を供給・設置し、その設備の使用計画について X が Y に助言を与える義務を負う契約を締結した。この契約は、X の使用する「国内取引用機械供給約款」に基づいて行われた。同約款には、「注文者のその他の請求権、とりわけ供給目的物それ自体に生じたのではない損害の賠償請求権は、法律上許容される限りにおいて排除される」という条項や、「法律上許容される限りにおいて、注文者のその他の全ての請求権、とりわけ解除、解約告知、または減額の請求、ならびに何らかの損害の賠償請求権、厳密にいうと供給目的物自体に生じたのではない損害の賠償請求権も、排除される」という条項が規定されていた。X は、Y に対して、未払い助言料の支払いを請求した。それに対して、Y は、当該設備には多数の瑕疵があり、その除去費用が X の請求額を上回るとして、留保権を主張した。原審は X の請求を認容し、Y が上告した。
　【4】は、原判決を破棄し、事件を差し戻した。その際、本件における瑕疵担保の制限は無効であるとしたが、判決理由の中で、上記の両条項における「法律上許容される限りにおいて」という付記は、AGBG に違反する規律の無効を除去することができない、と述べた。

【5】BGH 第 8 民事部 1993 年 1 月 20 日判決（NJW 1993, 1061）
　X は、約款編集者である Y の住宅用賃貸借契約書式に含まれる条項の差止めを請求した。【5】は、「〔暖房費、温水費の〕分配基準が所定の欄に定められていない場合、賃貸人はそれと異なる適切な分配基準を決定できる。賃貸人は賃貸期間中、新たな計算期間の始めに、許される限りにおいて、分配基準を相当に新たに形成できる」との条項に関して、同条項に規定される分配基準の変更権を無効であるとしたが、AGBG 違反の規律の無効効果は、「許される限りにおいて」という付記によって除去されるものではな

い、とした。

【6】BGH 第12民事部1993年1月27日判決（NJW-RR 1993, 519）

Yは、Xから、飲食店を備品付きで賃借した。その際にXとYが署名した契約書式には、賃料に関して、「賃借人は、法律上許容される限りにおいて、かつ、既判力をもって確定した債権によって以下の権利が行使されるのでない限りにおいて、相殺権、減額権〔賃料の引下げ〕および留置権を放棄する」と規定されていた。Yが設備の瑕疵を理由に賃料を支払わなかったのに対し、Xは、当該契約の解約を告知した。それに対して、Yは、賃借の瑕疵が賃料支払義務を消滅させたと主張し、逆に、修補費用の支払いを請求した。予備的に、Yは、その一部をXの賃料債権と相殺し、残額を請求した。原審はXの明渡請求を認容し、Yが上告した。

【6】は、原判決を破棄し、本件を差し戻した。【6】によれば、相殺禁止は、争いのない債権または既判力をもって確定された債権による相殺を排除するものでない限りにおいて、普通取引約款の内容として許容される（AGBG 11条3号、現BGB309条3号）。当該条項には、その意味上、争いのない債権も含まれている。その限りにおいて全く異議を生じさせないのだから、そのような債権による相殺を排除する趣旨に解することは、不合理である。さらに、「法律上許容される限りにおいて」という制限的な表現が、このことに有利に働くと述べ、この表現は、AGBGの強行規定の範囲内であることを意味する、とした。

【7】BGH 第1民事部1995年10月12日判決（NJW 1996, 1407）

Xは、印刷機械業者Aの運送保険会社であった。Aは、運送業者Yに、印刷機の運送を依頼した。この契約に用いられた約款には、「損害保険によって塡補される損害は、法律上許容される限りにおいて、責任から排除される」との免責条項が規定されていた。Yは、当該印刷機を、搬入中の落下により損傷させた。Xは、Aに損害分の保険金を支払い、Aに代わってYに損害賠償を請求した。原審はこの請求を認容し、Yが上告した。

【7】は、ごく一部を除いて上告を棄却したが、その際、当該条項について

は、損害塡補の概念が不明確であり、無効であるとした。そして、次のように判示した。すなわち、当該条項に含まれる「法律上許容される限りにおいて」免責が生じるべきものとする救済条項によっても、免責は、維持できない。そのような条項は、判例および支配的学説によれば、商人取引においても無効である。というのは、AGBG 2 条 1 項 2 号のわかりやすさの要請に違反し、かつ、同法 13 条以下による手続きを無用なものとするであろうからである、と[23]。

【8】BGH 第 10 民事部 1995 年 12 月 5 日判決（NJW-RR 1996, 783）

　X は保険会社であり、A 社と火災保険契約および火災中断保険契約を結んでいた。A は、その印刷工場のために印刷設備を購入し、さらに Y と、この印刷設備のための全自動トルエン廃棄再処理設備の供給について、製作物供給契約を締結した。この契約において Y が用いた約款のⅦ号は、明示的に保証された品質の欠如を含む納品の瑕疵について、納品業者の選択に従い新規納品または修補を行うことを規定していた。また、Ⅶ 8 号において、「注文者のその他の請求権とりわけ納品目的物自体に発生したのではない損害の賠償請求権は、法律上許容される限りにおいて、排除される」と規定されていた。A は、設備の引渡しを受け、操業を開始したが、印刷工場が爆発し、建物ならびに印刷設備が著しく損傷した。

　X は、A に対して保険金を支払ったうえで、これに代位し、Y に対して、爆発が Y の製造した設備の構造上の欠陥に基づくものであるとして、損害賠償を請求した。それに対して、Y は、爆発が A の操作ミスによるものであることを主張し、また、いずれにせよ損害賠償請求権は約款により排除されていることを主張した。原審は X の請求を一部認容し、Y の上告は棄却された。

　【8】は、本質的契約義務の免責は商人を相手方とする取引においても無効とする判例の立場から、Ⅶ号による損害賠償請求権の排除は、AGBG 9 条に違反し無効である、とした。その際に、「法律上許容される限りにおいて」

---

[23]　AGBG 2 条が適用されない商人を相手方とする取引についての個別訴訟である本件において、これらの理由づけが適切であったかは、疑問が残る。

賠償義務が排除されるというⅦ8号の救済条項は、許容されない約款条項の使用から生じる AGBG 6 条の法律効果を排除するものであるが、契約内容が無効の場合に法律上の規定が妥当するという AGBG 6 条 2 項は、書式条項によって排除できない。したがって、そのような救済条項は、それ自体が約款である限りにおいて、AGBG 9 条 2 項 1 号により無効である、とした。くわえて、当該条項は、透明性の要請に抵触し、AGBG 9 条 1 項に基づき無効である、とした。この条項からは、どの限度で責任排除が有効であるのかわからないからである、との理由による。

【9】BGH 第 8 民事部 2015 年 2 月 4 日判決（NJW-RR 2015, 738）

2007 年に、X は、Y から、中古車 1 台を購入した。その際に使用された契約書式には、「この自動車は、あらゆる瑕疵担保を排除したうえで売却される。解除、代金減額または損害賠償の請求権は、法律上許容される限りにおいて、認識可能な瑕疵についても、隠れた瑕疵についても排除されている」との規定があった。自動車の引渡し後、エンジンの不調音に気付いた X は、Y に対して、契約の清算を請求した。第 1 審および原審が X の請求を棄却したのに対して、【9】は、原判決を破棄し、事件を原審に差し戻した。

【9】は、上記の瑕疵担保排除条項を、BGB309 条 7 号 a および b に基づき無効とした。そのうえで、「法律上許容される限りにおいて」という付記は、無効効果を除去しないとした。そのような救済条項は、わかりやすさの要請に反するため、それ自体として無効である、との理由による。

【10】BGH 第 11 民事部 2015 年 5 月 5 日判決（BGHZ 205, 220）

X は、貯蓄銀行 Y に対して、Y が使用する解約告知権条項の差止めを請求した。当該条項は、次のような文言であった。

「強行規定に反せず、かつ、期間も異なる告知規律も合意されていない限りにおいて、顧客および貯蓄銀行は、全取引関係または個別の取引部門について、いつでも、告知期間を遵守することなく、解約を告知することができる。貯蓄銀行が解約を告知する場合には、顧客の正当な利益

を相当に顧慮し、とりわけ不利な時期に告知しない。」

「貯蓄銀行による支払いサービス枠契約（例えば、振替契約またはカード契約）の解約告知について、告知期間は、少なくとも２か月とする。」

【10】は、この条項を、BGB307条１項１文および２文に基づき無効とした。判決理由は、まず、Yは、公法上の機関として適切な事由によらない解約告知を禁じられているが、当該条項が、顧客に最も不利な解釈により（BGB305c条２項）、適切な事由によらないYの通常告知権を定めるものとして解釈され、その結果として、BGB307条１項１文および２項１号に基づき無効となるかについては、判断を要しないとした。

【10】は、むしろ救済条項の規制の観点から、当該条項を無効とした。それによると、当該条項のような救済条項は、違法かつ無効な部分を、透明性を有する形で、法律上許容される程度に縮減することに適していない。そのうえ、そのような救済条項は、わかりやすさの要請に反するとの理由で、原則として、それ自体として無効である。約款使用者は、包括的かつ不注意に表現された条項を法律上許容される程度に制限し、当該条項にそもそも初めて確定された内容を与えることを、裁判所に授権することができない、とした。さらに、学説において論じられている、法的状況が不明確な場合の例外的な付記の許容、および、条項の見通しのよさを確保するために異常な事態の例外を定式化することを省く場合の例外について、一般論として回答を要しない、とした。そのような例外の要件が、本件では存在しないからである。すなわち、適切な事由によらないYによる解約告知の禁止について、不確定性は存在せず、また、制限を伴う条項の表現も容易とされた。

このような理由から、【10】は、Yの解約告知権に関する限りにおいて、上記の条項を無効とした。

Ⅱ　裁判例の分析

救済的条項付記については、AGBG施行後、比較的早い時期から、最上級審判例が現れている。その中で、多くの裁判例は、理由が明らかにされないこともあるが（【3】～【5】）、そのような付記の効力を否定している。こ

の点は、結論的に、学説における支配的見解と一致しているものといえる。もっとも、学説において議論されているような例外的な許容性の問題については、長らく言及すらされてこなかった[24]。近年、【10】において、この状況に変化が見られたが、【10】も、この問題について一般的な判断を下していない。

次に、最上級審裁判例においては、「法律上許容される限りにおいて」という付記を用いた条項を有効とするものが見られることが、注目される。すなわち、【6】は、そのような条項の有効性を肯定している。また、【1】では、そのような付記の有無が条項の有効性に影響しないとされている。このことは、以下のような理由によるものと考えられる。

本書において取り上げた裁判例を見るに、【10】を除いて、ひとまず付記を除いた条項の有効性が判断されていることがわかる。【1】および【6】においては、この段階で条項が有効とされている。これに対して、その他の裁判例においては、条項が無効とされている。このように、付記を除いた条項の有効性を判断する段階で、既に結論が出ており、「法律上許容される限りにおいて」という付記によっては、この条項の効力についての判断が、有効判断であれ無効判断であれ、影響を受けないとされている。その結果、【1】・【6】においては、救済的付記は、自明のことに過ぎなかったり、解釈を補強するものとされたりと、肯定的に捉えられているのに対して、その他の裁判例では付記の効力が否定されている、と考えられる。換言すると、多くの最上級審裁判例は、救済的付記を伴う条項の効力を判断するに際して、次のような2段階の審査構造を採用している、ということができる。すなわち、付記を除いた条項が無効な条項であるか否かを判断したうえで、それが無効な条項である場合に、「法律上許容される限りにおいて」という付記がこの条項を有効化するのに適しているか、を問題としている。このような審査構造において、救済的条項付記は、代替条項と同様に取り扱われることになる。つまり、AGBG 6条2項（BGB306条2項）を逸脱して、無効な条項を「救済」することが、問題視されている。このことは、【8】に

24）下級審裁判例においては、前掲注22）・OLG Stuttgart 1980年12月19日判決が、既に例外を論じている。

おいて顕著である。他方で、学説において論じられていたような第1次的な条項内容の不透明性・不確定性は、あまり問題にされてこなかった、と見ることができる。

　これに対して、【10】は、付記を除く条項の有効性について最終的な判断を留保し、救済条項としての性格を理由に、条項全体を無効としている[25]。【10】においては、いわば1段階の審査構造が採用されているといえる。そして、ここでは、学説において問題視されてきたのと同様に、第1次的な条項内容を不透明にしておくことによる「わかりにくさ」や、条項内容の確定を裁判官に委ねることの問題性が、指摘されている。【10】に限っては、学説の議論を多分に踏まえた判示であるということができる。

---

[25]　また、前掲注22)において紹介した2つの下級審裁判例も、救済的付記を含む条項全体を端的に無効としている。

第 4 章

結　論

第 1 節 ／ ドイツ法の検討

　以下では、第 2 章および第 3 章におけるドイツ法の状況整理をもとに、代替条項と救済的条項付記のそれぞれについて、どのような法的な処理がされるべきか、を検討する。なお、本章における検討は、ドイツ学説が論じていた全ての論点に及ぶものではなく、筆者が中核を成すと考える問題に限定している。

I　代替条項の法的処理
1　AGBG 6 条 2 項を逸脱することの可否
(1)　原則的な逸脱の可否

　代替条項の規制に関しては、AGBG 6 条 2 項（BGB306 条 2 項）を逸脱することの可否、換言すると、第 2 部において論じたような代替規律確定の判断構造によるのと異なる代替規律をもたらすことが許されるのか、が核心的な問題であると考える。この問題は、代替基準の問題として、すなわち、無効な規定にできる限り近い代替規律を定めんとする代替条項（AGBG 9 条以下の無効基準を代替基準とする条項）が許容されるのか、それとも相当な程度の規律による代替（AGBG 6 条 2 項の代替基準による代替条項）でなければならないのか、という形で争われていた。ドイツにおける判例・学説の状況を総体として振り返るならば、一部の学説に前者の代替条項を許容する見解があるものの、判例・支配的見解は、代替基準の面で AGBG 6 条 2 項からの逸脱を許していない、ということができる。

AGBG 6 条 2 項からの逸脱の可否という問題が重要なのは、この規定の性格づけに深くかかわるからである。つまり、第 2 章で述べたように、代替条項によって逸脱を許すという場合には、この規定は、条項無効により契約に欠缺が生じる結果に対応するための、合目的的な規定に過ぎないことになる。代替規律確定の判断枠組みは、その際に裁判官を拘束するかもしれないが、当事者は、それに拘束されることなく、AGBG 9 条以下（BGB307 条以下）に規定される無効基準の枠内で、自由に代替規律を定めてよいことになる。効力維持的縮減の禁止法理との関係では、裁判官は約款使用者の利益の代弁者となるべきでない（約款使用者に有利な規律を探求すべきでない）という理由づけに基づく禁止は、裁判官を名宛人としたものとして、なお生きるかもしれないが、予防思想や無効リスクの負担に基づく約款使用者の一定の代替規律への拘束という側面は、薄れることになる。

　これに対して、代替基準において AGBG 6 条 2 項からの逸脱を許さない、という立場をとるならば、この規定が裁判官だけでなく当事者を拘束する性格を有するものであることが、明らかになる。予防思想や無効リスクの負担といった観点から効力維持的縮減の禁止を採用するドイツにおける判例・通説の枠組みの下では、AGBG 6 条 2 項が約款使用者をも拘束すると考えることが、素直である。私見としても、この立場を支持する。

　ところで、後者の立場に基づき、代替条項によって、任意規定または補充的契約解釈によるのと異なる代替規律をもたらすことができないとすると、代替条項を使用する意味は、およそ存在しないようにも考えられる。しかしながら、そのように結論づけることは、早計である。ここで否定されたのは、任意規定または補充的契約解釈と異なる代替基準に過ぎない。これに対して、代替規律を確定する手続きについては、代替条項が、依然として特別な意味をもつ可能性がある。すなわち、任意規定または補充的契約解釈に基づく規律は、法律上当然に、いわば自動的に妥当する（もちろん、手続き的には、裁判官による規律確定の側面がある）。AGBG 6 条 2 項によるのと同様の規律が自動的に妥当する旨の代替条項は、確認的な意味しか有しないだろう。これに対して、約款使用者が代替権限を有する旨の条項や、両当事者が代替規律に合意する義務を負う旨の条項については、代替

規律の確定プロセスにおいて、任意規定または補充的契約解釈との間に差異が存在する。AGBG 6 条 2 項によるのとは異なる代替プロセスを定める条項として、代替条項は、創設的な意味をもつ可能性がある。このようなプロセス的な観点からの検討は、救済条項に関する議論の中ではあまり見られなかったが、近時の約款変更論においては、この観点を意識した議論が展開されている[1]。

(2) 約款使用者の主観的態様の顧慮

約款使用者の主観的態様あるいは法的状況の明確性（以下、まとめて「主観的態様等」と呼ぶ）によって代替条項の許容性判断を分ける見解は、効力維持的縮減あるいは補充的契約解釈に関する議論の影響を受けたものと考えられる。すなわち、効力維持的縮減および補充的契約解釈については、それらの可否を約款使用者の主観的態様等にかからしめる見解が存在する。しかしながら、これらの法制度と代替条項による無効条項代替の可否をパラレルに考えることについては、次のような問題がある。

まず、第 2 部において既に明らかにしたように、無効条項を代替するための補充的契約解釈には、たしかに約款使用者の信頼保護が考慮される場合（条項顧慮型補充的契約解釈）があるが、条項不顧慮型補充的契約解釈においては、そのような考慮要素が働かない。後者においては、任意規定の適用においてそうであるのと同様、条項の有効性に対する約款使用者の信頼は問題にならない。ゆえに、任意規定または補充的契約解釈と代替条項とを代替基準においてパラレルに考えるのであれば、代替条項の可否一般を約款使用者の主観的態様等によって左右させるのは、適切でない。任意規定と同等の代替基準による代替条項について約款使用者の認識を問題とするガルン（Heino Garrn）の見解は、この点で問題がある。

さらに、無効条項にできるだけ近い代替規律をもたらさんとする代替条項であっても、約款使用者の主観的態様等によっては許容されるとすることに対しては、次のような問題を指摘することができる。すなわち、補充的契約解釈を含む AGBG 6 条 2 項が、既に約款使用者の信頼保護も考慮し

---

1) 武田［2018］(2) 28 頁以下を参照。

た補充枠組みを形成している。そこにおいて、ドイツ判例は、約款使用者の主観的態様だけでなく、客観的利益衡量を重視して、補充的契約解釈の可否を判断している[2]。このような判例の枠組みに従い、AGBG 6条2項からの逸脱が許されないとするならば、約款使用者の信頼保護だけを理由として、法律上の代替基準を逸脱する代替条項の許容性を基礎づけることはできない。また、もっぱら約款使用者の信頼保護に着目して効力維持的縮減が許される場合があるとの見解に立ったとしても、それとパラレルに代替条項を許容するだけでは、前述のプロセス的な観点を除いて、代替条項には確認的な意味しか認められないことになる。

以上のように考えると、効力維持的縮減または補充的契約解釈におけるのと同様の発想から、代替条項の可否を約款使用者の主観的態様等にかからしめることは適切でない。残るは、それと知りつつ無効な条項を用いた悪質な約款使用者に対しては、代替条項に基づく条項代替プロセスを封じるべきか、例えば、一方的な代替権限を認めないとすべきか、といったプロセス的な観点からの問題である[3]。

2 透明性の要請に基づく規制

代替条項について、透明性の要請に基づく条項の組入れ否定または無効の可能性は、具体的代替規律（代替条項自体から相手方の具体的な権利義務を引き出すことができること）を要求すべきか否か、という形で議論されていた。ここでは、救済的条項付記におけるのと異なり、第2次的な規律の透明性が問われている。さしあたり、両説の理由づけを整理すると、次のようになろう。

まず、代替規律の透明性を要求する論拠としては、第1に、ハーガー (Johannes Hager) のように、裁判官による規律発見に係る要請として、透明性の要請を位置づける可能性がある。この考え方によると、約款使用者が自ら代替規律の内容を明らかにしなくてはならないところ、具体的代替規律を規定していない代替条項は、この要請を充たさないことになる。第2

---

2) 第2部第2章を参照。
3) 武田［2018］(2) 39頁を参照。

に、一般にそうであるように、契約相手方にとっての権利義務の明確性の問題として透明性の要請を位置づける場合にも、具体的代替規律を明確にしない条項には、透明性を欠くとの非難が向けられる可能性がある。BAGの裁判例は、このような考え方をとっているのではないか、と考えられる。

次に、具体的代替規律を不要とする、すなわち、代替義務や代替権限が明確にされていれば足りるとする立場においては、約款使用者の側における条項の柔軟性の要請が考慮されている。すなわち、想定しうる全ての事例について、具体的代替規律を規定しておくことを、約款使用者に期待できないとされる。ここでは、事後的な事態に備えるため一般的な表現を用いる要請が、契約相手方の有する透明性の要請に優先するという図式が成り立つ。このことをさらに補強するために、任意規定や補充的契約解釈による場合と比較して、不確定性が大きくはないことも指摘される。

筆者は、後者の立場を支持する。その理由として、まず、ハーガーのような見解に対しては、透明性の要請の一般的な定義を外れていることはさておき、次の問題点を指摘することができる。すなわち、代替規律の形成を裁判官に委ねることができないとしても、そのことから直ちに、具体的代替規律が必要となるわけではない。例えば、約款使用者が一方的代替権限を留保し、この代替条項に基づき、裁判外で無効な条項に代わる規律を定めたとする。この場合、まさに当事者が契約内容を決定しているのであり、裁判官がこの代替規律に従うことは、裁判官による契約形成を抑制するという観点からしても、問題がないはずである（一方的な形成権限の留保が許されるかという問題は残るが、それは、裁判官による契約形成の可否とは別の視点である）。具体的代替規律を要求するとき、ハーガーは、当事者による契約内容の形成を契約締結当初の一回的なものに限定している。しかしながら、このことは、必然的ではない。ハーガーの指摘が当てはまるとすれば、自動的な縮減を定める条項など、代替規律の確定を裁判官に委ねるタイプの代替条項についてだけである。

次に、具体的代替規律が必要であるとすると、代替条項に対する実際のニーズをほとんど汲み取ることができない。代替条項が使用される場合としては、意図的に無効条項を設定したうえでの保険としての場合もあるか

もしれないが、約款条項の有効・無効、さらにその基準について、契約締結当初においては予測することができない場合がある、と考えられる。いかなる条項が有効とされるのか不明瞭であれば、具体的代替規律を用いて約款を2段式にしておくことは、困難であろう。逆に、規制基準が当初から明確であれば、それに即して第1次的な条項を定式化すればよいだけである。また、具体的代替規律を用いる場合には、第1次的条項の有効性の疑わしさを表明することになる、との問題も指摘されている。理論的な可能性にもかかわらず、実際には、具体的代替規律を定める代替条項がほとんど見出されないとされていることも[4]、このような条項の使い勝手の悪さを示している。

さらに、現在のドイツ法の状況を前提とする限り、約款使用者による代替規律確定権の留保がおよそ許されないということは、困難ではないかと考えられる。なぜなら、そのような権限が法律で認められている場合があるからである。すなわち、VVG164条[5]の規定が、約款使用者たる保険者に、無効条項の変更権を認めている[6]。

最後に、BAGの裁判例については、無効な規定にできるだけ近い代替規律を定めんとする条項が問題になっていたことに、留意する必要がある。すなわち、AGBG6条2項を逸脱する条項について、同時に透明性の要請違反が指摘されていた。相手方にとっての特別な不利益についての不透明性が、非難の対象になっていた、といえる。このような非難は、任意規定ないし補充的契約解釈を代替規律の基準とする条項について、直ちに当てはまるものではない。BAGの判断がこのような趣旨のものだとすると、透明

---

4) Stoffels [2015], Rn. 627.
5) VVG164条　約款の変更
　(1) 保険者の普通保険約款における規定が最上級審の裁判または確定力を有する行政行為によって無効とされた場合において、契約の継続のために必要であるとき、または新たな規律なしに契約に拘束することが、一方当事者にとって、他方当事者の利益を顧慮したとしても、期待不可能な過酷さを意味するであろうときは、保険者は、その規定を新たな規律によって代替することができる。新たな規律は、契約目的を維持したうえで保険契約者の利益を相当に顧慮する場合にのみ、有効である。
　(2) 第1項に基づく新たな規律は、新たな規律およびこれについて決定的な理由が保険契約者に通知されてから2週間をもって、契約構成要素となる。
6) この規定については、武田［2018］(1) 119頁以下を参照。

性の要請違反を持ち出したとしても、代替条項の効力がより積極的に否定されるわけではなく、本質的な問題は、やはり AGBG 6 条 2 項からの逸脱の可否なのではないか、と考えられる。

II 救済的条項付記の法的処理
1 代替条項と同様の観点からの規制

既述のように、救済的条項付記は、その目的や機能の面から見れば、代替条項と大きく異なるわけではない。それゆえ、代替条項についてと同様の観点から、救済的条項付記の規制を行うことが考えられる。このことは、多くの最上級審裁判例に見られた 2 段階の審査構造によって達成されうる。それによれば、まず、付記を除いた条項の不当性を審査したうえで、付記による救済の可否が判断されることになる。このような審査構造による場合、「法律上許容される限りにおいて」という付記は、代替条項の中でも、「無効な条項は、法律上許容される限度に縮減される」という自動的な縮減条項と同視されることになる。

2 救済的条項付記に特有の法的処理
(1) 1 段階の審査構造

救済的条項付記については、AGBG 6 条 2 項の逸脱など代替条項と共通する規制観点の他に、第 1 次的な条項内容を不明確または不確定にしておくことになる点が、問題視されていた。不明確性という点からは、組入れ段階または内容規制の段階における透明性の要請との抵触が、不確定性という点からは、条項内容の確定を放棄することによる諸問題（例えば、相手方に法的判断のリスクを転嫁することになることや、とりわけ差止訴訟において法的審査を免れることになること）が問われる。これらの観点から救済的付記を伴う条項を規制する場合には、端的に条項全体の不当性が審査されることになる（1 段階の審査構造）。

もっとも、実際に 1 段階の審査によって救済的条項付記を含む条項の効力を否定することが適切であるかについては、次のような諸問題が存在する。

(2) 救済的条項付記を含む条項の不明確性・不確定性

　第1の問題は、「法律上許容される限りにおいて」といった付記を含む条項が、そもそも不明確・不確定であるといえるかである。ドイツ学説の状況を振り返ると、多数の論者が救済的付記を伴う条項の不明確性・不確定性を肯定していた一方、ハーガーは、法律が明確であれば、付記を用いた条項は透明性を有するとし、さらに、ヴィレンブルッフ（K. Willenbruch）も、法律が公開されている以上、AGBG2条違反は問題にならないとし、また、付記を用いた条項の解釈に際して、法律が指示する内容を考慮に入れていた。このような議論状況に鑑みると、まずは、救済的付記を伴う条項の内容が、本当に不明確・不確定といえるのかを、判断する必要がある。

　この点の判断は、誰の視点を基準とするかにかかってくる。仮にハーガーのように、透明性の要請を裁判官による規律発見の問題として捉えるならば、裁判官は当然法律を知っているわけだから、条項内容は明確に確定されることになる。これに対して、契約相手方の視点を基準とするならば、相手方が条項内容を理解できるか、条項から具体的な権利義務を引き出すことができるのか、を問題にすべきことになる。このとき、少なくとも契約相手方に法的知識がほとんどないと考えられる消費者契約において、救済的条項付記を用いた条項は、不明確・不確定といってよいのではないか、と考えられる。

　もっとも、契約相手方が十分な法的知識を持ち合わせていてしかるべき場合には、異なる判断がされるべきである。両当事者が法律上許容される限界を知っていることを前提に条項が作成されており、単に表現を簡潔にするために「法律上許容される限りにおいて」という付記を用いた場合などは、もはや条項内容が不明確・不確定とはいえない。特に事業者間の取引においては、この可能性を考慮に入れる必要があろう。

(3) 例外的な付記使用の許容性

　第2に、ドイツ学説において中心的な論点を形成していたように、法的状況が不明確である場合に、救済的条項付記を用いることが例外的に許されるか、が問題となる。筆者は、このような例外設定は、次のような理由により適切でない、と考える。

まず、この例外が、代替条項における約款使用者の主観的態様の考慮と同様のものであるとするならば、すなわち、条項無効を認識しえなかったような場合には、AGBG 6条2項からの逸脱が許されるという趣旨のものであるとすれば、先に代替条項について述べたのと同じ問題が当てはまる。

次に、法的状況が不明確である場合には、第1次的な条項内容の明確性・確定性からして放棄してよい、という趣旨であるならば（1段階審査における例外として位置づけるならば、このようになるはずである）、なおさら不適切である。というのは、約款使用者の信頼保護を図る必要があるとしても、それは第2次的な代替規律のレベルで手当てをすればよく、第1次的な条項形成のリスクを免れさせることが正当化されるとは、考えられないからである。精確な法律上の限界がわからなくても、さしあたり自らの判断で条項を定式化することは、十分に可能である。

(4) 付記がなければ有効な条項の処理

1段階審査における最後の問題は、この審査方法によると、救済的付記を除いた部分が有効と判断される場合にも、付記が存在することにより、条項全体が不明確または不確定とされ、無効とされる可能性がある、ということである。ドイツ裁判例が2段階の審査構造をとることにより、付記を除いた部分が有効な場合には条項全体を有効としていたことは、既に見たとおりである。学説において、このような裁判例が、救済的条項付記の効力を認めない大勢に対する異論として受け止められている[7]ことは、この1段階審査の問題を示唆している。

筆者は、救済的付記がなかったとすれば有効な条項を、付記が存在することだけを理由に無効とすることは、行き過ぎではないか、と考える。1段階の審査を行うとしても、その審査は、「最大限に見積もった場合に、相手方に不相当な不利益が生じうるにもかかわらず、精確な条項内容が不明確・不確定であること」を問題にするものとして、理解すべきである。このように考えると、1段階の審査を持ち出し、第1次的な条項表現の不透明性を問題にしたからといって、救済的付記を含む条項の効力がより積極的に否

---

7) Harry Schmidt in: Ulmer/Brandner/Hensen [2016], § 306 BGB Fn. 103.

定されることにはならない。

第2節 / 日本法への示唆

最後に、ドイツ法の状況整理および第1節における検討から、日本法に対していかなる示唆が得られるかを論じる。

I 救済条項の種類

ドイツ法から得られる第1の示唆は、救済条項と一口にいっても様々な種類があり、救済条項全体に共通する問題だけでなく、それぞれの条項に特有の問題を検討する必要がある、ということである。ドイツ法を参考にするならば、さしあたり、①代替条項と救済的条項付記を区別したうえで、②代替条項の中でも、少なくとも(i)裁判官による代替規律の確定を予定する条項（自動的な縮減条項など）、(ii)当事者自身による代替規律の確定を予定する条項（条項使用者の代替規律確定権を定める条項など）、(iii)予め具体的代替規律を定める条項を区別する必要がある。①について、代替条項と救済的条項付記とでは、再三指摘しているように、第1次的な条項内容の不明確性・不確定性という点で違いがある。②については、(i)・(ii)と(iii)とで、代替規律の内容が契約締結時に既に確定しているか否かという違いがある。(i)と(ii)とでは、代替規律の確定プロセスに違いある。

近年の消費者契約法専門調査会の議論を見る限り、救済条項（サルベージ条項）の例として取り上げられているのは、救済的条項付記[8]と自動的な縮減条項タイプ[9]の2つである[10]。これに対して、ドイツ法の整理・検討か

---

[8] 議論の当初から取り上げられている条項例として、「弊社（中略）は、使用者に対して、（中略）これらの広告・宣伝物、情報提供及びコンテンツについて、法律で許容される範囲において、一切の責任を負わないものとします」という条項例が取り上げられている。第12回資料1・19頁、第15回資料1・59頁、第32回資料1・11頁を参照。

[9] 議論の当初から取り上げられている条項例として、「裁判所において本規約のある規定が無効または執行不能とされた場合には、当該規定は、有効かつ執行可能となるために必要な限度において限定的に解釈されるものとします」という条項例が挙げられる。前掲注[8]に挙げた各資料を参照。なお、第32回資料1・11頁以下に掲載されているその他の条項例も、いずれかのタイプに当てはまる。

[10] もっとも、不当条項研究会［2009］176頁〔河上正二〕は、「事業者に事後的な給付内容決定

らは、(ii)や(iii)のタイプの条項についても想定しなくてよいのか、という指摘をすることができる。

II 救済条項全体に共通する問題――法が定める代替規律秩序からの逸脱の可否

　第2に、救済条項全体に共通する問題として、ドイツ法において AGBG 6条2項（BGB306条2項）からの逸脱の可否の問題として論じられていたところ、すなわち、法が定める代替規律の適用回避の問題を指摘することができる。不当条項の効力が否定された場合については、制定法規定によって具体化されているのであれ、裁判官による具体化を要するのであれ、法が代替規律を定めるための一定のルール（以下、このルールの総体を、「代替規律秩序」と呼ぶ）を用意している。その中には、従来我が国において、条項一部無効・全部無効の問題として論じられてきたところも含まれる。救済条項を用いることによって、条項使用者が一方的に、この代替規律秩序を逸脱してよいか、というのが、救済条項の共通問題である。日本法において、このような逸脱を許すべきでないとの理由から救済条項の効力を否定しようとするならば、現行条文上の処理としては、代替規律秩序を（両当事者が個別交渉合意をなせば逸脱可能という意味で）任意規定として位置づけたうえで、それに比して相手方に不利な条項の問題として、消費者契約法10条や民法548条の2第2項において処理することが考えられる。

　そして、この観点から救済条項の効力を否定すべきであるとするならば、その態度決定は、代替規律秩序が、単に契約を存続させるための合目的的なもの、あるいは、裁判官の判断を拘束するだけのものではなく、当事者に対する拘束力を有するものである、との理解を伴う。このことが、自覚されるべきである。予防思想や条項使用者の帰責の観点を軸とする条項全部無効論からは、このような考え方が素直である。私見は、既述のとおりである。

　また、この観点から救済条項を規制する場合には、代替基準に応じて、

権を許容したり、欠缺補充権を認める条項」に言及している。

無効とされる条項とそうでない条項とがありうるということも、ドイツ法からの知見である。すなわち、法が定めるのと同水準の（または、契約相手方により有利な）代替規律をもたらさんとする代替条項は、代替規律秩序からの逸脱を理由に効力を否定されない、と考えられる[11]。

Ⅲ　代替条項の種類に応じた法的処理

　第3に、代替条項の種類に応じた法的処理について、次の2点を指摘することができる。

　まず、代替規律の内容の不透明性を問題とするのであれば[12]、具体的代替規律とそれ以外のタイプの代替条項を分けて考える必要がある。前者においては、第1次的な条項との適切な関連づけなどの問題は残るが、代替規律の内容それ自体は明確に定められており、代替規律の不明確性・不確定性に基づく非難は当たらない。仮に、この観点から代替条項の効力を否定しようとするならば、それが可能なのは、具体的代替規律以外のタイプの条項に限られる。後者のタイプを一律に否定すべきでないとする私見については、既述のとおりである。

　次に、代替条項（あるいは救済条項一般）の問題性を、条項使用者に有利な契約内容の発見を裁判所に強いることに求めようとするならば[13]、このことは、具体的代替規律を定める条項および当事者自身による代替規律の確定を予定する条項には、当てはまらない。これらの条項における裁判所の役割は、通常そうであるように、当事者が決めた契約内容の適法性を判断することだけである。

　なお、代替規律の確定を裁判官に委ねるタイプの条項と当事者が事後的に代替規律を確定するタイプの条項との対比は、裁判外のプロセスにおいて当事者が主体的に不当条項規制の効果を確定することの是非という問題

---

11) もっとも、代替基準の面から有効な代替条項がありうるとしても、その代替基準を条項においてどのように表現すればよいのかは、次の問題として残ることになる。
12) もっとも、ドイツ法（BGB305条2項2号・307条1項）と異なり、明文の手掛かりを欠く日本法において条項の不透明性を問題とする場合、どのような法的枠組みにおいてそれが可能なのか、が問題となろう。
13) このような問題意識は、不当条項研究会［2009］177頁〔河上〕などに見られる。

を投げ掛ける[14]。

IV 救済的条項付記の法的処理

最後に、救済的条項付記の法的処理については、第1次的な条項内容の不明確性・不確定性が問題となる可能性があることを、指摘することができる。まずは、この点において、代替条項とは透明性の問題の発現が異なることが、意識されなければならない[15]。そのうえで、この第1次的な条項内容の透明性の欠如を理由に、救済的付記を伴う条項の効力を否定すべきか、が問われる。その際には、先に指摘したような諸問題が考慮されるべきである。

消費者契約法専門調査会の議論においては、1段階の審査構造がとられていないように見受けられる。というのは、そこでは、救済条項（サルベージ条項）が、「ある条項が強行法規に反し全部無効となる場合に、その条項の効力を強行法規によって無効とされない範囲に限定する趣旨の条項」と定義されているからである[16]。このような定義からすると、救済的条項付記の処理においても、付記を除いた条項の効力を判断したうえで付記の効力を問う、2段階の審査構造がとられることになる、と考えられる[17]。付記がなければ有効な条項を、付記がもたらす不透明性だけを理由に無効とすべきでない、という私見からは、同調査会の議論動向が支持される。

---

14) この問題については、武田［2018］を参照。
15) 例えば、報告書［2017/8/8］12頁は、「サルベージ条項が使用された場合、有効とされる条項の範囲が明示されていないため、消費者が不利益を受けるおそれがあるという問題がある」と指摘するが、ここには、代替規律の明示と第1次的な条項内容の明示という、2つの問題が含まれている、というべきである。
16) 報告書［2017/8/8］12頁を参照。
17) なお、第41回資料1・23頁注23は、「仮に、サルベージ条項を規律する規定を設ける場合、サルベージ条項を用いた条項それ自体が無効になるのではなく、法的には意味がない（条項の有効性はサルベージ条項を無視して判断される）ということになると考えられる」とする。この記述も、2段階の審査構造を前提としたものといえる。

/// 終　章 ///

　本書の最後に、ここまでの検討結果を今一度まとめ、また、残された課題について付言する。

I　本書のまとめ
1　不当条項規制における2段階の判断枠組み
　不当条項規制による契約の修正の判断枠組みは、基本的に、規制対象の画定と代替規律の確定という2つの段階に分けることができる。それぞれの段階においては、以下のような形で、異なる法的な判断が行われる。

(1)　規制対象の画定（第1部）
　第1段階においては、個別に規制の対象となる「条項」が何であるか、が画定される。「条項」の画定により、規制の効果として無効とされる最外延が決まる。この画定においては、「具体的な規制規範が、いかなる形で違法性を基礎づけているか」が決定的な基準となる。換言するならば、ここでは、規制規範の構成要件該当性が判断され、その判断と同時に、その判断対象が画定されることになる。このような画定基準が定立されることによって、規制対象の画定は、法適用の問題であり、当事者（条項使用者）が自由に「条項」の範囲を決定することができるわけではないことが、明確になる。また、この第1段階の判断が明確に存在することによって、公然たる不当条項規制は、解釈による規制（隠れた規制）と区別することができる（第1章）。

　規制対象の画定判断に当たっては、不当条項規制要件論において論じられてきた規制規範を精緻化する各種の理論が、上記の画定基準を具体化する手掛かりを提供する。すなわち、不当条項リスト・任意規定の指導形象

機能・中心条項論・累積効果・補償といった要件論上の様々な理論は、いずれも個別に規制対象となる「条項」を画定するための基準を含んでいる（第1章）。また、包括的に表現された条項の処理について論じたように、規制の目的も考慮されなければならない（第2章）。さらに、個別訴訟と差止訴訟とを対比するならば、それぞれの訴訟形態における法律効果の違いも、考慮されることになる（補論）。

(2) 代替規律の確定（第2部）

第2段階においては、規制規範の趣旨が考慮されるだけでなく、不当条項の趣旨も考慮される余地がある。ここで条項の趣旨というのは、当該条項によって当事者が実現しようとしていた利益や目的のことである[1]。この点で、なお当事者の私的自治に対して、配慮がされなければならない。もちろん、その際には、予防・制裁・帰責といった従来から条項全部無効論を支えてきた諸原理が考慮されるべきであり、条項の趣旨が可能な限り生かされるべきである、ということはできない。しかしながら、既述のように、私見によれば、条項使用者に負わせてよい無効リスクには限界があり、この限界内において、なお当初の条項に表現されている当事者の自己決定が尊重される（第1章）。

このような意味での条項の趣旨を考慮した代替規律の確定は、多元的に行われる。第1に、ドイツ法の分析において条項不顧慮型補充的契約解釈として析出されたように、任意規定の継続形成において、条項の趣旨が取

---

1) 近時、フランス法を素材とする一部無効論の研究において、違反された法規範の目的とともに、当事者が契約締結に際して追及した目的あるいは契約の利益ないし有用性という意味での当事者の意思を考慮すべき、との方向性が示唆されている（酒巻［2015-］(2) 104頁以下・(4) 31頁以下・34頁以下・51頁・［2016］291頁を参照）。このような意味での当事者の意思は、それが契約条項に現れるという限りにおいて、本書にいう条項の趣旨と共通する、あるいは、少なくとも類似するものである、といってよい。このような当事者の意思を考慮すべきとの方向性が示されている点において、筆者は、この研究に賛同する。これに対して、同研究において示唆されている別の方向性、すなわち、無効範囲を不法性の範囲と比例させるべきであり、不法な条項の助長や当事者の不誠実な行為態様へは、無効とは別のサンクションによって対処する（酒巻［2015-］(5) 191頁・［2016］291頁）との方向性については、論者がこの場合をどのように考えているかは定かでないが、不当条項規制の効果を問題とする限り、受け入れることができない。筆者は、既述のように、逆に、これらの観点が不当条項規制による契約の修正において考慮されるべきである、と主張する。また、そもそも、規制対象の画定という段階を設定する本書の判断枠組みによれば、条項全部無効型の処理であっても、不法な範囲と無効範囲は比例していることになる。

り込まれることがありうる。ここでは、任意法を作出する一連の過程に参画するという点に、当事者の自律性を見出すことができる（第1章および補論）。第2に、ドイツの近時の判例に現れているように「期待可能性」という言葉を用いるか否かはともかく、条項無効によって条項使用者が被る不利益[2]の重大性を理由に、任意規定と異なる代替規律を認めるべき場合がある。ここでは、中心的な契約利益との関係において、換言すると、当該条項が契約全体の中でどのような比重を有するかという観点から、不当条項の重要性が評価される。このような評価によって、条項使用者に完全な無効リスクを負担させられない、と判断される場合に、規制の効果を緩和する措置がとられる。また、この判断においては、条項の不当性の認識にかかわる条項使用者の主観的態様も、考慮されうる（第2章）。

以上のような判断枠組みを設定することの最大の意義として、条項の内容や種類を効果論上の判断に取り込むことができる点を、挙げることができる。とりわけ、条項使用者が被る不利益の重大性を考慮した代替規律の確定においては、給付関連条項など契約の中心に近い条項と、中心から遠い典型的な付随条項とで、異なる取扱いがされることになる、と考えられる。ごく単純化するならば、従来の我が国の議論における条項一部無効型の処理は、前者について当てはまりやすく、条項全部無効・任意規定の適用という処理は、後者によく当てはまる、ということができる（第2章）。

ドイツ法の検討からは、その他に、履行段階を考慮する可能性も見出された。この点については、我が国において取締規定違反行為の効力について展開されてきた履行段階論との共通性が注目される（第2章）。もっとも、この可能性を具体的な処理へと反映させる手掛かりは十分ではなく、問題提起に留めざるを得ない[3]。

---

2) ここにいう不利益は、前述の条項の趣旨＝利益の裏返しといえる。
3) 不当条項規制における2段階の判断枠組みを以上のようにまとめると、両段階における法的判断の性格の違いについて、次のような指摘をすることができる。すなわち、第1段階の判断が、規制規範の構成要件該当性を問題とし、規制が発動するか否かを決定する二分法的・全体的なものであるのに対して、第2段階の判断が、具体的な規制の効果を決定する、より複雑なものであり、中間的・部分的処理の可能性も否定されないことである。
　このような法的判断の性格の違いは、近時、事情変更論において説かれているところと共通するのではないか、と考えられる。すなわち、契約締結後の事情変動を理由とする契約の改訂の問

2 救済条項の法的処理

　救済条項とは、条項全部無効のリスクを回避するために用いられる条項の総称である。このような意味での救済条項は、代替条項と救済的条項付記とに大別することができる。さらに、代替条項の中でも、①裁判官による代替規律の確定を予定する条項（自動的な縮減条項）、②当事者自身による代替規律の確定を予定する条項（条項使用者の代替規律確定権を定める条項など）、③予め具体的代替規律を定める条項を区別することができる。

　各種の救済条項に共通する問題は、法が定める代替規律秩序（第2部において論じた代替規律を確定するための判断枠組み）を条項使用者が一方的に逸脱してよいか、という点にある。私見によれば、このような逸脱を認めるべきでない。このように考えた場合、第2部で論じた判断枠組みは、単に契約を存続させる上で必要な欠缺補充を図る合目的的なもの、あるいは、裁判官の判断を拘束するだけのものではなく、当事者に対する拘束力を有していることになる。

　代替条項については、その他に、第2次的な代替規律の透明性の観点から、規制にかかる可能性がある。もっとも、この問題は、具体的代替規律を定める条項には当てはまらない。そのうえ、その他の代替条項について

題について、契約の改訂の可否を判断する局面と新たな契約内容の形成という局面において、紛争の性格が異なり、それに応じて法および裁判官の果たす役割に相違があることが、指摘されている（吉政［2014］167頁以下を参照）。この見解によれば、前者の局面における紛争が過去志向的・二分法的判断といった性格を有する一方、後者の局面の紛争は、将来志向性を有し、多様かつ重層的に存在する諸利益を衡量・調整した判断が求められる。このような紛争の性格の違いに応じて、前者の紛争については、裁判所が法規範を適用することによって解決するのに適しているが、後者の紛争については、裁判所が予め定められた基準を適用して判断するのに適したものとは言い難い、とする。
　不当条項規制における2つの判断段階の違いには、この事情変更論に関する学説が指摘するところと、類似性を見出すことができる。たしかに、過去志向と将来志向との対比という観点については、不当条項規制における代替規律の確定には、遡及効が認められ、既発生の問題を処理するための規範を探求する作業としての側面が認められるという限りにおいて、当てはまらないだろう（ただし、代替規律の確定が、将来の紛争解決のための規範を確定するという側面を有するという場合には、同様の対比が成り立ちうる）。しかしながら、二分法的判断と諸利益の衡量・調整判断の対比という点については、共通性を認めてよいのではないか。
　このような共通性は、事情変更における当事者自身による契約改訂と同様に、無効条項を当事者が自主的に変更せんとする動向、あるいは、そのような変更の可能性に関する議論に影響する可能性がある。このような無効条項の変更の問題については、武田［2018］において検討したところである（上述の事情変更論との共通性については、武田［2018］(3) 157頁注(306)においても指摘した）。

も、条項使用者にとっての柔軟性の要請に鑑みて、透明性の観点から一律に効力を否定すべきでない。

　救済的条項付記については、代替条項と異なる特有の処理として、第1次的な条項内容の不透明性を理由に付記を伴う条項の効力を否定しうるか、が問題となる。私見によれば、このような理由で条項の効力を否定することには、慎重であるべきである。というのは、条項解釈によれば付記を伴う条項が本当に不透明であるのか、が吟味されなければならないうえ、このような付記がなくとも有効な条項に留保が付せられていた場合に、付記の存在だけを理由に条項の効力を否定する必要はない、と考えるからである。

II　残された課題

　本書の検討において残された課題は、細部を挙げればきりがないだろう。ここでは、今後の検討の大きな方向性として、以下の2つを挙げるに留める。

1　不当条項規制要件論の解明

　本書においては、不当条項規制効果論の第1段階に位置づけられる規制対象の画定において、「具体的な規制規範が何を個別に規制対象として捉えるか」が決定的であるとし、この判断に際しては、要件論上の諸理論が手掛かりを与える、とした。もっとも、この主張は、特定の要件論について賛否を表明するものではなく、むしろ、要件論において一定の承認を得ている議論を所与として、それらの議論が、効果論とどのように連結されるかを述べたものに過ぎない。例えば、中心条項論や任意規定の指導形象機能に関する議論について、本書は、何らの検討も態度決定もしていない。これらの要件論は、筆者としても、今後さらに検討しなければならないものである。

　もっとも、本書は、要件論上の議論に対して、何らの意味も有しないというものではない。本書が、従来に比して効果論のありようをいくばくかでも明らかにしたといえるならば、そのことは、少なくとも、一般に要件

論の展開において効果論も意識されるべきであるという程度において、要件論上の議論にとっても、意味を有することであろう。また、より具体的に、本書が要件論との具体的な連結点として提示している規制対象の画定法理を前提とするならば、諸々の規制規範が規制対象をどのように捉えるのか、をより明確にする形で議論を展開すべきであるというのが、要件論に対する本書からの要求である。

2 不当条項規制効果論が無効理論一般に対して有する意義

本書において取り扱った不当条項規制の効果論が、契約またはその他の法律行為の効力が否定される他の場面における効果論に対してどのような意義を有するのか、ということについても、俄かに回答しうるところではない。もっとも、本書における検討からは、より広い射程をもった理論の展開を図っていく上での方向性を、2点指摘することができよう。

第1に、本書においては、規制対象の画定と代替規律の確定という2段階の判断枠組みを示したが、この枠組みは、規制の具体的効果を決める段階と、その出発点あるいは前提として、何が規制の対象として把握されているかを明らかにする段階とを、区別するものである。このような思考枠組みは、不当条項規制以外の、法的規制による法律行為の効力否定が問題となる領域においても、妥当する可能性がある。この可能性を認めるならば、他の領域において2段階の判断枠組みがどのように具体化されるのか、また、不当条項規制効果論の枠組みと比較したとき、どのような異同を有するのか、といった点を、検討の方向性として指摘することができる。

第2に、第2部第2章において不当条項規制効果論と取締規定違反行為の効力に関する履行段階論とに共通性が見られることを指摘したが、このような共通性が見出される理由として、本書において検討した代替規律の確定のための理論が、より広い射程をもった、法律行為に対する規制の具体的効果を決定するための一般理論を反映したものである可能性が考えられる。そのような理論がどのようなものであり、また、各問題領域においてどのように具体化されるのか、を探求することも、今後の検討の方向性となろう。

【ドイツ法主要参照条文邦訳】[1]

BGB133条　意思表示の解釈
　意思表示の解釈に際しては、真意が探求されるべきであり、その表現の字義に拘泥してはならない。

BGB138条　良俗違反の法律行為、暴利行為
　(1)　善良の風俗に反する法律行為は、無効とする。
　(2)　〈略〉

BGB157条　契約の解釈
　契約は、取引の慣習を考慮し、信義誠実が要請するところに従って解釈しなければならない。

BGB242条　信義誠実に従った履行
　債務者は、取引の慣習を考慮し、信義誠実が要請するところに従って履行をなすべき義務を負う。

BGB305条〔AGBG1条・2条〕　普通取引約款の契約への組入れ
　(1)　〈略〉
　(2)　普通取引約款は、約款使用者が契約締結に際して次の各号に定める要件を全て充たし、かつ、他方の契約当事者が約款の適用に同意した場合に限り、契約の構成要素となる。
　　1. 他方の契約当事者に対して明示的に、または、明示的な指定が契約締結の態様ゆえに過度な困難を伴う場合には、契約締結の場所における明確に視認可能な掲示によって、その約款を指定すること
　　2. 他方の契約当事者が約款の内容を知る機会を、約款使用者にとって認識可能な同人の身体的障害をも相当に顧慮したうえで、期待可能な方法で与えること
　(3)　〈略〉

BGB305c条〔AGBG3条・5条〕　不意打ち条項および多義的な条項
　(1)　普通取引約款中の規定であって、諸事情とりわけ契約の外形に照らして、約款使用者の契約相手方が考慮する必要がないほどに異常なものは、契約の構成要素とならない。
　(2)　普通取引約款の解釈に疑いがあるときは、約款使用者の不利に解釈しなければならない。

BGB306条〔AGBG6条〕　組入れがない場合と無効の場合の法律効果
　(1)　普通取引約款が、その全部あるいは一部において契約の構成要素とならない場合、

---

1) 条文邦訳に当たっては、法務省編［2014］、石田編［1999］を参考にした。

または無効である場合、契約のその他の部分は、依然として有効である。
(2) 約款規定が契約の構成要素となっていないか、または無効である限りにおいて、契約の内容は、法律上の規定に従う。
(3) 契約に拘束することが、前項に規定された変更を考慮しても、一方の契約当事者にとって期待不可能なほどに過酷であると想定される場合には、契約は、無効とする。

BGB306a条〔AGBG 7条〕 回避禁止
この節の諸規定は、他の形式によって回避される場合にも、適用される。

BGB307条〔AGBG 8条・9条〕 内容規制
(1) 普通取引約款中の規定が信義誠実の要請に反して約款使用者の契約相手方に不相当に不利益を与える場合には、その規定は無効とする。不相当な不利益は、規定が明確でなく、またはわかりやすいものでないことからも生じる[2]。
(2) ある規定が次の各号のいずれかに該当する場合であって、疑いがあるときは、その規定は、不相当に不利益を与えるものと推定する。
　1. その内容が法律上の規定を逸脱し、その法律上の規定の本質的基本思想と相容れないとき
　2. 契約の性質から生じる本質的な権利または義務を制限し、契約目的の達成を危殆化するとき
(3) 本条第1項および第2項、ならびに第308条および第309条は、普通取引約款中の規定であって、法律上の規定を逸脱し、またはこれを補充する規律が合意されているものに限り、適用される。その他の規定については、本条第1項第1文と併せた本条第1項第2文により無効とすることができる[3]。

BGB308条〔AGBG 10条〕 評価の余地のある禁止条項
普通取引約款において、とりわけ次のものは無効である。
　3. （解除の留保）
　　実質的に正当であり、かつ契約において明示された理由なしに、自己の給付義務から解放される権利を約款使用者に認める合意。ただし、継続的債務関係については、この限りでない。
　4. （変更の留保）
　　約束された給付を変更し、または、これと異なる給付をなす権利を約款使用者に認める合意。ただし、給付の変更や異なる給付をなす合意が、約款使用者の利益を考慮して、契約相手方にとって期待可能であるときは、この限りでない。

BGB309条〔AGBG 11条〕 評価の余地のない禁止条項
法律上の規定からの逸脱が許容される場合においても、普通取引約款において次のものは無効である。

---

2) 第2文は、AGBG 9条には存在しない。
3) 第2文は、AGBG 8条には存在しない。

1. （短期間の価格引上げ）
    契約締結後4か月以内に引き渡されるべき商品または提供されるべき給付について、対価の引上げを予定する規定。ただし、継続的債務関係の枠組みにおいて引き渡される商品または提供される給付については、この限りでない。
2. （給付拒絶権）
    次のいずれかの内容の規定
    a) 約款使用者の契約相手方に第320条により認められる同時履行の抗弁権を排除または制限すること
    b) 約款使用者の契約相手方に認められる留置権が、同一の契約関係に基づく限りにおいて、これを排除または制限し、とりわけ約款使用者による瑕疵の承認にかからしめること
3. （相殺の禁止）
    約款使用者の契約相手方から、争いのないまたは既判力をもって確定された債権によって相殺する権限を奪う規定
6. （違約罰）
    給付の不受領もしくは受領遅滞、支払い遅滞の場合、または他方の契約当事者が契約を解消する場合について、約款使用者に対して違約罰の支払いを約する規定
7. （生命、身体、健康の侵害があったとき、および故意または重大な過失があったときについての免責）
    a) （生命、身体、健康の侵害）[4]
       約款使用者の過失による義務違反、または約款使用者の法定代理人もしくは履行補助者の故意もしくは過失による義務違反に基づく、生命、身体または健康を侵害したことにより生じた損害に対する責任の排除または制限
    b) （故意または重大な過失）
       約款使用者の重大な過失による義務違反、または約款使用者の法定代理人もしくは履行補助者の故意もしくは重大な過失による義務違反に基づく、その他の損害に対する責任の排除または制限
    〈以下略〉
9. （継続的債務関係における期間）〔AGBG 11条12号〕
    約款使用者による商品の定期的な供給、または労務もしくは請負給付の定期的な提供を目的とする契約関係において、以下のいずれかを定めるもの
    a) 2年を超えて他方の契約当事者を拘束する契約期間
    b) そのつど1年を超えて他方の契約当事者を拘束することになる契約関係の黙示の更新
    c) 当初の契約期間または黙示に更新された契約期間の満了に先立ち、他方の契約当事者の不利益において、3か月を超える告知期間を定めるもの
    ただし、一体をなしたものとして売却された物の引渡しについての契約および保険契約については、この限りでない。

[4) BGB309条7号aに該当する規定は、AGBG 11条には存在しない。

BGB310条　適用範囲
(1) 第305条第2項および第3項、第308条第1号、第2号ないし第8号および第309条は、事業者、公法人または公法上の特別財産に対して使用される普通取引約款には適用されない。本項第1文所定の普通取引約款については、第308条第1号、第2号ないし第8号および第309条に掲げられた契約規定の無効をもたらす場合においても、第307条第1項および第2項が適用される。〈以下略〉
(2) 〈略〉
(3) 〈略〉
(4) 本章の規定は、相続法、親族法および会社法の領域における契約、ならびに労働協約、事業所協定および勤務所協定には適用されない。労働契約への適用にあたっては、労働法において認められる特殊性を相当に顧慮しなければならない。第305条第2項および第3項は、適用しない。労働協約、事業所協定および勤務所協定は、第307条第3項にいう法律上の規定と同視する。

BGB315条　一方の契約当事者による給付の確定
(1) 給付が契約当事者の一方によって確定されるものとされている場合において、疑いがあるときは、衡平な裁量に基づいて確定すべきものとする。
(2) 給付の確定は、他方の契約当事者に対する意思表示によって、これを行う。
(3) 給付の確定が衡平な裁量に基づいて行われるべき場合には、確定が衡平に適うときに限り、他方の契約当事者を拘束する。給付の確定が衡平に反するときは、判決によって給付を確定する。確定が遅延したときも、同様とする。

BGB316条　反対給付の確定
給付について約束された反対給付の範囲が確定されていない場合において、疑いがあるときは、反対給付を請求しなければならない当事者が、その確定権を有する。

UKlaG1条〔AGBG13条1項〕　普通取引約款における差止めおよび撤回請求権
普通取引約款において、BGB第307条ないし第309条によれば無効な規定を使用し、または法律行為による取引のために推奨する者に対しては、差止めを請求することができる。推奨の場合には、差止めとともに、撤回を請求することができる。

UKlaG7条〔AGBG18条〕　公表の権限
請求が認容された場合、原告は、申立てにより、被告の費用で連邦官報に、その他の場所においては自己の費用で、敗訴した被告の名称とともに判決主文を公表する権限を有する。裁判所は、この権限の行使期間を制限することができる。

UKlaG8条〔AGBG15条2項〕　請求の趣旨および審尋
(1) 第1条に基づく請求において、請求の趣旨は、以下の事項を含まなければならない。
　1. 異議を申し立てる普通取引約款の規定の文言
　2. 約款規定が異議を申し立てられる法律行為の種類の表示
(2) 〈略〉

UKlaG 9 条〔AGBG 17 条〕 判決主文の特則
　裁判所が第1条に基づく請求を認容する場合には、判決主文に次の事項を記載するものとする。
　1. 異議を申し立てられた普通取引約款の規定の文言
　2. 差止請求を認容された普通取引約款の規定が使用または推奨されてはならない法律行為の種類の表示
　3. 普通取引約款における同じ内容の規定の使用または推奨を差し止める旨の命令
　4. 撤回請求を認容する場合には、推奨が広められたのと同じ方法で、判決を周知される旨の命令

UKlaG 11 条〔AGBG 21 条〕 判決の効力
　敗訴した約款使用者が差止命令に違反した場合には、被害を受けた契約相手方が差止判決の効力を援用する限りにおいて、普通取引約款における当該規定は、無効とみなす。ただし、差止めを命じられた約款使用者が差止判決に対して第10条による訴えを提起することができるときは、契約相手方は、差止判決の効力を援用することができない。

参考文献一覧

1 日本語文献

石川 [2007] 石川博康「典型契約と契約内容の確定」内田貴 = 大村敦志編『民法の争点』有斐閣 (2007 年) 236 頁

―― [2010] 石川博康『「契約の本性」の法理論』有斐閣 (2010 年、初出 2005〜2007 年)

石田 [1980] 石田喜久夫「わが国における約款論の一斑」磯村還暦『市民法学の形成と展開 下』有斐閣 (1980 年) 107 頁

石田編 [1999] 石田喜久夫編『注釈ドイツ約款規制法』同文舘出版 (改訂普及版 1999 年、初版 1998 年)

石原 [1996] 石原全「約款における『透明性』原則について」一法 28 号 (1996 年) 3 頁

―― [2010-1] 石原全「価格変動条項論序説」関東学院 19 巻 4 号 (2010 年) 1 頁

―― [2010-2] 石原全「ドイツにおける価格変動条項の内容規制」関東学院 20 巻 2 号 (2010 年) 1 頁

磯村 [1986] 磯村保「取締規定に違反する私法上の契約の効力」民商法雑誌創刊五十周年記念論集Ⅰ(1986 年) 1 頁

筒井 = 村松編著 [2018] 筒井健夫 = 村松秀樹編著『一問一答 民法（債権関係）改正』商事法務 (2018 年)

稲本 = 澤野編 [2010] 稲本洋之助 = 澤野順彦編『コンメンタール借地借家法』日本評論社 (第 3 版、2010 年)

上原 [2001] 上原敏夫『団体訴訟・クラスアクションの研究』商事法務研究会 (2001 年、初出 1979〜1999 年)

上村 [1979] 上村明広「差止請求訴訟の訴訟物に関する一試論」岡山大学法学会雑誌 28 巻 3 = 4 号 (1979 年) 91 頁

―― [1984] 上村明広「差止請求訴訟の機能」新堂幸司編集代表『講座民事訴訟 2 訴訟の提起』弘文堂 (1984 年) 273 頁

内山 [1986] 内山衛次「消費者団体訴訟の諸問題―西ドイツの議論を中心として」阪法 140 号 (1986 年) 45 頁

遠藤 [2009] 遠藤歩「平成 16 年保証法改正に関する一考察―経営者保証と第三者保証の区別を中心に」ゲルハルド・リース教授退官記念『ドイツ法の継受と現代日本法』日本評論社 (2009 年) 453 頁

大澤彩 [2010] 大澤彩『不当条項規制の構造と展開』有斐閣 (2010 年、初出 2009 年)

―― [2014] 大澤彩「不当条項規制における裁判官の役割に関する一考察―フランス法における議論」千葉恵美子他編『集団的消費者利益の実現と法の役割』商事法務 (2014 年) 254 頁

大澤康 [2010] 大澤康孝「保険料支払い遅滞と無催告失効条項」横浜国際経済法学 18 巻 3 号 (2010 年) 27 頁

大髙 [2006] 大髙友一「消費者団体訴訟制度における法律実務家の役割とその留意点」ジュリ 1320 号 (2006 年) 88 頁

大村 [1997] 大村敦志『典型契約と性質決定』有斐閣 (1997 年、初出 1993〜1995 年)

―― [1999] 大村敦志「取引と公序」同『契約法から消費者法へ』東京大学出版会 (1999

年、初出 1993 年) 163 頁
沖野 [2017] 沖野眞已「『定型約款』のいわゆる採用要件について」消費者法研究 3 号 (2017 年、初出 2015 年) 97 頁
落合 [2001] 落合誠一『消費者契約法』有斐閣 (2001 年)
―― [2011] 落合誠一「生命保険の継続保険料不払いと無催告失効条項の効力―東京高判平成 21 年 9 月 30 日の検討」大谷古稀『保険学保険法学の課題と展望』成文堂 (2011 年) 239 頁
笠井 [2011] 笠井正俊「判批：京都地判平成 21 年 10 月 30 日」現代消費者法 10 号 (2011 年) 103 頁
鹿野 [1997] 鹿野菜穂子「約款による取引と透明性の原則―ドイツ法を手がかりに」長尾治助他編『消費者法の比較法的研究』有斐閣 (1997 年) 96 頁
―― [2010] 鹿野菜穂子「判批：東京高判平成 21 年 9 月 30 日」金法 1905 号 (2010 年) 75 頁
鎌野 [2013] 鎌野邦樹「法律行為の一部無効と契約の改訂について―消費者契約に係る事例（高額な包茎手術）を契機に」高森古稀『法律行為論の諸相と展開』法律文化社 (2013 年) 195 頁
川井 [1979] 川井健「物資統制法違反契約と民法上の無効」同『無効の研究』一粒社 (1979 年、初出 1967 年) 26 頁
河上 [1988] 河上正二『約款規制の法理』有斐閣 (1988 年、初出 1985 年)
川地 [2005] 川地宏行「根保証人の責任減免に関するドイツの判例法理」クレジット研究 33 号 (2005 年) 157 頁
川島 [1941] 川島武宜・判例民事法昭和 15 年度 71 事件 (初出 1941 年)
―― [1965] 川島武宜『民法総則』有斐閣 (1965 年)
北川 [1982] 北川善太郎「報告：約款と契約法」私法 44 号 (1982 年) 59 頁
北川＝安永 [1975-1976] 北川善太郎＝安永正昭「約款に対する消費者保護の改善についての提案―連邦司法大臣の作業グループの第一部分報告書 (一九七四年三月) 試訳(1)～(3・未完)」民商 73 巻 1 号 128 頁・3 号 111 頁・6 号 108 頁 (1975～1976 年)
基本方針【番号】民法（債権法）改正検討委員会編『詳解　債権法改正の基本方針 I ―序論・総則』商事法務 (2009 年)
基本方針【番号】同編『詳解　債権法改正の基本方針 II ―契約および債権一般(1)』商事法務 (2009 年)
金 [2006] 金炳学「知的財産権侵害差止請求における訴訟物の特定と執行手続について―生活妨害訴訟における抽象的差止訴訟との比較検討を中心として」法政研究 72 巻 3 号 (2006 年) 149 頁
倉持 [1995] 倉持弘「約款の透明性について」奥田還暦『民事法理論の諸問題(下)』成文堂 (1995 年) 437 頁
桑岡 [2002-2003] 桑岡和久「価格付随条項の内容規制(1)・(2・完)―ドイツにおける銀行の手数料条項をめぐる議論を手がかりとして」民商法雑誌 127 巻 3 号 33 頁・4＝5 号 194 頁 (2002～2003 年)
―― [2012] 桑岡和久「判批：最判平成 23 年 7 月 15 日」民商 146 巻 1 号 (2012 年) 92 頁

後藤［2012］後藤巻則「判批：最判平成 23 年 7 月 15 日」判評 644 号（2012 年）2 頁
酒巻［2015-］酒巻修也「一部無効の本質と射程(1)～(7・未完)——一部無効論における当事者の意思の意義を通じて」北法 66 巻 4 号 1 頁・5 号 23 頁・6 号 35 頁・67 巻 1 号 1 頁・68 巻 1 号 135 頁・4 号 1 頁・69 巻 3 号 65 頁（2015～2018 年）
―― ［2016］酒巻修也「フランスにおける一部無効の本質と射程」比較 78 号（2016 年）289 頁
沢井［1962］沢井裕「統制違反の契約」松坂・西村・舟橋・柚木・石本還暦『契約法大系 I（契約総論）』有斐閣（1962 年）43 頁
潮見［2002］潮見佳男『契約各論 I』信山社（2002 年）
―― ［2004-1］潮見佳男「ドイツにおける請求即払保証・損害担保の法理」論叢 154 巻 4＝5＝6 号（2004 年）207 頁
―― ［2004-2］潮見佳男「消費者契約における不当条項の内容規制」同『契約法理の現代化』有斐閣（2004 年、初出 1999 年）221 頁
―― ［2017］潮見佳男『民法（債権関係）改正法の概要』金融財政事情研究会（2017 年）
潮見編著［2001］潮見佳男編著『消費者契約法・金融商品販売法と金融取引』経済法令研究会（2001 年）
司法研修所［1986］司法研修所編『増補民事訴訟における要件事実 第一巻』法曹会（1986 年）
消費者庁［2018］消費者庁消費者制度課編『逐条解説・消費者契約法』商事法務（第 3 版、2018 年）
新版注民(13)［2006］谷口知平＝五十嵐清編『新版注釈民法(13) 債権(4) 契約総則』有斐閣（補訂版、2006 年）
新版注民(4)［2015］於保不二雄＝奥田昌道編『新版注釈民法(4) 総則(4) 法律行為(2)』有斐閣（2015 年）
シンポ「約款」討論［1982］「約款—法と現実〈シンポジウム〉討論」・私法 44 号（1982 年）67 頁
末弘［1929］末弘厳太郎「法令違反行為の法律的効力」法協 47 巻 1 号（1929 年）68 頁
―― ［1935］末弘厳太郎「無効の時効」同『末弘著作集 II・民法雑記帳 上巻』日本評論社（第 2 版、1980 年、初出 1935 年）170 頁
角田［2007］角田美穂子「消費者団体の差止請求権と民事ルール—比較法の視点からみた特徴と課題」川井傘寿『取引法の変容と新たな展開』日本評論社（2007 年）250 頁
ゼンガー［2001］インゴ・ゼンガー（野田和裕訳）「包括的担保における不確実性は解決したか？」龍法 34 巻 1 号（2001 年）125 頁
髙田［1986］髙田昌宏「消費者団体の原告適格—西ドイツ不正競争防止法上の消費者団体訴訟の理論的展開を手がかりとして」早法 61 巻 2 号（1986 年）65 頁
―― ［2001］髙田昌宏「差止請求訴訟の基本構造—団体訴訟のための理論構成を中心に」総合研究開発機構＝高橋宏志共編『差止請求権の基本構造』商事法務研究会（2001 年）
髙橋［1981］髙橋弘「約款立法と立法学—国民生活審議会消費者政策部会最終報告を契機として」法時 53 巻 14 号（1981 年）138 頁
武田［2018］武田直大「無効な約款条項の変更(1)～(3・完)」阪法 68 巻 1 号 107 頁・2 号 27 頁・3 号 109 頁（2018 年）

田村［1999］田村善之「知的財産侵害訴訟における過剰差止めと抽象的差止め」同『競争法の思考形式』(1999 年、初出 1997 年) 149 頁
中川［2001-2002］中川敏宏「契約内容規制の効果と一般予防原理(1)・(2・完)」一研 26 巻 2 号 29 頁・4 号 15 頁 (2001〜2002 年)
長野［2006］長野浩三「消費者団体訴訟制度（改正消費者契約法）と弁護士の役割」自正 57 巻 12 号 (2006 年) 77 頁
中村［2012］中村肇「ドイツにおける価格変更条項の規制について—BGH の判例の検討を中心に」松本還暦『民事法の現代的課題』商事法務 (2012 年) 669 頁
——［2015］中村肇「ドイツの銀行取引における利息調整条項について」円谷峻＝三林宏編著『新たな法規律と金融取引約款』成文堂 (2015 年、初出 2012 年) 59 頁
西内［2016］西内康人『消費者契約の経済分析』有斐閣 (2016 年)
根本［2014］根本尚徳「適格消費者団体による包括的差止請求・条項改訂請求の可否—差止請求権の請求内容に関する序論的考察をも兼ねて」千葉恵美子他編『集団的消費者利益の実現と法の役割』商事法務 (2014 年) 271 頁
能見［1985-1986］能見善久「違約金・損害賠償額の予定とその規制(1)〜(5・完)」法協 102 巻 2 号 1 頁・5 号 1 頁・7 号 1 頁・10 号 1 頁・103 巻 6 号 1 頁 (1985〜1986 年)
野田［1996］野田和裕「過剰担保の規制と担保解放請求権—ドイツ法の分析を中心に(1)・(2・完)」民商 114 巻 2 号 26 頁・3 号 43 頁 (1996 年)
——［1997］野田和裕「約款の内容規制と約款全体・契約全体との関連性」広法 21 巻 1 号 (1997 年) 87 頁
——［1999］野田和裕「過剰担保の規制と担保解放請求権」私法 61 号 (1999 年) 174 頁
野村［1995］野村秀敏「債務名義における不作為命令の対象の特定」同『予防的権利保護の研究—訴訟法学的側面から』千倉書房 (1995 年、初出 1985 年) 17 頁
幡野［2013］幡野弘樹「判批：最判平成 23 年 7 月 15 日」法協 130 巻 2 号 (2013 年) 254 頁
原田［2012］原田昌和「判批：最判平成 24 年 3 月 16 日」現消 16 号 (2012 年) 120 頁
平田［2004］平田健治「一部無効」阪法 54 巻 2 号 (2004 年) 1 頁
廣瀬［1985］廣瀬久和「約款規制への一視点—対価との関連性(上)・(中)」ジュリ 828 号 95 頁・831 号 80 頁 (1985 年)
——［1992］廣瀬久和「内容規制の諸問題—比較法的考察を中心に」私法 54 号 (1992 年) 32 頁
不当条項研究会［2009］消費者契約における不当条項研究会『消費者契約における不当条項の横断的分析』別冊 NBL128 号 (2009 年)
法務省編［2014］法務省民事局参事官室(参与室)編『民法(債権関係)改正に関する比較法資料』別冊 NBL 146 号 (2014 年)
丸山［2015］丸山絵美子『中途解除と契約の内容規制』有斐閣 (2015 年、初出 2001〜2014 年)
三木［2004］三木浩一「消費者団体訴訟の立法的課題—手続法の観点から」NBL790 号 (2004 年) 44 頁
——［2006］三木浩一「訴訟法の観点から見た消費者団体訴訟制度」ジュリ 1320 号 (2006 年) 61 頁

三木他座談会［2006］三木浩一他「【座談会】消費者団体訴訟をめぐって」ジュリ 1320 号（2006 年）2 頁
森田［2016］森田修「約款規制：制度の基本構造を中心に（その 1）〜（その 4）」法教 432 号 92 頁・433 号 88 頁・434 号 85 頁・435 号 88 頁（2016 年）
森富［2014］森富義明「判解：最判平成 23 年 7 月 15 日」最高裁判所判例解説民事篇平成 23 年度（2014 年）544 頁
安永［1993］安永正昭「保険契約の解釈と約款規制」商事法務 1330 号（1993 年）25 頁
―――［1994］安永正昭「保険契約の解釈と約款規制」私法 56 号（1994 年）109 頁
山下＝米山［2010］山下友信＝米山高生編『保険法解説―生命保険・傷害疾病定額保険』有斐閣（2010 年）
山下典［2011］山下典孝「判批：東京高判平成 21 年 9 月 30 日」『速報判例解説 8 号』（2011 年）155 頁
山下友［2010］山下友信「判批：東京高判平成 21 年 9 月 30 日」金法 1889 号（2010 年）12 頁
―――［2018］山下友信『保険法(上)』有斐閣（2018 年）
山本敬［1986］山本敬三「補充的契約解釈(1)〜(5・完)―契約解釈と法の適用との関係に関する一考察」論叢 119 巻 2 号 1 頁・4 号 1 頁・120 巻 1 号 1 頁・2 号 1 頁・3 号 1 頁（1986 年）
―――［1990］山本敬三「一部無効の判断構造(1)・(2・未完)―契約における法律効果確定過程の構造化に向けて」論叢 127 巻 4 号 1 頁・6 号 1 頁（1990 年）
―――［1998］山本敬三「契約法の改正と典型契約の役割」別冊 NBL51 号（1998 年）4 頁
―――［1999］山本敬三「不当条項に対する内容規制とその効果」民研 507 号（1999 年）20 頁
―――［2000-1］山本敬三『公序良俗論の再構成』有斐閣（2000 年、初出 1995〜1999 年）
―――［2000-2］山本敬三「消費者契約立法と不当条項規制―第 17 次国民生活審議会消費者政策部会報告の検討」同『契約法の現代化 I―契約規制の現代化』商事法務（2016 年、初出 2000 年）173 頁以下
―――［2001］山本敬三「消費者契約法の意義と民法の課題」同『契約法の現代化 I―契約規制の現代化』商事法務（2016 年、初出 2001 年）231 頁以下
―――［2005］山本敬三『民法講義 IV-1　契約』有斐閣（2005 年）
―――［2006］山本敬三「契約の拘束力と契約責任論の展開」同『契約法の現代化 II―民法の現代化』商事法務（2018 年、初出 2006 年）329 頁
―――［2011］山本敬三『民法講義 I　総則』有斐閣（第 3 版、2011 年）
山本豊［1997］山本豊「附随的契約条項の全部無効、一部無効または合法解釈について」同『不当条項規制と自己責任・契約正義』有斐閣（1997 年、初出 1987 年）
―――［1999］山本豊「不当条項規制と中心条項・付随条項」別冊 NBL54 号（1999 年）94 頁
―――［2000］山本豊「消費者契約法(1)新法の背景、性格、適用範囲・(2)契約締結過程の規律・(3)不当条項規制をめぐる諸問題」法教 241 号 77 頁・242 号 87 頁・243 号 56 頁（2000 年）
―――［2003］山本豊「判批：東京地判平成 14 年 3 月 25 日、大阪地判平成 14 年 7 月 19

日」判タ 1114 号（2003 年）75 頁
── ［2007］山本豊「消費者団体訴権制度の基本的特色と解釈問題」ひろば 60 巻 6 号（2007 年）39 頁
── ［2010］山本豊「債務不履行・約款」ジュリ 1392 号（2010 年）84 頁
── ［2011-1］山本豊「適格消費者団体による差止請求」法時 83 巻 8 号（2011 年）27 頁
── ［2011-2］山本豊「借家の敷引条項に関する最高裁判決を読み解く─中間条項規制法理の消費者契約法 10 条への進出［2011.3.24］」NBL954 号（2011 年）13 頁
── ［2011-3］山本豊「消費者契約法 10 条の生成と展開─施行 10 年後の中間回顧」NBL959 号（2011 年）10 頁
── ［2012］山本豊「契約条項の内容規制における具体的審査・抽象的審査と事後的審査・事前的審査─生命保険契約における無催告失効条項を検討素材として」松本還暦『民事法の現代的課題』商事法務（2012 年）23 頁
吉政［2014］吉政知広『事情変更法理と契約規範』有斐閣（2014 年、初出 2007〜2011 年）
米倉［1985］米倉明「法律行為(10)」法教 53 号（1985 年）20 頁
我妻［1965］我妻栄『新訂　民法総則（民法講義 I ）』岩波書店（1965 年）

第○回会議議事録 法制審議会民法（債権関係）部会第 1 回（平成 21 年 11 月 24 日）〜第 99 回（平成 27 年 2 月 10 日）会議議事録
部会資料 法制審議会民法（債権関係）部会会議における資料
論点整理 法務省民事局参事官室「民法（債権関係）の改正に関する中間的な論点整理（平成 23 年 4 月）」
中間試案補足説明 法務省民事局参事官室「民法（債権関係）の改正に関する中間試案の補足説明（平成 25 年 4 月）」
報告書［年月日］消費者委員会・消費者契約法専門調査会「消費者契約法専門調査会報告書」（2009〜2018 年）
第○回資料 消費者契約法専門調査会第 1 回（平成 26 年 11 月 4 日）〜第 47 回（平成 29 年 8 月 4 日）会議資料

2　外国語文献

AGBE Hermann-Josef Bunte, Entscheidungssammlung zum AGB-Gesetz, Band I-VI, 1982-1987

AK-BGB/Bearbeiter [1987] Reinhard Damm/Dieter Hart/Helmut Kohl/Claus Ott, Kommentar zum Bürgerlichen Gesetzbuch Band 1 Allgemeiner Teil, 1987

Altvater [1996] Christian Altvater, Zur Zülassigkeit der geltungserhaltenden Reduktion formularmäßiger Sicherungsabreden, WiB 1996, 374

ArbG. [1974] Vorschläge zur Verbesserung des Schutzes der Verbraucher gegenüber Allgemeinen Geschäftsbedingungen: Erster Teilbericht der Arbeitsgruppe beim Bundesminister der Justiz, 1974

Arnold [2008] Stefan Arnold, „Die Bürgschaft auf erstes Anfordern im deutschen und englischen Recht", 2008

Bartsch [1983] Michael Bartsch, Zu Preissteigerungsklauseln in AGB, insbesondere zur Tagespreisklausel, DB 1983, 214

Basedow [1982] Jürgen Basedow, Kollektiver Rechtsschutz und individuelle Rechte – Die Auswirkungen des Verbandsprozesses auf die Inzidentkontrolle von AGB, AcP 182 (1982), 335

Baumann [1978] Hans Baumann, Salvatorische Klauseln in Allgemeinen Geschäftsbedingungen, NJW 1978, 1953

Baur [1983] Jürgen F. Baur, „Vertragliche Anpassungsregelungen", 1983

―― [1995] Jürgen F. Baur, Salvatorische Klauseln, in: Festschrift für Ralf Vieregge, 1995, 31

Bechtold [1983] Rainer Bechtold, Unwirksamkeit der Tagespreisklausel in einzelnen Kfz-Kaufverträgen?, DB 1983, 539

Beggerow [1987] Matthias Beggerow, „Preisanpassungsklauseln in Kaufverträgen über Neuwagen", 1987

Beyer, D. [2006] Dietrich Beyer, Die Rechtsprechung des Bundesgerichtshofes zu Schönheitsreparaturklauseln, in: Klauseln zum Mietvertrag im Licht der Rechtsprechung (2006), 3

Beyer, J. [1988] Jens-Uwe Beyer, „Salvatorische Klauseln: Bedeutung, Zweckmäßigkeit, Formulierungsvorschlag", 1988

Boemke-Albrecht [1989] Burkhard Boemke-Albrecht, „Rechtsfolgen unangemessener Bestimmungen in Allgemeinen Geschäftsbedingungen", 1989

Büdenbender [2009] Ulrich Büdenbender, Die neue Rechtsprechung des BGH zu Preisanpassungsklauseln in Energielieferungsverträgen, NJW 2009, 3125

Bunte [1981] Hermann-Josef Bunte, Erfahrungen mit dem AGB-Gesetz – Eine Zwischenbilanz nach 4 Jahren, AcP 181 (1981), 31

―― [1982] Hermann-Josef Bunte, Zur Teilunwirksamkeit von AGB-Klauseln, NJW 1982, 2298

―― [1983] Hermann-Josef Bunte, Zu den Rechtsfolgen unwirksamer Tagespreisklauseln in Kfz-Kaufverträgen, ZIP 1983, 765

―― [1984] Hermann-Josef Bunte, Ergänzende Vertragsauslegung bei Unwirksamkeit von AGB-Klauseln, NJW 1984, 1145

Canaris [1990] Claus-Wilhelm Canaris, Gesamtunwirksamkeit und Teilgültigkeit rechtsgeschäftlicher Regelungen, in: Festschrift für Ernst Steindorff, 1990, 519

Coester-Waltjen [1988] Dagmar Coester-Waltjen, Inhaltskontrolle von AGB – geltungserhaltende Reduktion – ergänzende Vertragsauslegung, Jura 1988, 113

Dietlein/Rebmann [1976] Max Josef Dietlein/Eberhard Rebmann, AGB aktuell Erläuterungen zum Gesetz zur Regelung des Rechts der Allgemeinen Geschäftsbedingungen, 1976

Dittmann/Stahl [1977] Klaus Dittmann/Henning Stahl, AGB Kommentar für den Geschäftsverkehr in Handel, Industrie, Handwerk, und Dienstleistungsgewerbe, 1977

Ebel [1979] Hermann Ebel, AGB-Gesetz-konforme Auslegung bei Unwirksamkeit einzel-

ner Klauseln in Allgemeinen Geschäftsbedingungen?, DB 1979, 1973
Eckelt [2008] Matthias Eckelt, „Vertragsanpassungsrecht", 2008
Emmerich [1986] Volker Emmerich, Schönheitsreparaturen und kein Ende – BGHZ 92, 363, JuS 1986, 16
—— [1990] Volker Emmerich, Dauerthema Schönheitsreparaturen, in: Festschrift für Johannes Bärmann und Hermann Weitnauer, 1990, 233
Esser/Schmidt [1995] Josef Esser/Eike Schmidt, Schuldrecht AT Teilband 1, 8. Auflage, 1995
Fastrich [1992] Lorenz Fastrich, „Richterliche Inhaltskontrolle im Privatrecht", 1992
Fell [1987] Wolfgang Fell, Hintereinandergeschaltete Allgemeine Geschäftsbedingungen, ZIP 1987, 690
Garrn [1981] Heino Garrn, Zur Zulässigkeit salvatorischer Klauseln bei der Vereinbarung Allgemeiner Geschäftsbedingungen, JA 1981, 151
Götz [1978] Heinrich Götz, Rechtsfolgen des teilweisen Verstoßes einer Klausel gegen das AGB-Gesetz, NJW 1978, 2223
Graf von Westphalen [2004] Friedrich Graf von Westphalen, Unwirksamkeit der Bürgschaft auf erstes Anfordern – Wirksamkeit der Bankgarantie?, ZIP 2004, 1433
—— [2010] Friedrich Graf von Westphalen, AGB-Recht im Jahr 2009, NJW 2010, 2254
—— [2011] Friedrich Graf von Westphalen, AGB-Recht im Jahr 2010, NJW 2011, 2098
—— [2013] Friedrich Graf von Westphalen, Preisanpassungsklauseln, in: ders., Vertragsrecht und AGB-Klauselwerke, Stand 2013
Hager [1983] Johannes Hager, „Gesetzes- und sittenkonforme Auslegung und Aufrechterhaltung von Rechtsgeschäften", 1983
—— [1985] Johannes Hager, Die gesetzeskonforme Aufrechterhaltung übermäßiger Vertragspflichten – BGHZ 89, 316 und 90, 69, JuS 1985, 264
—— [1996] Johannes Hager, Der lange Abschied vom Verbot der geltungserhaltenden Reduktion, JZ 1996, 175
Hart [1989] Dieter Hart, Zivilrechtspraxis zwischen Vertragskonsolidierung und Vertragsrechtsfortbildung – Am Beispiel der ergänzenden Vertragsauslegung und der Geschäftsgrundlage, KritV 1989, 179
Häsemeyer [2003] Ludwig Häsemeyer, Geltungserhaltende oder geltungszerstörende Reduktion?, in: Festschrift für Peter Ulmer, 2003, 1097
Hau [2003] Wolfgang Jakob Hau, „Vertragsanpassung und Anpassungsvertrag", 2003
Heinrichs [2005] Helmut Heinrichs, Gesamtunwirksamkeit oder Teilaufrechterhaltung von Formularklauseln in Mietverträgen unter besonderer Berücksichtigung der aktuellen Rechtsprechung zu Schönheitsreparatur- und Kautionsklauseln, NZM 2005, 201
Höch/Kalwa [2012] Thomas Höch/Feh Kalwa, Gaslieferverträge, in: Friedrich Graf von Westphalen, Vertragsrecht und AGB-Klauselwerke, Stand 2012
Johannson [1981] Jürgen Johannson, Die Teilunwirksamkeit oder „geltungserhaltende Reduktion" von Allgemeinen Geschäftsbedingungen, DB 1981, 732
Jung [1981] Eckhart Jung, Die Rechtsprechung zu den Neuwagen-Verkaufsbedingungen

und ihre Folgen für die Praxis, BB 1981, 1606
—— [1982] ders., Anmerkung zu LG Nürnberg-Fürth-Urteil vom 27. 1. 1982 (BB 1982, 456), BB 1982, 458
—— [1983] ders., Ende der Tagespreisklausel-Diskussion, BB 1983, 1058
Kasselmann [1986] Rolf Kasselmann, „Salvatorische Klauseln in allgemeinen Geschäftsbedingungen", 1986
Keim [1996] Christopher Keim, Anmerkung zu BGH-Urteil vom 18. 5. 1995 (BGHZ 130, 19 = DNotZ 1996, 273), DNotZ 1996, 283
Kliege [1966] Helmut Kliege, „Rechtsprobleme der Allgemeinen Geschäftsbedingungen in Wirtschaftswissenschaftlicher Analyse", 1966
Koch/Stübing [1977] Eckart Koch/Jürgen Stübing, Allgemeine Geschäftsbedingungen, 1977
Kötz [1979] Hein Kötz, Zur Teilunwirksamkeit von AGB-Klauseln, NJW 1979, 785
—— [1982] Hein Kötz, Die Rückwirkung von Unterlassungsurteilen gemäß §§ 13ff. AGB-Gesetz – Dargestellt am Beispiel der Tagespreiskaluseln, BB 1982, 644
Langenberg [2011] Hans Langenberg, „Schönheitsreparaturen, Instandsetzung und Rückbau", 4. Auflage, 2011
Lindacher [1983] Walter F. Lindacher, Reduktion oder Kassation übermäßiger AGB-Klauseln?, BB 1983, 154
Löwe [1977] Walter Löwe, AGB-Gesetz, JuS 1977, 421
—— [1982-1] Walter Löwe, Zur Unwirksamkeit der Tagespreisklausel beim Neuwagenverkauf, DAR 1982, 34
—— [1982-2] Walter Löwe, Folgerungen aus der Verwerfung der Tagespreisklausel in den Neuwagen-Verkaufsbedingungen durch den Bundesgerichtshof, BB 1982, 152
—— [1982-3] Walter Löwe, Erwiderung zu Kötz, BB 1982, 644, BB 1982, 648
—— [1983] Walter Löwe, Anmerkung zu OLG Düsseldorf-Urteil vom 16. 9. 1983 (BB 1983, 2012), BB 1983, 2014
—— [1984] Walter Löwe, Anmerkung zu BGH-Urteil vom 1. 2. 1984 (BGHZ 90, 69 = BB 1984, 486), BB 1984, 492
Löwe/Graf von Westphalen/Trinkner [1977] Walter Löwe/Friedrich Graf von Westphalen/Reinhold Trinkner, Kommentar zum Gesetz zur Regelung des Rechts der Allgemeinen Geschäftsbedingungen, 1977
—— [1983] Walter Löwe/Friedrich Graf von Westphalen/Reinhold Trinkner, Großkommentar zum AGB-Gesetz (2. Auflage, Band II), 1983
Mayer [2000] Hans Christian Mayer, „Das 'Verbot' der geltungserhaltenden Reduktion und seine Durchbrechungen", 2000
Medicus [1987] Dieter Medicus, Rechtsfolgen für den Vertrag bei Unwirksamkeit von ABG, in: Helmut Heinrichs/Walter Löwe/Peter Ulmer, „Zehn Jahre AGB-Gesetz", 1987, 83
Michalski [1998] Lutz Michalski, Funktion, Arten und Rechtswirkungen von Ersetzungsklauseln, NZG 1998, 7

Michalski/Boxberger [2008] Lutz Michalski/Carolina Boxberger, Gestaltungsformen und Zulässigkeitsschranken bei Ersetzungsklauseln, in: Festschrift für Harm Peter Westermann, 2008, 459

Michalski/Römermann [1994] Lutz Michalski/Volker Römermann, Die Wirksamkeit der salvatorischen Klausel, NJW 1994, 886

Mockenhaupt [1987] Rainer Mockenhaupt, „Ergänzende Vertragsauslegung bei unwirksamen AGB-Klauseln am Beispiel der Tagespreisklausel in Kaufverträgen über fabrikneue Personenkraftwagen", 1987

MükoBGB/Bearbeiter [1978] Münchener Kommentar zum Bürgerlichen Gesetzbuch, 1978
—— [1993] Münchener Kommentar zum Bürgerlichen Gesetzbuch, 3. Auflage, 1993
—— [2003] Münchener Kommentar zum Bürgerlichen Gesetzbuch, 4. Auflage, 2003
—— [2016] Münchener Kommentar zum Bürgerlichen Gesetzbuch, 7. Auflage, 2016

MükoZPO/Bearbeiter [2008] Münchener Kommentar zur Zivilprozessordnung, 3. Auflage, 2008

Neumann [1988] Johannes Neumann, „Geltungserhaltende Reduktion und ergänzende Auslegung von Allgemeinen Geschäftsbedingungen", 1988

Pauly [1997] Holger Pauly, Die geltungserhaltende Reduktion – Dogmatische Bedenken und vorhandene Wertungswidersprüche, JR 1997, 357

Pfeiffer [1998] Thomas Pfeiffer, Anmerkung zu BGH-Urteil vom 13. 11. 1997 (BGHZ 137, 153 = DZWir 1998, 151), DZWir 1998, 154

Reich/Schmitz [1995] Dietmar O. Reich/Peter Schmitz, Globalbürgschaften in der Klauselkontrolle und das Verbot der geltungserhaltenden Reduktion, NJW 1995, 2533

Reinicke/Tiedtke [1995] Dietrich Reinicke/Klaus Tiedtke, Bestimmtheitserfordernis und weite Sicherungsabrede im Bürgschaftsrecht, DB 1995, 2301

Reuter [1981] Rolf Reuter, Zur Zulässigkeit des Preisänderungsvorbehalts in den Neuwagen-Verkaufsbedingungen, DB 1981, 71

Roth [1989] Herbert Roth, Geltungserhaltende Reduktion im Privatrecht, JZ 1989, 411
—— [1994] Herbert Roth, „Vertragsänderung bei fehlgeschlagener Verwendung von Allgemeinen Geschäftsbedingungen", 1994

Rüßmann [1987] Helmut Rüßmann, Die „ergänzende Auslegung" Allgemeiner Geschäftsbedingungen, BB 1987, 843

Salje [1982] Peter Salje, Zur Unwirksamkeit von Tagespreisklauseln in Automobil-Kaufverträgen und den sich daraus ergebenden Rechtsfolgen, DAR 1982, 88

Schlachter [1989] Monika Schlachter, Folgen der Unwirksamkeit Allgemeiner Geschäftsbedingungen für den Restvertrag, JuS 1989, 811

Schlosser [1980] Peter Schlosser, AGB-Gesetz: Gesetz zur Regelung des Rechts der Allgemeinen Geschäftsbedingungen, 1980
—— [1984] Peter Schlosser, BGH-Rechtsprechung zur Tagespreisklausel – 800 unverdiente Millionen für Mercedes?, Jura 1984, 637
—— [2012] Peter Schlosser, Todesstoß für ergänzende Vertragsauslegung bei unwirksa-

men AGB-Bestandteilen in Verbraucherverträgen?, IPRax 2012, 507

Schlosser / Coester-Waltjen / Graba [1977] Peter Schlosser / Dagmar Coester-Waltjen / Hans-Ulrich Graba, Kommentar zum Gesetz zur Regelung des Rechts der Allgemeinen Geschäftsbedingungen, 1977

Schmidt, E. [1980] Eike Schmidt, Teil- oder Totalnichtigkeit angreifbarer AGB-Klauseln?, JA 1980, 401

―― [1987-1] Eike Schmidt, Grundlagen und Grundzüge der Inzidentkontrolle allgemeiner Geschäftsbedingungen nach dem AGB-Gesetz, JuS 1987, 929

―― [1987-2] Eike Schmidt, AGB-Gesetz und Schuldvertragsrecht des BGB – Ranggleiches Nebeneinander oder modifizierter status quo ante?, ZIP 1987, 1505

Schmidt, H. [1986] Harry Schmidt, „Vertragsfolgen der Nichteinbeziehung und Unwirksamkeit von Allgemeinen Geschäftsbedingungen", 1986

Schmidt-Futterer [2015] Schmidt-Futterer, Mietrecht, 12. Auflage, 2015

Schmidt-Salzer [1977] Joachim Schmidt-Salzer, Allgemeine Geschäftsbegindungen, 2. Auflage, 1977

Schmitz-Herscheidt [1997] Stephan Schmitz-Herscheidt, Zur Bürgschaft für alle gegenwärtigen und zukünftigen Verbindlichkeiten, ZIP 1997, 1140

―― [1998] Stephan Schmitz-Herscheidt, Ergänzende Auslegung eines unwirksamen Bürgschaftsvertrags?, ZIP 1998, 1218

Schulz [2012] Malte Schulz, „Geltungserhaltende Reduktion formularvertraglicher Schönheitsreparaturklauseln", 2012

Seybold [1989] Eberhard Seybold, Geltungserhaltende Reduktion, Teilunwirksamkeit und ergänzende Vertragsauslegung bei Versicherungsbedingungen, VersR 1989, 784

Sonnenschein [1980] Jürgen Sonnenschein, Inhaltskontrolle von Formularmietverträgen nach dem AGB-Gesetz, NJW 1980, 1713

―― [1985] Jürgen Sonnenschein, Anmerkung zu BGH-Rechtsentscheid vom 30. 10. 1984 (BGHZ 92, 363 = JZ 1985, 428), JZ 1985, 430

―― [1988] Jürgen Sonnenschein, Anmerkung zu BGH-Rechtsentscheid vom 1. 7. 1987 (BGHZ 101, 253 = JZ 1988, 96), JZ 1988, 100

―― [1989] Jürgen Sonnenschein, Anmerkung zu BGH-Rechtsentscheid vom 6. 7. 1988 (BGHZ 105, 71 = JZ 1989, 191), JZ 1989, 196

Staudinger/Bearbeiter [2013] Staudinger, Kommentar zum BGB §§ 305-310; UKlaG (Recht der Allgemeinen Geschäftsbedingungen), Neubearbeitung, 2013

Stein [1977] Axel Stein, Gesetz zur Regelung des Rechts der Allgemeinen Geschäftsbedingungen, Kommentar, 1977

Stoffels [2015] Markus Stoffels, AGB-Recht, 3. Auflage, 2015

Thomas [2009] Stefan Thomas, Preisfreiheit im Recht der Allgemeinen Geschäftsbedingungen, AcP 209 (2009), 84

Thümmel/Oldenburg [1979] Hans Thümmel/Werner Oldenburg, Fällt die AGB-Klausel „Soweit gesetzlich zulässig" unter die unklarheitenregel des AGBG?, BB 1979, 1067

Thüsing [2006] Gregor Thüsing, Unwirksamkeit und Teilbarkeit unangemessener AGB

― Kritisches zum sog. „blue-pencil-test", BB 2006, 661
Trinkner [1983-1] Reinhold Trinkner, Anmerkung zu BGH-Urteil vom 18. 5. 1983 (BB 1983, 921), BB 1983, 924
―― [1983-2] Reinhold Trinkner, Anmerkung zu BGH-Urteil vom 19. 9. 1983 (BB 1983, 1873), BB 1983, 1874
―― [1983-3] Reinhold Trinkner, Anmerkung zu OLG Düsseldorf-Urteil vom 16. 9. 1983 (BB 1983, 2012), BB 1983, 2014
―― [1984] Reinhold Trinkner, Anmerkung zu BGH-Urteil vom 1. 2. 1984 (BGHZ 90, 69 = BB 1984, 486), BB 1984, 490
Uffmann [2010] Katharina Uffmann, „Das Verbot der geltungserhaltenden Reduktion", 2010
―― [2011] Katharina Uffmann, Richtungswechsel des BGH bei der ergänzenden Vertragsauslegung – Dargestellt am Beispiel der Preisanpassungsklauseln in Energielieferverträgen, NJW 2011, 1313
―― [2012] Katharina Uffmann, Vertragsgerechtigkeit als Leitbild der Inhaltskontrolle – Der BGH und die ergänzende Vertragsauslegung, NJW 2012, 2225
Ulmer [1981] Peter Ulmer, Teilunwirksamkeit von teilweise unangemessenen AGB-Klauseln? Zum Verhältnis von geltungserhaltender Reduktion und ergänzender Vertragsauslegung, NJW 1981, 2025
―― [1982] Peter Ulmer, Der Kaufpreis für Neuwagen bei Unwirksamkeit der Tagespreisklausel – Vertragsrechtliche Auswirkungen des BGH-Urteils vom 7. 10. 1981, BB 1982, 1125
Ulmer/Brandner/Hensen [1977] Ulmer/Brandner/Hensen, AGB-Gesetz, 2. Auflage, 1977
―― [1978] Ulmer/Brandner/Hensen, AGB-Gesetz, 3. Auflage, 1978
―― [2016] Ulmer/Brandner/Hensen, AGB-Recht, 12. Auflage, 2016
von Mettenheim [1996] Christoph von Mettenheim, Methodologische Gedanken zur geltungserhaltenden Reduktion im Recht der allgemeinen Geschäftsbedingungen, in: Festschrift für Henning Piper, 1996, 937
Westermann [1975] Harry Westermann, Zur Problematik der „salvatorische" Klausel, in: Festschrift für Philipp Möhring, 1975, 135
Wiedemann [1991] Rainer M. Wiedemann, „Preisänderungsvorbehalt", 1991
Willenbruch [1981] K. Willenbruch, Fällt die AGB-Klausel „Soweit gesetlich zulässig" unter die Unklarheitenregelung des AGBG? Erwiderung zu dem Beitrag von Thümmel/Oldenburg, BB 1979 S. 1067ff., BB 1981, 1976
Witte [1983] Peter Josef Witte, „Inhaltskontrolle und deren Rechtsfolgen im System der Überprüfung Allgemeiner Geschäftsbedingungen", 1983
Wolf/Horn/Lindacher [1984] Wolf/Horn/Lindacher, AGB-Gesetz, 1984
―― [1999] Wolf/Horn/Lindacher, AGB-Gesetz, 4. Auflage, 1999
Wolf/Lindacher/Pfeiffer [2013] Wolf/Lindacher/Pfeiffer, AGB-Recht, 6. Auflage, 2013
Zimmermann [1979] Reinhard Zimmermann, „Richterliches Moderationsrecht oder Totalnichtigkeit?", 1979

事項・人名索引

あ
青鉛筆テスト（blue-pencil-test）............43

い
維持条項（Erhaltungsklausel）........... *301, 319*
一般条項...*52*

う
ウフマン（Katharina Uffmann）........ *220, 254*
ウルマー（Peter Ulmer）..............*27, 111, 154*

お
オルデンブルク（Werner Oldenburg）....... *330*

か
解釈による規制.................................*4, 55*
価格拘束のない住宅............................*252*
価格変更条項.................*63, 144, 193, 227*
価格変更留保（Preisänderungsvorbehalt）
....*151*
価格留保（Preisvorbehalt）...................*151*
価格論拠（Preisargument）............*242, 248*
核心説（Kerntheorie）....................*103, 122*
瑕疵担保保証（瑕疵担保責任の担保）
..........................*48, 215, 219, 318, 322*
過剰差止め..*127*
カッセルマン（Rolf Kasselmann）
....*306, 307, 312*
カナーリス（Claus-Wilhelm Canaris）...... *182*
ガルン（Heino Garrn）.............*306, 309, 311*

き
規制対象の画定における限界事例...........*278*
期待可能性基準
...................*194, 234, 235, 236, 258, 265, 271*
救済条項（サルベージ条項 salvatorische Klausel）.......................................*299*
救済的条項付記
（salvatorischer Klauselzusatz）............*301*
給付確定権........................*152, 159, 164, 167*
給付関連条項......................................*274*

給付の均衡.................................*144, 235*
ぎりぎりなお許容される（gerade noch zulässig）程度..................*6, 155, 198*

く
具体化の要請.........................*64, 145, 154*
具体的代替規律...........................*304, 346*
具体的な規制規範..........*38, 51, 91, 221, 255*
クリーゲ（Helmut Kliege）...................*249*
グレー市場..*143*

け
契約維持の原則..................................*181*
契約自由.....................*39, 127, 191, 307, 312*
契約全部無効回避型補充的契約解釈
.................................*190, 210, 225, 271*
契約締結後の事情.................................*59*
契約の要素................................*155, 180*
契約利益................*258, 275, 277, 278, 283*
契約履行保証............................*48, 213, 218*
ケッツ（Hein Kötz）............................*153*
ゲッツ（Heinrich Götz）........................*25*
権利行使規制........................*67, 71, 73, 145*

こ
行為基礎（障害）...................*159, 165, 181*
更新料条項..*287*
公然たる内容（不当条項）規制....*40, 51, 53, 55*
効力維持的縮減（geltungserhaltende Reduktion）.................*69, 155, 167, 198*
──の禁止..........*5, 6, 50, 114, 173, 277, 344*

さ
在学契約における解約制限条項..............*260*
債権法改正.....................................*2, 19*
裁判官による契約（内容の）形成....*28, 39, 347*
裁判官の契約改訂権..............................*2*
債務法現代化..............................*101, 264*
差止判決の既判力の拡張（拡大効）
....*65, 66, 76, 117*

事項・人名索引

し

時価条項（Tagespreisklausel）............ *64, 139*
敷引条項................................ *288, 290*
事後的審査（ex post Betrachtung）......... *58*
事前的審査（ex ante Betrachtung）......... *58*
私的自治................ *2, 178, 182, 183, 186, 190*
社会的住宅.............................. *253*
終了時改装条項（Endrenovierungsklausel）
　..................................... *241*
主たる給付義務......................... *204*
シュミッツ（Peter Schmitz）............. *205*
シュミット，アイケ（Eike Schmidt）
　............................. *21, 105, 179*
シュミット，ハリー（Harry Schmidt）
　............................ *30, 106, 172, 309*
シュロッサー（Peter Schlosser）... *175, 220, 329*
条項一部無効............................ *3*
条項援用の禁止......................... *77*
条項解釈............................ *79, 89*
条項顧慮型補充的契約解釈......... *188, 280, 293*
条項趣旨尊重型補充的契約解釈......... *190, 271*
条項使用者に対する行為統制............ *279*
条項使用者の主観的態様................ *281*
条項全部無効............................ *2*
条項不顧慮型補充的契約解釈
　....................... *188, 239, 270, 280*
譲渡担保における過剰担保の解放条項...... *261*
消費者契約法専門調査会............ *300, 352, 355*
職業教育費用の返還条項.............. *264, 320*
信頼保護............. *211, 225, 239, 240, 259,*
　　　　　　　　　　266, 273, 281, 291, 351

せ

請求即払保証（Bürgschaft auf erstes
　Anfordern）....................... *211, 318*
制裁............................ *2, 286, 311, 312*
絶対的終了時改装条項.................. *245*

そ

早期完済違約金条項.................... *125*
相対的終了時改装条項.................. *245*
相当性基準........................ *194, 235, 272*
相当な利益調整........................ *166, 309*
ゾネンシャイン（Jürgen Sonnenschein）.... *249*

た

対価性........................ *252, 258, 275, 283, 288*
代償条項（Abgeltungsklausel）............ *241*
代替規律秩序............................ *353*
代替条項（Ersetzungsklausel）............ *300*
ダイムラー・ベンツ社.................. *142*
担保条項................................ *275*
担保目的の表示..................... *44, 200*

ち

中間条項................................ *283*
抽象的差止請求......................... *120*
中心条項........................ *52, 163, 274*
中心に近い条項......................... *274*
中心部分を含む包括的条項........... *43, 49*

て

定型約款............................ *1, 135*
テュンメル（Hans Thümmel）............ *330*
典型契約........................ *171, 172, 294*

と

透明性の要請............ *8, 29, 305, 323, 346, 349*
独立した有効性審査の可能性......... *30, 36*
トリンクナー（Reinhold Trinkner）......... *158*

に

任意規定と補充的契約解釈との関係.... *170, 185*
任意規定（任意法）の継続形成......... *178, 293*
任意規定（任意法）の指導形象機能...... *52, 176*

の

ノイマン（Johannes Neumann）............ *171*

は

ハーガー（Johannes Hager）
　.................. *27, 111, 173, 206, 305, 326, 327*
バウマン（Hans Baumann）............ *307*
バゼドウ（Jürgen Basedow）............ *61*

ひ

美観修復条項（Schönheitsreparaturklausel）
　..................................... *46, 240*
比例原則................................ *182*

ふ

ファストリッヒ (Lorenz Fastrich) ……… *179*
不意打ち性 …………………………… *201, 304*
ヴィッテ (Peter Josef Witte) … *24, 106, 310, 327*
ヴィレンブルッフ (K. Willenbruch) ……… *330*
不合意の擬制 ………………………… *1, 134*
不当条項規制における評価基準時 …… *59, 74*
不当条項リスト ……………………… *38, 51*
不返還条項 (特約) ……………… *92, 126, 133*
不明確準則 …………………………… *232, 330*
ブンテ (Hermann-Josef Bunte) ……… *157, 170*

へ

平均的な損害 ……………… *54, 92, 122, 133, 291*
ベームケ＝アルブレヒト
　(Burkhard Boemke-Albrecht) ……… *176*

ほ

法律行為の要素 ……………… *158, 162, 175*
法律上許容される限りにおいて
　(soweit gesetzlich zulässig) …… *301, 325, 340*
保険契約 ………………………………… *262*
保効的の縮減 …………………………… *5*
補償 (Kompensation) ……………… *52, 216*
保存義務 ………………………………… *240*

み

ミヒャルスキ (Lutz Michalski) ………… *307*

む

無効基準 ……………… *3, 54, 168, 191, 286, 301, 343*
無効基準と適正基準 …………………… *198*
無効主張の期間 (時間的) 制限 ……… *239, 285*
無効部分の補充手段としての補充的契約解釈
　………………………… *140, 156, 174, 188*
無催告失効条項 ………………………… *94, 290*

め

名目主義 ………………………………… *174, 180*
免責条項 ……………………… *18, 57, 62, 84, 172*

も

文言改変禁止原則 ……………………… *43, 47*

や

約款使用者の主観的態様 ……… *75, 192, 310, 345*
約款の改訂 ……………………………… *76, 108*
約款変更条項 (Bedingungsanpassungsklausel)
　………………………………………… *317*

ゆ

融合論 …………………………………… *295*

よ

予防 ……………………………………… *2, 286*
予防思想 …………… *7, 35, 114, 182, 279, 344, 353*

ら

ライヒ (Dietmar O. Reich) ……………… *205*
ランゲンベルク (Hans Langenberg) ……… *255*

り

リース契約 ……………………………… *263*
履行段階論 ……………………………… *284*
利率変更条項 ………………………… *45, 231*
リンダッハー (Walter F. Lindacher) … *311, 328*

る

累積効果 (Summierungseffekt) …… *38, 52, 251*

れ

レーヴェ (Walter Löwe) ………………… *158*
レーマーマン (Volker Römermann) ……… *307*

ろ

労働契約 ………………………………… *264*
ロート (Herbert Roth) ………………… *177*

わ

わかりやすさの要請 …………………… *304, 325*

判例索引

【日本の判例】

東京地判昭 59・1・18 判時 1101-110	*120*
最判平 18・11・27 民集 60-9-3437	*92, 93*
最判平 18・11・27 民集 60-9-3597	*92, 93*
最判平 18・11・27 判時 1958-62	*92, 93*
最判平 18・12・22 判時 1958-69	*92*
京都地判平 21・4・23 判時 2055-123	*119*
東京高判平 21・9・30 民集 66-5-2300	*92*
京都地判平 21・9・30 判時 2068-134	*119*
大阪高判平 21・10・23 LEX/DB25481143	*119*
大阪高判平 22・3・26 LEX/DB25470736	*119*
最判平 23・3・24 民集 65-2-903	*288*
最判平 23・7・12 判時 2128-43	*288*
最判平 23・7・15 民集 65-5-2269	*283, 287, 288, 289*
西宮簡判平 23・8・2 消費者法ニュース 90-186	*288*
京都地判平 23・12・13 判時 2140-42	*97*
京都地判平 24・2・29 消費者法ニュース 92-257	*288*
最判平 24・3・16 民集 66-5-2216	*92, 94, 290*
京都地判平 24・7・19 判時 2158-95	*119*
大阪地判平 24・11・12 判時 2174-77	*119*
名古屋地判平 24・12・21 判時 2177-92	*119*
大阪高判平 25・1・25 判時 2187-30	*98, 119*
大阪高判平 25・10・17 消費者法ニュース 98-283	*119*
大分地判平 26・4・14 判時 2234-79	*119*
大阪簡判平 26・10・24 消費者法ニュース 102-336	*288*
福岡地判平 26・11・19 判時 2299-113	*119*

【海外の判例】

BGH 第 1 民事部 1954・1・22 判決（BGHZ 12, 136）	*63*
BGH 第 2 民事部 1954・2・6 判決（NJW 1954, 794）	*63*
BGH 第 1 民事部 1956・3・6 判決（BGHZ 20, 164）	*63*
BGH 第 2 民事部 1961・11・16 判決（BB 1962, 11）	*63*
BGH 第 2 民事部 1962・4・2 判決（NJW 1962, 1195）	*63*
BGH 第 2 民事部 1962・10・29 判決（NJW 1963, 99）	*63*
BGH 第 2 民事部 1969・3・13 判決（BeckRS 1969, 31169418）	*63*
BGH 第 7 民事部 1970・6・4 判決（BGHZ 54, 106）	*141, 142*
BGH 第 7 民事部 1973・4・16 判決（BGHZ 60, 353）	*141*
BGH 第 7 民事部 1974・1・10 判決（BGHZ 62, 83）	*141, 142*
BGH 第 7 民事部 1974・5・16 判決（BGHZ 62, 323）	*141, 142*
BGH 第 8 民事部 1979・5・2 判決（BGHZ 74, 244）	*212*
BGH 第 8 民事部 1980・6・11 判決（NJW 1980, 2518）	*63, 72, 144, 146, 156*
BGH 第 8 民事部 1981・2・11 判決（NJW 1981, 1511）	*66, 101*

BGH 第 8 民事部 1981・10・7 判決（NJW 1982, 178）················· *41, 43, 47, 49, 112, 202*
BGH 第 8 民事部 1981・10・7 判決（BGHZ 82, 21）························· *65, 140, 143*
BGH 第 8 民事部 1981・10・28 判決（BGHZ 82, 121）································ *67, 263*
BGH 第 5 民事部 1982・1・29 判決（BGHZ 83, 56）······································· *201*
BGH 第 8 民事部 1982・3・31 判決（NJW 1982, 1747）···································· *263*
BGH 第 7 民事部 1982・5・17 判決（BGHZ 84, 109）······················· *7, 142, 173, 174*
BGH 第 8 民事部 1982・10・6 判決（NJW 1983, 159）··································· *315*
BGH 第 8 民事部 1983・1・26 判決（NJW 1983, 1320）··································· *112*
BGH 第 8 民事部 1983・5・18 判決（NJW 1983, 1603）········ *152, 154, 157, 161, 165, 175*
BGH 第 3 民事部 1983・6・9 判決（NJW 1983, 2701）······························ *67, 332*
BGH 第 4a 民事部 1983・7・6 判決（BGHZ 88, 78）······································· *262*
BGH 第 7 民事部 1984・1・19 判決（BGHZ 89, 363）·· *67*
BGH 第 8 民事部 1984・2・1 判決（BGHZ 90, 69）··························· *11, 72, 140, 163*
BGH 第 8 民事部 1984・2・1 判決（NJW 1984, 1180）······································ *163*
BGH 第 8 民事部 1984・2・29 判決（NJW 1985, 53）······································ *263*
BGH 第 9 民事部 1984・3・8 判決（BGHZ 90, 280）······································· *260*
BGH 第 3 民事部 1984・5・28 判決（NJW 1984, 2816）············· *42, 43, 90, 113, 202, 204*
BGH 第 8 民事部 1984・10・30 決定（BGHZ 92, 363）···································· *242*
BGH 第 8 民事部 1984・10・31 判決（NJW 1985, 320）······························· *112, 113*
BGH 第 8 民事部 1984・10・31 判決（NJW 1985, 621）···································· *163*
BGH 第 8 民事部 1984・11・26 判決（BGHZ 93, 29）································· *112, 334*
BGH 第 9 民事部 1984・12・6 判決（NJW 1985, 848）···································· *201*
BGH 第 9 民事部 1985・2・28 判決（NJW 1985, 2585）·································· *260*
BGH 第 7 民事部 1985・5・20 判決（BGHZ 94, 355）·································· *180, 237*
BGH 第 3 民事部 1985・9・19 判決（BGHZ 95, 362）····································· *112*
BGH 第 6 民事部 1985・9・24 判決（BGHZ 96, 18）······························· *172, 184, 277*
BGH 第 9 民事部 1985・11・7 判決（NJW 1986, 928）···································· *201*
BGH 第 3 民事部 1986・3・6 判決（BGHZ 97, 212）······································ *231*
BGH 第 4a 民事部 1987・3・4 判決（NJW 1987, 1815）··································· *334*
BGH 第 9 民事部 1987・6・4 判決（NJW-RR 1988, 115）································· *201*
BGH 第 8 民事部 1987・7・1 決定（BGHZ 101, 253）····································· *242*
BGH 第 7 民事部 1987・10・22 決定（ZIP 1988, 119）··································· *183*
BGH 第 5 民事部 1987・10・30 判決（BGHZ 102, 152）·································· *201*
BGH 第 5 民事部 1988・1・15 判決（BGHZ 103, 72）····································· *201*
BGH 第 8 民事部 1988・7・6 決定（BGHZ 105, 71）······································ *247*
BGH 第 5 民事部 1988・11・18 判決（BGHZ 106, 19）································ *41, 201*
BGH 第 10 民事部 1989・4・18 判決（BGHZ 107, 185）··································· *41*
BGH 第 8 民事部 1989・6・7 判決（BGHZ 108, 1）······································· *112*
BGH 第 8 民事部 1989・7・12 判決（NJW 1990, 115）···································· *237*
BGH 第 5 民事部 1989・11・10 判決（BGHZ 109, 197）·································· *201*
BGH 第 8 民事部 1989・11・29 判決（NJW 1990, 716）··································· *316*
BGH 第 11 民事部 1990・12・4 判決（NJW 1991, 832）··································· *231*
BGH 第 8 民事部 1991・6・26 判決（NJW 1991, 2630）··································· *335*
BGH 第 9 民事部 1992・1・16 判決（NJW 1992, 896）································· *41, 201*
BGH 第 4 民事部 1992・1・22 判決（BGHZ 117, 92）····································· *263*

BGH 第 11 民事部 1992・2・11 判決（NJW 1992, 1097）	*227*
BGH 第 11 民事部 1992・2・18 判決（NJW 1992, 1822）	*201*
BGH 第 11 民事部 1992・4・14 判決（BGHZ 118, 126）	*231*
BGH 第 8 民事部 1992・5・6 判決（BGHZ 118, 194）	*242*
BGH 第 8 民事部 1992・11・4 判決（BGHZ 120, 108）	*260, 261*
BGH 第 8 民事部 1993・1・20 判決（NJW 1993, 1061）	*335*
BGH 第 12 民事部 1993・1・27 判決（NJW-RR 1993, 519）	*336*
BGH 第 11 民事部 1993・10・12 判決（NJW 1993, 3257）	*231*
BGH 第 9 民事部 1994・3・17 判決（WM 1994, 784）	*201*
BGH 第 11 民事部 1994・5・10 判決（NJW 1994, 1798）	*227*
BGH 第 11 民事部 1994・6・1 判決（BGHZ 126, 174）	*202*
BGH 第 9 民事部 1995・5・18 判決（BGHZ 130, 19）	*44, 52, 203, 205*
BGH 第 11 民事部 1995・10・4 判決（BGHZ 131, 55）	*207*
BGH 第 1 民事部 1995・10・12 判決（NJW 1996, 1407）	*336*
BGH 第 10 民事部 1995・12・5 判決（NJW-RR 1996, 783）	*337*
BGH 第 9 民事部 1996・1・18 判決（BGHZ 132, 6）	*205*
BGH 第 11 民事部 1996・1・23 決定（NJW 1996, 1213）	*262*
BGH 第 9 民事部 1996・3・7 判決（NJW 1996, 1470）	*205*
BGH 第 7 民事部 1996・5・9 判決（BGHZ 132, 383）	*41*
BGH 第 11 民事部 1996・5・14 判決（BGHZ 133, 25）	*262*
BGH 第 9 民事部 1996・6・13 判決（NJW 1996, 2369）	*205*
BGH 第 9 民事部 1996・7・11 決定（NJW 1996, 2786）	*262*
BGH 第 9 民事部 1996・7・11 決定（NJW 1996, 2790）	*262*
BGH 第 7 民事部 1996・10・10 判決（NJW 1997, 394）	*41*
BGH 第 9 民事部 1997・4・15 判決（NJW 1997, 3230）	*205*
BGH 第 7 民事部 1997・6・5 判決（BGHZ 136, 27）	*215*
BGH 第 9 民事部 1997・11・13 判決（BGHZ 137, 153）	*45, 206*
BGH 民事大法廷 1997・11・27 決定（BGHZ 137, 212）	*261*
BGH 第 4 民事部 1999・3・17 判決（BGHZ 141, 153）	*317*
BGH 第 9 民事部 1999・10・28 判決（BGHZ 143, 95）	*208*
BGH 第 7 民事部 2000・3・2 判決（NJW 2000, 1863）	*216*
BGH 第 9 民事部 2000・4・6 判決（NJW 2000, 2580）	*208, 231*
BGH 第 7 民事部 2000・4・20 判決（NJW-RR 2000, 1331）	*216*
BGH 第 8 民事部 2000・9・27 判決（BGHZ 145, 203）	*41, 112*
BGH 第 9 民事部 2001・3・8 判決（BGHZ 147, 99）	*216*
BGH 第 7 民事部 2001・11・22 判決（NJW 2002, 894）	*216, 318*
BGH 第 7 民事部 2002・4・18 判決（BGHZ 150, 299）	*213*
BGH 第 7 民事部 2002・7・4 判決（BGHZ 151, 229）	*213*
BGH 第 11 民事部 2002・9・10 判決（NJW 2002, 3627）	*217*
BGH 第 7 民事部 2003・1・23 判決（BGHZ 153, 311）	*214*
BGH 第 8 民事部 2003・5・14 判決（NJW 2003, 2234）	*251*
BGH 第 8 民事部 2003・6・25 判決（NJW 2003, 2899）	*41, 254*
BGH 第 8 民事部 2003・6・25 判決（NJW 2003, 3192）	*246*
BGH 第 11 民事部 2004・2・17 判決（BGHZ 158, 149）	*45, 231*
BGH 第 7 民事部 2004・3・25 判決（NJW-RR 2004, 880）	*214*

BGH 第 8 民事部 2004・6・23 判決（NJW 2004, 2586）······················· *41, 46, 243*
BGH 第 8 民事部 2004・9・22 判決（NJW 2004, 3775）······························· *244, 251*
BGH 第 8 民事部 2004・10・20 判決（NJW 2005, 425）······························· *244*
BGH 第 11 民事部 2004・11・30 判決（BGHZ 161, 189）···························· *112*
BGH 第 7 民事部 2004・12・9 判決（NJW-RR 2005, 458）···························· *217*
BGH 第 8 民事部 2005・2・16 判決（NJW 2005, 1188）······························· *244*
BGH 第 8 民事部 2005・3・9 判決（NJW 2005, 1426）································· *244*
BGH 第 12 民事部 2005・4・6 判決（NJW-RR 2006, 84）······························· *41*
BGH 第 12 民事部 2005・4・6 判決（NJW 2005, 2225）······························· *319*
BGH 第 7 民事部 2005・4・14 判決（NJW-RR 2005, 1040）························· *217*
BGH 第 8 民事部 2005・7・13 判決（NJW 2005, 3416）······························· *244*
BGH 第 8 民事部 2005・9・21 判決（NJW-RR 2005, 1717）························· *227*
BGH 第 4 民事部 2005・10・12 判決（BGHZ 164, 297）······························· *263*
BGH 第 8 民事部 2006・4・5 判決（NJW 2006, 1728）································· *244*
BGH 第 8 民事部 2006・4・5 判決（NJW 2006, 2113）································· *244*
BGH 第 8 民事部 2006・4・5 判決（NJW 2006, 2115）································· *246*
BGH 第 8 民事部 2006・4・5 判決（WuM 2006, 310）································· *246*
BGH 第 8 民事部 2006・4・5 判決（NJW 2006, 2116）································· *251*
BGH 第 8 民事部 2006・6・28 判決（NJW 2006, 2915）······························· *246*
BGH 第 8 民事部 2006・10・18 判決（NJW 2006, 3778）······················· *247, 251*
BGH 第 8 民事部 2006・12・13 判決（NJW 2007, 1054）···························· *227*
BGH 第 8 民事部 2007・3・7 判決（WuM 2007, 260）································· *247*
BGH 第 8 民事部 2007・3・28 判決（NJW 2007, 1743）······························· *244*
BGH カルテル部 2007・5・8 判決（NJW 2007, 3568）······························· *319*
BGH 第 8 民事部 2007・9・12 判決（NJW 2007, 3776）······························· *246*
BGH 第 8 民事部 2007・9・26 判決（NJW 2007, 3632）······························· *248*
BGH 第 8 民事部 2008・3・5 判決（NJW 2008, 1438）······························· *248, 252*
BGH カルテル部 2008・4・29 判決（BGHZ 176, 244）························· *194, 227*
BGH 第 11 民事部 2008・6・10 判決（NJW 2008, 3422）···························· *45, 232*
BGH 第 8 民事部 2008・6・18 判決（NJW 2008, 2499）······························· *244*
BGH 第 8 民事部 2008・7・9 判決（BGHZ 177, 186）································· *252*
BGH 第 8 民事部 2008・7・9 判決（WuM 2008, 487）································· *252*
BGH 第 8 民事部 2008・10・22 判決（NJW 2009, 62）······························· *244, 246*
BGH 第 8 民事部 2008・11・18 決定（WuM 2009, 36）······························· *251*
BGH 第 8 民事部 2008・12・17 判決（BGHZ 179, 186）···························· *227*
BGH 第 8 民事部 2009・1・14 判決（NJW 2009, 1075）······························· *244*
BGH 第 8 民事部 2009・2・11 判決（NJW 2009, 1410）······························· *252*
BGH 第 7 民事部 2009・2・12 判決（BGHZ 179, 374）······························· *41, 218*
BGH 第 8 民事部 2009・2・18 判決（NJW-RR 2009, 656）························· *244*
BGH 第 8 民事部 2009・2・18 判決（NJW 2009, 1408）······························· *245*
BGH 第 11 民事部 2009・6・16 判決（BGHZ 181, 278）···························· *219*
BGH 第 8 民事部 2009・7・15 判決（BGHZ 182, 59）································· *228*
BGH 第 8 民事部 2009・9・23 判決（NJW 2009, 3716）······························· *244*
BGH 第 8 民事部 2009・10・28 判決（NJW 2010, 993）······························· *228*
BGH 第 8 民事部 2009・12・16 決定（WuM 2010, 184）···························· *244*

BGH 第 8 民事部 2010・1・13 判決（NJW-RR 2010, 1202） ………………………… *228*
BGH 第 8 民事部 2010・1・13 判決（NJW 2010, 674） ………………………… *245, 251*
BGH 第 8 民事部 2010・1・20 判決（NJW-RR 2010, 666） ………………………… *244*
BGH 第 8 民事部 2010・2・10 判決（WuM 2010, 231） ………………………… *245*
BGH 第 8 民事部 2010・3・24 判決（NJW 2010, 1590） ………………………… *253*
BGH 第 11 民事部 2010・4・13 判決（BGHZ 185, 166） ………………………… *233*
BGH 第 8 民事部 2010・6・9 判決（NJW 2010, 2877） ………………………… *244*
BGH 第 8 民事部 2010・7・14 判決（BGHZ 186, 180） ………………………… *228*
BGH 第 8 民事部 2010・8・31 決定（WuM 2010, 750） ………………………… *253*
BGH 第 8 民事部 2010・12・14 決定（NJW 2011, 514） ………………………… *246*
BGH 第 11 民事部 2010・12・21 判決（NJW-RR 2011, 625） ………………………… *233*
BGH 第 8 民事部 2011・2・9 判決（NJW 2011, 1342） ………………………… *228*
BGH 第 8 民事部 2011・5・4 判決（NJW 2011, 1866） ………………………… *258*
BGH 第 8 民事部 2011・9・7 決定（ZMR 2012, 88） ………………………… *228*
BGH 第 8 民事部 2012・3・14 判決（BGHZ 192, 372） ………………………… *229*
BGH 第 8 民事部 2012・3・14 判決（ZMR 2012, 611） ………………………… *230*
BGH 第 8 民事部 2012・6・20 判決（NJW 2012, 3031） ………………………… *258*
BGH 第 12 民事部 2012・9・26 判決（NJW 2013, 41） ………………………… *41*
BGH 第 11 民事部 2012・11・13 判決（BGHZ 195, 298） ………………………… *45*
BGH 第 8 民事部 2012・11・20 決定（VIII ZR 137/12, Juris） ………………………… *332*
BGH 第 8 民事部 2013・1・23 判決（NJW 2013, 991） ………………………… *7, 230*
BGH 第 8 民事部 2013・3・5 決定（NJW 2013, 1668） ………………………… *332*
BGH 第 8 民事部 2013・5・29 判決（NJW 2013, 2505） ………………………… *247*
BGH 第 8 民事部 2013・7・31 判決（BGHZ 198, 111） ………………………… *230*
BGH 第 3 民事部 2013・10・10 判決（NJW 2014, 141） ………………………… *41, 43*
BGH 第 8 民事部 2014・1・15 判決（NJW 2014, 1877） ………………………… *230*
BGH 第 8 民事部 2014・1・22 決定（WuM 2014, 135） ………………………… *248*
BGH 第 8 民事部 2014・5・14 判決（BGHZ 201, 230） ………………………… *45*
BGH 第 8 民事部 2014・9・24 判決（NJW 2014, 3639） ………………………… *230*
BGH 第 7 民事部 2014・10・1 判決（NJW 2014, 3642） ………………………… *41, 47, 48*
BGH 第 8 民事部 2014・12・3 判決（NJW 2015, 1167） ………………………… *230*
BGH 第 8 民事部 2015・2・4 判決（NJW-RR 2015, 738） ………………………… *338*
BGH 第 8 民事部 2015・3・18 判決（BGHZ 204, 302） ………………………… *245*
BGH 第 8 民事部 2015・3・18 判決（BGHZ 204, 316） ………………………… *248*
BGH 第 7 民事部 2015・3・26 判決（BGHZ 204, 346） ………………………… *262, 322*
BGH 第 8 民事部 2015・4・15 判決（BGHZ 205, 43） ………………………… *230*
BGH 第 11 民事部 2015・5・5 判決（BGHZ 205, 220） ………………………… *338*

BAG 第 5 部 1998・5・6 判決（BAGE 88, 340） ………………………… *266*
BAG 第 6 部 2004・6・24 判決（BAGE 111, 157） ………………………… *266*
BAG 第 8 部 2005・4・21 判決（NZA 2005, 1053） ………………………… *43*
BAG 第 5 部 2005・5・25 判決（BAGE 115, 19） ………………………… *319*
BAG 第 9 部 2006・4・11 判決（BAGE 118, 36） ………………………… *266*
BAG 第 9 部 2007・1・23 判決（NZA 2007, 748） ………………………… *265*
BAG 第 10 部 2008・3・12 判決（NZA 2008, 699） ………………………… *43*

BAG 第 8 部 2008・12・18 判決（NZA-RR 2009, 519） ……………………………… *267*
BAG 第 3 部 2009・1・14 判決（BAGE 129, 121） ……………………………… *266*
BAG 第 3 部 2009・9・15 判決（NZA 2010, 342） ……………………………… *265, 267*
BAG 第 9 部 2010・4・13 判決（NZA-RR 2010, 457） …………………………… *268*
BAG 第 3 部 2011・12・13 判決（NZA 2012, 738） …………………………… *266, 320*
BAG 第 6 部 2012・6・28 判決（BAGE 142, 247） ……………………………… *267*
BAG 第 3 部 2012・8・21 判決（BAGE 143, 30） ………………………………… *265*
BAG 第 3 部 2013・5・28 判決（NZA 2013, 1419） ……………………… *265, 266, 269, 321*
BAG 第 3 部 2013・8・6 判決（NZA 2013, 1361） ………………………………… *265*
BAG 第 8 部 2013・12・12 判決（NJW 2014, 2138） …………………………… *268*
BAG 第 9 部 2014・3・18 判決（NZA 2014, 957） ……………………………… *266*
BAG 第 9 部 2016・5・10 判決（ArbR 2016, 530） ……………………………… *265*

BVerfG 第 1 部第 2 部会 2010・9・7 決定（NJW 2011, 1339） ……………… *228*

OLG Stuttgart 1980・12・19 判決（NJW 1981, 1105） ……………………… *332, 340*
LG Wuppertal 1981・8・13 判決（AGBE II §9 Nr. 100） ……………………… *147*
OLG Stuttgart 1981・11・24 判決（BB 1982, 148） ………………………… *147*
LG Frankfurt 1982・1・21 判決（AGBE III §9 Nr. 60） ……………………… *147*
AG Stuttgart-Bad Cannstatt 1982・1・26 判決（AGBE III §9 Nr. 71） ……… *147*
LG Nürnberg-Fürth 1982・1・27 判決（BB 1982, 456） ……………………… *147*
LG Darmstadt 1982・3・12 判決（AGBE III §9 Nr. 62） ……………………… *147*
AG Dortmund 1982・6・26 判決（AGBE III §9 Nr. 72） ……………………… *147*
AG Regensburg 1982・6・29 判決（AGBE III §9 Nr. 73） …………………… *147*
LG Essen 1982・7・6 判決（AGBE III §9 Nr. 66） ……………………………… *147*
AG München 1982・7・14 判決（AGBE III §9 Nr. 74） ……………………… *148*
AG Duisburg 1982・9・24 判決（AGBE III §9 Nr. 76） ……………………… *148*
AG Regensburg 1982・10・8 判決（AGBE III §9 Nr. 77） …………………… *148*
AG München 1982・10・12 判決（AGBE III §9 Nr. 78） ……………………… *148*
OLG Saarbrücken 1982・10・19 判決（DB 1983, 546） ……………………… *148*
LG Duisburg 1982・10・19 判決（AGBE III §9 Nr. 67） ……………………… *148*
LG Duisburg 1982・10・29（AGBE III §9 Nr. 68） …………………………… *148*
AG Mönchengladbach 1982・11・3 判決（AGBE III §9 Nr. 79） …………… *148*
OLG Hamm 1982・11・11 判決（ZIP 1983, 186） …………………………… *148*
OLG Frankfurt 1982・12・23 判決（DB 1983, 547） ………………………… *148*
LG München I 1983・1・26 判決（AGBE IV §6 Nr. 25） ……………………… *148*
OLG München 1983・2・1 判決（AGBE IV §6 Nr. 6） ………………………… *148*
OLG Hamm 1983・2・18 判決（BB 1983, 1304） ……………………………… *333*
OLG Hamburg 1983・3・11 判決（AGBE IV §6 Nr. 7） ……………………… *148*
OLG Köln 1983・4・20 判決（AGBE IV §6 Nr. 8） …………………………… *148*
OLG München 1983・5・10 判決（ZIP 1983, 837） …………………………… *148*
OLG Düsseldorf 1983・5・27 判決（AGBE IV §6 Nr. 9） …………………… *148*
OLG Düsseldorf 1983・5・27 判決（AGBE IV §6 Nr. 10） ………………… *148*
OLG Nürnberg 1983・5・30 判決（ZIP 1983, 836） ………………………… *148*
OLG Hamburg 1983・7・12 判決（AGBE IV §6 Nr. 13） …………………… *148*

OLG Bremen 1983・9・13 判決（AGBE IV §6 Nr. 15） ··· 149
OLG Düsseldorf 1983・9・16 判決（BB 1983, 2012） ··· 149
OLG Celle 1983・10・13 判決（AGBE IV §6 Nr. 17） ··· 149
OLG Stuttgart 1983・10・20 判決（AGBE IV §6 Nr. 18） ·· 149
OLG München 1983・11・2 判決（AGBE IV §6 Nr. 19） ··· 149
OLG Hamm 1983・11・3 判決（AGBE IV §6 Nr. 20） ·· 149
OLG Düsseldorf 1983・11・23 判決（AGBE IV §6 Nr. 21） ··· 149
OLG Düsseldorf 1983・11・23 判決（AGBE IV §6 Nr. 22） ··· 149

EuGH 2012・6・14 判決（NJW 2012, 2257） ·· 7

武田直大（たけだ　なおひろ）
1980年　千葉県生まれ
現　職　大阪大学大学院法学研究科准教授
2003年　京都大学法学部卒業
2008年　同大学大学院法学研究科博士後期課程修了
　　　　博士（法学）
主要論文　「無効な約款条項の変更(1)～(3・完)」阪大法学68巻
　　　　　1～3号（2018年）

不当条項規制による契約の修正

2019（平成31）年3月30日　初版1刷発行

著　者　武　田　直　大
発行者　鯉　渕　友　南
発行所　株式会社　弘文堂　　101-0062　東京都千代田区神田駿河台1の7
　　　　　　　　　　　　　　TEL 03(3294)4801　振替 00120-6-53909
　　　　　　　　　　　　　　　http://www.koubundou.co.jp

装　丁　大森裕二
印　刷　三　陽　社
製　本　牧製本印刷

© 2019 Naohiro Takeda. Printed in Japan
[JCOPY]〈(社)出版者著作権管理機構　委託出版物〉
本書の無断複写は著作権法上での例外を除き禁じられています。複写される場合は、そのつど事前に、(社)出版者著作権管理機構（電話 03-5244-5088、FAX 03-5244-5089、e-mail: info@jcopy.or.jp）の許諾を得てください。
また本書を代行業者等の第三者に依頼してスキャンやデジタル化することは、たとえ個人や家庭内での利用であっても一切認められておりません。

ISBN 978-4-335-35783-1

――― 好評発売中 ―――

Before/After 民法改正

潮見佳男・北居功・髙須順一
赫髙規・中込一洋・松岡久和 =編著

改正の前後で、どのような違いが生じるのかを、シンプルな設例（Case）をもとに、「旧法での処理はどうだったか」（Before）、「新法での処理はどうなるか」（After）に分け、第一線で活躍する民法学者および実務家が、見開き2頁でわかりやすく解説。根拠条文・要件効果の違いを示すことを第一義にし、実務においても学習においても、まず、押さえておきたい基本を明示。新しい民法の理解が一気に深まるお勧めの一冊。Ａ５判 504頁 本体3300円

民法演習サブノート210問

沖野眞已・窪田充見・佐久間毅 =編著

210の具体的な事例で民法の基礎知識をゲット。1項目1論点。表に簡単な設例と質問、参考判例、裏にコンパクトな解説。1冊で民法全体をカバー。教科書や授業で学んだ基礎知識を事例にて確認。「こういうところを基本として押さえておいてね」という先生方のメッセージを集約した演習書。Ａ５判 440頁 本体2900円

＊定価（税抜）は、2019年3月現在のものです。